사해문서 개론

피터 W. 플린트 지음

장동신 옮김

사해문서 개론

지음   피터 W. 플린트
옮김   장동신
편집   김덕원, 이찬혁

발행처   감은사
발행인   이영욱
전화   070-8614-2206
팩스   050-7091-2206
주소   서울특별시 강동구 암사동 아리수로 66, 401호
이메일   editor@gameun.co.kr

종이책
초판발행   2023.10.31.
ISBN   9791193155172
정가   33,000원

전자책
초판발행   2023.10.31.
ISBN   9791193155202
정가   26,400원

The Dead Sea Scrolls

Peter W. Flint

| 일러두기 |

본서 아래, 안쪽 여백에 사용된 숫자는 원서의 페이지를 가리킵니다. 색인에 나와 있는 숫자 역시
원서의 페이지입니다.

제이콥 플린트 데니스와 올리비아 플린트,
내 삶 속에 있는,
가장 어린 두 사람에게

| 목차 |

(?): 구절이나 독법이 의심스럽거나 확실하지 않은 경우

[ ]: 원래는 존재했으나 사본에는 손상되어 읽을 수 없는 경우(예, 다[윗])

10:2a, 10:2b: 10장 2절의 상반절, 하반절

2:23: (성경, 외경, 위경 본문에서) 장과 절

2:4-5: 사해문서에서 두 번째 열/단, 4-5행

2.5: 사해문서에서 두 번째 단편/파편/조각, 5행

23 ii.7-9: 23번째 조각(단편 또는 파편), 2열(단), 7-9행(예, 4Q405 23 ii.7-9)

20 ii.21-22.8: 20번째 조각(단편 또는 파편), 2열(단), 21행에서 22번째 조각(단편 또는 파편), 8열(단)까지

1Q, 2Q 등: 쿰란 제1동굴, 쿰란 제2동굴 등

4QNum^b: 쿰란 제4동굴의 Num (민수기) 문서의 두 번째(b) 사본

5/6Hev: 나할 헤베르(Nahal Hever)의 제5동굴과 제6동굴 (문서)

ASOR: 미국근동연구소(American School of Oriental Research)

BAR: *Biblical Archaeology Review*

BHQ: *Biblia Hebraica Quinta* (히브리어성경 판본)

BHS: *Biblia Hebraica Stuttgartensia* (히브리어 성경 판본)

CD: 카이로(Cairo)에서 발견된 『다마스쿠스 문서』(*Damascus Document*)의 약자

D: 『다마스쿠스 문서』(*Damascus Document*)의 약자

DSS: 사해문서(Dead Sea Scrolls)의 약자

frg.: 조각/파편/단편

Hev/Se: 나할 헤베르(Nahal Hever) 또는 와디 세이얄(Wadi Seiyal)

JPS: Jewish Publication Society

KJB: King James Bible

KJV: King James Version

Mas1b: 마사다, 사본 1b = 레위기(MasLev^b)

MMT: 『일부 율법의 행위들』에 대한 약어

ms(s): 사본/필사본(들)

Mur 1 또는 MurGen: 무랍바아트, 첫 번째 사본(창세기)

NAB: New American Bible

NETS: New English Translation of the Septuagint (2007)

NIV: New International Version

NRSV: New Revised Standard Version

S (1): 『공동체 규율』

S (2): 시내산 사본(그리스어 사본)

SdeirGen: 와디 스데이르(Wadi Sdeir [= Sdeir 1])의 창세기 사본

Se: 와디 셰이얄(Wadi Seiyal)

XHev/Se 5: 나할 헤베르 또는 와디 셰이얄에 있는 불확실한 동굴, 다섯 번째 문서

ㄱ

갱신된 언약(Renewed Covenant): '새 언약'을 지칭하는 다른 이름

게니자(genizah): 오래되고 손상된 필사본을 보관하는 장소

결정론(운명)(determinism[fate]): 하나님이 역사의 과정을 미리 계획하셨다는 믿음

고고학자(archaeometrist): 고대 유적의 모습을 판단하는 사람

고대 시대(Archaic Period): 초기 문자 시대(약 주전 250-50년 = 선-유대 시기[Proto-Jewish Period])

고서체학(paleography): 고대 필적 분석

고전 작가(classical writers): 플리니우스, 필론, 요세푸스와 같은 그리스-로마 작가들

관입 매장(intrusive burials): 훨씬 나중에 쿰란 묘지에 매장된 것

광명체(luminaries): 빛과 해와 달을 주는 천체

구전법(oral law): 모세 시대부터 전해 내려온 것으로 믿어지는 기록되지 않은 전승

규율(Rule): (『공동체 규율』에서와 같은) 규율 목록의 교리서

그리심산(Mount Gerizim): 사마리아인들에게 신성한 곳인 세겜(현대의 나블루스) 근처

ㄴ

나쉬 파피루스(Nash Papyrus): 쉐마 기도문과 십계명의 일부가 포함된 초기 문서

나할 세엘림(Nahal Se'elim): 사본들이 발견된 유대 사막의 유적지(=아랍어 와디 세이얄
　　[Wadi Seiyal])

나할 헤베르(Nahal Hever): 여러 사본이 발견된 유대아의 유적지

나할(nahal): 일년 중 건조한 시기의 하천 바닥을 뜻하는 히브리어(= 아랍어 와디
　　[wadi])

네비임(Nebi'im): 유대인 성경의 두 번째 부분인 "예언서"를 뜻하는 히브리어

ㄷ

『다니엘 위서 A』와 『다니엘 위서 B』(Pseudo-Daniel A and B): 다니엘과 종말의 때가
　　등장하는 위경 본문(4Q243-45)

대본(Vorlage): (칠십인역) 번역자가 사용한 (히브리어) 본문

대주교(Mar): "대주교"(archbishop)를 뜻하는 시리아어 단어

대주교(Metropolitan): 대주교

도편/도기(ostracon [복수형, ostraca]): 글씨가 적힌 도자기 조각(들)

독립 본문(Nonaligned): 성서 본문의 한 그룹(에마누엘 토브)

디오 크리소스토모스(Dio Chrysostom) : 그리스 연설가, 역사가, 철학자(약 40-120년)

ㄹ

라반(Rabban): 우리의 "스승". 족장들과 산헤드린 의장들에게 사용됨

랍비 유대교(Rabbinic Judaism): 바리새인의 후계자인 랍비들이 실천한 것

랍비(Rabbi): "스승"을 의미. 바리새인들을 지칭하는 용어

루스티카 빌라(villa rustica): 시골 별장 또는 부유한 영주의 저택

ㅁ

마사다(Mas): 마사다(Masada)의 약자

마사다(Masada): 여러 사본이 발견된 유대아 유적지

마소라 본문(MT): 마소라 본문, 마소라 학파가 만든 히브리성경 본문

마소라 학파(Masoretes): 8세기 이후의 유대인 학자 그룹

마소라(Masorah): 마소라 본문(MT)에 첨가된 표식(表式) 및 난외주

마카비 항쟁(Maccabean Revolt): 마카비가 이끈 항쟁(주전 167-64년)

마케루스(Machaerus): 알렉산드로스 얀나이오스(Alexander Jannaeus)가 건설한 사해
　　　동쪽의 요새

메길라트 타아니트(*Megillat Ta'anit*): 중대한 35일을 열거한 랍비 문서

못사 점토(Motsa clay): 붉은 석간주(terra rosa) 점토

무랍바아트(Murabbaʿat): 여러 사본이 발견된 유대아의 장소

묵시서, 묵시 문학, 묵시 문서(Apocalypses): 천상의 존재가 역사와 종말의 사건을
　　　계시하는 저작들

미드라쉬(Midrash): 성경에 대한 해석. 또는 성경을 해석한 문서

미쉬나 『야다임』(m. *Yadayim*): 미쉬나, 소책자 『야다임』(*Yadayim*)

미쉬나(Mishnah): 랍비의 율법과 저술 모음집

『미쉬마로트』(*Mishmarot*): 파수대(Watches) 또는 제사장 반차(Priestly Courses)를 자세
　　　히 설명하는 문서(4Q320-29)

미크바오트(*miqveh* [복수형, *miqva'ot*]): 또는 미크바(*miqvah*), 정결 예식용 씻기를 위한
　　　물웅덩이나 욕탕

ㅂ

바르 코흐바 항쟁(Bar Kokhba revolt): 로마에 대항한 항쟁, 또한 제2유대 항쟁이라고
　　　도 불림(132-135년)

『바바 바트라』(*Baba Batra*): 바빌로니아 탈무드의 한 섹션

바빌로니아 본문(Babylonian Text): 성경 본문 유형 세 개 중 하나(프랭크 무어 크로스
　　　[Frank Moore Cross])

바빌로니아 탈무드(*Babylonian Talmud*): 랍비 법률과 저작 모음집

바티칸 사본(Codex Vaticanus): 약어 B, 그리스어 필사본

벌게이트(*Vulgate*): 라틴어 성서 번역(4세기). 주로 히에로니무스(Jerome)에 의해 번역
　　　됨.

베두인(Bedouin): 주로 사막에 살았던 아랍계 종족

『베라코트』(*Berakhot*): "축복"을 의미하는 히브리어

부름의 시(Apostrophe): 부재하는 사람 또는 장소에 보내는 시(『시온을 부름』, 『유다를 부름』)

부활(resurrection): 죽은 후에 육체적으로 다시 살아나는 것

분파 문서(sectarian scrolls): 사해문서 중 엣세네 무브먼트가 저술했거나 그 사상이 반영된 문서들

분파 시기(Sectarian Period): 쿰란 유적지가 엣세네파 야하드에 의해 점유됐던 시기

비유(Similitudes): 비유(Parables)

ㅅ

사마리아 오경(SP): 사마리아 오경, 히브리성경 첫 다섯 권으로 구성됨

산헤드린(Sanhedrin): (1) 일종의 초기 유대인 대법원; (2) 바빌로니아 탈무드의 소책자

삽입(interpolations): 삽입(insertions)

새 언약(new covenant): 『다마스쿠스 문서』에 의하면, 다마스쿠스에서 하나님과 함께 맺은 것

서지 사항(colophon): 책의 상세 내용이 담겨 있는 곳

『선문집』(*Florilegium*): 성경에서 발췌한 글을 모아놓은 모음집(4Q174)

선-유대 시기(proto-Jewish Period): 초기 문체(文體) 시대(약 주전 250-150년 = 고어체 시대)

『세레흐 하-야하드』(*Serekh ha-Yahad*): 『공동체 규율』의 히브리어 이름

스가가(Secacah): 여호수아 15:61에 언급된 유대 광야의 도시

셀레우코스 제국(Seleucid Empire): 유대아를 포함한 그리스-시리아 제국

소책자(tractate): 논문이나 긴 에세이

스승 찬송(Teacher Hymns): 『호다요트』(『감사 찬양집』)의 일부

시리아어 시편 2편과 3편(Syriac Psalms II and III): 시편 154편과 155편

시편 154편과 155편(Psalms 154 and 155): 시리아어 시편 2편과 3편

ㅇ

'아도나이'(*Adonay*): "주님", 하나님을 일컫는 이름

아마겟돈(Armageddon): 마지막 전투 장소(계 16:16)

아인 페쉬카(Ain Feshkha): 쿰란 근처 유적지

아크로스틱(acrostic): 각 절이 연속되는 히브리어 알파벳으로 시작하는 것

알렉산드리아 사본(Codex Alexandrinus): 약어 A, 그리스어 필사본

알렉산드리아의 필론(Philo of Alexandria): 이집트의 유대인 작가(약 주전 20년-주후 50년)

야다임(Yadayim): 미쉬나, 소책자 야다임(Yadayim)

야하드(Yahad): "하나됨" 또는 "공동체"를 뜻하는 히브리어. 일부 사본에 나오는 엣세네파의 이름

양력(solar calendar): 364일 달력(태양에 의해 계산됨)

양피지(parchment): 가공된 동물 가죽

언셜(uncial): 대문자로 작성된 필사본

언약(covenant): (특히 하나님과 인간 사이의) 구속력 있는 합의 또는 계약

에발산(Mount Ebal): 세겜(현대의 나블루스) 근처에 있는 여호수아의 제단 장소

에콜 비블리크(École Biblique): 예루살렘에 있는 프랑스 고고학 학교

에티오피아어 에녹서(Ethiopic Enoch): 에티오피아어로 된 완전한 『에녹1서』

엔 게디(Ein Gedi): 쿰란 근처 사해 서쪽 해안에 있는 도시와 오아시스

파랄리포메나(Paral[e]ipomena): (열왕기의 보충이라는 의미에서) 역대기. 칠십인역에서 역대기상하에 해당하는 책(역대기상하의 칠십인역 명칭)

연(Strophe): 절로 이루어진 구성 단위

연장자 플리니우스(Pliny the Elder): 로마 관리, 박물학자, 학자(주후 23-79년)

예수 벤 시라의 지혜(Wisdom of Jesus ben Sira): 시락서의 이름(= 집회서)

예전적인(liturgical): 예배에 관하여, 일반적으로 공적이었지만 개인적인 경우도 있음

오경/모세오경(Pentateuch): 히브리성경의 처음 다섯 권의 책

오니아스 성전(Temple of Onias IV): 대제사장직의 후계자였던 오니아스에 의해 주전 154년 이집트 레온토폴리스에 세워짐

오토트(Otot): "표징들"을 뜻하는 히브리어(4Q319)

와디 세이얄(Wadi Seiyal): 사본이 발견된 유대 사막의 장소(= 히브리어, 나할 세엘림)

와디 스데이어(Wadi Sdeir): 사본이 발견된 유대 사막의 유적지

와디/간헐천(wadi): 일년 중 건조한 시기의 하천 바닥을 뜻하는 아랍어(= 히브리어, 나할[Nahal])

외경(Apocrypha): "감추어진 또는 비밀의 저작들" = 가톨릭 성경에 있는 제2경전. 개신교 성경에는 없는 책들

요세푸스(Josephus): 플라비우스 요세푸스(Flavius Josephus), 유대-로마 작가(주후 37-약 100년)

원-마소라(proto-Masoretic): 성서 본문의 한 그룹(에마누엘 토브)

원전(*Urtext*): 원본 문서

위경(*Pseudepigrapha*): 구약과 외경을 제외한 고대 유대 저작물들

위서(단수형, *Pseudepigraphon*): 고대 저자의 이름을 빌려 쓴 저작

『유대 고대사』(*Antiquities*): 요세푸스의 저술

『유대아 전쟁』(*Judean War*): 요세푸스가 쓴 『유대 전쟁사』(*Jewish War*)의 다른 이름

윤달(intercalate): 제사장 주기의 시작점 삽입

율리우스 솔리누스(Julius Solinus): 로마 역사가이자 문법학자(3세기 초)

은혜의 언약(Covenant of Grace): 『공동체 규율』(1QS 1:7)에서 언약을 가리키는 용어

음력 달력(lunar calendar): 354일 달력(달에 의해 계산됨)

이상치(outlier): 알려진 원인 없이 측정값이 크게 달라지는 경우

이집트 본문(Egytian Text): 성경 본문 유형 세 개 중 하나(프랭크 무어 크로스[Frank Moore Cross])

ㅈ

전-랍비(pre-Rabbinic): 전-마소라를 지칭하는 다른 단어

전-마소라(pre-Masoretic): 원-마소라를 지칭하는 (그리고 선호되는) 단어

전-사마리아(pre-Samaritan): 성서 본문의 한 그룹(에마누엘 토브)

『전쟁』(*War*): 요세푸스, 『유대 전쟁사』(*Jewish War*)

정경(canon): 공동체에 의해 권위 있는 것으로 받아들여진 확정된 책들의 목록

제1성전기(First Temple Period): 솔로몬의 성전이 존재하던 때(약 주전 966-587/6년)

제1차 유대 항쟁(First Jewish Revolt): 주후 66-73년, 로마에 대항한 항쟁

제2성전 시기(Second Temple Period): 제2성전(스룹바벨 성전)의 건축부터(주전 516년) 로
     마인에 의해 멸망하기까지(주후 70년) 기간

제2정경(Deuterocanonicals): 가톨릭에서 외경을 가리키는 용어

제2차 유대 항쟁(Second Jewish Revolt): 바르 코흐바 항쟁이라고도 불리는 로마에 대
     한 반란(132-135년)

조화(Harmonistic): 전-사마리아 본문을 가리키는 다른 말(에마누엘 토브)

종말론(eschatology): 마지막 일들 또는 마지막 때와 관련한 연구

종말론적 잔치(eschatological banquet): 마지막 때의 또는 메시아적 잔치

주해(exegesis): 성경 해석

지역 본문 이론(Local Texts theory): 프랭크 무어 크로스(Frank Moore Cross)가 제안한
     세 가지 성경 본문 유형

집회서(Ecclesiasticus): 시락서의 다른 이름(= 예수 벤 시라의 지혜)

ㅊ

「천문서」(Astronomical Book): 『에녹1서』 72-82장

철자법(orthographic): 단어의 철자에 관한 것

초기 유대교(early Judaism): 제2성전기 유대교의 역사와 그룹들

칠십인역(LXX): 칠십인역(Septuagint), 문자 그대로 칠십인(번역자)에 의해 작성된 것

칠십인역(Septuagint): (1) 문자 그대로 칠십인(번역자)에 의해 작성된 것, LXX로 축약
     됨; (2) 일부 유대인과 초기 교회에서 사용했던 그리스어 구약과 기타 책
     들

ㅋ

카라이파(Karaites): 중세 유대인 집단

『카이게-테오도티온』(kaige-Theodotion): 칠십인역 개정판(주전 1세기 중반)

카테나(catena): (성경) 구절이나 단어들이 사슬처럼 연결되어 있는 것

칼리로에(Callirhoe): 사해 동부 연안의 온천

캠프(camps): 『다마스쿠스 문서』에 있는 무브먼트 구성원들이 살았던 곳

케투빔(Kethubim): 유대인 성경의 세 번째 부분인 "성문서"를 뜻하는 히브리어

코덱스(codex: 복수형, codices): (양피지나 벨룸 가죽 등) 가죽 용지로 만들어 한 쪽을 묶은 (바인딩한) 책의 형태 (두루마리와 대조됨)

코헬레트(Qohelet): 전도서의 히브리어 이름

쿰란 엣세네파(Qumran Essene) 가설: 엣세네가 쿰란에서 만났거나 살았으며 동굴에 사본들을 숨겼다.

쿰란 필사 관습(Qumran Practice): 많은 성경 사본을 그룹화하는 방법(에마누엘 토브)

쿰란(Qumran): 사해의 서쪽 해안에 있는 장소; 제1-11동굴에 사본들을 숨긴 야하드 (Yahad)로 알려진 엣세네 공동체가 살았거나 사용했었다.

키르베트 쿰란(Khirbet Qumran): 쿰란의 유적지

ㅌ

타나흐(Tanakh): 히브리성경의 약어(토라[*Torah*], 네비임[*Nebi'im*], 케투빔[*Kethubim*]에서 유래)

타아미레(Ta'amireh): 베두인 부족

타르굼(Targum): 성경을 아람어로 번역하거나 의역한 것

탈무드(Talmuds): 랍비의 율법과 저술 편집서들

탈-헤롯 시기(post-Herodian period): 성전이 무너진 후부터 바르 코흐바 항쟁까지(주후 70-135년)

토라(Torah): 유대인 성경의 첫 번째 부분인 "율법서"(창세기부터 신명기까지)

트리클리니움(triclinium): 소파 3개가 딸린 식당

ㅍ

파피루스(papyrus [복수형, papyri]): 식물로 만든 종이의 일종

팔레스타인 본문(Palestinian Text): 세 가지 성경 본문 유형 중 하나(프랭크 무어 크로스)

페쉐르/주석(*pesher* [복수형, *pesharim*]): 해설, 해석

페쉬타(Peshitta): 시리아어 역본(외경이 있는 구약)

포로/유배(exile): 느부갓네살이 예루살렘을 멸망시킨 후 일어난 일(주전 587/6년)

필사실(scriptorium): 기록실

ㅎ

하스몬 시대(Hasmonean period): 유대아가 하스몬계 대제사장 또는 왕에 의해 통치
　　　되던 때(약 주전 150-30년)

『할라카 편지』(*Halakhic Letter*): 『일부 율법의 행위들』(MMT)을 가리키는 이름

헤롯 시대(Herodian period): 여러 헤롯이 통치하던 때(주전 30년-주후 70년)

헬레니즘(Hellenism): 그리스 문화와 언어의 전파, 때로는 강요에 의해 전파됨

『호다요트』(*Hodayot*): 『감사 찬양집』

후기 기간(Postscript period): 주후 68년에 파괴된 쿰란 유적지의 모습

『훈련 교범』(*Manual of Discipline*): 『공동체 규율』(*Rule of the Community*)의 초기 이름

흐로닝엔 가설(Groningen Hypothesis): 엣세네 무브먼트의 분열, 쿰란 공동체의 종말
　　　론적 근원을 포함하고 있음

희년(Jubilee): 안식년의 일곱 주기가 끝나는 49년 또는 50년째

히브리 고서체(paleo-Hebrew): 매우 고대 형태의 히브리어 문자

히폴리투스(Hippolytus): 로마 작가(약 주후 170-236년)

* 여기에 등장하는 고유명사(인물)는 본문에서 한영을 병기하지 않았습니다.

ㄱ

가말리엘(Gamaliel): 바리새인이자 산헤드린의 지도자(행 5:34)

가비니우스(Gabinius): 주후 1세기 로마의 정치가이자 사령관

감독관(Guardian): 히브리어로 마벡케르(*Mabaqqer*) 또는 파퀴드(*Paqid*)로, 아마도 교
　　　사(Instructor)의 또 다른 이름일 수 있음. 신규 후보자 평가자, 감독자, 교
　　　사, 회의 진행자

거짓을 토하는 자(Spewer of Lies): 거짓의 사람(= 조롱하는 자)의 이름

거짓의 사람(Man of the Lie): 의의 스승(Teacher of Righteousness)의 반대자

교사(Instructor): 마스킬(*Maskil*, 깨달은 현명한 지도자), 어쩌면 감독관(Guardian)의 또 다
　　　른 이름일 수도 있음

기름 부음 받은 선지자(Anointed Prophet): 마지막 날의 인물. 아마도 엘리야

깃딤(Kittim): 일부 분파 문서에 나오는 로마인이나 사악한 이방인

ㄴ

느부갓네살(Nebuchadnezzar): 바빌로니아 왕(약 주전 605-562년). 587/586년에 예루살
　　　렘을 멸망시킴

ㄷ

다마스쿠스(Damascus): 『다마스쿠스 문서』에 나타나는 곳. 상징적인 위치일 수 있
　　　음

다윗의 가지(Branch of David): 제왕적 메시아의 많은 이름 중 하나

다윗의 싹(Shoot of David): 제왕적 메시아의 많은 이름 중 하나

다윗의 초막(Booth of David): 제왕적 메시아의 많은 이름 중 하나

담을 쌓는 자들(Wall-Builders): 바리새파의 이름(= 미끄러운 답변을 찾는 자들 = 에브라임)

데메트리오스 1세(Demetrius I): 시리아 왕(재위 주전 161-150년)

디오도토스 트리폰(Diodotus Trypho): 셀레우코스 장군 및 왕(주전 142-138년, 공동 통치 주전 145-142년)

ㄹ

레위인(Levites): 레위 지파 출신으로 종교적인 의무가 있었으며 제사장이 포함되었음

ㅁ

마르쿠스 아밀리우스 스카우루스(Marcus Aemilius Scaurus): 아밀리우스(*Aemilius*)를 보라

마스킬(*Maskil*): 교사(계몽시키는 현명한 지도자), 어쩌면 감독관(Guardian)의 또 다른 이름일 수도 있음

마아시야(Maaziah): 제사장 가족. 마아시야는 스물네번째 제사장 그룹임(대상 24:18)

멜기세덱(Melchizedek): (1) 히브리성경: 살렘 왕이자 지극히 높으신 하나님의 제사장' (2) 『멜기세덱 문서』: 종말론적 해방자, 신성한 존재 또는 천사

므낫세(Manasseh): 일부 종파 사본에 나오는 사두개파의 가능한 이름

미끄러운 답변을 찾는 자들(Seekers of Slippery Answers): 바리새파의 이름(= 에브라임 = 담을 쌓는 자들)

ㅂ

바라갸의 아들 스가랴(Zechariah s. of Barachiah): 제1차 유대 항쟁 당시 바리스(혹은 바룩)의 아들 스가랴

바리새파(Pharisees): (1) 분리주의자 또는 분리된 자들; (2) 초기 유대교의 주요 종파 중 하나; 랍비의 선구자들

베스파시아누스(Vespasian): 로마 제국의 아홉 번째 황제

벨리알(Belial): 일부 종파 사본에 나오는 사탄의 이름

별(Star): 율법의 해석자(의의 스승)

분노의 사자(*Lion of Wrath*): 알렉산드로스 얀나이오스(왕 및 대제사장, 주전 103-76년)

빛의 자녀들/아들들(Sons of Light): 일부 사본에서 엣세네파를 가리키는 문구

ㅅ

사독(Zadok): 아론의 아들 엘르아살의 후손인 제사장

사독인들(Zadokite): 사독의 자손인 대제사장들이 처음으로 성전에서 봉사함

사두개인(Sadducees): 초기 유대교에서; 일부 랍비 저술에 나오는 미님(*minim*, "이단자")

살로메 알렉산드라(Salome Alexandra): 유대 여왕(주전 76-67년), 알렉산드로스 얀나이오스(Alexander Jannaeus) 미망인

새 언약파(New Covenanters): 특히 『다마스쿠스 문서』에서 엣세네파를 가리키는 용어

새벽의 자녀들(Children of Dawn): 빛의 아들들(엣세네파 야하드)의 다른 이름

슐롬찌온(Shelamsion): Historical Text C(4Q331)에 나오는 살로메 알렉산드라 여왕의 이름

시몬 1세(Simon I): 유대 대제사장(약 주전 280-260년)

시몬 2세(Simon II): 유대 대제사장(주전 218-185년)

시몬(Simeon): 유대 대제사장(주전 142-134년)

ㅇ

아론(Aaron): 『공동체 규율』(1QS)에서 지도자 이름

아론의 메시아(Messiah of Aaron): 제사장적 메시아의 이름

아리스토불로스 1세(Aristobulus I): 유대 왕 및 대제사장(주전 104-103년)

아리스토불로스 2세(Aristobulus II): 유대 왕 및 대제사장(주전 66-63년)

아리스토불로스 3세(Aristobulus III): 하스몬 가문의 마지막 대제사장(주전 53-36년)

아밀리우스(Aemilius): 마르쿠스 아밀리우스 스카우루스(Marcus Aemilius Scaurus), 시리아의 로마 총독

악한 제사장(Wicked Priest): 의의 스승의 반대자

안티오코스 4세 에피파네스(Antiochus IV Epiphanes): 셀레우코스 왕(약 주전 215-164년)

알렉산드라(Alexandra): 살로메 알렉산드라(Salome Alexandra)를 보라

알렉산드로스 발라스(Alexander Balas): 시리아 사령관, 주전 150년에 셀레우코스 제
　　　국의 왕이 되었음

알렉산드로스 얀나이오스(Alexander Jannaeus): 유대 왕 및 대제사장(주전 103-76년)

알렉산드리아의 필론(Philo of Alexandria): 이집트의 유대인 작가(약 주전 20년-주후 50
　　　년)

알키모스(Alcimus): 유대 대제사장(주전 162-159년)

야손(Jason): 유대 대제사장(주전 175-172년), 오니아스 3세의 형제

야하드(Yahad): "하나됨" 또는 "공동체"를 뜻하는 히브리어, 일부 사본(특히. 1QS)에
　　　서는 엣세네파를 가리키는 이름이므로 엣세네파 야하드(Yahad Essenes)라
　　　고 함

어둠의 자식들(Sons of Darkness): 일부 사본에서 타락한 천사와 사악한 인간을 가리
　　　키는 문구

에브라임(Ephraim): 바리새파의 이름(= 미끄러운 답변을 찾는 자들 = 담을 쌓는 자들)

엘아자르(Eleazar): 제2성전기 유대교의 대제사장. 오니아스 1세의 아들

엣세네파(Essenes): 아마도 율법의 "관찰자"(Observers)였을 것이다. 초기 유대교의
　　　한 주요 종파(주전 2세기 초부터 주후 1세기 후반까지)

여호수아 벤 여호사닥(Jehoshua ben Jehozadak): 유배 이후 최초의 사독 가문 제사장

연장자 플리니우스(Pliny the Elder): 로마 관리, 박물학자, 학자(주후 23-79년)

예언자(Prophet): "모세와 같은 예언자", 메시아적 인물, 또는 의의 스승

예언자적 메시아(Prophetic Messiah): 『메시아 묵시록』(4Q521)의 특징을 이룸

오니아스 3세(Onias III): 유대 왕 및 대제사장(주전 185-175년)

요나탄 압푸스(Jonathan Apphus): 유대 대제사장(주전 152-143년)

요나탄 왕(King Jonathan): 『요나탄 왕을 위한 기도』(4Q448). 아마도 알렉산드로스 얀
　　　나이오스(Alexander Jannaeus)일 것임

요세푸스(Josephus): 플라비우스 요세푸스(Flavius Josephus), 유대-로마 작가(37-약 100
　　　년)

요안네스 히르카노스 1세(John Hyrcanus I): 유대 왕 및 대제사장(주전 134-104년 통치)

요안네스 히르카노스 2세(John Hyrcanus II): 유대 왕 및 대제사장(주전 76-66년, 주전
　　　63-40년에 복권됨)

예후다 마카비(Judas the Maccabee): 셀레우코스 제국에 맞서 마카비 항쟁을 주도함
(주전 167-164년), 그로닝엔 가설(Groningen Hypothesis)에 따른 대제사장
율법 해석자(Interpreter of the Law): 의의(때때로 메시아적) 스승의 이름
의의 스승(Teacher of Righteousness): 엣세네 무브먼트의 초기의 그리고 가장 저명한
지도자(주전 176-142년에 활동했을 가능성이 가장 높음)
이스라엘(Israel): 『공동체 규율』(1QS)에 나오는, 비성직자/비제사장을 지칭하는 이
름
이스라엘의 메시아(Messiah of Israel): 제왕적 메시아의 많은 이름 중 하나

ㅈ

제사장(Priest): (1) 제사장적 메시아의 이름; (2) 의의 스승의 이름
제왕적 메시아(Royal Messiah): 다윗의 초막/가지/싹, 이스라엘의 메시아 등으로도
불림
조롱하는 자(Man of Mockery): 거짓의 사람(= 거짓을 토하는 자)의 이름
조롱하는 자들(Men of Mockery): 의의 스승을 반대한 예루살렘의 무리

ㅊ

치유파(Therapeutae): 알렉산드리아의 필론이 묘사한 이집트의 유대인 종파

ㅌ

티투스(Titus): 로마 사령관, 그 후에 황제가 됨(79-81년)

ㅍ

페이톨라우스(Peitholaus): 주전 53년에 처형된 유대인 장교
프톨레마이오스 2세(Ptolemy II): 프톨레마이오스 왕조 이집트의 왕

ㅎ

하스몬 가문(Hasmoneans): 하스몬 왕조, 대제사장, 마카비 가문의 왕들
하시딤(Hasidim): 하나님께 경건한 또는 충성스러운 자, 바리새파의 이전 이름

헤롯파(Herodians): 헤롯 왕조를 지지한 유대 정당

헤롯 대왕(Herod the Great): 유대아 왕(재위 주전 37-4년), 제2성전을 재건함

헤롯 아르켈라오스(Herod Archelaus): 유대 및 이두매의 로마 속주 지방의 통치자(약
   주전 4년-주후 6년)

홀(Scepter): 제왕적 메시아의 많은 이름 중 하나

회중의 왕자/군주(Prince of Congregation): 제왕적 메시아의 많은 이름 중 하나

회중의 지도자(Leader of Congregation): 왕이신 메시아의 많은 이름 중 하나

히르카노스(Hyrcanus): 요안네스 히르카노스 1세, 요안네스 히르카노스 2세를 보라

히에로니무스(Jerome): 고대 서방교회 신학자. 라틴어 번역 성경을 편찬함

* 여기에 등장하는 책 이름은 본문에서 한영을 병기하지 않았습니다.

ㄱ

「감찰자의 책」   Book of the Watchers

『가설: 유대인을 위한 변론』   *Philo, Hypothetica: Apology for the Jews*

『감사 찬양집』   *Thanksgiving Hymns*

『개작된 오경』   *Reworked Pentateuch*

『거인들의 책』   *Book of Giants*

『곡물 장부』   *Accounts of Cereals*

『공동 의식』   *Communal Ceremony*

『공동체 규율』   *Community Rule; Rule of the Community*

『교훈』   *Instruction*

『교훈적 작품』   *Instruction-like Work*

『구원 탄원』   *Plea for Deliverance*

「꿈의 책」   Book of Dreams

『규율집』   *Rule*

『기타 규율』   *Miscellaneous Rules*

ㄴ

『나보니두스의 기도』   *Prayer of Nabonidus*

『나훔 주석』   *Commentary on Nahum*

『나훔 페쉐르』   *Pesher on Nahum*

『네 왕국』   *Four Kingdoms*

『노아서』   *Noah*

ㄷ

『다니엘 비록』	*Apocryphon of Daniel*
『다니엘 위서 A』	*Pseudo-Daniel A*
『다니엘 위서 B』	*Pseudo-Daniel B*
『다니엘 추가본』	*Additions to Daniel*
『다마스쿠스 문서』	*Damascus Document*
『다윗의 비록』	*Apocryphon of David*
『다윗의 자손들』	*Descendants of David*
『다윗의 작품집』	*David's Compositions*
『달의 단계』	*Phases of the Moon*
『대시편 사본』	*Great Psalm Scrolls*
『대이사야 사본』	*Great Isaiah Scroll*

ㄹ

『런던 사본』	*London Manuscript*
『레위기 고서체 사본』	*Paleo-Leviticus Scroll*
『레위기 타르굼』	*Targum of Leviticus*
『레위의 비록』	*Apocryphal Levi*

ㅁ

『마사다』	*Masada*
『마사다에서 나온 희년서와 유사한 문서』	
	Work Similar to Jubilees from Masada
『마지막 날을 위한 제사장 축복』	*Priestly Blessings for the Last Days*
『마카비3서』	*3 Maccabees*
『마카비4서』	*4 Maccabees*
『말라기의 비록』	*Apocryphon of Malachi*
『매일의 기도』	*Daily Prayers*
『메길라트 타아니트』	*Megillat Ta'anit*

『메시아 묵시록』	*Messianic Apocalypse*
『멜기세덱 문서』	*Melchizedek Text*
『모든 선한 사람은 자유롭다』	*Every Good Man Is Free*
『모든 이단에 대한 반박』	*Hippolytus, Refutation of All Heresies*
『모세의 비록』	*Apocryphon of Moses*
『모세의 승천』	*Assumption of Moses*
『모세의 주석』	*Midrash Sefer Moshe*
『므낫세의 기도』	*Prayer of Manasseh*
미쉬나	Mishna
『미쉬마로트 A–C』	*Mishmarot A–C*
『미쉬마로트 F』	*Mishmarot F*
『미쉬마로트 G』	*Mishmarot G*
『미쉬마로트』	*Mishmarot*

ㅂ

『바다의 노래』	*Song of the Sea*
『바바 바트라』	*Baba Bathra*
『베라코트』	*Berakhot*
벤 시라	Ben Sira
벤 시라의 지혜서	Wisdom of Ben Sira
『분파 선언문』	*A Sectarian Manifesto*
「비유」	Similitudes 또는 Parables

ㅅ

『사독 저작 단편』	*Fragments of a Zadokite Work*
『사무엘-열왕기 비록』	*Apocryphon of Samuel-Kings*
『사무엘의 환상』	*Vision of Samuel*
『사색적 삶에 관하여』, 필론	*Philo, On the Contemplative Life*
『사악한 여인의 계략』	*Wiles of the Wicked Woman*

『산헤드린』	Babylonian Tamud, *Sanhedrin*
『새 예루살렘 문서』	*The New Jerusalem Text*
『새벽의 자녀들의 현자』	*The Sage to the Children of Dawn*
『생애』, 요세푸스	*Josephus, Life*
『선문집』	*Florilegium*
『성전 문서』	*Temple Scroll*
『세 개의 불의 혀』	*Three Tongues of Fire*
『솔로몬의 시편』	*Psalms of Solomon*
『수확』	*Harvesting*
시락서	Sirach
『시빌라의 신탁』	*Sibyllene Oracle*
『시온을 부름』	*Apostrophe to Zion*
『시편 151A편』	*Psalms 151A*
『시편 151B편』	*Psalms 151B*
『시편 152-155편』	*Psalms 152–155*
『시편 154편』	*Psalms 154*
『시편 155편』	*Psalms 155*
『시편 비경』	*Apocryphal Psalms*
『시편 사본』	*Psalms Scroll*
『시편 주석』	*Commentary on Psalms*
『시편 주석 a』	*Commentary on Psalms a*
『시편 페샤림』	*Psalm Pesharim*
『식후 기도』	*Grace After Meals*
『신비』	*Mysteries*

ㅇ

『아담과 이브의 생애』	*Life of Adam and Eve*
『아람어 레위 문서』	*Aramaic Levi*
『아람어 묵시록』	*Aramaic Apocalypse*

『아리스테아스의 편지』	*Letter of Aristeas*
『아므람의 환상』	*Visions of Amram*
『아보트』	Mishnah, *Tractate ʿAbot*
『아비수아 문서』	*Abishaʿ Scroll*
『아쉬카르 사본』	*Ashkar Manuscript*
『아피온 반박문』	*Against Apion*
『악마를 대적하는 네 가지 시』	*Four Psalms Against Demons*
『악마를 대적하는 세 가지 노래』	*Three Songs Against Demons*
『안식일 희생제사 노래』	*Songs of the Sabbath Sacrifice*
『야다임』	Mishnah, *Yadayim*
『에녹1서』	*1 Enoch*
「에녹의 편지」	Epistle of Enoch
『에스겔』	*Ezekiel*
『에스겔 위서』	*Pseudo-Ezekiel*
『에스드라1서』	*1 Esdras*
『에스드라2서』	*2 Esdras*
『에스라3서』	*3 Ezra*
『에스라4서』	*4 Ezra*
『엘리사의 비록』	*Apocryphon of Elisha*
『여호수아 비경』	*Apocryphon of Joshua*
『여호수아의 예언』	*Prophecy of Joshua*
『역법서 A』	*Calendrical Document A*
『역법서 D』	*Calendrical Document D*
『역법서』	*Calendrical Document*
『열두 족장의 유언』	*Testaments of the Twelve Patriarchs*
『예레미야』	*Jeremiah*
『예레미야 위서』	*Pseudo-Jeremiah*
예레미야의 편지	Letter of Jeremiah
예수 벤 시라의 지혜서	The Wisdom of Jesus Ben Sira

『올라가는 자들의 시들』	*Psalms of Ascent*
『요나탄 왕을 위한 기도』	*Prayer for King Jonathan*
『요셉의 비록』	*Apocryphon of Joseph*
『요셉의 유언』	*Testament of Joseph*
『욥기 타르굼』	*Targum of Job*
『유다를 부름』	*Apostrophe to Judah*
『유다의 유언』	*Testament of Judah*
『유대 고대사』	Josephus, *Jewish Antiquities*
『유대 전쟁사』	Josephus, *Jewish War*
『의로운 자의 길』	*Ways of Righteousness*
『의식』	*Ordinances*
『이사야 주석』	*Commentary on Isaiah*
『이사야 페샤림』	*Pesharim on Isaiah*
『이사야 페쉐르』	*Pesher on Isaiah*
『이사야』	*Isaiah*
『이사야의 순교와 승천』	*Martyrdom and Ascension of Isaiah*
『일부 율법의 행위들』	*Some of the Works of the Law:*

ㅈ

『자연사』	Pliny the Elder, *Natural History*
『장부』	*Accounts*
『재진술된 여호수아』	*Paraphrase of Joshua*
『재진술된 열왕기』	*Paraphrase of Kings*
『전쟁 규율 유사 문서 A』	*War Scroll-like Text A*
『전쟁 규율 유사 문서 B』	*War Scroll-like Text B*
『전쟁 규율』	*War Rule*
『전쟁 문서』	*Book of War*
『절기 기도』	*Festival Prayers*
『정결 규례 A』	*Purification Rules A*

『정결례』	*Purification Liturgies; Purification Liturgy*
『정결 의식 A』	*Rituals of Purification A*
『정결 의식 B』	*Rituals of Purification B*
『제4동굴 아므람의 환상』	*4QVisions of Amram*
『종말의 찬송』	*Eschatological Hymn*
『주문』	*Incantation*
『증서』	*Deeds*
『증언서』	*Testimonia*
『지복』	*Beatitudes*
『지혜 작품』	*Sapiential Work*
집회서	Ecclesiasticus

ㅊ

『창세기 비경』	*Genesis Apocryphon*
『창세기 주석』	*Commentary on Genesis*
『창세기와 출애굽기 재진술』	*Paraphrase of Genesis and Exodus*
『창세기와 출애굽기 주석』	*A Commentary on Genesis and Exodus*
『창조에 대한 묵상 A』	*Meditation on Creation A*
『창조의 시대』	*Ages of Creation*
『창조자에게 드리는 찬송』	*Hymn to the Creator*
『채무 인정서』	*Acknowledgement of Debt*
「천문서」	Astronomical Book
『천체의 말씀』	*Words of the Luminaries*
『축복 규율』	*Rule of Blessings*
『축복』	*Blessings*
『출애굽/정복 전승』	*Exodus/Conquest Traditions*

ㅋ

『카이게-테오도티온』	*kaige-Theodotion*

『카테나 A』	*Catena A*
『카테나』	*Catena*
『카하트의 유언』	*Testament of Qahat*

ㅌ

『탄후밈』	*Tanhumim*
탈무드	Talmud
토비트서	Tobit

ㅍ

파랄리포메나1-2서	1-2 Paralipomena 또는 Paraleipomena
『편지』	*Letters*
『필사 활동』	*A Scribal Exercise*

ㅎ

『하나님을 찬양하는 시간』	*Times for Praising God*
『하나님의 행사』	*Works of God*
『하박국 주석』	*Commentary on Habakkuk*
『하박국 페쉐르』	*Pesher Habakkuk*
『할라카 편지』	*Halakhic Letter*
『할라카 A』	*Halakha A*
『할라카 B』	*Halakha B*
『현자의 노래』	*Songs of the Sage*
『호다요트』	*Hodayot*
『황도대 관상학』	*Zodiacal Physiognomy*
『황도학과 천둥학』	*Zodiology and Brontology*
『회중 규율』	*Rule of the Congregation*
『희년서 인용문』	*Citation of Jubilees*
『희년서』	*Jubilees*

서론:
이 시대 최고의 발견

1948년 4월 11일 미국의 성서학계를 이끌던 학자들 중 하나였던 밀러 버로우즈(Millar Burrows)는 런던의 〈더 타임즈〉(*The Times*)를 통해 사해문서를 세상에 알렸다. 당시 저명한 고고학자였던 윌리엄 올브라이트(William Albright)는 사해문서의 고대성을 인정하며, "20세기 최고의 고고학적 발견"이라는 찬사를 아끼지 않았다. 어떻게 올브라이트 같은 신중하고 학식이 깊은 학자가 그런 대범한 주장을 할 수 있었을까?

이 질문에 대해 답하기 전에, '사해문서'가 무엇을 의미하는지 간략하게 설명하는 것이 도움이 되리라 본다.

1. 사해문서 개관

1946년 말에서 1947년 초에 베두인 목동들이 쿰란이라고 불리는 고대 지역에서 가까운 한 동굴에서 예닐곱 개의 두루마리를 발견했다. 그 지역은 사해 서쪽 해안에서 1마일(약 1.6km) 정도 내륙 쪽으로, 그리고 예루살렘에서 동쪽으로 13마일(약 21km) 떨어진 곳에 위치한 장소였다. 이 동굴이 제1동굴로 알려지게 됐으며, 여기에서 『대이사야 사본』과 『공동체 규율』 등 모두 7개의 두루마리가 발견됐다. 이때부터 1956년까지 쿰란 지역에서 11개의 동굴이 발굴됐다. 이 동굴들에서 도기들을 비롯한 다양한 유물들이 나왔는데, 무엇보다도 두루마리들(둘둘 말린 필사본을 가리킴)이 가장 중요한 물품이라고 할 수 있다. 필사된 문서들은 무려 1,050개에 이르며, 25,000개에서 50,000개의 조각들로 찢어진 상태로 발견됐는데(단편들의 수를 세는 방식에 따라서 단편들의 개수에 차이가 발생한다) 대부분 조각들은 우표보다도 크기가 작다. 몇몇 문서들은 비교적 잘 보존되어 있었지만, 모든 문서가 훼손된 상태였고, 대부분은 단편(斷片) 조각들만 남아 있었다.

사해 인근 다른 곳에서도 필사본들이 발견됐는데, 와디 무랍바아트(약 120개, 1951-1952년), 나할 헤베르(70개 이상, 1951-1961년), 마사다(15개, 1963-1965년) 등이 그곳이다. 따라서 "사해문서"라는 용어는 쿰란(주요 유적지)뿐 아니라 사해 인근의 모든 유적지에서 발굴된 두루마리들을 통합적으로 지칭한다. 그러나 대부분의 연구나 학자들의 논의에서는 '사해문서'라는 용어를 대체로 쿰란에서 발견된 필사본들을 가리켜 말할 때 사용한다.

쿰란에서 발견된 필사본들은 성경기록에 사용됐던 세 언어인 히브리어, 아람어, 그리스어로 기록되어 있다. 학자들은 이 저작들을 크게 성경 문헌과 비성경 문헌으로 구분한다. 쿰란에서 발견된 1,050개에 이르는 문서 중 거의 300개 정도(대략 29%)가 성경 문헌으로 분류되어 있는데, 이들 문서들은 성경 본문 자료로는 가장 오래된 사본들이다. 나머지 750개 가량의 문헌들 중 다수에서 초기 유대교와 초기 기독교와의 직간접적인 연관성을 찾아볼 수 있다. 예컨대, 그 문헌들에는 신약성경이나 후기 랍비 문헌들(미쉬나와 탈무드)에서 발견되는 여러 사상과 가르침들이 예견되거나 언급되어 있다.

"사해문서"는 실제로 고대의 문헌이다. 쿰란에서 발견된 가장 이른 사본들은 주전 250년 혹은 이보다 좀 더 이른 시기에 기록됐다. 가장 후대의 사본은 쿰란 유적지가 로마군에 의해 파괴된 주후 68년 직전에 필사됐다. 다른 유적지에서 발견된 문서들은 이보다 조금 늦게 기록됐다: 마사다(주후 74년까지), 와디 무랍바아트(주후 135년까지), 나할 헤베르(주후 135년까지).

이런 사실들을 바탕으로, 사해문서의 중요성을 극단적으로 강조한 올브라이트의 주장을 인증해 주는 5가지 분명한 이유들을 정리해 볼 수 있다.

2. 사해문서의 중요성

(1) 사해문서는 성지에서 발견됐다

고대 팔레스타인 지역은 유대교와 기독교와 이슬람 세 종교에서 성지로 여기는 지역으로, 지금 이 책을 읽는 대부분의 독자들은 그중 어느 한 종교에 속해 있을 것이다. 우리가 자신의 조국에 대해 특별한 마음이 있는 것처럼, 유대인들과 기독교인들에게 이스라엘 땅은 유일하고 진정한 성지다. 그 땅은 예언자들이 말씀을 선포했던 곳이며, 예수께서 살았던 곳이고 부활 사건이 일어났던 곳이기 때문이다. 제2성전이 무너지기 전에 기록된 문헌들 중 성지에서 발견된 문헌은 사해문서가 유일하다. 쿰란 필사본들로 인해, 우리는 예루살렘 성전(제2성전)이 아직 건재했던 당대에 성지에서 기록된 문헌을 1,000개 이상 가질 수 있게 됐다.

(2) 사해문서는 성경 언어로 기록됐다

(라틴어나 고대 시리아어 같은) 고대어와 근대어(영어, 프랑스어, 독일어 등)가 성서학자들에게 매우 중요한 것도 사실이지만, 무엇보다도 히브리어, 아람어, 그리스어 원어로 기록된 필사본들은 그 어떤 것보다 높은 가치가 있다. 쿰란 인근에서 발견된 사본들에는 히브리어와 아람어(다니엘서의 일부)로 된 고대 성경 책들과 그리스어 칠십인역의 단편들이 포함되어 있다. 물론 비성경 문서들도 이 세 언어로 기록되어 있다.

(3) 사해문서에는 가장 오래된 성경 필사본들이 있다

성서학자들에게 성경 사본의 필사 시기는 무엇보다도 중요하다. 사해문서 이전에 발견된 필사본들 중 가장 오래된 히브리어 필사본은 나쉬 파피루스(Nash Papyrus)로 주전 150-100년에 기록됐다. 이 단편 조각에는 출애굽기 20:2-17과 신명기 5:6-21 본문이 담겨 있다. 그러나 이 단편에는 성경 본문이 매우 조금밖에 남아 있지 않아서 그 필사본을 바탕으로 재구성한 히브리어 본문과 번역은 실상 후대에 기록된 보다 완전한 형태의 필사본을 바탕으로 재구성됐다. 우리가 앞으로 더 자세히 다루게 될 것처럼, 오늘날 사용되고 있는 히브리성경의 모든 히브리어 사본은 중세 시대의 필사본들을 기반으로 하고 있다. 대부분의 영어 번역에서 대본으로 사용하는 주요 히브리어 본문은 레닌그라드 코덱스(Leningrad Codex: 또는 세인트 피터스버그 코덱스[St. Petersburg Codex])라고 하는 단일 사본으로 주후 1008년 혹은 1009년에 필사된 사본이다. 이 사본이 전통 히브리성경 전체를 가지고 있는 가장 오래된 사본이다. 또한 알렙포 코덱스(Aleppo Codex)라고 불리는 중요한 히브리어 사본이 있는데, 이 사본은 주후 약 925년경에 필사된 것으로, 레닌그라드 코덱스보다 약 100년 앞서지만, 현재 오경의 대부분이 유실됐고 적잖이 손상된 상태다. 이런 와중에 대략 250여 개에 이르는 성경(각 권) 문헌들이 쿰란에서 발견되는 놀라운 사건이 일어났다. 이들은 알렙포 코덱스보다 많게는 1175년이나 오래된 것으로, 주전 250년에서 주후 68년 사이에 필사됐다. 당시는 제2성전이 건재했던 때로 이 사본들은 고대 성경 사본으로서는 가장 방대하고 중요한 사본이라고 할 수 있다.

(4) 사해문서는 초기 유대교에 대한 새로운 자료(정보)를 제공해 준다

모든 쿰란 문서들은 예루살렘 성전이 무너진 주후 70년 이전에 기록됐으며, 따라서 초기 유대교 연구를 위한 신뢰할 만한 자료가 된다. 이 문서들은 그 당시에 유대교 분파가 여러 개 있었음을 확증해 준다. 예수 사역 당시의 주요 유대교 분파였던 바리새파와 사두개파는 우리에게 이미 적잖이 알려져 있다. 여러 비성경 사본들이 이 분파들에 대해 많은 정보를 제공한다. 한편, 다른 비성경 사본들(분파문서)에는 새 언약 공동체라고 불리는 또 다른 분파의 사상이나 모습이 기록되어 있는데, 대부분의 학자들은 이들을 엣세네파라고 생각한다. 어떤 문서들은 적법하게 선택된 하나님의 백성이라는 문제로 서로 다른 유대교 분파들 사이에 있었던 치열한 논쟁에 대한 놀라운 통찰을 보여준다. 쿰란 제4동굴에서 발견된 『일부 율법의 행위들』(4QMMT라고도 함) 같은 문헌이 그런 종류의 문헌이라 할 수 있다. 이 선언문에서 엣세네파(또는 엣세네파의 전신)는 하나님이 보시기에 합당한 사람이 되도록 하는 율법과 규정들을 선언하고 있는데, 그들의 반대파였던 바리새파의 유연한 규정을 염두에 둔 보다 엄격한 법들이다.

(5) 사해문서는 초기 기독교에 대한 새로운 정보를 제공한다

사해문서는 기독교인들에 의해 기록되지도 않았고, 어떤 기독교인에 대해서도 언급하지 않았기에 예수나 초기 기독교와 직접적으로 연관되어 있지는 않다. 그러나 몇몇 주요 필사본은 예수의 삶과 가르침을 이해하는 데 도움이 되며, 어떤 사본들은 신약에 나타난 여러 교리를 예견한다. 보다 구체적으로 말하자면, 이 고대 문헌들은 3가지 측면에서 복음서의 길을 조명해 준다: (a) 예수와 초대 기독교 당시의 유대교 사회, 분파들, 관습과 신앙에 대한 유익한 정보들을 제공해 준다는 면에서, (b) 예수의 메시지와 다른 유대교 그룹들의 메시지 사이에 나타나는 차이를 보다 세밀하게 그려볼 수 있도록 돕는다는 면에서, (c) 신약성경 일부 본문들과 내용이 비슷한 새로운 문서를 제공한다는 면에서, 복음서에 나타난 예수의 가르침이나 다른 신약성경에서 찾아볼 수 있는 다양한 정보들이 후대 교회에 의해 의도적으로 만들어져 신약성경에 첨가 됐다는 관점에 반하여, 사해문서는 그런 정보들이 초기 유대교 문헌에서 이미 예견되어 있다는 점을 보여 주기에 특별히 더 흥미롭다.

어떤 문서는 신약성경의 본문과 매우 비슷한 단어를 사용하기도 한다. 이것은 이런 용어들이 주전 1세기 유대인들 사이에 잘 알려져 있었다는 점을 시사한다. 따라서 연관된 신약성경 본문 기록의 고대성이나 진정성을 지지해 준다. 사해문서에 예견되는 신약성경의 주제들에는 다음과 같은 것들이 있다: 팔복; 성령; 제사장,

왕, 예언자로서의 메시아; 메시아인 하나님의 아들; **율법의 행위들**이라는 용어(갈 3장); 아마겟돈 전쟁(종말론적 전쟁); 새 예루살렘.

1987년 이후로, 필자는 여러 사해문서들을 관찰하고, 연구하고, 출판하는 기회를 얻었으며, 이 문헌들에 대해 많이 강연했을 뿐만 아니라, 미국과 캐나다의 여러 박물관에서 있었던 사해문서 전시회에 자문으로 돕는 특권을 누렸다. 이 기간 동안 나는 사해문서가 수많은 사람들의 관심을 끌고, 많은 사람들과 박물관들 심지어 해당 도시에 미치는 지속적인 영향력을 목격했다. 이 모든 시간이 지났음에도 사해문서는 여전히 새로움으로 남아 있으며 경외감과 경이로움을 부여해 준다.

사해문서는 히브리성경과 신약성경 그리고 제2성전기 유대교 전반에 걸친 학계에 커다란 충격을 주었다. 사해문서가 보급되기 시작하던 1950년대 이후로 사해문서 자체에 대한 출판물과, 사해문서를 사용하여 제2성전 관련 주제를 다룬 성서학계 출판물들은 수천 권에 이른다. 이 외에도 수없이 많은 사해문서 관련 논문들이 출판됐다. 사해문서만을 전적으로 다루는 학회인 IOQS(International Organization for Qumran Studies)가 있으며, 사해문서 전문 학술 저널은 2개(*Revue de Qumrân*과 *Dead Sea Discoveries*), 연구서 시리즈는 4개(Discoveries in the Judaean Desert, Dead Sea Scrolls Editions, Studies on the Texts of the Desert of Judah, and Studies in the Dead Sea Scrolls and Related Literature)가 있다. 사해문서에 대한 학자들의 연구나 토론 등은 베스트셀러 고고학 잡지인 〈성서고고학평론〉(*Biblical Archaeology*

Review) 같은 폭넓은 독자층을 대상으로 하는 일반 잡지에서도 찾아볼 수 있다. 이런 수많은 연구의 결과로 히브리성경의 형성 과정, 제2성전 파괴 이전의 초기 유대교, 초기 기독교와 신약성경의 형성에 관한 기존의 관점이 뒤바뀐 경우는 물론 기존의 관점이 추가적으로 지지를 받은 경우도 있다.

사해문서를 "20세기 최대의 고고학적 발견"이라고 했던 올브라이트의 평가는 설득력이 있으며, 폭넓게 수용됐다. 성경 연구자들과 제2성전기 유대교를 연구하는 학계에 끼친 사해문서의 영향을 생각해 볼 때, 그리고 수백만의 사람들이 예루살렘에 방문해서 사해문서를 관람하고, 이루 말할 수 없는 사람들이 세계 각처에서 사해문서 전시회를 관람했다는 사실에 비추어 볼 때, 사해문서는 이제 이 시대의 하나의 문화적 아이콘으로 자리잡게 됐다고 볼 수 있다.

제1장
유대 사막에서 발견된 사해문서

서론

사해문서는 사해 서안과 가까운 유대 사막에서 발견된 고대 사본을 지칭한다. 본 장에서는 주요 발굴지인 쿰란과 1,050개의 사본 두루마리들 그리고 항아리 같은 여러 유물들이 집중적으로 다뤄질 것이다. 이에 더하여 와디 무랍바아트, 나할 헤베르와 마사다 같은 다른 주요 발굴지에 대한 세부 사항들도 다루게 될 것이다.

첫 번째 문서가 발견된 1946년 혹은 1947년 이후로 팔레스타인 지역은 불안정해졌다. 그곳은 때로는 위험했지만 언제나 흥미진진한 곳이었다. 지명부터도 논란이 많았다. 대부분의 학자들은 이스라엘과 팔레스타인 지역을 포함하는 지역을 **팔레스타인**이라고 부르기를 선호한다.

첫 번째 두루마리는 중동 지역에 큰 혼란과 폭력이 난무하던 때에 발견됐다. 당시 팔레스타인은 영국의 위임 통치 아래 있었는데, 영국의 통치는 1948년 5월 팔레스타인 지역의 분할과 함께 끝나게 됐다. 이후 발생한 아랍인들과 유대인들 사이의 긴장감은 이스라엘이 독립했음에도 끝나지 않고 오늘에까지 이르고 있다. 이런 정치적 배경은 (새로 건국한 이스라엘을 위해 사해문서를 취득하려고 했던) 유대인들이나 (비밀리에 보물을 사냥했던) 베두인들 또는 (사본들을 미국으로 가져와 전시하려 했던) 서구인들 같은, 사해문서와 관련된 여러 주요 인물들의 행동을 이해하는 데 도움이 된다.

1. 쿰란 제1동굴에서 발견된 7개 사본

제1동굴과 첫 번째 문서를 발견한 것에 대한 이야기는 여러 시각에서 재구성되어 전해지고 있다. 곧, 베두인 목동들, 이스라엘 사람들, 고고학자들, 서구 학자들의 시각들로 재구성됐다. 각 그룹은 무의식 중에 문화적이거나 역사적이거나 또는 과학적인 준거를 따르려는 경향이 있다. 사해문서의 발견에 대한 완벽에 가까운 기록이 남아 있는 것을 생각해 볼 때, 우리는 두 사람에게 감사한 마음을 갖게 된다. 이들은 책을 쓰기 위해 여러 초기 발견자들과 인터뷰를 했다. 먼저는 존 C. 트레버(John C. Trever: 미국 사람으로는 처음으로 사해 두루마리들을 보았고 사진을 촬영했던 사람)로 『쿰란에 대해 알려지지 않은 이야기』(*The Untold Story of Qumran*, 1965), 『사해문서: 개인적인 이야기』(*The Dead Sea Scrolls: A Personal Account*, 1977), 『사해문서 전망하기』(*The Dead Sea Scrolls in Perspective*, 2004) 같은 책들을 기록했다. 두 번째로는 사해문서재단(Dead Sea Scrolls Foundation)의 경영책임자인 웨스턴 W. 필즈(Weston W. Fields)로서 그는 매우 중요한 저서인 『사해문서: 완전한 이야기』(*The Dead Sea Scrolls: A Full History, vol. 1: 1947-60*, 2009)를 기록했다.

1.1 발견

제1동굴은 타아미레 부족의 베두인 몇 명에 의해 사해 북서쪽에 있는 아인 페쉬카라는 샘물 근처에서 발견됐다. 이 샘은 가축들에게 물을 먹이는 장소였다. 칼릴 무사(Khalil Musa), 윰아 무함메드 칼릴(Jumʻa Muhammed Khalil), 그리고 "늑대"라는 별명으로 불렸던 무함메드 에드-디브(Muhammed edh-Dhib), 이 세 목동은 키르베트 쿰란 인근에서 양 떼를 치고 있었다.

1946년 말 혹은 1947년 초 어느 날, 윰아는 절벽에 있던 구멍으로 돌을 던졌다가 거기서 그릇이 깨지는 소리를 들었다. 윰아는 바로 사촌 둘에게 가서 나중에 다시 그곳에 들르기로 했다. 그러나 그들 중 가장 어렸던 무함메드 에드-디브가 사촌들보다 일찍 그곳에 다시 와서 동굴 안으로 들어가 보았다. (무함메드 에드-디브는 동굴 내부를 묘사하며, 동굴 벽에 길이가 긴 항아리 예닐곱 개가 줄지어 있었는데,

일부에는 항아리에 묶을 수 있는 뚜껑과 손잡이가 있었다고 말했다.) 늑대라 불
렸던 무함메드는 천장에서 떨어진 돌무더기와 바닥에 흩뿌려진
깨진 항아리 조각들을 보았다. 그중 상태가 온전한 항아리가 2개
있었는데, 그중 하나는 뚜껑이 덮여 있었고, 그 속에는 큰 가죽 두
루마리가 있었다. 이 두루마리는 『대이사야 사본』(1QIsaª)이었다.
또한 거기에 녹색을 띤 두 뭉치가 피치(pitch: 원유·콜타르 등을 증류시
킨 뒤 남는 검은 찌꺼기—역주) 혹은 밀납으로 된 검은 막으로 덧입혀진
채 천에 감겨 있었다. 이들은 『하박국 주석』(1QpHab)과 『공동체 규
율』(1QS: 초기에는 『훈련 교범』[*Manual of Discipline*]으로 불렸음)로 알려지게
됐다.

　에드-디브는 항아리에서 두루마리 3개를 꺼내 사촌들에게 가
져왔고, 사촌들은 그가 혼자서 동굴에 다시 갔던 것에 언짢아했다.
욤아는 그 두루마리들을 베들레헴 남서쪽에 있던 자신들의 부족
인 타아미레의 거주지에 보관했다. 그는 두루마리들을 가방에 담
아 천막 기둥에 몇 주 동안 걸어 놓았다. 그러면서 두루마리 중
『대이사야 사본』의 표지가 떨어져 나가는 등의 손상을 입게 됐다.
베두인들은 6월과 7월에 몇몇 두루마리들을 판매했던 주요 인물
인 조지 이샤야 샤모운(George Isha'ya Shamoun)을 두 번 동굴로 안내
했다. 그는 두 번째 방문에서 『창세기 비경』(1QapGen) 등 두루마리
4개를 추가로 가져 나왔다.

　4개의 두루마리는 『대이사야 사본』, 『하박국 주석』, 『공동체
규율』, 『창세기 비경』이며, 그 사본들을 처음 구입했던 기관의 이

2

름을 따서 '성 마가 수도원 사본'(St. Mark's Monastery Scrolls)으로 분류되어 왔다. 제1동굴에서 발견된 나머지 세 문서는 두 번째 『이사야』(1QIsaᵇ), 『감사 찬양집』(1QHᵃ)과 『전쟁 문서』(1QM)로 역시 이것들을 구입했던 기관의 이름을 따서 '히브리대학교 사본'(Hebrew University Scrolls)으로 분류됐다.

1.2 히브리대학교 사본

1947년 6월에 무사와 읍아는 동굴에서 가져왔던 두루마리 3개와 항아리 2개를 파이디 살라히(Faidi Salahi)라는 베들레헴의 골동품 상인에게 7요르단파운드(약 $28)에 팔았다.

살라히의 동업자인 나스리 오한(Nasri Ohan: 예루살렘의 아르메니아 딜러)은 히브리대학교의 고고학 교수였던 엘레아자르 주케닉(Eleazar Sukenik, 1889-1953)에게 연락해서, 샘플을 보여주기로 약속을 잡았다. 11월 25일에 그들은 예루살렘 B구역 자파 게이트 근처에서 만나서 주케닉에게 상당한 크기의 조각 하나를 보여주었다. 사해문서와의 첫 만남에 대해 그는 일기에 이렇게 남겼다:

> 그 양피지를 보았을 때, 첫눈에 그 내용을 이해하지는 못했지만, 곧 문자들이 익숙해지기 시작했다. … 이런 글자들을 긁힌 자국으로 혹은 새겨진 형태로 때로 돌에 그려진 형태로 보기는 했었다. 하지만 지금까지 이런 류의 히브리어 서체가 가죽에 펜으로 쓰인 것을 보기는 이번이 처음이다. (Yadin, *Message of the Scrolls*, 18)

며칠 후, 주케닉은 큰 위험을 무릅쓰고 베들레헴에 있는 살라히의 가게로 찾아가 두루마리 2개를 받았다: 『감사 찬양집』과 『전쟁 문서』(1QM). 이 사본 2개를 예루살렘으로 가져가면서 그는 구매 여부를 이틀 안에 알려주기로 약속했다.

주케닉이 베들레헴에 방문했던 1947년 11월 29일 금요일은 유엔이 팔레스타인을 유대인 구역과 아랍인 구역으로 분리하는 표결을 했던 중요한 날로, 그다음 날 바로 폭동이 일어났다. 12월 1일 월요일에 주케닉은 오한(Ohan)에게 연락하여 두루마리들을 사기로 확정했다. 12월 22일 그는 또 이사야 두루마리(1QIsa^b)와 항아리 2개를 구매했다.

주케닉이 히브리대학교 사본에 대한 구매를 마칠 시점에 그는 4개의 성 마가 수도원 사본들의 존재에 대해서는 알고 있었지만, 그 내용들까지 분명하게 알지는 못했다. 그는 먼저 히브리대학교 사본에 대한 연구를 시작했다. 그리고 1948년에 사해문서 비평본의 첫 번째 예비판을, 그리고 1950년에는 제2권을 출간했다. 주케닉은 1953년에 죽었다. 그의 사후에 그가 구매했던 3개의 사본과 그의 일기 발췌록이 유고집으로 출판됐다(Sukenik, 1954, 1955)

1.3 성 마가 수도원 사본

4개의 성 마가 사본(『대이사야 사본』, 『하박국 주석』, 『공동체 규율』, 『창세기 비경』)이 거쳐간 여정은 우리에게 기막힌 읽을 거리를 제공해 준다.

1947년 2월 혹은 3월에 무사와 욥아는 베들레헴의 골동품 상인이었던 이브라힘 이하(Ibrahim ‘Ijha)에게 4개의 문서 중 3개(『대이사야 사본』, 『하박국 주석』, 『공동체 규율』)를 보여주었다. 그런데 욥아는 시리아 정교회 구성원이었던 조지 이샤야 샤모운(George Isha‘ya Shamoun)도 만났다. 그 세 문서는 또 다른 정교회 구성원이자 골동품 딜러였던 칸도(칼릴 에스칸데르 샤힌[Khalil Eskander Shahin], 대략 1910-1993년)에게 전달됐다(칸도의 상점은 베들레헴의 구유광장 근처에 있었다). 칸도는 욥아에게 5요르단파운드($20)를 주기로 합의를 보았다.

『창세기 비경』도 얼마 뒤 칸도의 판매 목록에 추가됐다. 칸도는 구매자를 찾기 시작했고, 두루마리 4개는 칸도를 대신해 샤모운이 보관하게 됐다.

그 네 문서가 시리아어로 기록됐다고 생각했던 샤몬은 1947년 부활절 주간(Holy Week: 4월 13-17일)에 예루살렘의 구도시에 있던 성 마가 시리아 정교회 수도원(St. Mark’s Syrian Orthodox Monastery)과 접촉했다. 그 수도원과 관련이 있던 대주교였던 아타나시우스 예슈에 사무엘(Athanasius Yeshue Samuel, 1907-1995년)은 『공동체 규율』의 일부를 보고 사본 4개를 모두 사기로 했다. 7월 19일에 그 사본들은 사무엘 대주교에게 이송되어 이후로 ‘성 마가 수도원 사본’으로 불리게 됐다. 사무엘은 칸도에게 24요르단파운드(약 $100)를 지불했고, 칸도는 그중 16파운드(약 $64)를 목동들에게 지불했다. 7월 하순에 샤모운은 신부 한 명(유시프[Yusif])을 동굴로 데려갔고, 그는 동굴 바닥에서 아직 손대지 않은 항아리와, 천으로 된 덮개 여러 개, 그리고 사본 조각들을 보게 됐다.

　사무엘 대주교는 이 네 사본에 대한 학자적 검증을 획득하는데 어려움을 겪고 있었다. 예루살렘 신시가지에 방문 중이었던 유럽 학자와 유대인 학자 모두 가장 큰 두루마리가 이사야서의 내용을 담고 있음을 확인해 주었지만, 그 사본이 중세 시대 필사본이라고 생각했다. 그 후 사무엘은 시리아 정교회 구성원이었던 안톤 키라즈(Anton Kiraz)에게 그의 사본 4개를 인증해 줄 적임자를 찾도록 도움을 요청했다.

　1948년 2월 4일, 키라즈는 웨스트 예루살렘에 있는 YMCA에서 엘레아자르 주케닉을 만났다. 당시 주케닉은 두 달 전에 히브리대학교 사본들을 구매한 상태였다. 주케닉은 『대이사야 사본』, 『하박국 주석』, 『공동체 규율』과 자신이 샀던 사본들의 서체가 비슷하다는 것을 바로 알 수 있었다. 주케닉은 그 세 사본을 빌려 왔고, 얼마 후 비알릭 재단(Bialik Foundation)을 통해 그 사본들을 구매할 수 있는 자금을 확보했다. 2월 10일, 주케닉은 4개의 성 마가 사본 값으로 1,000요르단파운드(약 $4,000)를 제시했다. 그러나 키라즈는 4개의 사본을 개별적으로 감정받아 보기로 결정했다.

　그러는 한편 같은 달(1948년 2월)에 성 마가 사본들이 예루살렘에 있는 미국근동연구소(ASOR, the American School of Oriental Research)의 존 트레버와 윌리엄 브라운리(William Brownlee)에게 건네졌고, 얼마 후 트레버는 『대이사야 사본』, 『하박국 주석』, 『공동체 규율』의 사진을 촬영할 수 있었다. 미국 학자들은 그 사본들을 히브리대학교에 판매하는 것을 지지하지 않았고 사무엘 대주교에게 ASOR에서 그 사본들을 촬영하고 출판하는 준비를 위해 투자했음을 상기시켰다.

1.4 미국근동연구소, 첫 촬영, 인증

1948년 2월 18일, 성 마가 수도원의 버트러스 소우미(Butrus Sowmy) 신부는 ASOR에 전화해서 임시 소장이었던 존 트레버와 통화했다. 트레버는 미국에서 방문한 객원 연구원이었다. 시리아 정교회 신부는 트레버에게 수도원 도서관에서 나온 꽤 오래된 사본이 있는데 좀 조사해 봐 줄 수 있느냐고 물었다. 그러나 실은 그 사본들은 성 마가 수도원 사본들이었다. 트레버는 (서구학자로는 처음으로) 두루마리들 중 『대이사야 사본』과 『공동체 규율』을 처음 본 후 아래와 같이 기술했다:

> 소우미 신부가 … 곧 부스러질 것같이 타이트하게 말려 있는 크림색 가죽 두루마리를 나에게 건넸다. 그 두루마리의 직경은 2인치가 채 되지 않았다. 매우 조심스럽게 두루마리 한쪽 끝을 잡아 열어보니 말끔한 각진 히브리어 서체로 기록되어 있었는데, 고어체 히브리어와는 확연히 달랐다. … [그리고 나서] 그들은 가방에서 커다란 두루마리를 하나 더 꺼내었다. 길이는 10.5인치, 지름은 6인치 정도 되는 두루마리였다. … 더 얇고, 부드러운 가죽으로 만들어져 훨씬 더 유연했다. 색은 처음 것과 거의 같았지만 중앙부

가 더 검어진 것으로 보아 손을 많이 탔음을 알 수 있었다. 그 두 루마리는 쉽게 열어볼 수 있었다. (Trever, *The Untold Story*, 22)

트레버는 『대이사야 사본』을 자신이 가지고 있던 다른 히브리 어 필사본들의 컬러 슬라이드와 비교해 보았다. 그는 글자가 중세 토라 사본들과는 다르고, 반면에 훨씬 오래된 나쉬 파피루스(십계 **명과 쉐마 이스라엘** 기도가 포함되어 있는, 주전 2-1세기의 기록)와 비슷하다 는 것을 알아챌 수 있었다. 시리아 신부가 떠나기 전에 트레버는 『대이사야 사본』의 51열에서 몇 줄을 받아 적었는데, 나중에 이것 이 이사야 65:1이었음을 알아 냈다: "나는 나를 구하지 아니하던 자에게 물음을 받았으며 나를 찾지 아니하던 자에게 찾아냄이 됐 으며."

이때 트레버는 자기가 본 사본이 매우 오래된 사본일 것이라 추정했다—트레버는 그 사본이 얼마나 오래됐는지를 알아낸 세 번째 사람이다. 첫 번째는 1947년 11월 25일과 27일에 사본 3개를 보았던 주케닉이다. 두 번째는 소우미의 형제 이브라힘(Ibrahim)인 데, 영국위임통치정부(Mandate government)의 세관 직원이었던 그는 그 사본들이 주전 200년 이전에 필사됐을 것이라 제안했다. 사본 들이 고대 미라처럼 쌓여 있었고 엣세네파라 불리는 고대 종파의 것으로서 그들이 박해의 시기에 그것들을 동굴에 보관했기 때문 이었다.

1948년 2월 21일은 역사적 이정표가 세워진 날이다. 이날 사해문서가 처음으로 사진으로 촬영됐다. 트레버와 브라운리, 소우미와 사무엘은 ASOR 지하에 모여 성 마가 사본 4개 중 3개를 촬영했다(『대이사야 사본』, 『하박국 주석』, 『공동체 규율』; 『창세기 비경』은 손상이 많이 되어 펼쳐볼 수가 없었다)

그날 『대이사야 사본』과 『하박국 주석』을 흑백사진으로 촬영했으며, 『대이사야 사본』의 일부는 컬러사진으로 몇 장 찍었다. 트레버가 찍었던 32-33열 사진은 『대이사야 사본』의 말려 있는 양쪽 끝부분이 다 함께 나오는 사진으로 사해문서 중 가장 유명한 사진이 됐다. 2월 24일에 트레버는 『공동체 규율』도 촬영했다. ASOR의 학자들은 시리아 사제에게 사본들을 더 안전한 곳으로 옮기고, 미국에 있는 전문가들로 하여금 심하게 손상된 『창세기 비경』을 열게 하도록 종용했다.

트레버가 찍은 『대이사야 사본』의 사진과 그가 미국의 윌리엄 F. 올브라이트(William F. Albright)에게 2월 25일에 보냈던 편지를 통해서 성 마가 사본들은 외부 세계로 알려지게 됐다. 다음 날 ASOR 책임자였던 밀러 버로우즈(Millar Burrows)는 ASOR에서 성 마가 사본의 비평본 출판 기금을 마련하겠다고 약속해 주었다. 트레버는 출판에 적합한 개선된 화질의 사진을 위해 『대이사야 사본』과 『하박국 주석』의 재촬영을 허가받았다.

1948년 3월 5일 사무엘 대주교와 소우미 신부는 트레버에게 자신들의 사본이 어디에서 온 것인지 말하게 된다. 한 해 전 8월, 유시프 신부가 베두인들과 함께 사본이 나온 동굴을 방문한 직후 베들레헴에서 목동들에게 구입한 경유를 말한 것이다. 발굴 장소에 대한 정확하고 자세한 정보를 바탕으로 쿰란 제1동굴에 대한 공식적 발굴 계획이 시작됐다. 트레버와 브라운리는 요르단 문화재청(Jordanian Department of Antiquities)에 발굴 허가를 신청했다. 하지만 동굴 인근에서 군사 작전이 시행되는 등 위험 수위가 높아지면서 그 계획은 취소됐다. 트레버는 3월 13일 이전에 『대이사야 사본』에 대한 컬러사진 재촬영을 마쳤다.

사본들의 고대성을 강하게 확증해 준 것은 3월 15일 자 올브라이트의 편지였다. 그는 존스홉킨스대학교 교수로 당시 미국에서 가장 명망이 높은 고고학자였다:

> 친애하는 트레버씨,
>
> 귀하가 근대의 가장 위대한 사본을 발굴(발견)한 것에 대해 마음 깊이 축하를 전합니다. 의심의 여지없이 그 서체는 나쉬 파피루스의 서체보다 오래된 것으로 주전 3세기 이집트 파피루스와 아람어 토판들과 매우 유사합니다. 물론 현재 우리가 가지고 있는 히브리어 고서체에 대한 지식으로는 그것을 마카비 시대 정도로 볼 수 있으며 늦어도 헤롯 대왕의 즉위 이전으로 보는 것이 안전할 것입니다. 저는 대략 주전 100년 정도로 추정하겠습니다.
>
> (Trever, *The Untold Story*, 85)

며칠 뒤, 소우미는 그 소중한 사본들을 가지고 베이루트에 가서 은행 안전 금고에 보관했다. 사본의 발견에 대한 첫 번째 기사를 쓴 언론은 1948년 4월 12일 자 런던의 〈더 타임즈〉지였다:

> 어제 예일대학교는 가장 오래된 것으로 알려진 이사야서의 사본이 팔레스타인에서 발견됐다고 발표했다. … 대략 주전 1세기의 것으로 여겨지는데, … 하박국서에 대한 주석, … 엣세네파일 수도 있는 비교적 잘 알려지지 않은 종파나 수도원의 훈련 교본 ….세 번째 사본은 아직 식별되지 않았다.

1.5 미국에 온 성 마가 사본과 최종 구매

4월 26일, 주케닉 교수는 기자회견을 열고, 히브리대학교에서 최근에 사본 3개를 획득한 사실을 알렸다. 또한 이 사본들과 성 마가 수도원 사본들이 쿰란 근처의 같은 동굴에서 나왔다고 발표했다.

사무엘은 자신이 가지고 있는 사본 4개의 진위성이 확인되자 사본의 가격으로 백만 달러를 호가했고, 그 사본들을 구매하고자 했던 주케닉의 소망도 사그라지게 됐다. 후일에 이가엘 야딘(Yigael Yadin)은 자신의 아버지인 주케닉 교수가 1954년 6월 15일 이스라엘이 성 마가 사본을 구매하는 것을 보지 못하고 1953년에 사망한 것을 못내 아쉬워했다.

1948년 5월 14일 팔레스타인 지역에 대한 영국의 위임 통치가 종식됐고 이스라엘 국가의 설립이 선언됐다. 당시 미국에 귀국한 상태였던 버로우즈와 트레버는 성 마가 사본들의 출판을 마무리 짓고, 전문가를 고용해 손상된 『창세기 비경』의 두루마리를 펴볼 수 있도록 하기 위해 사무엘 대주교를 미국으로 초청했다. 사무엘 대주교는 시리아 정교회의 미국과 캐나다 지역 사도 대의원(Apostolic Delegate)으로 지명됐다. 그해 12월(혹은 1949년 1월)에 사무엘 대주교는 4개의 사본들을 가지고 베이루트에서 저지시티로 항해 했다.

첫 번째 ASOR 비평본은 1950년에 발행됐다: 『성 마가 수도원의 사해문서』(The Dead Sea Scrolls of St. Mark's Monastery) 제1권에는 이사야 사본과 『하박국 주석』의 사진과 전사(轉寫, transcription: 음성 문자로 옮겨 적는 것 또는 다른 문자 기호로 바꾸어 옮겨 베끼는 것—역주)가 담겨있다. 그다음 해에 『공동체 규율』의 사진과 전사가 제2권으로 출판됐다.

사무엘 대주교는 그 사본의 구매자를 찾기 시작하며, 국회도서관(1949년 10월), 듀크대학교(1950년), 시카고대학교(1950년)에서 사본들을 전시했다. 그러나 나서는 구매 희망자가 없었다. 어쩌면 백만 달러라는 초기 호가가 너무 부담스러웠거나 사본들에 대한 법적인 소유권이 문제가 될 수 있어서 망설여졌는지도 모른다. 사무엘 대주교는 〈월스트리트저널〉(Wall Street Journal)에 광고를 게재하기로 하고, 1954년 6월 1일 첫 번째 광고를 냈다:

사해문서 4부

최소 주전 200년경까지 거슬러 올라가는 성경 사본을 판매합니다. 개인이나 단체가 구매한다면, 교육 기관이나 종교 기관에 이상적인 선물이 될 것입니다.

Box F 206 〈월스트리트저널〉

그해 이른 여름, 이가엘 야딘은 존스홉킨스대학교에서 강연을 하면서 올브라이트에게 사무엘 대주교가 그 사본들을 판매하려 한다는 소식을 들었다. 올브라이트는 실제 구매 가격을 대략 50만 달러 선으로 평가하며, 새로 개국한 이스라엘을 위한 선물로 구매하라고 야딘을 독려했다. 야딘은 〈월스트리트저널〉의 광고를 주시한 뒤, 대리인을 통해 가격을 25만 달러로 내려 불렀다. 그해 6월 15일 야딘은 성 마가 사본의 구매를 마무리 지었다.

1955년 2월 초, 4개의 사본은 이스라엘로 이송됐고, 2월 13일에 이스라엘 총리 모쉐 샤렛(Moshe Sharett)는 사본의 구매 사실을 발표했다. 이와 함께 제1동굴에서 나온 사본 7개를 전시할 박물관의 건립 계획을 발표했다. 10년 뒤인 1965년 4월 20일, 예루살렘에 책의 전당(Shrine of the Book)이 개관했다.

야딘이 사본들의 구매를 성공시키지 못했다면, 성 마가 사본들은 존 트레버를 포함한 미국인 그룹에 판매됐을 가능성이 높았다. 존 트레버는 그 사본들을 (후에 요르단의 일부가 되는) 동예루살렘의 팔레스타인 고고학 박물관(Palestine Archaeological Museum)에 보관할 생각을 가지고 있었다. 그는 사본들을 세계 각처에 전시하면서 기금을 모으고, 이 기금을 예루살렘의 시리아 정교회 수도원과 박애 활동과 교육 활동을 위해 사용하려는 국제적인 프로젝트를 구상해 놓고 있었다.

2. 쿰란의 다른 동굴 10개에서 발견된 사본

1952년부터 1956년 사이에 쿰란 인근에서 10개의 동굴이 추가로 발견됐는데, 모든 동굴에 문서들이 있었던 것은 아니다. 동굴을 찾기 위한 조사는 고고학자들에 의해 수행됐는데, 잘 알려진 사람들로는 요르단 문화재청 청장이었던 G. 랑케스터 하딩(G. Lankester harding, 1901-1979)과 예루살렘의 (프랑스 고고학 학교인) 에콜 비블리크(École Biblique)의 롤랑 드 보(Pére Roland de Vaux, 1903-1971)가 유명하다. 고고학자들은 7개의 동굴을 찾았는데(제3-5동굴과 제7-10동굴), 거기에는 많은 수의 사본이 남아 있지는 않았던 반면, (그 지역을 잘 알고 있었던) 베두인들이 많은 사본이 남아 있던 3개의 동굴(제1, 4, 11동굴)을 찾았고, 아울러 2개(제2, 6동굴)를 더 찾아냈다.

2.1 1952년에 발견된 5개의 동굴

제2동굴. 1952년 2월, 제1동굴 남쪽으로 멀지 않은 곳에서 베두인들이 두 번째 동굴을 찾았는데, 그곳에는 30개가 넘는 사본들이 있었다. 문화재청과의 합의에 따라 팔레스타인 고고학 박물관 (the Palestine Archaeological Museum)과 에콜 비블리크에서 칸도(Kando) 로부터 이 필사본 조각들을 구매했다. 3월 10일부터 29일까지, 고고학팀이 제2동굴과 주변 지역을 탐사하여 작은 사본 조각 2개와 항아리 조각들을 발견했다.

제3동굴. 3월 14일에, 고고학자들이 제3동굴을 발견했다. 제3동굴에서는 『구리 문서』를 비롯한 최소 15개의 사본과 항아리 여러 개를 찾아냈다.

제4동굴. 8월에 베두인들이 기념비적인 쿰란 제4동굴을 발견했다. 제4동굴에는 700개가 넘는 사본들이 남아 있었다. 소문에 의하면, 마을의 한 노인이 어렸을 적 메추라기를 따라서 어떤 구멍으로 들어갔었는데, 그 구멍이 키르베트 쿰란 근처의 동굴 입구였다는 이야기를 베두인들이 들었다고 알려져 있다. 그 노인은 여러 아이들이 그 구멍에 들어갔는데, 거기에서 토기와 다른 물건들을 찾았었다고 기억했다.

1952년 9월 20일, 드 보는 하딩에게 연락하여 베두인이 엄청난 양의 사본 조각들을 제공했고 일부를 1,300요르단파운드(약 5,200달러)에 구매했다고 말했다. 쿰란 지역으로 가서 하딩은 사본들을 꺼내던 그 베두인들을 붙잡아 더 이상 동굴에서 사본들을 꺼내지 못하게 했다. 그리고 공식적인 발굴이 1952년 9월 22일에서 29일에 수행됐다. 드 보는 후일 기록하기를 그 베두인들이 이미 동굴의 내용물 중 절반 이상을 꺼내 갔는데, 얼마나 치밀하게 작업했던지 그들이 가져간 자리에는 작은 조각들 몇 개만 남겨져 있었다고 했다. 대부분의 사본들은 고대에 이미 흩어져 있었는데, 아마도 로마(군)인들이 동굴에 들어와 폐기했던 것으로 보인다. 고고학자들도 그 동굴을 조사하여 거의 1,000개에 이르는 단편 조각들을 모았다.

베두인들이 미리 꺼내 갔던 많은 조각들은 드 보에게 팔린 것으로 보인다. 드 보는 자신이 구매한 조각들이 제4동굴에서 나온 것들이라고 자신했다. 제4동굴에서 고고학자들이 발견한 조각들은 약 100개의 문서들인데, 베두인들에게서 구매했던 많은 조각들이 그 100여 개 문서의 일부에 해당했기 때문이다.

제4동굴에서 나온 조각들의 수가 너무 많아서(700부가 넘는 문서에서 나온 약 20,000개의 조각) 고고학자들과 정부 기관의 쿰란 발굴에 대한 접근법 자체를 바꾸게 했다. 하딩의 제안에 따라 정부는 외국의 기관들이 사본 조각들을 구매하도록 하는 방향으로 전환했다. 외부 기관이 구매한 조각들은 먼저 문서로 맞춰지고 비평본으로 출판이 된 뒤에 구매 기관에서 소유하게 한다는 전제를 두었다. 바티칸도서관과 신학교 한 곳(시카고의 맥코믹신학교), 부유한 교회(뉴욕의 올소올즈교회)와 함께 4개의 대학교(옥스포드대학교, 맨체스터대학교, 하이델베르크대학교, 맥길대학교)가 여기에 참여했다.

하지만 결국, 문서들은 동예루살렘에 남게 됐고, 기관들은 지불했던 금액을 환불받았다. 이런 외국 기관들은 매우 취약한 시기에 제4동굴 사본들에 대해 결정적인 재정을 제공했고, 이로써 세계 도처로 흩어질 뻔한 수많은 사본들을 지킬 수 있게 됐다.

제4동굴은 키르베트 쿰란의 건물들 근처에 위치하고 있다. 따라서 폐허가 된 키르베트 쿰란과 제4동굴에 보관됐던 사본들 사이의 연관성에 대한 질문이 제기됐다. 누구라도 그 동굴에 가기 위해서는 그 건물들을 지나야만 했을 가능성이 높기 때문이었다.

제5, 6동굴. 제4동굴을 발굴하는 동안 고고학자들이 북쪽으로 멀지 않은 곳에 있던 제5동굴을 찾아냈다. 여기에서 대략 25개의 문서에서 떨어진 파편 조각들이 나왔는데, 그중 일부는 아직 어떤 문서의 필사본인지 밝혀내지 못하고 있다. 또한 9월에는 쿰란 서쪽 벼랑에서 베두인들이 제6동굴을 발견했다. 이 동굴에는 33개의 문서에서 남은 조각들이 발견됐는데, 손상되기 쉬운 파피루스에 기록되어 있었다.

2.2 1955년과 1956년에 추가로 발견된 5개의 동굴

제7-10동굴. 1955년 2월 2일부터 4월 6일 사이의 발굴 작업 중에 고고학자들은 키르베트 쿰란 근처에서 동굴 4개를 추가로 발견했다. 그 동굴들에는 사본이 비교적 적었다: 제7동굴에 19개, 제8동굴에 5개, 제9동굴에 1개, 제10동굴에선 도기 파편 하나가 나왔을 뿐이다. 제8동굴에는 두루마리들을 묶을 때 사용했던 품목이 100여 개 있었다.

제11동굴. 1956년 1월 베두인이 쿰란 지역에서 사본이 저장됐던 마지막 동굴을 발견했다. (제3동굴을 제외한) 다른 동굴들보다는 훨씬 북쪽에 있었다. 제11동굴에서는 31개의 문서에서 남은 파편들이 있었다. 이들 중 예닐곱 개는 많은 양의 본문을 보존하고 있었는데, 그중에 『레위기 고서체 사본』(11QpaeloLevᵃ), 『대시편 사본』(11QPsᵃ), 『욥기 타르굼』(11QtgJob), 『성전 문서』(11QTᵇ)가 눈에 띈다.

3. 유대 사막의 다른 장소에서 발견된 사해문서

두루마리들과 유물들이 보관된 동굴들이 있는 다른 유적지들도 발견됐다. 쿰란으로부터 사해 서안을 따라 남쪽으로 옮겨 가다 보면, 와디 무랍바아트, 나할 헤베르, 마사다 등이 나온다.

와디 무랍바아트(쿰란 남쪽 11마일 지점, 1951년 베두인이 발견함; 1952년에 발굴됨). 로마에 저항한 제2차 유대 항쟁 기간(주후 132-135년)에 쉼온 바르 코흐바(주후 135년 사망)가 이끌었던 유대인 전사들이 동굴 몇 개에 몸을 숨겼다. 이 동굴들에는 로마 시대의 문헌 120여 개가 보관되어 있었다. 문헌들에는 계약서, 이혼 영장(명령서), 바르 코흐바가 사인한 편지들, 성경 사본들(오경, 이사야서, 소예언서), (출애굽기와 신명기의 일부가 담겨있던) 성구함(phylactery) 등이 있었다.

나할 헤베르(1952년 베두인이 발견함; 1960-61년에 발굴됨). 제2차 유대 항쟁 때, 이곳의 동굴들은 유대인 전사들의 은신처로 사용됐다. 로마군은 위쪽 절벽에 포위 캠프를 세웠고, 저항군과 그 가족들은 동굴에서 죽었는데, 이 중 제8번 동굴이 공포의 동굴로 유명하다.

많은 수의 사본 조각들이 제5/6번 동굴(편지의 동굴[Cave of Letters])에서 발견됐고, 제8번 동굴에서도 약간 발견됐다. 대부분은 편지들과 2세기의 법률 문서들이었으나 몇 개는 성경 사본이었다(5/6번 동굴에서 오경과 시편; 8번 동굴에서 그리스어 소예언서 사본).

마사다(유대 사막과 사해 계곡의 모서리에 위치; 1963-1965년에 발굴됨). 거대한 바위 꼭대기에 위치한 이 요새는 제1차 유대 항쟁 기간 중(주후 68-73년), 예루살렘 멸망(주후 70년) 이후에 저항군의 본부가 됐다. 그곳은 로마군에 의해 포위되어 결국 저항군의 대규모 자살로 종결을 고했는데, 여기에서 여인 두 명과 아이들 몇 명은 살아 남았다. 이 유적에서는 주로 히브리어와 아람어 기록이 있는 토기조각이 700개 이상 출토됐다. 15개 문서의 남은 조각들도 발견됐는데, 그중 7개는 성경 사본이었다(오경, 시편, 에스겔). 비성경 사본에는 벤 시라(집회서), 『희년서』, 『안식일 희생 제사 노래』가 있었다.

4. 동굴과 사본에 대한 추가 탐색

보다 최근에, 고고학자들과 베두인들은 쿰란 지역에서 기록된 문서가 보관됐을 만한 동굴들을 찾아다녔고, 땅속에 있는 동굴들이나 고고학적 유물들을 탐지하기 위해 지층-투시 레이더 장비(GPR: ground-penetrating radar)까지 사용했다. 2004년에 몇몇 베두인들이 제2차 항쟁 때 저항군 전사들이 사용했던 동굴에서 40년 만에 다시 사본을 발견했다. 곧, 레위기 23-24장의 본문이 남아 있는 조각 4개를 발견했다. 이스라엘 학자인 하난 에셸(Hanan Eshel)이 이 조각들을 획득하여 2005년에 출판했다. (그러고 나서 그는 체포됐다.)

1980년대에 학자들은 구매자를 찾고 있는 개인 소장 사본들이 있다는 것을 알게 됐다. 이들은 대부분 제4동굴에서 나온 것으로 이스라엘 외부에 있었으며 칸도 가족들에 의해서 알선되고 있었다. 이런 '암시장'의 거래는 비밀스럽고 매우 복잡하며 학자들은 잘 관여하지 않는다. 이들 대부분 혹은 전부는 쿰란 인근의 동굴들에서 발견된 것으로 다음과 같은 것들이 포함된다:

- 2000-2005년: 마틴 스케이엔(Martin Schøyen, 노르웨이 사본 수집가)은 사해문서 40여 개를 구매했다. 대부분은 성경 사본 파편 조각들로 창세기(사본 2부), 출애굽기(1부), 레위기(1부), 신명기(2부), 여호수아(2부), 룻기(1부), 사무엘기(3부), 열왕기(1부), 느헤미야(1부), 시편(2부), 잠언(1부), 이사야(1부), 예레미야(4부), 다니엘(2부), 소예언서(1부), 토비트(2부), 『에녹1서』(3부).

- 2009년: 아주사퍼시픽대학교(Azusa Pacific University, Azusa, California)는 레위기와 다니엘의 본문이 있는 사본 파편 다섯 조각, 신명기 본문 사본 두 조각, 출애굽기로 추정되는 본문의 사본 한 조각을 획득했다. 이 조각들은 "성경의 보물: 사해문서와 그 너머"(Treasures of the Bible: The Dead Sea Scrolls and Beyond)라는 제목으로,

성공적인 전시회를 가졌다(2010년 8월 21-29일).

- 2010년: 남서침례신학대학원(Southwestern Baptist Theological Seminary, Fort Worth, Texas)은 쿰란에서 사용됐던 고대의 펜과 출애굽기, 레위기, 신명기, 시편 22편, 다니엘의 파편들을 구매했다. 이것들은 "사해문서와 성경: 고대 유물, 영원한 보물들"(The Dead Sea Scrolls and the Bible: Ancient Artifacts, Timeless Treasures)이라는 제목의 강렬한 전시회의 주요 전시품이었다(2012년 7월 2일-2013년 1월 13일).

- 2011년: 그린 컬렉션(The Green Collection, Oklahoma City)이 12개의 사본을 구매했다. 여기에는 오경, 예언서들, 시편 11편, 느헤미야의 본문이 담겨 있었으며, 4QInstruction으로 알려진 비성경 사본의 본문도 있었다. 이 사본들은 애틀랜타(2011년 11월 19일-2012년 6월 30일)와 바티칸(2012년 3월 1일-4월 15일)에서 있었던 여러 번의 **이동** 전시회의 주요 전시품이었다.

제2장
쿰란 유적지의 고고학: 동굴, 건물 및 묘지

사해문서를 취합하고 식별하고 그 연대를 측정하는 데 고고학자들이 중요한 역할을 담당했다. 그들은 사해문서와 함께 발견된 항아리와 유물뿐 아니라 여러 사본과 관련된 유적지 및 인근 정착지를 연구하는 데 중요한 역할을 감당했다. 첫 번째 사해문서가 발견된 지 채 1년이 되기 전부터(1946년 말 또는 1947년 초) 이미 사해에서 발견된 두루마리에 관한 고고학자들의 관심은 점점 더 커졌다.

사해문서를 조사한 최초의 유대인 학자는 히브리대학교의 고고학 교수인 엘레아자르 주케닉(Eleazar Sukenik)이었는데, 그는 이 사본의 고대성과 중요성을 바로 알아보았다. 사해문서를 연구한 최초의 미국 학자는 존 C. 트레버(John C. Trever)였다. 바로 얼마 뒤 존스홉킨스대학교의 고고학자였던 윌리엄 F. 올브라이트(William F.

Albright)는 제1동굴에서 발견된 사본이 고대의 진품임을 확인하고, 자신의 학교에 보낸 편지에서, 사해문서가 "이 시대 가장 위대한 고고학적 발견"이라고 선언했다.

쿰란 유적지나 그 인근에서 발견된 유물이 너무 많아서, 학자들은 이에 관한 여러 상반된 이론을 제시했다. 본 장에서는 쿰란 동굴의 고고학과 키르베트 쿰란(또는 쿰란 폐허) 유적지에 관해서만 제한적으로 논의할 것이다. 따라서 사본이 발견된 다른 유적지(와디 무랍바아트, 나할 헤베르, 마사다)의 발굴에 관해서는 못다한 이야기가 적지 않다.

1. 고고학과 쿰란 동굴

1.1 제1-11동굴 발굴

1949년 2월 15일부터 3월 5일까지 요르단 문화재청, 에콜 비블리크(École Biblique et Archéologique Française), 팔레스타인 고고학 박물관의 후원으로 고고학자들은 쿰란 제1동굴을 발굴했다. 요르단 문화재청 청장 G. 랑케스터 하딩(G. Lankester Harding)과 에콜 비블리크의 책임자인 롤랑 드 보(Pére Roland de Vaux)가 발굴팀을 이끌었다. 드 보는 그 동굴의 크기가 길이 약 8미터, 높이 4미터이며 폭은 다양하다고 보고했다. 그 동굴에 있던, 보전 상태가 완전했던 사본들과 비교적 큰 사본 조각들은 이미 베두인들과 시리아인들이 꺼내 간 뒤였지만, 발굴팀은 남아 있는 약 600개의 사본 조각들과 적어도 50개의 항아리와 덮개, 약간의 그릇, 냄비, 주전자, 그리고 램프 4개, 성구 상자 3개, 빗과 약 50개의 아마포 같은 유물을 발굴했다.

1952년에서 1956년 사이에 인근에서 10개의 동굴이 추가로 발견됐다. 드 보와 하딩의 주도하에 5개의 작은 동굴(제5, 7-10동굴)이 발견됐는데, 그중 많은 사본이 남아 있는 동굴은 없었다. 제3동굴에서 약 15개의 필사본과 항아리 여러 개를 얻을 수 있었다. 오히려 베두인들의 발굴이 더 성공적이었는데, 그들은 많은 사본을 보관하고 있던 동굴 2개(제4동굴과 제11동굴)를 포함한 4개의 동굴(제2, 6, 4, 11동굴)을 찾아냈다.

제2동굴(1952년 2월). 베두인은 여기에서 약 30개의 사본 조각을 발견했다. 이후 고고학 발굴팀(3월 10-29일)이 2개의 사본 조각과 원통형 항아리 조각을 발견했다.

제3동굴(1952년 3월 14일). 고고학자들은 『구리 문서』와 여러 원통형 항아리를 포함해, 최소 15개의 사본을 발견했다.

제4동굴(1952년 8월). 베두인들은 여기에서 최소 15,000개의 사본 조각들을 발견했다. 이후 고고학 발굴팀은 발굴 과정에서(9월 22-29일) 동굴 내용물의 절반 이상을 베두인들이 가져간 것을 확인했다. 드 보는 이 동굴을 2개의 작은 방(4a 및 4b)이 있는 타원형 방이라고 묘사했다. 거의 모든 사본들과 도자기들(항아리부터 다른 물품들)은 동굴 4a에서 나왔다. 고고학자들은 동굴의 하층과 작은 지하

방을 탐험하고, 원래 입구를 발견했으며, 1,000개에 이르는 사본 조각을 수집했다. 두루마리들은 고대 격변기에 흩어진 것으로 보인다(아마도 로마인들에 의해 버려졌던 것으로 보인다).

제5, 6동굴(1952년 9월). 9월 25일부터 28일까지 고고학자들은 제5동굴을 발굴하여, 그곳에서 약 25개의 사본 조각을 발견했다. 이에 앞서, 베두인들은 쿰란 서쪽 절벽에서 약 33개의 사본 조각이 남아 있는 제6동굴을 발견했다.

제7-10동굴(1955년 2월 2일부터 4월 6일까지). 고고학자들은 쿰란 근처에서 이 동굴들을 발견했는데 이들은 모두 이회암(泥恢巖) 단구(段丘)에 깎아 만들어진 것으로 다 무너진 상태로 발견됐다. 여기에서 그들은 여러 개의 사본 조각들을 찾을 수 있었다: 제7동굴에서 19개, 제8동굴에서 5개, 제9동굴에서의 1개의 사본 조각을 비롯해 제10동굴에서 도편(陶片, ostracon) 1개를 찾았다. 제8동굴에서는 사본 두루마리를 고정하는 데 사용되는 물품(약 100개의 가죽끈과 작은 구멍이 있는 가죽띠)도 포함되어 있었다.

제11동굴(1956년 1월). 31개의 사본 조각이 남아 있던 이 북쪽 동굴은 베두인들이 발견했다.

1.2 쿰란 및 기타 지역 근처의 동굴

1984년부터 1991년 사이에 하이파대학교의 J. 패트릭(J. Patrich)은 제3동굴과 제11동굴이 포함된 5개의 동굴에 대한 재발굴 작업을 진행했다. 그는 거기서 막사나 천막의 잔해를 찾고자 했는데,

이는 드 보가 쿰란 집단의 구성원 대부분이 막사나 천막을 주거용으로 사용했다고 생각했었기 때문이다. 패트릭은 절벽에 있던 동굴들이 사해 분파 구성원의 거주지가 아니라 저장소나 은신처 역할을 했다는 드 보의 견해를 확증해 주었다. 그는 공동체의 모든 구성원이 키르베트 쿰란 안에 살았었다고 결론지었다. 패트릭은 2개의 동굴(제3동굴과 제11동굴 사이에 있던 제24동굴, 쿰란 남쪽 FQ37)이 거주용으로 사용됐을 수 있지만 거기에도 장기 거주의 흔적은 보이지 않는다고 전했다.

1995-1996년에 이스라엘 고고학자 마겐 브로쉬(Magen Broshi, 예루살렘의 책의 전당[Shrine of the Book])와 하난 에셸(Hanan Eshel, 바르일란대학교)은 쿰란 북쪽에서 추가 발굴 작업을 수행했다. 그들은 패트릭이 조사하지 않은 동굴들을 추가로 보고했는데, 석회암 절벽에서 침식되어 사라진 다른 인공 동굴들과 더불어 그 동굴들이 쿰란 주민들의 거주지로 사용됐다고 믿었다. 그들은 작은 협곡에 있던 C동굴에서 280개의 질그릇 조각을, 그리고 F동굴에서 110개의 질그릇 조각을 발견했다.

2. 쿰란 건축물에 관한 고고학적 연구

2.1 유적에 대한 초기 조사와 묘사

쿰란 유적지는 지상에 드러나 있어, 수 세기 동안 이곳을 지나는 여행자들의 관심을 끌었다. 이 유적지에는 돌무더기, 수조 또는 저수지, 수로와 많은 무덤이 있는 공동묘지가 있다. 사해문서가 1946/1947년에 발견되기 훨씬 전부터 현장을 처음 방문했던 사람들은 그들이 관찰했던 바를 다음과 같은 기록으로 남겼다:

- (1850-1851년) 펠리씨엥 드 썰씨(Félicien de Saulcy)는 쿰란(또는 굼란 [Gumran])이라는 이름을 만들어 이곳이 성경에 나오는 악명 높은 도시였던 고모라가 있었던 곳이라고 선언했다.
- (1855년) 헨리 풀(Henry Poole)은 쿰란의 묘지에서 매장지를 발굴했지만 유골은 발견하지 못했다.
- (1873년) C. 클레르몽-가노(C. Clermont-Ganneau)는 폐허가 된 유적지를 조사한 뒤 이 유적이 별로 중요하지 않다고 결론지었다. 유적에 있던 묘지와 그가 발굴했던 무덤에 대한 그의 설명은 주목할 만하다.
- (1914년) 구스타프 달만(Gustav Dalman)은 이 유적이 로마 요새의 잔재라고 결론 내렸다.
- (1938년) 마르틴 노트(Martin Noth)는 처음으로 쿰란이 소금의 도시라고 제안했다(수 15:62).
- (1940년) D. C. 바람키(D. C. Baramki)는 폐허가 된 건물과 저수지, 경계벽 및 700개 이상의 무덤에 주목했다. 그는 무덤들이 베두인의 무덤과 비슷하지만 무슬림 무덤과 같은 방향은 아니라고 결론 내렸다.

- (1946년) S. 후세이니(S. Husseini)는 키르베트 쿰란과 남쪽으로는 아
  인 페쉬카 사이에 있던 폐허와 회반죽 수조, 모퉁이 탑, 묘지, 수
  로 및 '긴 정원 벽'에 주목하면서 현장을 조사했다. 그는 토기가
  "철기 시대 파편 하나를 포함해 비잔틴과 아랍"의 토기라고 덧붙
  였다.

2.2 드 보―하딩 발굴(1951-1956년)과 드 보 가설

(a) 개요

1946/1947년에 첫 번째 사해문서가 발견될 때까지 이 유적지
는 별로 중요하게 여겨지지 않았다. 사본이 보관됐던 최초의 동굴
(제1동굴)은 쿰란 유적지 현장에서 1.5킬로미터 이내에 있었고 쿰란
근처에서 몇 개의 동굴이 더 발굴되면서 두루마리와 유적지 현장
사이에 특정 관계가 있음이 분명해졌다. 제4, 5, 6, 7, 8, 9, 10동굴
은 모두 쿰란 유적지에서 수백 야드(수백 미터) 이내에 위치한다.

1949년 에콜 비블리크의 롤랑 드 보가 첫 번째 동굴을 발굴하
는 동안 요르단 문화재청 책임자였던 랑케스터 하딩은 쿰란 유적
지를 방문했다. 그러나 그는 그 유적지와 동굴을 연결해 줄 만한
고고학적 증거를 찾지는 못했다. 당시 그들은 쿰란 유적지를 간략
히 표면 조사만 하고, 무덤 두 기만 열어 보았으며, 추후에 다시 돌
아와 본격적으로 조사하기로 결정했다. 이후 1951년부터 1956년
까지 드 보와 하딩은 요르단 문화재청과 에콜 비블리크, 팔레스타
인 고고학 박물관의 후원으로 많은 현지 노동자들을 동원하여 2

년 반 동안('다섯 계절' 동안) 키르베트 쿰란 발굴 작업을 진행했다. 이 발굴에서 그들은 사본이 발견된 동굴들과 쿰란 정착지 사이의 연관성을 처음으로 명시적으로 인정했으며, 연장자 플리니우스가 그의 책『자연사』에서 기록했던 대로, 쿰란 유적지를 엣세네파 정착지로 인정했다.

(b) 건축물

발굴 과정 매 기간마다 더 많은 부지와 건물이 발견됐고 드 보는 점차 발견한 내용을 기록했다. 일부는 프랑스어 저널(*Review Biblique*)에 논문과 단행본으로 출판됐으며(1961), 12년 후에는 영어로 출판됐다(*Archaeology and the Dead Sea Scrolls*, 1973). 그러나 이 책은 쿰란 고고학의 개요만 제공할 뿐 완전하거나 과학적인 보고서는 아니었다. 드 보가 1971년에 세상을 떠났을 때, 발굴 현장에서 발견된 자료는 그가 소속된 도미니크 수도회의 에콜 비블리크로 전달됐다. 에콜 비블리크의 고고학자 쟝-바티스트 엄버트(Jean-Baptiste Humbert)의 감독하에 작성된 최종 보고서는 다섯 권으로 구성되어 있으며 그중 세 권은 2003년 이전에 출판됐다.

드 보는 사해문서와 쿰란 유적지에 관련된 가설을 제안하고 다듬었다. 쿰란 고고학을 연구하는 학자들은, 세부 사항에 있어서는 이견이 있지만, 전반적으로 드 보의 가설을 수용한다(동의하지 않는 다른 사람들은 아래 참조). 그는 쿰란 유적지가 점유되거나 적어도 사용됐던 3개의 시기를 확인했다. 이 중에서 주전 1세기, 쿰란 분

파와 그 후속 활동이 있었던 기간이 가장 중요한 기간이라고 할
수 있다. 많은 학자들이 이 기간 내에 유적지가 점유된 여러 단계
(stages)를 언급할 때에도 **기간**(periods)이라는 용어를 사용하기 때문
에 지금껏 혼란이 가중되어 왔다. 불필요한 혼란을 방지하기 위해,
본서에서는 제임스 밴더캠(James VanderKam; 2010)이 사용한 **단계**
(phases)라는 용어를 사용하고, **기간**(periods)이라는 용어는 앞서 언급
한 3개의 큰 시기를 지칭하는 용어로만 사용하기로 한다(아래 참조).

(c) 쿰란 유적지 해석을 위한 드 보의 가설

이스라엘 시대(또는 철기 시대). 주전 8세기에서 7세기 사이에 그
자리에 작은 거주지가 있었다. 방이 일렬로 늘어선 넓은 안뜰뿐만
아니라 도자기와 직사각형 건물의 유적이 발견됐다. 발굴자들은
또한 "왕의 (소유)"(of the king)를 의미하는 히브리어 비문이 있는 항
아리 손잡이와 고대 히브리어로 쓰인 도편을 발견했다. 드 보는
그 장소를 유다의 웃시야 왕이 "광야에 망대를 세우고 많은 저수
조를 팠다"고 기록하고 있는 역대하 26:10과 관련이 있다고 결론
지었다. 아니면, 그곳은 여호수아 15:61에 나오는 **스가가**라는 도시
의 유적일 수도 있다고 보았다.

쿰란 종파 시대와 그 후속 시기. 이후 몇 세기 동안 이 유적지
는 버려져 있었고 그 후 드 보가 언급한 두 번째 주요 기간이 나온
다. 그는 이 기간의 정착지를 세 단계(phase)로 구분했다. 1단계(1a 및
1b로 세분화됨)와 2단계는 쿰란 분파 시대를 형성하는데, 이때 엣세

네파 **야하드**(*Yahad*: 이들이 분판 문서를 작성한 것으로 여겨짐)가 이 유적 지를 점유했다. 3단계는 그 후속 시기로, 주후 68년부터 1세기 말 까지의 시기를 말하며, (쿰란 공동체가 파괴되거나 추방된 이후) 로마군이 군사적 목적으로 사용했다.

　1a단계. 드 보는 1a단계의 시기를 특정하기 어렵다는 점을 인 식했다. 1a단계 이후에 같은 곳에 재건축과 파괴가 반복되어서 1a 단계의 유물은 거의 남아 있지 않기 때문이다. 동전도 없고 특징 적인 토기도 남아 있지 않았다(유적지 남쪽 부분에 냄비 몇 개가 남아 있을 뿐이었다). 드 보는 다음 단계에 속한 동전과 토기를 주요 근거로 이 단계가 주전 140년경에 시작됐다고 유추했다. 그러나 결과적으로 다음 단계와 명확하게 구별하기는 어렵다.

　1b단계. 이 단계는 하스몬(Hasmonian) 왕조의 왕이자 대제사장 이었던 요안네스 히르카노스(주전 134-104년)의 통치 기간에 시작됐 을 것이다. 적어도 알렉산드로스 얀나이오스(주전 103-76년)의 통치 기간에 이 유적지가 점유됐던 것은 확실하다. 고고학적 자료에 비 추어 볼 때, 이 시기에 본 유적지는 크게 확장됐고 이 유적지와 연 관된 사람들의 수도 부쩍 늘었다. 이 시기에 쿰란 유적지가 완전 한 형태를 가지게 된 것으로 보인다. 건물은 위층이 추가됐고, 서 쪽과 남쪽으로 확장됐다. 드 보는 2층으로된 타워와, 공동 회관 또 는 식당, 그리고 인접한 식료품 창고 등이 이 시기에 눈에 띄게 추 가된 부분이라고 확인해 주었다. 급수 시스템도 상당히 확장됐다. 와디(wadi, "간헐천")에서 겨울 빗물을 가져오는 수로가 추가된 것이

주요 특징이다. 드 보는 이를 키르베트 쿰란의 가장 놀라운 특징
으로 간주했다. 큰(연)못에는 계단이 설치되어 있었고 윗부분은 낮
은 칸막이로 나누어져 있었다. 드 보는 처음에 그것을 제의와 관
련된 욕탕이었다고 믿었지만, 이후 그는 이곳이 물을 쉽게 끌어올
수 있는 계단이 있는 저수조였을 것이라고 결론지었다. 이 단계는
지진과 화재로 건물들이 손상되면서 끝나게 됐다. 드 보는 이 지
진이 주전 31년에 유대 지역을 강타한 지진이었던 것으로 보았다
(요세푸스, 『유대 전쟁사』 1.370-80; 『유대 고대사』 15.121-47) 그러나 잔해들
이 보여주는 재난과 요세푸스가 기록했던 재난은 정황상 연결될
뿐이라는 점을 그도 인정했다. 그곳에서 헤롯 대왕(주전 37-4년)의
주화가 발견되지 않았다는 점을 비추어 볼 때, 그 뒤로 그곳은 한
동안 버려져 있었던 것으로 보인다.

   2단계. 헤롯 아르켈라오스(Herod Archelaus)가 통치를 시작할 무
렵(주전 4-주후 6년) 키르베트 쿰란은 재건됐다. 폐허가 된 잔해들이
치워지고 건물과 수조가 수리됐다. 그리고 이전에 건물을 사용했
던 동일한 그룹이 이 건물을 다시 사용했다. 2층 타워의 기초도 보
강됐다. 드 보는 건물에서 가장 큰 방이었던 2층 방에 있던 유적들
을 확인했다. 이곳에는 긴 탁자, 짧은 탁자 1-2개, 벽을 따라 늘어
선 낮은 의자, 낮은 단, 그리고 이곳이 필사실(기록실)이었음을 암시
하는 2개의 잉크통이 있었다. 후기의 일부 비평가들은 드 보가 키
르베트 쿰란을 초기 유대교 수도원으로 보았던 것을 도미니크회
사제였던 드 보의 가톨릭적 배경에 영향을 받은 탓으로 여겼다.

베스파시아누스의 로마군 제10군단이 주후 66-73년에 있었던 제
1차 유대 항쟁을 진압하던 중이던 주후 68년에 키르베트 쿰란을
최종적으로 파괴하면서, 2단계가 끝을 맞게 됐다. 여러 개의 철제
화살촉과 대규모 화재가 있었던 증거도 발견됐다. 쿰란의 여러 고
고학 단층에서 발견된 화폐 증거(동전)에 비추어 볼 때, 2단계의 끝
을 주후 68년으로 제시한 드 보의 계산은 합리적으로 보인다(유대
항쟁 2년 차[67-68년] 발행 동전은 83개가 발견된 반면 3년 차[68-69년] 발행 동
전은 5개밖에 발견되지 않았다). 또한 쿰란에서 발견된 철제 화살촉도
주후 1세기 로마군이 사용했던 유형의 화살촉이었다.

3단계. 키르베트 쿰란이 폐허가 된 이후에, 로마 군인들이 그
곳에 주둔하고, 중앙 건물의 남서쪽 모서리에 막사 몇 개를 세웠
다. 주후 90년까지 사용됐던 여러 동전들을 비추어 볼 때, 그 막사
들이 그 세기말까지 그곳에 남아 있었던 것으로 보인다.

후기 기간. 이 유적지는 수년 동안 버려져 있었다. 하지만 드
보는 제2차 유대 항쟁 시기(또는 바르 코흐바 시기, 주후 132-135년)에 발
행된 주화 13개도 발견했다. 그러나 드 보는 이 주화들이 쿰란 유
적지의 또 다른 점유 단계가 있었던 것을 의미하지는 않으며, 단
지 그 당시에(제2차 유대 항쟁 기간 중) 잠시 동안 사용됐던 것이라 결
론지었다. 이후 키르베트 쿰란은 최종적으로 버려졌다.

2.3 드 보의 가설을 전반적으로 지지하는 학자들의 수정 학설

쿰란의 건물들을 엣세네파가 사용했다고 보는 드 보의 해석은

오늘날까지 광범위하게 수용되어 왔지만, 몇 가지 사항은 수정됐
다.

(a) 1a단계는 제거되어야 하는가?

어니스트 라페로사즈(Ernest Laperrousaz)는 드 보처럼 에콜 비블
리크에 연결되어 있었던 학자였으며, 쿰란 발굴에 참가했는데, 발
견된 고고학적 증거를 드 보와 다르게 해석했다. 예를 들어, 그는
'1a단계'가 주전 104/103년에 시작됐으며, 바로 1b단계로 진행됐
다고 보았다. 즉, 드 보의 이른 시기 1a단계(대략 주전 140-104년) 가설
을 제거했다. 이 제안은 많은 고고학자들과 연구자들의 지지를 받
는다(예, Jodi Magness, 2002).

에콜 비블리크의 장-바티스트 엄버트는 쿰란 발굴 결과를 책
으로 출판했다. 주요 출판물인 『키르베트 쿰란과 아인 페쉬카의
발굴』(The Excavation of Khirbet Qumran and Ain Feshkha, vol. 1B)은 2003년
에 영어로 출판됐다. 드 보와 마찬가지로 그는 쿰란 부지의 초기
점유 이론을 수용했지만 이곳이 농업을 목적으로 지어졌던 빌라
또는 저택이라고 제안했다. 엄버트는 쿰란 유적지가 드 보의 1a단
계(대략 주전 140년경)에서 시작되어 주전 57년에 로마의 가비니우스
에 의해 파괴됐거나, 헤롯 왕에 의해 주전 31년경에 파괴됐다고
믿었다. 그는 이 연대가 쿰란에 있는 하스몬 주화의 존재를 설명
하는 데 도움이 된다고 덧붙였다.

(b) 1b단계의 시작

조디 마그네스(Jodi Magness)의 경우, 알렉산드로스 얀나이오스
(주전 103-76년) 또는 그 이전에 1b단계가 시작됐다는 드 보의 주장
은 설득력이 없다고 보았다. 대신 그녀는 그곳이 아마도 주전 1세
기 전반기(주전 100년에서 50년 사이)에 재정착됐을 것이라 제안했다.
그러나 엄버트는 1b단계가 주전 31년에 엣세네파가 유적지를 수
용하면서 시작됐다고 주장했다.

(c) 1단계와 2단계 사이의 간격이 거의 또는 전혀 없음

라페로사즈(Laperrousaz)는 1b단계가 주전 31년에 있었던 지진
으로 종료됐다는 드 보의 견해에 맞서, 주전 67년에서 63년 사이
에 있었던 하스몬의 공격으로 종말을 맞았다고 제안했다. 이렇게
그는 1단계와 2단계 사이의 기간을 드 보보다 훨씬 더 길게 잡았
다. 1992년에 고고학자 마겐 브로쉬는 드 보의 발굴팀이 찾았던
561개의 은화에 주목했다. 그는 주전 31년에 있었던 지진과 이어
서 발생한 화재로 1b단계가 끝났다는 드 보의 주장을 수용했다.
그러나 주전 26년에 이르렀을 때, 그 유적지에 정착민이 있었고
인근이 경작됐다고 보았다. 따라서 브로쉬는 1단계와 2단계 사이
의 모든 시간 또는 대부분의 시간 간격을 제거했다.

마그네스는 발굴된 은화를 재조사하여 다른 결론에 도달했다.
거의 대부분의 은화는 두로에서 온 것으로, 가장 최근의 주화는
주전 9-8년의 은화였다. 드 보는 이 동전을 쿰란 유적지 2단계의

시작 시기의 것으로 추정한 반면 마그네스는 이들을 1b 단계의 **막바지**에 있었던 것이라 주장했고, 결과적으로 1단계와 2단계 사이에 유적지가 방치된 기간이 없었던 것으로 보았다. 그녀는 쿰란 유적지가 지진으로 20년 넘게 버려졌던 것이 아니라 화재로 소실돼 잠시 동안 버려졌을 뿐이라고 주장했다.

　　마그네스는 헤롯 아르켈라오스의 통치(주전 4년부터 주후 6년) 초기에 2단계가 시작됐다는 드 보의 견해에 동의했다. 이때, 이전과 같은 그룹의 사람들이 키르베트 쿰란으로 돌아와 잔해들을 정리하고 정착지를 재건했다.

(d) **분파 무브먼트**(엣세네파 야하드)**가 사용했던 부지와 건물**

　　쿰란 유적지가 특정 유대인 집단의 정착지였는지 여부가 학자들의 주요 쟁점이 됐다. 1단계와 2단계 기간 동안 종교적 목적을 비롯한 여타 목적으로 엣세네파가 쿰란 정착지 건물을 점유했다는 드 보의 결론에 대부분의 학자들이 동의했다. 종교적 의식을 위한 목욕탕(*mikva'ot*) 같은 분파적 요소와 동물의 뼈를 건물 바깥에 보관하는 관습의 흔적 등이 증거로 제시됐다. 더욱이 드 보가 식별한 공동체 회관과 그에 인접한 식료품 저장실은 중요한 분파 문서(예, 『공동체 규율』[1QS])에 나타난 종교적 공동체의 삶의 모습과 잘 맞는다. 이해를 돕기 위해 엄버트가 정리한 고고학적 결론은 아래와 같다:

- 엣세네파가 주전 31년에 쿰란 유적지를 차지했다.
- 엣세네파는 이곳을 이 지역에 있는 그들의 다른 정착지들을 위한 제의(祭儀) 센터로 전환했다.
- 이 제의 센터는 단지 내 북쪽에 위치하여, 예루살렘을 향해 있었으며, 뜰과 제단을 포함하고 있었다. 그곳에서 엣세네인들이 희생 제사를 드렸다.
- 엣세네파가 유적지를 점유했던 기간들 사이에 휴지기는 없었지만, 중간에 리모델링됐다.
- 10-15명 정도의 '관리인들'만 쿰란의 건물에 거주했으며, 현장에서 일하는 다른 사람들은 외부에서 왕래했다.
- 이 유적지는 주후 68년에 로마에 의해 파괴됐다.

엄버트는 드 보의 주장에 큰 틀에서는 동의했지만, 몇 가지 세부 사항에서는 다른 견해를 보여준다. 예를 들어, 드 보를 비롯한 다른 고고학자들 중 쿰란 건물에서 희생 제사가 드려졌다는 증거를 제시한 사람은 없었다.

2.4 건물에 대한 다양한 해석을 제시하는 학자들

일부 학자들은 이곳을 분파 유적지로 보지 않았다. 그래서 이곳에서 발견된 건축물의 용도도 다르게 제시했다. 성서학회나 〈성서고고학평론〉(Biblical Archaeology Review) 같은 유명한 잡지의 기사 등을 통해 서로 다른 여러 견해들이 현저하게 부딪혔다.

(a) 폐허가 된 요새

앞서도 언급했던 것처럼, 구스타프 달만같이 초기에 쿰란 유적지를 탐사했던 사람들 중 일부는 이곳을 일종의 작은 요새로 여겼다. 1995년에 시카고대학교의 노먼 골브(Norman Golb) 교수는 쿰란 유적지가 하스몬 왕조에 의해 세워진 요새였으며 주후 68년에 파괴될 때까지 유대 수비대가 이곳에 주둔했다고 주장했다. 결과적으로 골브는 사해문서들이 키르베트 쿰란 유적지와는 전혀 관련이 없으며, 제1차 유대 항쟁 기간 중, 특히 주후 70년 예루살렘 포위 당시 예루살렘에서 도망친 주민들이 황급히 쿰란 지역 동굴에 사해문서를 보관했다고 생각했다. 그는 사본들을 필사한 예루살렘의 주민들은 다양한 유대인 그룹들로 구성되어 있었으며, 따라서 사본들을 근거로 특정 신앙 체계나 의식을 재구성하려는 시도는 억지라는 생각을 견지했다. 왜냐하면 그 사본들은 예루살렘에 있었던 다양한 범주의 자료들과 소장품들을 기반으로 작성된 저작들이었기 때문이다. 이 같은 골브의 이론은 다음과 같은 몇 가지 이유로 학계에서 그다지 지지받지 못했다:

- 고대 문헌 자료들에 그런 요새에 대한 언급이 없다.
- 쿰란 유적지는 당대 있었던 모든 요새와 다른 구조를 가지고 있다.
- 유적지 내에서 군사적인 목적으로 사용할 만큼 견고한 구조물은 탑이 유일하다.

- 군사적으로 안전하지 못한 위치에 건물들이 지어졌다.

그러나 골브는 엣세네파가 정착하기 이전, 쿰란 유적지의 군사 점령 기간에 대하여 학자들의 관심을 불러일으켰다.

(b) 컨트리 빌라(또는 영주의 성)

1994년에 벨기에 학자인 로베르트 돈씨엘(Robert Donceel)과 파울리네 돈씨엘-부뜨(Pauline Donceel-Voûte)는 3가지 주요 특징이 있는 다른 제안을 내놓았다.

즉, 쿰란은 산업의 중심지로, 발삼(balsam)과 역청을 다루는 장소였으며, 지역 경제와 연결되어 있었다. 고급 유리 제품, 석기 제품, 금속 제품 및 동전은 그 주민들이 상류층 및 예루살렘의 부유층과 연결된 부유한 상인들이었음을 암시한다.

그들은 쿰란 유적지를 **루스티카 빌라**(*villa rustica*: 시골 별장 또는 부유한 영주의 저택)로 보았으며, 아마도 예루살렘에 살았던 부유한 가족의 겨울 휴양지 또는 별장이었을 것이라 생각했다. 따라서 키르베트 쿰란을 특정 분파와 연결된 종교적 장소가 아니라고 보았다.

그들에 따르면, 가장 큰 건물의 2층에 있는 가구는 지중해 동부를 따라 발견된 많은 고고학 유적지에서 나오는 **트리클리니움** (*triclinium*: 연회객이 기대어 식사를 하는 3개의 소파가 있는 식당)에 속한 것이었으며, 따라서 그곳에서 발견된 잉크통은 가구들과는 관련이 없었다. 이 같은 결론은 이 방을 사본 기록실로 보았던 드 보의 결론과는 대조적이다.

대부분의 학자들은 그런 제안을 거부했다. 첫째로, 이들은 예루살렘에 가까운 여리고에 많은 휴양지가 있었음에도 불구하고, 왜 부유한 가족이 건조하고 험준한 쿰란에서 겨울을 보내고 싶어했는지 그 이유를 설명하지 못했다. 둘째로, 돈씨엘-부뜨도 인정했던 것처럼 이곳에서 발견된 '식사용 소파'와 똑같은 유형의 식사용 소파는 쿰란 이외에 다른 어떤 고고학 유적지에서도 발견되지 않았기 때문이다.

(c) 하나 또는 여러 용도로 사용된 장소

초기 야전 요새 또는 정거장. 어떤 학자들은 쿰란이 수 세기에 걸쳐 서로 다른 용도로 사용됐다고 생각했다. 이츠하르 히슈펠트(Yizhar Hirschfeld, 2004)는 이곳이 주전 37년 이전인 하스몬 시대에 점유됐지만 야전 요새 또는 정거장으로만 사용됐다고 보았다. 이 견해는 레나 캔스데일과 알란 크라운(Lena Cansdale and Alan Crown, 1995), 이쯔하크 마겐과 유발 펠레그(Yizhak Magen and Yuval Peleg, 2006)의 지지를 받았다.

초기 빌라. 쟝-바티스트 엄버트의 견해는 위에서 논의했다. 그에 따르면, 이 부지는 처음에는 농장에 딸린 빌라 또는 저택으로 사용됐다. (그러나 이후에 엣세네파가 점유하여 사용했다고 믿었다.)

상업 단지. 돈씨엘-부뜨는 쿰란이 산업 단지였으며 지역 경제와 긴밀하게 연결되어 있었다고 주장했다. 히슈펠트도 헤롯 왕 시대에는 쿰란을 요새화된 가옥이나 농업에 기반을 둔 교역소로 보았다. 캔스데일과 크라운의 경우 쿰란을 사해 연안의 항구 도시이자 남북 무역로의 상업지라고 주장했다. 마겐과 펠레그는 보다 구체적으로 이곳을 점토로 채워진 물을 끌어오는 수로를 갖춘 도자기 생산 공장이라고 생각했다. 데이빗 스테이시(David Stacey, 2007)는 쿰란이 무두질을 하던 가죽 공장이자 도기 생산 시설이었다고 제안했다. 이 시설은 연중 지속적인 용수 공급이 어려웠던 관계로 우기에만 운영됐다.

더 넓은 지역의 일부. 라헬 바르-나탄(Rachel Bar-Nathan, 2006)에 따르면 이곳에서 발견된 것들과 동일한 유형의 도자기가 마사다나 여리고 같은 다른 여러 장소에서 발견되는 것을 볼 때, 이 정착지는 보다 넓은 지역인 요르단 계곡의 일부로 보는 것이 가장 합당하다고 주장했다. 좀 더 구체적으로 데이빗 스테이시는 쿰란 유적지를 여리고의 부동산 단지와 연관 지었다.

2.5 쿰란 유적지는 동굴이나 사본들과 연결되어 있는가?

(a) 연결점 찾기

대부분의 학자들은 키르베트 쿰란과 인근 동굴들이 연관되어 있으며, 주후 68년 로마 군대가 쿰란 유적지를 파괴하기 전에 옛 세네파 사람들이 인근 동굴들에 필사본들을 숨겼다는 드 보의 결론을 수용한다. 반면에 어떤 학자들은 쿰란 유적지와 동굴들 사이

에 이 같은 연결성이 없다고 보았다. 예를 들어 골브와 히슈펠트
는 주후 70년 예루살렘이 멸망되기 직전에 예루살렘에서 도망친
주민들이 사본들을 급히 동굴에 숨겼다고 생각했다.

쿰란 유적지와 사해문서가 발견된 동굴들은 대부분 서로 가깝
기 때문에 상호 간에 관련이 있다고 생각하는 것은 매우 합리적이
다. 예를 들어, 제7, 8, 9동굴은 쿰란 정착지를 통과해야만 접근할
수 있으며 사해문서의 약 90%가 발견된 제4동굴과 쿰란 유적지
사이의 거리는 300야드(약 270미터) 정도밖에 되지 않는다. 다른 동
굴들, 특히 제1, 3, 11동굴은 이보다는 거리가 더 멀다. 고고학자 에
릭 M. 마이어스(Eric M. Meyers, 2010)는 쿰란 유적지를 연구할 때 사
본 두루마리들을 무시하는 것은—그 사본들이 제1차 유대 항쟁 때
동굴에 숨겨졌다고 믿는다 하더라도—너무 명백한 것을 애써 감
추고 회피하는 것이라 여긴다. 이제 학자들은 쿰란 유적지와 동굴
들과 사해문서가 함께 연결되면서 발생하는 독특한 가능성을 보
았다. 즉, 한 공동체가 살았던 유적지와 그들이 자신들의 신성한
문서들을 보관했던 장소 및 그 문서의 내용을 서로 연결해서 연구
할 수 있는 기회가 생긴 것이다. 고고학 유적들과 그것을 밀접하
게 보완해 주는 문헌 자료들을 함께 연구할 수 있는 기회는 참으
로 흔치 않다. 쿰란 유적지와 발견된 사본들이 실질적으로 연결되
어 있다는 사실은 다음 4가지 증거([b]에서 [e]까지)를 통해 더욱 확
실해진다.

(b) 급수 시스템과 제의 목욕

첫째, 이 유적지에 설비된 광범위한 급수 시스템은, 분파 문서에서 분명하게 드러나는, 제의적 정결의 중요성에 비추어 볼 때 가장 잘 설명된다. 마겐 브로쉬(2000)에 따르면 이렇게 조밀한 지역에 **미크바오트**(*miqva'ot*: 제의적 욕탕)가 10개나 있었다는 것은 이 유적지가 정결 예식의 중심지였다는 점을 확인시켜 준다. 브로쉬는 이 욕탕들이 유적지 전체 규모의 17%를 차지하며 이는 이스라엘에서 가장 높은 밀도라고 계산했다. 마이어스(2010)의 경우에도 많은 수의 **미크바오트**는 정착지 규모에 비해 불균형하게 공간을 배치한 그들의 의도를 나타내 주며, 나아가 종교적 의식이 거주민의 삶의 방식의 중심축을 차지한다는 점을 보여준다는 데 동의한다.

(c) 정결에 대한 관심

쿰란 유적지에 드러난 정결에 대한 정착민의 지대한 관심은 쿰란의 분파 문서에 나타나는 정결에 대한 그들의 열망과 밀접하게 상응한다. 조나단 클라완스(Jonathan Klawans, 2010)는 이들 사이에 있는 4가지 주요 공통점을 찾았다: (i) 쿰란 분파의 정결법 중심성, (ii) 『공동체 규율』에서 찾아볼 수 있는 공동체의 이원론 및 쿰란 분파의 사회 구조와 정결법 사이의 통합, (iii) **미크바오트**의 경우처럼, 문헌적 증거와 고고학적 증거 사이의 일치, (iv) 쿰란 분파와 이들보다는 관대한 견해를 가진 후기 랍비 사이의 대조.

분파 문서에서 이와 관련된 여러 구절을 인용할 수 있다. 예를 들어, 『다마스쿠스 문서』는 "성소를 더럽히는 것"(CD 4:18; 5:6; 12:1)을 삼가야 할 필요성을 언급하는데, 이것은 정결 의식과 관련되어 있을 가능성이 매우 크다. 정결의 개념은 『전쟁 규율』(1QM)과 『일부 율법의 행위들』(4QMMT)에도 반영되어 있다.

> 액체의 흐름과 [관련]하여 우리는 그것들이 본질적으로 [정]결하지 않다고 판단했다. 실제로 액체의 흐름은 부정한 것과 정결한 것 사이에 경계를 형성하지 않는다. 흐르는 액체와 그 용기에 있는 액체가 하나의 액체가 되기 때문이다. (section B, lines 55-58; *Dead Sea Scrolls: A New Translation*, 458-59)

『정결례』(4Q284)와 『정결 의식 A』(4Q414)와 『정결 의식 B』(4Q512)는 일부 예전 의식을 설명하면서 그 중요성을 조명한다. 예를 들어, 4Q512는 공동체 구성원이 "[그의] 7일간의 정[결]"을 마치면 옷을 물로 빨고, 그의 몸을 옷으로 가리고) "이스[라엘]의 하나님 [당신을 송축합니다"라고 말하도록](frg. 11 x.2-5) 지시한다.

(d) 사본이 보관된 동굴과 쿰란 유적지를 연결하는 물리적 증거

두루마리용 항아리. 필사본 두루마리가 담겨 있던 항아리와 동일한 유형의 항아리가 쿰란 유적지와 다른 동굴에서도 발견됐다. 입구가 넓은 이 원통형 용기는 『대이사야 사본』(1QIsaᵃ), 『공동체 규율』(1QS), 『하박국 주석』(1QpHab)이 들어 있었던 제1동굴의 항아리들과 매우 유사하기 때문에 드 보는 이것을 **두루마리용 항아리**(*Scroll Jars*)라고 이름했다. 이 항아리의 용도에 관해서는 다양한 의견이 개진됐다. 예를 들어, 조디 마그네스는 식품의 정결성을 확실히 유지하면서 저장하는 데 이 항아리가 사용됐다고 믿는다.

이런 유형의 항아리는 쿰란 외부에서는 극히 드문데, 이스라엘의 다른 고고학 유적지에서 발견된 대부분의 항아리는 목과 입구가 훨씬 더 좁기 때문이다. 그러나 여리고, 마사다 그리고 아마도 헤브론 근처의 칼란디야에서 이와 비슷한 항아리가 아주 극소수 발견되기는 했다. 히브리대학교의 고고학자이자 고고학 계측자(archaeometrist: 고대 유물의 외관을 측정하는 학자)인 얀 군네베크(Jan Gunneweg)는 "물질 및 생물 배양 쿰란 프로젝트 1998-2010"의 일원이었다. 그는 중성자 활성화 분석 기법(INAA: Instrumental Neutron Activation Analysis)을 사용하여 토기의 화학 구성물을 분석함으로써 그 토기가 제조된 지역까지 추적할 수 있었다. 군네베크는 두루마리용 항아리 중 일부는 쿰란에서 발견된 점토를 사용하여 만들어졌고 다른 일부는 더 멀리 남서쪽에 있는 헤브론의 못사(Motsa; 또는 테라로사[terra rosa]) 점토를 사용하여 만들어졌다고 보고했다.

두루마리용 항아리가 거의 독점적으로 쿰란 유적지와 유적지 인근 동굴에서만 사용됐으며 적어도 그중 일부는 쿰란 유적지에서 발견된 점토로 만들어졌다는 사실은 쿰란 유적지와 인근 동굴들 사이의 연결성을 강력하게 지지해 준다.

고대 통로. 여러 동굴 및 그 내용물과 쿰란 유적지 사이의 연결성을 주장하는 학설은 동굴들과 쿰란 유적지를 연결하는 고대 통로의 네트워크를 발견하면서 더욱 지지받게 됐다. 이들 통로들은 키르베트 쿰란과 동굴들 사이에 빈번한 왕래가 있었음을 시사한다(브로쉬와 에셸은 주후 1세기경의 것으로 확인된 동전들과 샌달에 박힌 못에서 그 증거를 찾았다).

(e) 동굴에서 발견된 분파 문서와 집단 생활을 암시하는 부지 구조

분파 문서들이 한 집단 공동체나 무브먼트에 의해서 제작됐다는 점은 여러 주요 문헌들에서 그 증거를 찾을 수 있다. 이 문헌들에는 『다마스쿠스 문서』(CD), 『공동체 규율』(1QS), 『회중 규율』(1Q28a), 『일부 율법의 행위들』(4QMMT)이 포함된다. 여러 사본의 저자들은 자신들의 저작에서 집단 공동체 거주지로서 쿰란의 기능에 부합하는 사고방식을 보여준다. 그들은 자신들을 가리켜 말할 때, **야하드**(공동체)와 **회중**(CD 7:20; 10:4, 8; 13:13; 14:10; 1QSa 1:16-17, 19, 23-25)이라는 핵심 단어를 사용했다. 이런 핵심 단어의 사용에서 그들이 가졌던 집단 공동체적 사고 방식을 확인할 수 있다. 쿰란 유적지의 구조도 집단 공동체적 사고 방식을 보여준다. 그중 가장 눈에 띄는 것은 708개의 그릇과 210개의 접시가 쌓여 있던 식료품 저장실 옆에 위치한 대형 집회장 또는 식당으로, 그곳이 많은 사람들이 모일 수 있는 충분한 공간이었음을 보여준다.

3. 쿰란 묘지

3.1 초기 발굴

쿰란의 공동묘지에 대한 공식적인 최초의 발굴 작업은 1855년 탐험가 헨리 풀(Henry Poole)에 의해 수행됐는데, 그 작업에서 유골은 발견되지 않았다. 1873년에 C. 클레르몽-가누(C. Clermont-Ganneau)는 그가 발굴했던 무덤 중 하나에서 흥미로운 특징을 발견했다. 이 무덤의 유골은 북-남향으로(매장된 사람의 머리는 남쪽으로 향하고 발은 북쪽으로 향함) 뉘어 있었다. 이것은 보다 후대의 무슬림 무덤이 동-서향(머리가 메카를 향함)으로 되어 있는 것과 분명한 차이를 보인다. 이 같은 특징을 바탕으로 클레르몽-가누는 그들이 초기 비무슬림 이교도 아랍 부족이라고 기록했다. 그는 또한 무덤이 시신에 대한 존중을 담아 조심스럽게 만들어졌으며 기독교인의 무덤은 아닌 것으로 보았다. 기독교적인 표식이나 문장이 전혀 없었기 때문이다. 60여 년 후인 1940년에 D. C. 바람키(D. C. Baramki)는 무덤이 올바른 방향의 무슬림 무덤이 아니라는 점을 지적하면서 클레르몽-가누의 견해에 동의했다.

3.2 쿰란 공동묘지의 드 보-하딩 발굴

1949년부터 1955년까지 드 보와 하딩은 키르베트 쿰란 근처의 세 묘지에서 무덤을 찾아 발굴했다. 1949년에 첫 번째 동굴(쿰란 제1동굴)을 발굴하던 중 그들은 무덤 발굴 현장을 방문하여 가장 큰 묘지에서 무덤 2기를 발굴했다.

첫 번째 공식 발굴 기간(1951년) 중에 그들은 아홉 기의 무덤을 추가로 열어 보았고, 쿰란 유적지의 중심 건물이 사용됐던 기간에 시신들이 해당 묘지에 매장됐다고 결론지었다. 드 보는 후일 건물과 묘지에 관하여, "신중하게 배치된 묘지가 이들이 엄격한 규율을 실천하는 공동체였음을 증명해 주는데, 이런 공동체"의 산 자들이 만나는 중심지가 건물이었으며, 묘지는 죽은 자들의 안식처라는 일담(一談)을 남겼다.

쿰란 발굴 두 번째 기간(1953년)에는 몇 기의 무덤이 더 조사됐으며, 네 번째 기간(1955년)에 드 보와 하딩은 쿰란 유적지 북쪽에서 두 번째로 작은 공동묘지를 발견했다. 이곳에는 12기의 무덤이 무리지어 있었으며, 그 외에 몇 기는 흩어져있었다. 이 무덤들 중에서 2기를 발굴했는데, 이들은 중심 공동묘지에 있는 무덤들과 유사한 것으로 판명됐다. 다섯 번째 기간(1956년)에 이들은 중심 공동묘지에서 무덤 18기를 추가로 열어 보았다. 드 보와 하딩은 또한 키르베트 쿰란의 남쪽에서 30기의 무덤이 있는 세 번째 묘지를 발견했으며 그중에서 네 기의 무덤을 발굴했다.

그래서 1956년까지 3개의 공동묘지에서 약 1,200기의 무덤이 발견됐다. 중심 공동묘지(북-남향으로 무덤이 정렬되어 있음)와 중심 공동묘지의 동쪽 확장부(무덤의 배열이 세밀하지 못하며, 종종 다른 방향으로 정렬됨) 그리고 북쪽 묘지와 남쪽 묘지가 있었다.

이곳에서 총 43기의 무덤이 발굴됐다. 중심 공동묘지에서 발굴된 14기의 무덤에서 출토된 유골은 분석을 위해 파리의 인간 박

물관(Musée de l'Homme) 관장인 앙리-빅터 발루아(Henri-Victor Vallois)
교수에게 보내졌다. 나중에 괴팅엔의 고트프리트 쿠르트(Gottfried
Kurth)는 주요 묘지에서 나온 여러 유골을 조사하여 이것들이 모두
북-남향 무덤에서 나왔으며 남성들 유골이라는 사실을 발견했다.
중심 공동묘지의 동쪽 확장부 가운데 동-서향 무덤에서 여성 유골
4구와 어린아이의 유골 1구(동-서향 무덤), 그리고 성별을 알 수 없는
유골 1구(북-남향 무덤)가 나왔다. 쿠르트는 남쪽 묘지에 있는 4기의
무덤에서 여성 유골 1구(동-서향 무덤)와 유아 유골 3구(북-남향 1구, 동-
서향 2구)를 포함하는 5구의 유골을 확인했다. 북쪽 묘지에서 열었
던 2개의 무덤에는 30-35세의 여성 유골과 50세가 넘은 남성의
유골이 있었다.

이 초기 증거를 바탕으로 드 보는 몇 가지 잠정적인 결론을 내
렸다:

- 모든 무덤은 같은 유형이며 1단계와 2단계의 쿰란 유적지 정착
  기간과 관련이 있는 것으로 보인다.
- 중심 공동묘지의 잘 정돈되어 있는 섹션에는 제7호분(墳)에서 나
  온 여성 유골 한 구를 제외하고 남성의 무덤만 있다.
- 중심 공동묘지의 동쪽 확장부에는 여성 4명과 유아 1명이 포함되
  어 있다.
- 북쪽 묘지에는 남성과 여성이 있다.
- 남쪽 묘지에는 네 명의 어린이와 한 여성이 있다.

- 남성의 무덤은 시신 이외에 물품들이 있는 경우가 없고, 여성의 무덤 중 세 곳에서는 장신구가 함께 나왔다.
- 제17호분과 제19호분(1953년 발굴), 제32호분과 제36호분(1956년 발굴)에는 목관이 남아 있는 것으로 보아 다른 곳에서 이장(移葬)된 것으로 추정된다.
- 3개의 무덤(제11호, 제24호, 제37호)에는 관절이 해체된 유골이 나왔으며 아마도 개장(改葬)된 것으로 보인다. 이것들은 다른 곳에서 이장된 것일 수도 있고, 2단계 쿰란 정착자들이 1단계 말에 있었던 지진 희생자들을 매장한 것일 수도 있다.

3.3 쿰란에서 발굴된 유골의 과학적 분석

언론인이었던 솔로몬 스텍콜(Solomon Steckoll)은 1966년 4월에 요르단 문화재청의 허가를 받아 쿰란에서 무덤을 발굴했고, 이후에도(1966년 12월과 1967년 3월) 중심 공동묘지에서 10-11개의 무덤을 추가로 발굴했다. 첫 번째로 발견된 유골은 물리 인류학자(physical anthropologist)에 의해 연구됐으며 수년 동안 완전한 과학적 검사를 받은 유일한 유골로 남아 있었다.

1990년대에 학자들은 쿰란 무덤과 유골에 대한 현대적인 과학적 분석에 관심을 갖기 시작했다. 그러나 1967년 6월에 이스라엘이 서안 지구를 정복하고 점유하면서 유대인 매장지를 파내고 인간의 유골을 다루는 일은 사실상 불가능해졌다. 이런 활동이 유대교 율법에 금지되어 있기 때문이었다.

2001년에는 지표 투과 레이더(GPR: Ground Penetrating Radar)를 사용하여 중심 공동묘지를 다시 매핑하여 여러 개의 추가 무덤을 찾고 은밀하게 발굴된 적이 있었던 무덤 몇 곳을 발견했다. 하난 에셸, 마겐 브로쉬, 리차드 프룬드(Richard Freund) 및 브라이언 슐츠 (Brian Schultz)는 2002년에 중심 공동묘지에 총 1,054기의 무덤이 있다고 보고했으며, 그중 999기는 북-남향이고 55기는 동-서향이다. 세 군데 공동묘지에 있는 무덤 추정 총계는 1,213기이며, 이 중 995기는 미발굴 무덤이고 (허가 유무에 관계없이) 82기는 발굴된 무덤이며, 136기는 잠재적 매장지다. 이들 중 브로쉬와 에셸이, 1995-1996년 또는 그 이후에, 추가로 3기를 발굴했고, 이츠하크 마겐 (Yitzhak Magen)과 유발 펠레그가, 1996-1999년 또는 이후에, 추가로 9기를 발굴했기 때문에 발굴된 무덤의 수는, 100기에 가까워지고 있다. 발굴 작업이 기록된 무덤은 68기다: 클레르몽-가누가 1기, 드 보가 43기, 스텍콜이 12기, 브로쉬와 에셸이 3기, 마겐과 펠레그가 9기 발굴한 게 기록으로 남아 있다.

드 보가 발굴했던 43기의 무덤에서 약 14개의 유골은 프랑스의 앙리-빅터 발루아(Henri-Victor Vallois)에게, 22기는 독일의 고트프리트 쿠르트(Gottfried Kurth)에게 보내졌다. 이것들은 수십 년 동안 사라진 것처럼 묻혀 있다가 1990년대가 되어서야 빛을 보게 됐다.

프랑스 컬렉션에는 드 보가 발굴했던 20구의 유골(발루아에게 보냈던 것과 예루살렘의 에콜 비블리크에 있었던 것들)이 있으며, 이들에 대한

과학적 분석은 노터데임대학교의 생물학 및 법의학 인류학 전문
가인 수잔 가이즈 셰리단(Susan Guise Sheridan)이 수행했다. 2002년
에 발간된 보고서에서, 그녀는 발굴된 유골들이 제대로 보존되지
않았으며, 그 샘플 규모가 너무 작아서 정착지에서의 그들의 적응
상태, 일상생활, 식단, 건강, 수명과 인구 통계 등 자신이 조사했던
데이터를 쿰란 공동체 전체에 일반화하기 어렵다고 했다. 그녀는
쿰란에서의 삶에 대한 생물-문화적 모델을 만들기 위해 데이터를
수집했다. 그녀는 그 지역 인근의 다른 곳에서 발굴된 유해들과
추후 쿰란 유적지에 대한 추가 발굴을 통해 이에 대한 보다 완벽
한 그림을 제공할 수 있기를 희망했다.

　셰리단은 매장된 몇몇 유해의 흥미로운 개인사를 재구성할 수
있었다. 이들은 주로 30세 이상(제15호기의 소년 제외)의 남성(제15호기
와 제5호기에서 발견된 여성 유해는 제외)이었으며, 매우 종교적이었다.

　독일 컬렉션은 현재 뮌헨대학교에 있는 올라프 뢰러-에르틀
(Olav Röhrer-Ertl)에 의해 검토됐다. 그도 보존 상태가 좋지 않은 소
수의 샘플로 작업해야 하는 것의 한계를 언급했지만 그 와중에 몇
가지 흥미로운 결과를 얻을 수 있었다(1999). 뢰러-에르틀(Röhrer-
Ertl)은 몇 개의 유골을 "재성별"(resexed: 유골들의 성별을 재분류)하여
다음과 같은 자료를 산출했다: 중심 공동묘지의 유해 17구(具)는
남성 9구, 여성 7구, 어린 소녀 1구이며, 남쪽 묘지의 유해 5구는
여성 1구, 소년 3구, 성별 미정의 어린이 1구다.

　프랑스와 독일 컬렉션에 대한 이 같은 연구 결과는 쿰란 공동

체가 남성 독신 사회였는지 여부를 결정하는 데 중요한 자료를 제공했다. 발굴된 무덤에서 대부분 남성 유해가 출토되기는 했지만, 여성과 어린이 유해의 존재가—특히 이들이 중심 공동묘지에서도 출토됐다는 점이—이 공동체가 본질적으로 남성-독신 사회였는지에 대한 의문을 제기했다.

2006년에 브라이언 슐츠(Brian Schultz)는 쿰란의 공동묘지들에 대해 그동안 발표된 모든 자료들을 재평가하여, 발굴된 무덤 32기의 연대를 제2성전기로 결론 내렸다. 그가 재평가한 샘플에는 5구의 여성 유골이 포함되어 있는데, 이 유골들에 대한 결론에는 논쟁의 여지가 있으며, 여러 차례 도전을 받았다.

슐츠는 3개의 공동묘지가 쿰란 유적지의 특성에 대한 대부분의 학자들의 견해를 뒷받침해 준다고 결론지었다. 대부분의 학자들에 따르면, 쿰란 유적지는 주전 1세기에서 주후 1세기에 있었던 남성이 지배적으로 많은 분파의 공동체 센터였었다. 그는 이 묘지에 '아이들의 유해가 전혀 없으며'(그러나 독일 컬렉션에 관해 위에서 정리한 내용을 참고하라) 매장의 방향과 관련해서 제2성전기의 다른 어떤 묘지보다 더 큰 일관성을 보여준다는 점을 증거로 삼았다. 그는 일부 여성들이 분파에 의해 매장됐다는 견해를 수용한다. 그에 따르면, 이는 남성 지배적인 공동체에서 해당 여성들이 특별한 대우를 받았음을 암시해 준다.

3.4 개장(改葬): 쿰란의 모든 무덤은 제2성전 시대의 것인가?

1972년부터 1997년까지 이스라엘 문화재청(Israel Antiquities Authority)의 고고학 및 인류학 큐레이터였던 조 지아스(Joe Zias)는 "침입(侵入) 무덤"(또는 관입[貫入] 무덤/개장[改葬] 묘지)에 관한 중요한 문제(쿰란 묘지가 나중에 재사용됐는지 여부)를 제기했다. 지아스는 일부 무덤에서 발견된 구슬, 반지, 귀걸이를 조명했는데, 그는 제2성전기 유대인 무덤에서는 구슬이 발견되지 않았다는 점을 들어 이들 무덤들이 모두 고대 매장지였는지에 대해 의문을 제기했다. 또한 베두인의 5가지 매장 관행(예, 동-서향 및 부장품)에 주목하면서 지아스는 쿰란 묘지에 있는 동-서향 무덤들은 주후 15세기에 매장된 베두인족이 포함된 무슬림 무덤이라고 주장했다.

지아스가 특정 무덤의 고대성을 의심하는 또 다른 이유는 여성과 어린이들의 유골 때문이었다. 일반적으로 여성과 어린이 유골은 온전하게 보존될 가능성이 가장 적지만 이들은 쿰란에서 가장 잘 보존됐다. 그는 발굴된 유골의 치아 증거를 사용하여 중심 공동묘지의 남성(상대적으로 치아 상태가 양호함)은 다른 지역(예, 도시)에서 사막으로 왔지만 다른 공동묘지의 여성(치아 상태가 훨씬 나쁨)은 거친 모래 식단으로 인해 치아가 더 많이 손상되는 사막 거주자였다고 주장했다.

지아스는 엔 게디 및 여리고 등 인근 유대인 유적지에서 발견되는 여러 세대로 구성된 대가족 무덤이 쿰란의 중심 공동묘지에는 없다는 점에서 이들이 남성 독신 공동체였음을 알 수 있다고 보았다. (그러나 뢰러-에르틀이 이 공동묘지에서 여러 여성과 어린 소녀의 유골을 식별했다는 점에서 이 같은 주장에 의문이 제기될 수 있다.)

지아스는 또한 북-남향 축을 따라 엄격하게 무덤이 조성된 이 묘지의 특징이 다른 유대인 매장 규범에서 벗어난다는 점에 착안하여, 이것이 예루살렘의 제사장 계층에 대한 쿰란 공동체의 적대적 입장에서 비롯된 것일 수 있다고 제안했다. 만약 지아스의 주장이 맞다면, 쿰란에 살았던 남성 공동체와 관련된 증거들은 중심 공동묘지에 국한되어야 한다. 그에 따르면, 중심 공동묘지의 확장된 부지와 다른 두 묘지의 많은 무덤들은 후대의 것들이기 때문이다.

슐츠는 쿰란 묘지들을 재분석하면서, 쿰란 무덤들을 무슬림 매장 관행과 비교했다. 그는 일부 쿰란 무덤들이 동-서향인 점이 그 유해가 반드시 무슬림이었음을 의미하는 것은 아니며, 또한 북-남향 묘지들이 항상 쿰란 종파에 의한 매장을 의미하는 것도 아니라는 점을 발견했다. 예를 들어, 그가 침입 무덤으로 식별했던 14기의 무덤 중(즉, 쿰란 시대 이후의 무덤들 중) 6기는 북-남향으로 조성됐다.

3.5 인구 추산과 쿰란 공동묘지

여러 학자들이 고고학 자료를 사용하여 쿰란 유적지의 인구를 추정하려고 시도했다. 드 보의 경우 공동체가 그곳에 거주했던 기간, 무덤의 수, 거주자의 평균 수명(유골 연구에서 추론)을 추정해 볼 때, 공동체가 200명을 넘지 않았다는 것을 보여주었다. 드 보는 그들 대부분이 그 지역에서 천막이나 오두막에 살았다고 생각했다. 그는 또한 일부 시신은 다른 곳에서 가져왔기 때문에 공동묘지에 있는 모든 무덤에 쿰란 공동체 구성원의 유해가 있는 것은 아니라고 제안했다. 라페루사즈(Laperrousaz)는 무덤의 수 1,200기에 쿰란의 사망률 7%를 대입하여 1b 단계에 약 300-350명, 2단계에 340-400명이 쿰란에 살았다고 결론지었다. 브로쉬는 120-150명 규모의 회관 규모를 감안하여 공동체가 150-200명을 넘지 않았을 것이라는 결론을 내렸다.

이들보다 훨씬 더 낮은 추정치도 제안됐다. 패트릭은 1952년 동굴 발굴 기간 중에 조사된 지역을 재조사하면서, 제3동굴과 제11동굴을 포함하는 5개의 동굴에 대한 발굴 작업을 했다. 패트릭은 쿰란 공동체 대부분이 키르베트 쿰란 건물의 2층에 거주했으며 그 수는 50명에서 70명을 넘지 않는다고 결론지었다. 엄버트의 추정치는 이보다 더 낮다: 그에 따르면, 쿰란 거주지 안에는 10-15명의 '관리인들'만 거주했으며, 그곳에서 일했던 다른 사람들은 외부에서 출퇴근했다.

그러나 3개의 쿰란 공동묘지에 있던 1,213기에 이르는 무덤의 수는 패트릭이나 엄버트가 추정한 것보다 훨씬 더 많은 수의 공동체 구성원이 있었다는 점을 시사한다. 일부 또는 많은 무덤이 무슬림이거나 다른 침입 무덤이라 할지라도 대부분의 무덤에 쿰란 공동체 주민들이 매장되어 있다고 보는 것이 보다 합리적이다.

3.6 쿰란 중심 공동묘지는 독특한가?

쿰란의 중심 공동묘지의 특징을 가지고 있는 묘지가 적어도 하나 더 발견됐는데 이는 쿰란 중심 공동묘지와 같은 시기에 조성됐다. 이것은 아인 엘-구웨이르(쿰란 유적지 남쪽으로 약 10마일[약 16킬로미터])에 있으며 가장 인접한 건물에서 800야드(약 730미터) 정도 떨어져 있다. P. 바르 아돈(P. Bar Adon)은 그곳에서 19기의 무덤을 발굴했으며, 남성 유골 13구, 여성 유골 6구, 어린이 유골 1구를 발견했다고 보고했다(1977년). 바르 아돈은 이곳을 또 다른 엣세네파 정착지로 간주했지만 드 보는 이에 대해 회의적이었고 브로쉬는 두 유적지의 토기가 같은 장소에서 생산되지 않았다고 결론지었다.

더 남쪽에 있는 히암 엘-사가의 또 다른 묘지에는 약 20기의 북-남향 무덤이 있다. 이 중 2기가 조사됐는데, 1기에는 어린아이의 유골이 있었고 다른 1기에는 약 25세 남성의 유골이 있었다. 일부 학자들은 예루살렘에서 1기, 탈피오트와 마밀라에서 각각 1기씩, 베트 자파파에서 약 25기가 발견된 수직 갱도형 무덤(shaft tomb)과 쿰란 묘지 사이의 유사점을 발견했다. 이스라엘 학자 보아즈 치수(Boaz Zissu)는 남부 예루살렘의 베이트 사파파에서 발견된 무덤이 쿰란의 매장 방식과 유사하다는 것을 보여 주었으며(1998), 이 무덤이 예루살렘에 살았던 엣세네파의 무덤일 수 있음을 시사했다.

라헬 하흘릴리(Rachel Hachlili)는 예루살렘의 베이트 사파파와 히암 엘-사가에 있는 무덤이 유대인의 무덤이라는 실질적인 증거를 찾지는 못했지만, 쿰란 매장지와 형태가 매우 유사하다는 점을 인정했다(2000). 마지막으로 1996년과 1997년에 요르단의 사해 남쪽 끝 부근에 있는 키르베트 카조네에서 발굴 작업이 수행됐다. 여기에서 대략 3,500기의 무덤이 확인됐는데 대부분 공식 발굴 이전에 약탈당했으며 모두 쿰란 무덤과 유사한 특징을 가지고 있었다. 훼손되지 않은 23기의 무덤을 조사한 결과 나바테안인들(Nabateans: 현대 요르단의 도시인 페트라로 가장 잘 알려진 아라비아 부족)이 매장되어 있었던 것으로 밝혀졌다.

결론적 정리

후기 학자들이 일부 수정한 드 보의 세 단계에 대한 수정된 연대표는 다음과 같다:

- **이스라엘 시기(또는 철기 시대)**(주전 8-7세기).
- **(쿰란) 분파 시기와 그 후속 시기.**
- **1ab 단계.** 요안네스 히르카노스(주전 104년경) 또는 알렉산드로스 얀나이오스(주전 103-76년)의 통치 후반에 시작됐으며, 1a와 1b단계 사이에 시간 간격이 없었을 가능성이 크다. 주전 31년 혹은 주전 8년까지 지속됐음.

- **2단계**. 주전 4-1년 사이에 시작됐으며, 주후 68년까지 지속됐다.
- **3단계**. 주후 68년 쿰란 유적지가 파괴된 직후 로마 군인들이 그곳을 점유했다.
- **추가 점유 시기**. 제2차 유대 항쟁(주후 132-135년) 기간 동안 쿰란 유적지가 잠깐 사용됐다.

쿰란 유적지가 초기에는 정거장으로 사용됐을 수도 있지만, 우리는 쿰란 유적지 부지와 건물이 엣세네파 내 **야하드**로 알려진 종파의 무브먼트에 의해 점유됐다고 결론 내릴 수 있다. 그리고 엣세네파 **야하드**가 그곳에서 토기를 생산했을 수도 있다. 이 공동체는 사해문서 전부 또는 대부분을 주변 동굴들에 숨겼는데, 아마도 주후 68년에 로마 군대가 쿰란 유적지를 파괴하기 전에 숨겼던 것으로 보인다.

3개의 공동묘지에서 지금까지 연구된 유골들은, 주전 1세기에서 주후 1세기 기간 동안, 쿰란 유적지가 남성 위주의 분파 공동체의 중심지였었다는 대부분의 학자들의 견해를 뒷받침해 준다. 소수의 여성도 분파 공동체에 의해 매장됐을 가능성이 있으며, 아마도 이 공동체에서 해당 여성들을 특별하게 대우했던 점을 시사해 준다. 후대에 베두인의 시신들도 이곳에 매장됐는데(침입 무덤/ 관입 무덤/개장 무덤), 특히 북쪽과 남쪽 공동묘지에 주로 이슬람의 방식으로 매장됐다(동-서향).

쿰란 유적지의 묘지와 건물들을 근거로 그들이 대략 150명에서 200명 규모의 공동체였음을 추정해 볼 수 있다. 아마도 그중 50여 명은 쿰란 유적지 안에 거주했으며, 나머지는 주변에 천막이나 오두막에서 살았던 것으로 보인다.

제3장
사해문서의 연대 측정

사해문서는 중세 시대의 필사본들이 아니라 고대의 필사본이라는 점에서 그 중요성이 더욱 부각된다. 사해문서를 연구하는 대부분의 학자들은 쿰란 사본들이 주전 3-2세기에서 주후 1세기 사이에 저작됐거나 필사된 것으로 여긴다. 그렇다면 이 사본들은 제2성전 후기 시대와 초기 유대교 그리고 성경 본문들과 기독교의 시작과 관련된 주요 증거들이 된다. 사해문서들이 이보다 후대인 중세 시대에 필사된 사본들이었다면, 그 중요성은 지금보다 현저하게 떨어졌을 것이다. 따라서 사해문서, 특히 쿰란 주변에서 발견된 사해문서의 연대를 가능한 한 정확하게 측정하는 것이 무엇보다 중요하다. 이에 더하여 사해문서의 해석을 위해 문헌들의 정확한 역사적 배경을 파악하는 것이 중요하다는 점을 고려할 때, 사해문서의 정확한 연대를 측정하는 것은 매우 중요하다.

쿰란에서 발견된 사본들을 누가 언제 기록했는지에 관해서 정확하게 밝혀진 바가 없으므로 적확한 필사 연대를 확인하는 것은 쉬운 일이 아니다. 본 장에서는 사본들의 연대를 측정하는 데 사용된 4가지 방법이 소개된다. 4가지 기법에는 고고학, 사본들의 내적 증거, 고문헌학(고서체 연구), 탄소-14(방사성 탄소) 기술 등이 있다.

1. 사해문서와 쿰란 유적지의 고고학적 연대 측정

롤랑 드 보(Roland de Vaux)와 랑케스터 하딩(Lankester Harding)은 1949년에서 1956년 사이에 쿰란 인근의 제1동굴부터 제11동굴까지 발굴했다. 이들 중 제3동굴과 제11동굴을 포함한 5개의 동굴은 1984년에서 1991년 사이에 조셉 패트릭(Joseph Patrich)에 의해 재발굴됐다. 드 보와 하딩은 또한 1951년부터 1956년까지 5번의 기간에 걸쳐 쿰란 유적지와 건물들의 발굴 작업을 진행했다. 점유되거나 사용된 층들과 각 층에서 발견된 도기 및 동전 등의 유물들을 연구하면서 드 보는 쿰란 유적지의 연대기를 유추할 수 있었다.

이때 그들이 연구한 유물들은 기록된 문헌들, 즉 사해문서 자체는 아니었다. 그러나 대부분의 학자들은 쿰란 유적지 인근에서 발견된 사본 두루마리들과 쿰란 유적지에서 발굴된 유물들 사이에 관련성이 있다고 믿기 때문에 유적지의 고고학적 증거는 여러 사본들이 기록되거나 사용됐던 연대를 측정하는 데 도움이 된다.

2. 사본 연대 측정의 내적 증거

드문 경우지만, 일부 사본에는 제2성전 시대의 역사적 인물이
나 사건이 언급되어 있는 경우가 있다. 이 같은 정보들은 해당 쿰
란 사본이 그 사본에 언급된 인물이나 사건이 발생한 이후에야 비
로소 기록될 수 있다는 점을 되새겨준다(동시에 사본들은 로마인들이
쿰란 유적지를 파괴했던 주후 68년 이전에 기록됐을 것이다).

『나훔 페쉐르』(4QpNahum = 4Q169)는 엣세네파 **야하드**(Yahad: 쿰
란 유적지에 정착한 핵심 공동체) 무브먼트 이면의 역사를 재구성하는
데 있어서 매우 중요하다.

얀나이오스는 주전 103년부터 76년까지 왕이자 대제사장으로
이스라엘을 다스렸으며(요세푸스, 『유대 고대사』 13.375-76; 『유대 전쟁사』
1.90-92) 사두개인들 및 제사장 그룹과 결탁되어 있었다. 그런데 그
가 종교적 관습을 게을리했다는 이유로 그는 바리새인들이 이끄
는 일부 집단의 원성을 샀다. 이에 얀나이오스는 반란자들을 처형
하거나 추방하는 방식으로 대응하여 종교적 견해를 달리하는 자
들을 억압했다. 주전 88년경에 그의 대적들은 시리아의 데메트리
오스 3세 에우카이로스 왕과 동맹을 맺어, 그로 하여금 이스라엘
을 침략하여 자신들의 왕을 폐위시키도록 사주했다. 데메트리오
스는 이에 응했고, 세겜 근처의 전투에서 얀나이오스를 몰아붙여
도망하게 했다. 그런데 성지(Holy Land)를 이방인이 지배할 것이라
는 사실에 위협을 느낀 바리새인 동맹은 이제 반대로 얀나이오스

를 돕기 시작했다. 이에 데메트리오스는 그의 군대를 철수시켰다.
『나훔 페쉐르』는 나훔 2:11b(현대 번역본의 장절. MT나 LXX는 2:12b—역주)를 인
용하여 다음과 같이 해석했다:

> **늙은 사자가 가는 곳마다 새끼 사자가 있다** [2][두려움 없이]. (나훔
> 2:12b) [늙은 사자는 데메]트리오스, 그리스 왕이라. 그는 미끄러운 대
> 답을 찾는 자들의 조언을 따라 예루살렘에 오기를 구했다. [3]그러
> 나 안티오코스로부터 깃딤의 지배자가 나타날 때까지 그리스 왕
> 의 힘에 [그 도시는 결코 떨어지지 않았다.] 그러나 그 후에는 [4][이방인들
> 에게] 짓밟힐 것이다. ⋯. (frgs. 3-4 col. i.2-4; *The Dead Sea Scrolls: A New
> Translation*, 245)

여기에서 '사자'는 아마도 데메트리오스 3세일 가능성이 높으
며, '미끄러운 대답을 찾는 자들'(입에 발린 말을 좇는 자들)은 바리새인
이고, '안티오코스'는 안티오코스 4세 에피파네스(주전 168년에 예루
살렘을 약탈한 셀레우코스 왕), 그리고 '깃딤'은 주전 63년에 예루살렘
을 정복한 폼페이우스 휘하의 로마 군대를 말한다. 조금 더 뒤로
가면(lines 6-7), 『나훔 페쉐르』는 '분노의 사자'(얀나이오스)를 언급하
는데, 그는 '사람들을 산 채로 매달곤' 했으며 '미끄러운 대답을 찾
는 자들'(입에 발린 말을 좇는 자들: 바리새인)에게 복수를 했다고 한다.
이것은 요세푸스의 기록과 일치한다. 요세푸스에 따르면, 얀나이
오스는 바리새인 800명을 십자가에 못 박았으며, 그들은 십자가

에 못 박힌 상태로 아내와 자녀가 학살당하는 것을 지켜보아야만
했다(『유대 고대사』 13.379-80).

여러 사본에서 발견되는 역사적 인물이나 사건에 대한 언급들
은 다음과 같다:

- 슐롬찌온(주전 76년에서 67년까지 유대를 통치한 여왕 살로메 알렉산드라):
  Historical Text C (4Q331) frg. 1 col. 2.7.

- 히르카노스(히르카노스 2세, 주전 76년부터 67년까지 어머니 살로메 알렉산
  드라와 함께 통치했으며 주전 63년부터 40년까지 약간의 권력을 가짐): *His-
  torical Text D* (4Q332 frg. 2.6) 및 *On Writing Exercises* (4Q341 frg. 1.7).

- 아밀리우스(마르쿠스 아밀리우스 스카우루스: 주전 65년부터 62년까지 시리
  아의 로마 총독): *Hodayot-like Text A* (4Q433 frg. 1.4, 8).

- 요나탄 왕(알렉산드로스 얀나이오스의 히브리식 이름): *Hymn to King
  Jonathan* (4Q448).

- 페이톨라우스(아리스토불로스 2세의 아들인 알렉산드로스에 대항하는 군사
  작전에 가비니우스와 합류했다가 주전 53년에 처형된 유대인 장교; 요세푸스,
  『유대 전쟁사』 1.162-63, 180; 『유대 고대사』 14.84-85, 120 참조): *Historical
  Text F* (4Q468e) line 3.

3. 고서체 연구를 통한 사해문서 연대 측정

3.1 초기 작업

사본들의 연대를 측정했던 초기의 학자들은 고서체학(paleogra-phy: 고대의 필체를 분석하는 연구)을 광범위하게 사용했다. 고서체학에서는 필사자들의 서체가 시간이 지남에 따라 변해왔다는 전제를 가지고 분석한다. 따라서 여러 사본들을 상호 비교함으로써, 상대적으로 이른 시기와 늦은 시기를 추정할 수 있다. 이 방법은 상당히 합리적인 것으로 여겨진다. 예를 들어, 〈미국 독립 선언문〉이나 셰익스피어 희곡의 『퍼스트 폴리오』(First Folio, 1623)를 현대 영어 서체와 비교해 보면 서체의 변화를 볼 수 있다. 그러나 사해문서 이외에 고대 이스라엘의 양피지나 파피루스에 고대 히브리어로 기록된 다른 문헌 증거가 거의 남아 있지 않기 때문에, 이 방식은 처음에는 논란의 여지가 많았고, 사해문서의 연대를 분석하는 데에도 적용되지 못했다. 엘레아자르 주케닉(Eleazar Sukenik)은 자신이 구매했던 사본들의 연대를 제2성전 후기 시대로 추정했는데, 그 사본의 서체가 당시 납골함에 기록된 서체와 유사했기 때문이다.

제2성전 후기 시대의 희귀 사본인 나쉬 파피루스(Nash Papyrus: 1898년 이집트에서 입수됨)에는 십계명과 신명기 6:4의 **쉐마**("들으라, 이스라엘아")가 포함되어 있다. 1937년에 윌리엄 F. 올브라이트(William F. Albright)는 이 문서의 문자를 다른 여러 문서 및 비문과 비교했다. 이 연구를 통해, 그는 페르시아 제국 후기의 아람어(또는 히브리

어) 서체와 그로부터 발전한 초기 유대인의 서체의 발전 과정의 윤
곽을 최초로 제시했다. 올브라이트는 나쉬 파피루스의 연대를 주
전 150년에서 100년 사이로 추정했다. 존 트레버(John Trever)는 『대
이사야 사본』을 나쉬 파피루스 및 그 이전에 발견됐던 다른 문헌
들과 비교하여, 그 연대를 유추했다.

고서체학을 적용해 사본들을 연구한 다른 학자들 중에는 졸로
몬 비른바움(Solomon Birnbaum)과 나흐만 아비가드(Nahman Avigad)도
있다. 두 사람 모두 사해문서들을 주전 2세기에서 주후 1세기 사이
에 필사된 문헌으로 추정했다(아비가드의 경우 4QSamuel^b의 연대를 주전
3세기로 보기도 했다).

3.2 프랭크 무어 크로스가 개발한 사본 연대 측정 시스템

사해문서의 연대를 측정하는 가장 중요한 시스템은 프랭크 무
어 크로스(Frank Moore Cross, 1921-2012)가 개발했다. 그의 대표작이
된 학술 논문 "유대 서체의 발전"(The Development of the Jewish Scripts,
1961)은—후일 "고문서학과 사해문서"(Palaeography and the Dead Sea
Scrolls)로 업데이트되어 『사해문서 50년사』(The Dead Sea Scrolls After
Fifty Years [Flint and Vanderkam, 1999])에도 수록됐음—사해문서들과
제2성전기 마지막 2-3세기 동안에 필사된 다른 유대교 문헌들의
서체 연구에 표준이 됐다.

크로스는 비교 연구를 위해, 주로 쿰란 사본들을 사용했지만,
나할 헤베르나 와디 무랍바아트 같은 다른 유적지의 사본들과 비

문(碑文)들도 참고했다. 그는 쿰란 사본들이 필사된 3개의 고서체 시기와 후대 서체의 특징을 보이는 네 번째 시기를 구분했다:

- 원시-유대 시기 또는 선(先)-유대 시기(Archaic or Proto-Jewish Period, 주전 250-150년경). 해당 문헌의 수가 비교적 적으며 4QExod^b(주전 275-225년)와 4QSam^b(약 주전 250년)가 포함됨.

- 하스몬 시기(Hasmonean Period, 주전 150-30년). 크로스는 이 시기를 '분파 저작의 전성기'라고 불렀는데, 그 이유는 주요 분파 문서들이 이 시기에 기록됐을 가능성이 가장 높기 때문이다. 여기에는 4QDeut^a(주전 175-150년)과 『공동체 규율』(주전 100-75년)이 포함된다.

- 헤롯 시기(Herodian Period, 주전 30년-주후 68/70년). 나할 헤베르 시편 사본(Nahal Hever Psalms scroll, 5/6HevPs, 주후 1-68년), **페샤림**(Pesharim, "주석들") 및 4QPs^b(주후 50-68년)를 비롯하여 이 시기에 가장 많은 수의 문서들이 필사됐다.

- 탈-헤롯 시기(주후 70-135년). 한 예로 무랍바아트에서 발견된 히브리어 계약서(Mur 24, 주후 133년)가 있다.

크로스는 정자체(formal), 반정자체(semiformal), 필기체(cursive), 반필기체(semicursive)의 4가지 서체 양식을 구분했다. 여기에 쿰란에서는 거의 사용되지 않았던 고대 서체인 히브리 고서체(古書體, paleo-Hebrew script)라는 다섯 번째 양식이 추가되어야 한다. 주로

(4QpaleoExod^m 같은) 오경 문헌에서 그 예를 찾아볼 수 있다. 그러나 (『시편 사본』[11QPs^a]을 포함하는) 다른 여러 사본에서 하나님의 이름은 히브리 고서체로 기록됐다―많은 영어성경에서 히브리어 **야훼** (*Yahweh*)를 '주님'(LORD)으로 번역한 것을 참고하라.

3.3 정확한 연대 측정은 불가능함

1,050개에 이르는 쿰란 사본들 중 필사 시기가 정확하게 밝혀진 것은 없다. 이는 모든 사본들에 대해 상대적 연대를 추정해야 함을 의미한다. 따라서 고서체학(Paleography)이 문서들의 대략적 시기를 측정할 수 있는 유용한 도구가 된다. 고서체학은 주로 50년, 짧게는 25년 단위로 서체의 변화를 파악하여 문서의 시기를 구분한다. 예외가 있다면, 비교적 최근에 쿰란 유적지에서 발굴된 토기 조각의 경우 부분적인 연대가 기록되어 있었다. 그 토기 조각에는 '-의 제2년'(the second year of)이라는 기록이 남아 있는데, 아마도 주후 67년에 있었던 제1차 유대 항쟁을 언급하는 것으로 보인다.

4. 방사성 탄소 연대 측정법을 사용한 연대 측정

1949년 시카고대학교의 윌라드 립비(Willard Libby)와 동료들은 유기물에 대한 방사성 탄소 연대 측정법을 발명했다. 거의 모든 사해문서는 양피지(가공된 동물 가죽) 또는 파피루스(식물에서 추출)에 필사됐으며, 둘 다 유기물이므로 탄소-14 분석을 사용하여 연대를 측정할 수 있다. 정확히 말하면, 방사성 탄소 분석은 식물이나 동물이 죽은 시점에서부터 현재에 이르는 기간의 햇수를 측정할 수 있도록 해 준다.

4.1 사해문서의 초기 방사성 탄소 연대 측정

1950년 11월 14일, 립비는 요르단 문화재청(Jordanian Antiquities Authority)의 책임자인 G. 랑케스터 하딩(G. Lankester Harding)으로부터 제1동굴에서 나온 두루마리 싸개였던 아마포 4온스(약 113g)를 받았다. 받은 아마포에 대한 탄소-14 검사를 진행한 후, 1951년 1월에 립비는 아마포의 연대가 오차 범위 ±200년인 주후 33년(따라서 주전 167년에서 주후 233년 사이)으로 측정됐다고 발표했다.

아마포의 정확한 연도가 측정되지는 못했지만, 방사성 탄소 연대 측정으로 이 아마포가 중세가 아닌 고대의 물건이라는 점이 증명됐고, 결과적으로 그 안에 싸여 있던 사본 두루마리들도 고대의 것이라는 결론을 내릴 수 있게 됐다. 검사를 제안했던 맥코믹 신학대학원의 오비드 R. 셀러스(Ovid R. Sellers)는 이 결과의 중요성을 이렇게 요약했다: "금석학(金石學)과 고고학 그리고 핵물리학이 통합되어 쿰란 동굴에서 발견된 자료들의 진위와 역사를 증명하는 데 도움을 주었다"(1951:29).

그 당시 탄소-14 검사를 하기 위해서는 측정하는 자료/물질이 적잖이 훼손되어야 했기에(측정용 탄소 1g을 얻기 위해 2-5g의 자료/물질이 필요함), 립비는 사본 두루마리가 아닌 아마포 싸개의 연도만 측정했다. 실제 문서를 검사하기 위해서는 소중한 사본 두루마리가 적잖이 소실되어야 했을 것이다.

4.2 가속기 질량 분석 연대 측정

방사성 탄소 연대 측정법은 발전을 거듭했고 훨씬 더 정교해졌다. AMS(가속기 질량 분석법)은 소량의 물질(0.02-0.1g) 손실만으로도 검사가 가능했기에, 사본 두루마리들과 사본 조각들을 검사할 수 있게 됐다.

1990년대에 AMS를 사용하여 두 세트의 사해문서의 연대를 측정했다. 1991년에 스위스 취리히에 있는 매체에너지물리학연구소(Institut für Mittelenergiephysik)에서 쿰란과 다른 5개 유적지의 14개 사본에서 발췌된 샘플을 검사했다. 1994-1995년에 애리조나주 투산에 있는 애리조나대학교의 NSF 가속기 질량 분석 시설에서 22개의 사본에서 발췌한 샘플들을 검사했다. 검사된 사본들 중에서 하나(『대이사야 사본』)는 취리히와 투산 두 곳에서 모두 검사됐다.

이 두 그룹의 검사 결과는 〈표 1〉에 제시되어 있다. 35개의 두루마리 중 7개(이 중에 쿰란에서 나온 것은 없음)에는 자체('내부') 연도(연대 측정의 적적 증거—역주)가 있어 AMS 연대 측정법의 효율성을 평가하는 데 도움이 된다.

<표 1>

텍스트	내부 연도(내적 증거)	AMS 연도: 1-s	AMS 연도: 2-s
1. WDSP 2	주전 352/351년	(T) 주전 399-주후 357년 또는 주전 287-주후234년	주전 408-주후 203년
2. 5/6Hev 19	주후 128년	(Z) 주후 131-240년	주후 84-322년
3. 5/6Hev 21	주후 130년	(T) 주후 132-324년	주후 80-389년
4. XHev/Se 11	주후 130/131년	(Z) 주후 32-129년	주후 2-220?년
5. Mur 30	주후 134/135년	(Z) 주후 77-132년	주후 32-224?년
6. XHev/Se 8a	주후 134/135년	(T) 주후 237-340년	주후 140-390년
7. Mird	주후 744년	(Z) 주후 676-775년	주후 660-803년

범주: (T) = 투산에서 수행된 검사; (Z) = 취리히에서 수행된 검사
1-s = 68% 신뢰도로 (정확한 날짜가 제안된 한계 내에 있음)
2-s = 95% 신뢰도
* VanderKam and Flint, *The Meaning of the Dead Sea Scrolls* (2002), 29에서 발췌.

<표 2>

텍스트	고서체 연도	AMS 연도: 1-s	AMS 연도: 2-s
1. 1QIsaiah[a]	주전 125-100년	(Z) 주전 201-93년	주전 351-296년 또는 주전 230-48년
2. 1QIsaiah[a]	주전 125-100년	(T) 주전 341-325년 또는 주전 202-114년	주전 351-295년 또는 주전 230-53년
3. 1QS	주전 100-50년	(T) 주전 164-144년 또는 주전 116-주후 50년	주전 344-323년 또는 주전 203-주후 122년
4. 1QH[a]	주전 30-1년	(Z) 주전 37-주후 68년	주전 47-주후 118년
5. 1QapGen	주전 30-주후 30년	(Z) 주전 47-주후 48년	주전 89-주후 69년
6. 1QpHab	주후 1-50년	(T) 주전 88-2년	주전 160-148년 또는 주전 111-주후 2년
7. 4Q22 (paleoEx[m])	주전 100-25년	(T) 주전 164-144년 또는 주전 116-주후 48년	주전 203-주후 83년 또는 주후 105-115년
8. 4Q22 (repair patch)	–	(T) 주전 51-주후 47년	주전 161-146년 또는 주전 113-주후 70년
9. 4Q53(Sam[c])	주전 150-30년	(Z) 주전 196-47년	주전 349-318년 또는 주전 228-주후 18년

텍스트	고서체 연도	AMS 연도: 1-s	AMS 연도: 2-s
10. 4Q171(pPs^a)	주후 1-70년(?)	(T) 주후 29-81년	주후 3-126년
11. 4Q208(Enastr^a)	주전 225-175년	(T) 주전 167-53년	주전 172-48년
12. 4Q213(Levi)	주전 50-25년	(Z) 주전 197-105년	주전 344-324년 또는 주전 203-53년
13. 4Q249(cryptA)	주전 190-150년	(T) 주전 196-47년	주전 349-304년 또는 주전 228-주후 18년
14. 4Q258(S^d)	주전 30-1년	(T) 주후 133-237년, 1차 샘플	주후 129-255년 또는 주후 303-318년
15. 4Q258(S^d)	주전 30-1년	(T) 주전 36-주후 81년, 2차 샘플	주전 50-주후 130년
16. 4Q266(Dam-Doc^a)	주전 100-50년	(T) 주후 4-82년	주전 44-주후 129년
17. 4Q267(Dam-Doc^b)	주전 30-1년	(T) 주전 168-51년	주전 198-3년
18. 4Q317(cryptA)	?	(T) 주전 166-48년	주전 196-1년
19. 4Q365 frg. 3	주전 40-10년	(Z) 주전 339-327년 또는 주전 202-112년	주전 351-296년 또는 주전 230-53년
20. 4Q521(MessAp)	주전 125-75년	(T) 주전 39-주후 66년	주전 49-주후 116년
21. 4Q542(Qahat)	주전 125-100년	(Z) 주전 385-349년 또는 주전 317-208년	주전 395-181년
22. 11Q19(Temple)	주전 30-주후 30년	(Z) 주전 53-주후 21년	주전 166-주후 67년
23. 4Q342	주후 1-30년	(T) 주후 25-127년	주전 43-주후 214년
24. 4Q344	주후 70년 이후 (아마도)	(T) 주후 68-131년	주후 24-226년
25. 4Q345	주전 60-10년	(T) 주전 361-168년 또는 주전 141-125년	주전 392-51년

범주: (T) = 투산에서 수행된 검사; (Z) = 취리히에서 수행된 검사
1-s = 68% 신뢰도로 (정확한 날짜가 제안된 한계 내에 있음)
2-s = 95% 신뢰도
* VanderKam and Flint, *The Meaning of the Dead Sea Scrolls* (2002), 30에서 발췌

이 검사에서 매우 고무적인 결과가 나왔다. 6개의 두루마리의 경우 자체 연도와 1-s AMS 연도가 일치하며 내부 연도(내적 증거)는 AMS가 제시한 연도 범위 내에 있거나 한쪽 경계 부분에 있는 것으로 나타났다. 주목할 만한 예외는 아람어로 된 매매 증서(XHev/Se 8a)로 100년 이상의 연도 차를 보여준다. 그러나 이 검사의 경우 2-s 범위는 주후 140-390년이다(95% 신뢰도). 따라서 XHev/Se 8a의 경우도 내부 연도(주후 134/35년)가 AMS 연대의 한 극단에 가까운 패턴을 보여준다.

또한 두 연구소는 쿰란 동굴에서 나온, 자체 날짜가 없는 19개의 사본 두루마리를 검사했다. 이 검사에서 나온 22개의 결과를 〈표 2〉에 제시했다. 그 사본들 중 하나(1QIsaᵃ)는 두 시설 모두에서 검사됐고 다른 하나(4Q258)는 투산에서 두 번 검사됐으며 어떤 사본(4Q22 또는 4QpaleoExodᵐ)의 경우에는 사본 조각과 해당 사본을 수리했던 패치가 모두 검사됐다. **23-25번 항목**에는 4Q342(편지), 4Q344(채무 확인서) 및 4Q345(토지 매각 증서) 등 추가된 사본 3개의 연도가 포함되어 있다. 그러나 이들은 쿰란에서 나온 것이 아닐 수도 있기에 표의 마지막에 두었다.

18번 항목(4Q317, cryptA, 양-음력이 특징적으로 나옴)을 제외한 모든 사본들은 여러 학자들이 고서체학으로 그 연도를 추정했으며, 그 결과는 AMS 결과와 비교해 볼 수 있다.

이 결과 중 **2-s열**(연도의 정확성에 대한 95% 신뢰도)의 경우 7개 사본만이 고서체학을 통해 추정된 연도 범위를 벗어난다. 그러나 이들 중 4개 자료(11, 12, 16 및 19번)는 그 차이가 불과 수년밖에 되지 않으며, 다른 하나(20번 항목)는 그 차이가 26년 이내다. 보다 제한적인 **1-s열**(68%의 신뢰도)의 경우 10개의 결과가 고서체학의 연도 범위를 벗어나지만 그중 3개는 그 차이가 수년에 불과하다. 결과적으로 대부분의 쿰란 사본의 경우 고서체학적 연대와 AMS 연대가 겹쳐지며, 그렇지 않은 몇몇 경우라도, 그 차이가 크지 않다는 점을 확인할 수 있다.

그러나 눈에 띄게 어긋나는 경우가 2개 있다. **14번 항목**의 경우, 투산에서 검사했던 4Q258(*Rule of the Community^A*) 사본은 두 날짜 사이에 시간적 불일치가 134년에 이른다. 이것은 아마도 사료가 오염되어 그랬던 것으로 보인다. 이후에 있었던 2차 검사에서(**15번 항목**) 고서체 분석을 통해 제시된 주전 30-1년의 기간 안에 들어가는 2-s 결과를 보여주었으며, 1-s 결과에서는 불과 몇 년의 시차만 나타났다. **21번 항목**(4Q542, 『카하트의 유언』)의 경우 시차가 56년이었다. 이런 차이는 사료의 오염으로 인한 이상치일 수 있다. 연구자의 지문만으로도 이 같은 차이가 발생할 수 있다.

취리히와 투산 두 곳에서 모두 검사된 유일한 사본은 『대이사야 사본』(**1번과 2번 항목**)이다. 두 연구소에서 보고한 2-s 결과는 거의 동일하지만 1-s 결과의 경우 투산 연구소가 주전 341-325년 또는 주전 202-114년으로 이는 취리히 연구소에서 나온 주전 201-93년을 포함하는 기간이다. 두 연구소에서 이처럼 일치된 결과가 나온 것은 매우 중요하며, AMS 연대 측정 방법에 대한 신뢰도를

32, 35

높여준다.

4.3 방사성 탄소 연대 측정 결과의 중요성

취리히와 투산에서의 검사 결과는 쿰란 사본들이 고대에서 유래했으며, 이 사본들이 주전 3-2세기부터 주후 1세기 사이에 기록되거나 필사됐다고 보는 대부분의 학자들의 견해를 확인시켜 준다는 점에서 매우 의미심장하다. 그리고 방사성 탄소 검사는 몇 가지 예외가 있기는 했지만 대부분의 경우, 학자들이 고서체학적으로 제시했던 사본들의 연대와 상당히 일치된 시기를 제시해 주었다.

위에서 언급한 바와 같이 방사성 탄소 분석은 식물이나 동물이 죽은 시점으로부터 현재에 이르기까지의 기간을 측정하는 것으로, 사본이 필사된 해부터 현재까지의 햇수를 측정해 주는 것은 아니다. 따라서 실지로 필사가 이루어진 시기는 이보다 조금 뒤로 보아야 할 것이다. 그러나 동물이 죽어 그 가죽이 가공된 것과 그 가공된 가죽에 필사 작업이 이뤄진 사이의 시간 간격이 크지 않기 때문에 이는 사소한 차이에 불과하다.

결론적 정리

쿰란 자료들의 연대를 측정하는 데 사용된 4가지 방법을 통해 쿰란에서 발견된 사본들이 주전 3세기에서 주후 1세기 사이에 필사됐음을 알 수 있게 됐다(방사성 탄소 연대 측정은 주전 4세기까지 추정). 쿰란 사본들과 쿰란 유적지의 건물이 이 기간을 벗어나는 다른 시대에서 유래했을 가능성은 매우 희박하다. 각 방법이 제시한 연대는 다음과 같다:

- 고고학: 주전 2세기-주후 1세기
- 내적 증거(역사적 인물에 대한 암시): 주전 2세기-주후 1세기
- 고서체학: 주전 3세기-주후 1세기
- 방사성 탄소 연대 측정/가속기 질량 분석법(AMS):

  1-s(68% 신뢰도): 주전 4세기-주후 1세기

  2-s(95% 신뢰도): 주전 4세기-주후 3세기

제4장
사해문서 이전의 성경

본 장의 제목에는 트릭이 있다. 먼저 여기서 **성경**(*Bible*)이라는 단어는 히브리성경/구약성경만을 지칭한다. 신약성경 중 가장 먼저 기록된 책도 주후 68년, 즉 이미 쿰란이 로마에 파멸당한 이후에 기록됐기 때문이다. 둘째로 사해문서가 기록되거나 필사되기 이전에는 '히브리성경' 또는 '구약성경'이라는 말이 **없었다**. 여기서 사해문서라 함은 쿰란(주후 68년에까지 이르는)이나 마사다(주후 74년까지) 또는 무랍바아트와 나할 헤베르(주후 135년까지)에서 발견된 문헌들 모두를 말한다. 그러나 첫 번째 사해문서가 발견됐던 1946년(혹은 1947년) 훨씬 이전에 3개의 중요한 고대 성경들이 있었다.

본 장에서는 사해문서가 발견되기 이전에 우리가 접할 수 있었던 히브리성경/구약성경의 본문들에 대해서 살펴보고자 한다. 이에는 마소라 본문(Masoretic Text: 히브리어와 아람어로 기록됨), 사마리아 오경(Samaritan Pentateuch: 히브리어), 칠십인역(LXX, Septuagint: 그리스어) 등이 있다. 이 세 성경 이후의 성경으로는 라틴, 시리아, 아람어 성경 등이 있다.

1. 마소라 본문

1.1 정의, 기원, 발전

히브리성경 혹은 구약성경의 영어 번역본 대부분은 마소라 본문을 기반으로 하고 있다. 이 용어는 하나의 사본이 아니라 다수의 사본들을 대표하므로, 마소라 그룹 또는 마소라군(群)이 보다 정확한 표현이 되겠다. 넓은 의미에서 마소라 본문은 마소라 학자들에 의해 만들어진 히브리성경의 본문 유형이나, 그런 본문들의 필사본들을 통틀어 말한다. 좁은 의미(더욱 유용한 의미)에서 마소라 본문은 히브리성경의 표준화된 본문을 지칭하는 것으로 티베리아의 마소라 학자들에 의해 완결됐다(티베리아 전통).

마소라 학자들은 주후 8세기에 등장한 유대인 학자군으로, 이들은 지속적으로 고대 성경 전통을 보존했으며 또 제의적인 목적이나 학문적인 목적에서 성경 문헌들을 필사하는 과정에서 새로운 것들을 발전시켜 나갔다. 이렇게 성경 전통들을 유지했던 초기의 학자들을 서기관이라고 부르는데, 이들의 가장 큰 관심은 정확한 형태의 성경 본문을 확립하고 보존하는 데 있었다. 서기관들이

가지고 있던 본문을 전-마소라 본문(Pre-Masoretic Text) 혹은 원-마소
라 본문(Proto-Masoretic Text)이라고 부르는데, 이는 많은 학자들이
마소라 학파가 서기관들이 가지고 있던 본문을 계승했다고 생각
하기 때문이다.

　히브리성경은 원래 모음이 없이 자음으로만 기록되고 필사됐
다. 따라서 많은 단어들이 한 가지 이상의 다른 방식으로 읽힐 수
있었다(예, 영어의 *dg*는 어떤 모음이 사용되느냐에 따라 *dig, dog, dug* 등으로 읽
힐 수 있다). 주후 몇 세기 동안 유대인들이 여러 지역에 흩어져 있
었던 관계로, 그들은 자음으로 된 히브리 단어들을 서로 다르게
이해하기 시작했다. 이에 성경 본문을 표준화하려는 목적으로 마
소라 학자들이 (자음 본문에) 모음과 다른 표식들을 첨가하여, 자음
으로만 되어 있던 단어들의 의미를 고정시켰다(예, '이 본문에 나오는
*dg*는 *dig*이지 *dog*나 *dug*가 아니다'는 식으로).

　마소라 본문은 현재까지 가장 많이 발견된 히브리성경 본문이
다. 이 본문은 세 단계의 전달 과정을 거쳐왔다:

- 첫 번째 단계는 바빌로니아 유대인들, 바리새인 또는 '성전 그룹
  들'(temple circles)에서 시작됐으며 성전이 무너진 주후 70년, 혹은
  제2차 유대 항쟁이 있었던 주후 135년에 끝나게 됐다. (마소라 본문
  의 전신으로 **전-마소라** 또는 **원-마소라**라는 용어들을 이 시기의 본문들에 사용
  함.)

- 두 번째 단계는 주후 70년 성전 파괴 이후로부터 주후 8세기까지

에 해당하며, 본문의 일관성이 매우 높은 문헌들이 있다. (이 시기의 본문들에도 역시 마소라 본문의 전신으로 **전-마소라** 혹은 **원-마소라**라는 용어들을 사용한다.)

• 세 번째 단계는 주후 8세기 이후부터 중세 말까지의 기간에 걸쳐 있으며, 단일화된 본문이 거의 확정된 것이 특징이다. 마소라 장치(apparatus: 표식들과 여백의 기록들)가 완성된 형태로 포함되어 있으며, 중세 시대 주석자들의 기록과 거기에 인용된 성경 구절들도 있다. 마소라 학자들이 붙여 놓은 모음과 강세 표시들로 자음 본문의 의미가 거의 고착화됐으며, 따라서 마소라 본문은 거의 완전하게 표준화됐다.

1.2 마소라 본문의 사본들

주요 마소라 사본들이 많이 있는데, 이들 중 몇 개는 그 발견 및 보존과 관련된 흥미로운 이야기들이 많이 있다.

첫 번째 단계(주후 70년까지)의 사본들에는 쿰란(대략 주전 250-주후 68년)과 마사다(주후 74년 이전)에서 발견된 여러 히브리어 본문과, 고대 번역본인 『카이게-테오도티온』(주전 1세기 중반)과 같은 본문이 있다.

두 번째 단계의 문헌들(주후 70년부터 8세기까지)에는 유대 사막에서 발견된 성경 사본들과 다른 언어로 번역된 번역본들이 있다. 가장 이른 사본—모두 주후 135년 이전에 기록됐음—은 무랍바아트(토라의 일부, 이사야, 소예언서)와 나할 헤베르(창세기, 민수기, 신명기, 시편)에서 발견됐다. 이후 주후 3세기에서 8세기에 이르는 600년의 기간은 종종 '침묵의 시대'라고 불린다. 이때 기록된 히브리 사본은 남겨진 것이 거의 없기 때문인데, 이는 유대인들에 대한 지속적인 박해 속에 히브리어 사본들이 파괴된 데에서 연유한다. 이 시기의 성경 사본은 그리스어와 라틴어 그리고 다른 언어들로 된 사본들이 주류를 이루며, 대부분의 히브리어 사본은 9세기 이후가 되어서야 찾아볼 수 있다.

세 번째 단계의 문헌들(7세기 혹은 8세기 이후)은 중세 초기(1100년경까지)와 중세 후기의 2가지 종류로 나뉜다. 사실 2가지 사본들의 차이가 미세하기는 하나 초기의 사본들이 보다 신뢰도가 높다.

중요한 초기 마소라 사본의 재발견

2007년에 예루살렘에 있는 이스라엘 박물관에서 7-8세기에 필사된 희귀 사본 하나를 공개했다. 이는 『바다의 노래』 또는 『아쉬카르 사본』라고 불리며, 토라 사본의 일부로 출애굽기의 내용을 담고 있었다. 이 사본은 머지않아 뉴욕의 스테판 로웬테일 콜렉션(Stephan Loewentheil Collection)의 『런던 사본』과 연결됐다(『런던 사본』은 60년 전부터 알려져 왔던 사본이다). 이에 이스라엘 박물관은 『런던 사본』을 가져와 2010년에 히브리 사본의 재회라는 전시회를 개최했다. 『런던 사본』은 출애굽기 9:18-13:1(제7재앙부터 제10재앙까지, 유월절, 출애굽)의 내용을 보여주며, 『바다의 노래』는 이어지는 출애굽기 13:19-15:27(출애굽, 홍해를 건넘, 바로 군대의 수장, 바다의 노래, 미리암의 노래와 쓴 물을 달게 함)에 이르는 본문을 포함하고 있다. 이 희귀하고 중요한 사본은 아마도 카이로 게니자에서 나온 것으로 추정된다.

- **카이로 게니자.** 가장 많은 초기 문헌이 이곳에서 발견됐다. 19세기 후반에 거의 25만 개에 이르는 유대 사본 조각들이 푸스타트(구-카이로)에 있는 벤 에즈라 회당의 **게니자**에서 발견됐다. 후에 카이로의 다른 쪽에서 그리고 동쪽 바산틴 묘지(Basantin cemetery)에서 28만 개에 이르는 사본들이 추가로 발견됐다. 게니자 문헌들은 870년경부터(만약 런던의 『바다의 노래』를 포함시킨다면 그보다도 더 이른 시기부터) 1880년경까지 기록됐다. 대부분은 성경 사본들이며, 거의 대부분은 마소라 사본이다. 이 사본들은 여러 도서관들에 흩어지게 됐는데, 영국의 케임브리지대학교, 옥스퍼드대학교, 맨체스터대학교 도서관들과 뉴욕의 미국 유대신학교 그리고 러시아의 상트페테르부르크에 소장되어 있다.

- **알렙포 코덱스**(*The Aleppo Codex*). 이 필사본은 주후 약 925년경에 필사됐으며, 히브리대학교 성경 프로젝트(HUBP: Hebrew University Bible Project—히브리성경/구약성경 비평본을 만드는 중요한 3가지 프로젝트 중의 하나—역주)의 기반 본문이 됐다. 그러나 상당 부분 유실되어 있기 때문에 HUBP의 어떤 본문들은 복원을 위해서 다른 사본에 의존할 수밖에 없게 됐다. HUBP의 일환으로 출판된 첫 번째 비평본은 『이사야』(1995)였으며, 『예레미야』(1997)와 『에스겔』(2004)이 뒤따라 출판됐다.

많은 학자들이 알렙포 코덱스를 마소라 본문 중 (사용된 자음과 모음 공히) 가장 권위 있는 본문으로 여긴다. (현자 마이모니데스[Maimonides]는 알렙포 코덱스를 모든 유대인 학자들이 신뢰하는 본문이라고 묘사했다.) 자음은 대략 920년경 슐로모 벤 부야아(Shlomo ben Buya'a)에 의해 예루살렘에서 기록됐으며, 아론 벤 모세스 벤 아쉐르(Aaron ben Moses ben Asher)는 모음과 마소라 난외주(Masoretic notes)를 기록했다. 벤 아쉐르(d. 960)는 (갈릴리 서안의 티베리아 출신) 문법학자들의 왕조 격인 벤 아쉐르 왕조에서 가장 탁월한 학자였다(갈릴리 서안의 티베리아 출신). 그는 모음의 소리를 가장 정확하게 기록하는 법을 만들었고, 따라서 가장 정확한 히브리성경을 만들었다(1976년에 영인본이 출판됐다[*The Aleppo Codex: Provided with Massoretic Notes and Pointed by Aaron Ben Asher the Codex, Considered Authoritative by Maimonides*]. 편집장이었던 모쉐 고쉔-고트슈타인[Moshe Goshen-Gottstein]은 그 성경을 단행본으로 된 가장 오래된 마소라 성경이자 한두 사람에 의해서 일관된 스타일로 제작 완성된 첫 번째 히브리성경이라고 설명했다.)

알렙포 코덱스가 제작된 지 약 100년 뒤에, 예루살렘의 카라이파 유대인 공동체(Karaite Jewish community)가 그 알렙포 코덱스를 구매했다. 첫 번째 십자군 원정 당시(1095-1099년), 카라이파 회당이 약탈당했는데, 그때 그 코덱스도 사라졌다. 그 코덱스는 후에 이집트로 보내졌는데, 그곳에 있던 유대인들은 그 코덱스를 위해 많은 값을 지불했다. 1375년에 마이모니데스의 후손 중 한 사람이 그것을 시리아의 알렙포로 가져갔다(이때부터 알렙포 코덱스로 알려졌다).

1947년 12월, 팔레스타인에 유대 국가를 세운다는 UN의 결정에 격분한 폭도들이 알렙포 코덱스가 소장되어 있던 회당을 불살랐고, 그 코덱스는 소실됐다. 1958년에 코덱스는 이스라엘로 밀수됐고, 이츠하크 벤-쯔비(Yitzhak Ben-Zvi) 대통령에게 기증되어, 벤-쯔비 기관과 예루살렘 히브리대학교에 위탁됐다.

이스라엘 사람들은 알렙포 코덱스의 많은 부분을 잃었다는 사실에 크게 낙담했다. 전체 487쪽 중 294쪽만 남게 됐으며, 소실된 본문들은 다음과 같았다: 오경 전체, 열왕기와 예레미야에서 각각 3쪽, 소예언서 다수(아모스의 절반, 오바댜와 요나 전체, 미가 첫 부분), 시편에서 2쪽, 전도서, 예레미야애가, 에스더, 다니엘, 에스라-느헤미야 전체.

알렙포의 유대인 공동체는 코덱스가 소장되어 있던 회당이 불탔을 때 소실된 알렙포 코덱스도 함께 타버렸다고 말했다. 하지만 불길이 그 코덱스를 태웠다는 증거는 없다. 적어도 몇 쪽은 찢겨 나갔는데, 그중에는 2개의 '소실된' 지면들로 알려진 것도 포함되어 있다. 이 2개의 '소실된' 지면들은 결국 미국에까지 흘러들어 갔으며, 나중에 다시 그 코덱스와 합쳐지게 된다. 곧, 역대하 35:7-36:19가 포함된 지면이 1982년에 이스라엘에 돌아왔으며, 출애굽기 8장의 내용을 담고 있는 한 쪽이 2007년에 돌아왔다. 학자들은 알렙포 유대 공동체의 여러 구성원들이 아직도 소실된 지면들의 상당수를 가지고 있으며 어떤 지면들은 골동품 상인들이 가지고 있을 것이라 믿고 있다.

알렙포 코덱스의 소실된 지면들을 찍은 사진 몇 장이 남아 있다. 영국 학자였던 윌리엄 위케스(William Wickes)는 1887년에 창세기 26:35-27:30 부분을 촬영하여 책으로 출판했고, 조셉 세갈(Joseph Segall)은 1910년에 신명기 4:38-6:3 부분을 포함하는 (서로 마주보고 있는) 두 쪽을 출판했다.

- **레닌그라드 코덱스**(*The Leningrad Codex*). 거의 대부분의 영어로 번역된 구약성경은 레닌그라드(또는 상트페테르부르크[St. Petersburg]) 코덱스를 기반으로 하고 있다. 레닌그라드 사본은 러시아국립도서관에 소장되어 있다. **레닌그라드 코덱스**로 불리는 이 사본은 이전 소유주의 이름을 따라 피르코비치 B19A(Firkovich B19A)라는 이름으로 목록에 올라가 있다. 아브라함 피르코비치(Abraham Firkovich)는 그가 어디에서 이 사본을 획득했는지에 대해 아무 말도 남기지 않은 채 1938년에 오데사로 가져갔다. 레닌그라드 코덱스는 후에 상트페테르부르크의 제국 도서관으로 이송됐다.

레닌그라드 코덱스는 1008년 혹은 1009년에 필사됐다(이는 알렙포 코덱스 이후 거의 1세기가 지난 시점이다). 레닌그라드 코덱스는 전통 히브리성경 혹은 마소라 본문 전체가 완전하게 남아 있는 가장 오래된 필사본이다. 또한 알렙포 코덱스의 유실된 본문을 복원하는 데 일차적으로 사용된 자료다. 내지에 기록되어 있는 서지 사항(colophon)에 의하면 레닌그라드 코덱스는 아론 벤 모세스 벤 아쉐르(Aaron ben Moses ben Asher)가 기록한 사본을 가지고 카이로에서 필사한 것으로 되어 있다. 그러나 벤 아쉐르는 그 코덱스를 본 적이 없는 것으로 드러났다. 알렙포 코덱스와는 달리, 필사자 한 명(사무엘 벤 야코브[Samuel ben Jacob])이 자음과 모음과 마소라 난외주 모두를 기록했다. 알렙포 코덱스를 제외하면 레닌그라드 코덱스는 벤 아쉐르의 필사 전통을 가장 충실하게 따른 사본이다. 변경되고 삭제된 흔적이 많은 것으로 보아 필사자는 벤 아쉐르의 규칙에 따라 기록되지 않은 본문을 사용하여 그 규칙에 맞도록 상당히 수정을 가한 것으로 보인다. 성서학자들이 *BHS*(*Biblia Hebraica Stuttgartensia*)와 *BHQ*(*Biblia Hebraica Quinta*) 성경을 출판할 때 이 레닌그라드 코덱스를 사용했다.

1.3 마소라 본문의 구성

전-마소라(Pre-Masoretic) 사본과 마소라 사본들(Masoretic Manu-scripts)은 성경 본문의 측면에서는 서로 가깝다. 그러나 그 순서에는 차이가 있다. 히브리성경을 구성하는 전반적인 형태는 서로 일치한다: 랍비들에 의해 발전된 3겹 구성. 처음 두 부분은 **토라**(*Torah*: 창세기-신명기)와 **예언서**(*Prophets*: 여호수아, 사사기, 사무엘, 열왕기, 이사야, 예레미야, 에스겔, 열두 소예언서)이다.

세 번째 부분은 **성문서**(*Writings*)인데, 여기에서 사본들 간의 순서에 차이를 보인다: (1) 역대기; (2) 시편, 욥기, 잠언; (3) 다섯 두루마리(아가, 룻기, 애가, 전도서, 에스더). 예를 들어, 알렙포 코덱스나 레

닌그라드 코덱스에는 성문서가 역대기로 시작하여 에스라-느헤
미야로 끝난다. 반면에 가장 많이 사용하는 히브리성경 비평본
(*Biblia Hebraica Stuttgartensia* [*BHS*])에는 역대기가 에스라-느헤미야 뒤
에 마지막으로 나온다. 레닌그라드 코덱스의 순서는 전통적인 순
서를 반영하는데, 이는 현대에 출판된 코렌 성경(Koren Bible, 1962)
이나 다른 마소라 사본들과 바빌로니아 탈무드의 『바바 바트라』
14b 같은 랍비 문헌에 나타난 순서에서도 볼 수 있다.

알렙포 코덱스와 레닌그라드 코덱스의 순서는 특히 성문서에
서 전통적인 순서와 여러 권에서 차이를 보이는데, 〈표 1〉에서 자
세한 차이를 볼 수 있다.

<표 1>

알렙포 코덱스(925년)와 레닌그라드 코덱스(1008/9년)	히브리성경 비평본 (BHS, 1968-1976년)	코렌 성경(Koren Bible, 1962년)	다양한 히브리어 사본과 『바바 바트라』 14b
역대기	시편	시편	룻
시편	욥기	잠언	시편
욥기	잠언	욥기	욥기
잠언	룻	아가	잠언
룻	아가	룻	전도서
아가	전도서	애가	아가
전도서	애가	전도서	애가
애가	에스더	에스더	다니엘
에스더	다니엘	다니엘	에스더
다니엘	에스라-느헤미야	에스라-느헤미야	에스라-느헤미야
에스라-느헤미야	역대기	역대기	역대기

2. 사마리아 오경

2.1 사마리아 오경 개요

사마리아 오경(SP)은 번역본이 아니다. 히브리성경의 첫 다섯 권인 토라의 사마리아 판본이다. 사마리아의 유대인들은 현재까지도 이스라엘에 나블루스(웨스트 뱅크)와 홀론(텔 아비브 근방)으로 알려진 지역에 한 그룹으로 남아 있는데, 그들은 사마리아 오경 이외의 책들은 성경으로 인정하지 않는다.

사마리아 오경은 17세기에 이르러서야 유럽 학자들에게 알려졌다. 1616년에 르네상스 여행자였던 피에트로 델라 발레(Pietro della Valle)가 사본 하나(Codex B)를 유럽으로 보냈을 때였다. 1629-1645년의 『파리 대역성경』(Paris Polyglot)에 출판됐으며 수정판이 1657-1669년의 『런던 대역성경』(London Polyglot)에 재차 출판됐다. 『런던 대역성경』에 에드문드 카스텔(Edmund Castell)의 7개 국어 대역사전(Lexicon Heptaglottum, 1669)이 부록으로 추가됐는데, 여기에 마소라 본문과 다른 이독(variant readings) 6,000개가 포함되어 있었고 그중 1,900개는 칠십인역과 같은 독법이었다.

2.2 사마리아 오경의 사본들, 판본들, 번역들

사마리아 오경의 본문은 세 종류의 자료로 보존되어 있다: 사마리아 오경 자체의 사본과 사마리아 오경의 그리스어, 아람어, 아랍어 번역본들 그리고 다른 사마리아 문헌에 사마리아 오경이 인용된 자료들이다. 성서 사본은 모두 중세 시대의 것이지만, 나머지 두 종류의 자료들 중에는 주후 10세기 이전의 자료들이 포함되어 있으며, 사마리아 오경에서 의미가 분명치 않은 부분들을 해석해 준다.

가장 오래된 사마리아 오경 사본(Codex Add. 1846)은 주후 약 1100년경에 필사됐으며, 케임브리지대학교 도서관에 소장되어 있다. 사마리아 종교에서 가장 신성한 사본은 『아비수아 문서』로 나블루스의 사마리아 회당에서 사용된다. 그 사본에는 필사자를 "아론의 증손, 엘르아살의 손자, 비느하스의 아들, 아비수아가 이스라엘이 여호와의 지도 아래 가나안으로 들어간 지 13년에 기록했다"고 소개하고 있다(대상 6:3-4 참조). 그러나 현대 학자들은 그 사본이 훨씬 뒤에 기록됐으며 많게는 아홉 명의 서기관이 필사한 자료들을 포함하고 있다고 생각한다. 가장 오래된 부분은 대략 12세기경에 기록됐다. 5개의 필사본을 〈표 2〉에 적어 놓았다.

<표 2. 사마리아 오경의 사본들>

사본명	필사 시기	비고
Codex Add. 1846	1100년	케임브리지대학교 도서관
Codex B	1345/46년	피에트로 델라 발레 구매
Codex C	1204년	학문적 가치가 높게 평가됨
E 사본	1219년	출애굽기
『아비수아 두루마리』	12–13세기	사마리아인들이 숭상하는 사본
코튼 클라우디우스 (Cotton Claudius) B VIII	1362–1363년	대영도서관

사마리아 오경 전체에 대한 히브리어 본문비평본은 아직까지

없다. 그러나 히브리어판 4종과 영문 번역본 1종은 출판됐다:

- August F. von Gall, *Der hebraïsche Pentateuch der Samaritaner*, 1914-1918. 이 판본은 다양한 사본에서 특정 독법들을 취사 선택하여 사마리아 오경의 원형을 재구성하고자 했던 비평본으로, 코덱스 B를 따르는 경향이 있다. 몇 가지 오류가 있지만, 대체적으로 정확하다. 마소라 본문에 지나치게 의존하고 있으며, 『아비수아 두루마리』 같은 중요한 자료를 사용하지 않은 단점이 있다. 본문비평 작업이 되어 있으며 다른 사본들에 나오는 이독을 포함하고 있어 학자들에게 높은 가치를 인정받는다.

- Avraham and Ratson Sadaqa, *Jewish and Samaritan Versions of the Pentateuch with Particular Stress on the Differences between Both Texts*, 1961-1965. 이 판본은 『아비수아 두루마리』를 기반으로 했는데, 독자적인 형태와 오자(誤字, misprint)가 많아 주의해서 사용해야 한다.

- Luis F. Giron Blanc, *Pentateuco Hebreo-Samaritano: Genesis. Edición critica sobre la base de Manuscritos*, 1976. 이 판본은 마드리드의 Biblia Poliglota maritense에서 새로 만든 사마리아 오경 비평본의 첫 번째 책이다. Codex Add. 1877(케임브리지대학교 도서관)을 바탕으로 제작됐으며 출판되지 않은 15개의 사본과 이독들을 비교했다. 창세기의 비평본으로서 전문적인 기술로 매우 주의 깊게 제작됐다.

- Abraham Tal, *The Samaritan Pentateuch, Edited According to MS 6 (c) of the Shekhem Synagogue*, 2010. 이 판본은 서기관 핀하스 벤 엘라자르(Phinhas ben Elazar)가 1204년에 다마스쿠스에서 필사한 사본의 출판본이다. 탈(Tal)의 본문은 잘 구성되어 있으며, 지금까지 나온 것 중 가장 정확한 판본으로 생각하는 학자들이 많다. 다만 완전한 비평본은 아니다. 어코던스바이블닷컴(www.accordancebible.com)의 어코던스 바이블 소프트웨어(Accordance Bible Software)에서 분해 자료가 첨부된 본문을 구매할 수 있다.

- Benyamim Tsedaka and Sharon Sullivan, *The Israelite Samaritan Version of the Torah: First English Translation Compared with the Masoretic Version*, 2013. 이 번역본 이외에 최소한 번역본 하나가 더 출판 준비중이다.

2.3 사마리아 오경의 특성

전통적인 마소라 본문과 다른 사마리아 오경 독법의 특징들을 아래와 같이 8개로 나누어 볼 수 있겠다. 이 중 4개는 필사 과정, 히브리어 문법에 관한 것으로 일반 독자들보다는 히브리어나 히브리성서 학자들이 더 관심을 갖는 특징이다.

(1) 필사 오류
(2) 문법적 차이
(3) 히브리어 형태가 후대의 것으로 대치됨

(4) 문법적 난독의 제거, 희귀한 조합을 보다 빈번한 표현으로 대치

나머지 4개는 사마리아 오경과 마소라 본문의 내용 및 성경 본문의 의미적 차이들을 다루고 있다는 점에서 중요하다.

(5) 미세한 수정을 통한 본문의 해석과 명확화
(6) 역사적인 오점과 논란의 여지가 있는 본문을 제거하기 위한 수정
(7) 다른 평행 본문들을 사용한 추가와 삽입
(8) 사마리아적 특징의 추가 혹은 사마리아 이데올로기에 맞춘 각색

그룹 6: 역사적인 오점과 논란의 여지가 있는 본문을 제거하기 위한 수정

창세기 50:23에서 그 예를 찾아볼 수 있는데, 사마리아 오경에는 "요셉의 무릎에서"(MT)를 "요셉의 때에"(SP)로 고쳤다. 요셉의 손자들이 요셉의 무릎에서 태어났다는 표현이 부적절하여 그렇게 한 것으로 보인다. 또 다른 예는 신명기 25:11에서 찾아볼 수 있는데, "그의 생식기"(MT)가 "그의 육신"(SP)으로 수정됐다. 싸움 중에 여성이 남성의 생식기를 쥐었다는 표현이 외설적이어서 그런 것으로 보인다.

그룹 7: 다른 평행 본문들을 사용한 추가와 삽입

애굽에서 이스라엘인들이 모세에게 불평하는 장면인 출애굽

기 6:9 이후에 삽입된 예를 찾아볼 수 있다. 이 불평은 뒤에 나오
는 출애굽기 14:12에서 인용했는데, 마소라 본문이나 칠십인역
6:9에는 이 부분이 없다. 그러나 사마리아 오경에는 14:12의 자료
에서 가져온 내용이 추가되어 있다(굵은 글씨체):

> 모세가 이와 같이 이스라엘 자손에게 전하나 그들이 마음의 상함
> 과 역사의 혹독함을 인하여 모세를 듣지 아니했더라. **또한 그들**
> **이 모세에게 이르기를 "우리를 내버려 두라 우리가 애굽 사람을**
> **섬길 것이라 하지 아니하더뇨 애굽 사람을 섬기는 것이 광야에서**
> **죽는 것보다 낫겠노라."**

창세기 30:36 뒤에 창세기 31:11-13이 삽입된 것도 찾아볼 수
있다. 또한 신명기의 본문이 민수기의 평행 본문 앞뒤로 삽입된
경우들이 있다(예, 민수기 10:11 앞에 신명기 1:6-8이 오며, 민수기 20:13 뒤에
는 신명기 3:24-28이 온다). 또 다른 예로는 출애굽기 20:17의 십계명
뒤에 (신명기와 출애굽기에서 발췌한) 추가적인 명령이 있는 것을 들 수
있다.

그룹 8: 사마리아적 특징의 추가 혹은 사마리아 이데올로기에 맞춘 각색

몇 가지 독법은 세부적으로 사마리아적 특성을 드러낸다: 예
컨대, 하나님의 명예나 모세를 비롯한 다른 고대 영웅들의 명예를

옹호하는 것; 마소라 본문과 법령에서 차이를 보이는 점; 야훼의 예배하는 처소로 예루살렘이 아닌 그리심산을 구체적으로 말하는 것 등이다.

　신명기 11:30에서 한 예를 찾아볼 수 있는데, 여기서 사마리아 오경은 29절의 '그리심산에서의 축복' 다음에 세겜을 강조하고 있다. 사마리아인들은 머잖아 그들의 성전을 세겜 근처에 있는 그 산에 짓게 된다. 또 다른 예로는 신명기 12:14을 들 수 있는데, 여기서 암묵적으로 지시된 장소가 세겜이라는 것은 하나님께서 마소라 본문에서 말하는 예루살렘이 아니라 세겜을 이미 선택하셨다는 것을 의미한다.

<표 3>

사마리아 오경의 신명기 11:30	마소라 본문의 신명기 11:30(개역개정)
이 두 산은 요단강 저편 곧 해 지는 편으로 가는 길 뒤 길갈 맞은편 모레 상수리나무 곁, **세겜 반대편의** 아라바에 거하는 가나안 족속의 땅에 있지 아니하냐	이 두 산은 요단강 저쪽 곧 해 지는 쪽으로 가는 길 뒤 길갈 맞은편 모레 상수리나무 곁의 아라바에 거주하는 가나안 족속의 땅에 있지 아니하냐
사마리아 오경의 신명기 12:14	마소라 본문의 신명기 12:14(개역개정)
오직 너희의 한 지파 중에 **여호와의 택하신 그곳에서** 너는 번제를 드리고 또 내가 네게 명하는 모든 것을 거기서 행할지니라	오직 너희의 한 지파 중에 **여호와께서 택하실 그곳에서** 너는 번제를 드리고 또 내가 네게 명령하는 모든 것을 거기서 행할지니라

2.4 사마리아 오경의 평가

　『런던 대역성경』에 첨부된 에드문드 카스텔(Edmund Castell)의 사마리아 오경에 보면, 마소라 본문과 다른 이독이 대략 6,000개

가량 되는데, 그중 1,900개는 칠십인역과 일치한다. 대부분의 이독은 필사 기법이나 문법 유형의 차이에 관한 것들로, 이들은 의미상 큰 차이가 없다. 하지만 위의 목록 중 그룹 5-8에 해당하는 경우는 중요한 차이를 보이며 칠십인역과 일치하는 1,900여 개 중 다수가 이에 해당한다. 그렇다면, 사마리아 오경이 히브리성경/구약성경의 본문을 이해하는 데 또는 번역본들의 원전이 되는 최선의 본문을 수립하는 데 얼마나 중요할까?

독일 학자인 빌헬름 게제니우스(Wilhelm Gesenius, 1786-1842)는 성경(Scripture) 본문을 수립하는 데 사마리아 오경이 조금은 가치가 있는 것으로 여겼다. 1815년에 게제니우스는 알렉산드로스 대왕이 사마리아인들에게 그리심산에 그들의 성전을 지을 수 있도록 허락했을 때, 사마리아 분파와 그 성경이 시작됐을 것이라 생각했다. 게제니우스는 사마리아 제사장들이 히브리어 본문을 읽는 분파적인 독법을 적용했을 것이라 믿었다. 그는 또한 사마리아 오경과 칠십인역의 유사성을 팔레스타인의 사마리아인들과 칠십인역을 번역한 알렉산드리아의 유대인들이 같은 히브리어 사본을 사용했기 때문인 것으로 보았다. 게제니우스는 이 자료를 알렉산드리아-사마리아 텍스트(Alexandrino-Samaritanus Text)라 지칭했으며, 이 본문은 단순화되고, 수정되고, 때론 확장된('하급' 본문) 형태이기 때문에 가장 오래된 성경 본문을 수립하는 데 별반 가치가 없는 것으로 여겼다. 이는 고대 히브리어 본문을 그대로 보존하려고 노력했던 예루살렘의 유대인들이 제작한 유대아 본문(Judean text: 마소라 본문의 전신)과 분명한 대조를 이룬다. 이후 한 세기에 걸쳐 학자들은 게제니우스의 사마리아 오경에 대한 부정적 견해를 견지한다.

1915년에 파울 칼레(Paul Kahle, 1875-1964)는 훨씬 더 긍정적인 견해를 제시했다. 그는 사마리아 오경이 고대 원전의 독법을 많이 보존하고 있으며, 고대의 오경의 여러 형태 중의 하나로서, 제2성전기에는 유대인들 사이에 여러 가지 판본의 히브리성경이 사용되고 있었다고 주장했다. 또한 칼레는 칠십인역이 고대 사마리아 오경을 포함한 여러 개의 번역본에서 유래했으며 후에 (기독교) 교회에 의해 표준으로 정해졌다고 제안했다. 칼레는 마소라 본문이 히브리성경의 원전(Urtext)을 대표하지 않으며, 마소라 본문은 오래된 자료들을 가지고 후대에 만든 것이라 여겼다. 칼레는 사마리아 오경과 칠십인역의 유사점에 의거하여 『희년서』, 『에녹1서』, 『모세의 승천』과 신약의 일부를 초기 전-사마리아 본문(pre-Samaritan text)으로 분류했다. 대부분의 학자들은 여전히 마소라 본문을 더 나은 본문으로 보고 있지만 현대의 많은 학자들이 사마리아 오경에 대한 보다 긍정적인 이런 시각을 수용한다.

2.5 사마리아 오경, 사해문서, 칠십인역과 신약성경

사해문서의 발견으로 학자들은 사마리아 오경이 얼마나 오래됐는지 그리고 성경 본문을 이해하는 데 있어서 사마리아 오경의 가치가 얼마나 되는지에 대한 이해를 넓힐 수 있게 됐다. 여러 쿰란 성경 사본들이 칼레가 주장했던 전-사마리아 본문(pre-Samaritan text)이 존재했음을 입증해 주었다. 이 쿰란 성경 사본들은 사마리아 오경과 유사한 본문 형태를 보존하고 있기 때문에 팔레스타인 (Palestinian) 또는 전-사마리아(Pre-Samaritan) 본문으로 분류된다. 대표적인 예로 제4동굴에서 발견된 3개의 사본을 들 수 있다: 4QpaleoExod^m, 4QExod-Lev^f, 4QNum^b. 이런 유형의 독특한 독법들이 여러 다른 성경 사본에서도 발견되지만, 다른 본문 유형의 특성들을 동시에 보여주기 때문에 전-사마리아 본문으로 분류되지 않은 경우가 많다. 이런 유형의 성경 본문은 학자들에 따라서 주전 2세기 혹은 이보다 더 이른 것으로 여겨지기도 한다. 그러나 전-사마리아 본문은 사마리아 공동체의 특징적인 관점을 지지하기 위해 후에 삽입된 '분파 독법'(sectarian readings)은 포함하고 있지 않다.

사마리아 오경은 칠십인역을 연구하는 데에도 가치가 있는데, 마소라 본문과 다른 사마리아 오경의 독법 중 1,900여 개가 그리스어 성경(칠십인역)과 일치하기 때문이다. 많은 경우는 사소한 것이지만 꽤 중요한 것들도 적지 않다. 창세기 4:8의 경우 마소라 본문에는 "그리고 가인이 그의 형제 아벨에게 말했고"(And Gain said to his brother Abel)라고 되어 있는 반면에 사마리아 오경에는 해당 어구에 **"우리가 들로 나가자"**(*Let us go out to the field*)라는 어구가 추가되어 있다(칠십인역, 라틴 불가타, 몇몇 타르굼의 경우에도 추가되어 있다). 또 다른 예를 출애굽기 1:22에서도 찾아볼 수 있다. 여기에는 모세가 태어날 즈음에 히브리인 남자 아이들을 죽이라고 하는 내용이 있다. 마소라 본문에는 출애굽기 1:22이 "그러므로 바로가 그의 모든 백성에게 명령하여 이르되 **'너희에게 아들이 태어나거든** 너희는 그를 나일강에 던지고'"라고 되어 있는 반면 사마리아 오경에는 **"히브리인에게 아들이 태어나거든 …"**이라고 되어 있다(칠십인역과 타르굼에도 동일하다).

신약성경의 여러 본문도 사마리아 오경과 유사한 구약성경의 독본을 따른다. 사도행전 7:4에서 스데반은 아브라함이 그의 아버지 데라가 죽은 **후에** 하란을 떠나 가나안으로 왔다고 말한다. 이 내용은 사마리아 오경의 창세기 11:32에 데라가 하란에서 145세에 죽었다는 구절과 내용상 일치한다(아브라함은 데라가 70세 때 태어났고[창 11:26], 아브라함은 75세 때 가나안으로 이주했다[창 12:4]). 반면에 마소라 본문의 창세기 11:32에는 데라가 아브라함이 가나안으로 떠나고 60년 **뒤인** 205세 때 하란에서 죽었다고 기록되어 있다.

갈라디아서 3:17에서 두 번째 예를 찾아볼 수 있다. 갈라디아서 3:17에는 아브라함이 죽고 430년 후에 율법을 주신 것으로 언급되어 있다: "16이 약속들은 아브라함과 그 자손에게 말씀하신 것인데, … 17내가 이것을 말하노니 하나님께서 미리 정하신 언약을 사백삼십 년 후에 생긴 율법이 폐기하지 못하고 그 약속을 헛되게 하지 못하리라."

갈라디아서의 내용은 사마리아 오경의 출애굽기 12:40과 상통한다(칠십인역도 이와 일치한다). 사마리아 오경의 출애굽기 12:40은 애굽에서의 430년의 기간에 아브라함으로부터 요셉까지의 세 세

대를 포함한다: "이스라엘 자손과 그 선조들이 **가나안 땅과 애굽 땅에** 거주한 지 사백삼십 년이라." 반면에 짧은 독법의 마소라 본 문은 이 기간을 애굽에서의 기간으로만 한정하여, 족장들의 기간 을 배제한다: "이스라엘 자손이 애굽에 거주한 지 사백삼십 년이 라."

3. 그리스어 칠십인역

3.1 '칠십인역'이라는 이름과 칠십인역의 유래

원래 칠십인역은 오경의 그리스어 번역본을 지칭하는 말이었 다. 그러나 오늘날 대부분의 학자들에게 **칠십인역**이라는 용어는 히브리성경과 히브리성경에서 본문이 확장된 부분(예, 다니엘서), 외 경의 책들(예, 마카비1서와 유딧기), 그리고 로마가톨릭 교회의 외경에 는 포함되어 있지 않지만 동방 정교회에서 수용하는 책들(예, 므낫 세의 기도와 시편 151편)을 광범위하게 부르는 용어로 사용한다.

칠십인역이라는 명칭은 "70"을 의미하는 '셉투아긴타'(*Septua-ginta*)라는 라틴어에서 유래한 것으로(따라서 이후로는 로마 숫자인 LXX 로 표기함), 매우 흥미로운 이야기에서 유래한 명칭이다. 『아리스테 아스의 편지』(알렉산드리아의 유대인, 아리스테아스가 주전 150-100년에 기록 함)에 의하면, 이집트의 왕이었던 프톨레마이오스 2세(주전 285-247 년)가 팔레룸의 도서관장이었던 데메트리오스에게 알렉산드리아에 있는 자신이 세운 유명한 도서관에 세계의 모든 책들을 수집하라는 명령을 내렸다. 데메트리오스는 이 수집품에 그리스어로 번역된 유대인의 법전을 포함시켜야 한다고 생각했다. 데메트리오스의 초청에 대한 응답으로, 대제사장 엘아자르는 열두 지파에서 각각 6명의 장로들, 도합 72명을 파송했다. 그들이 알렉산드리아에 도착한 후 번역의 초안이 작성됐고, 최종본은 정확하게 72일 만에 완성됐다.

> [301]3일 후 데메트리오스는 사람들을 데리고 7스타디아(*stadia*) 길이의 방파제를 따라 섬으로 가서 다리를 건너 파로스의 북쪽 지역으로 향했다. 그곳에서 그는 매우 아름답고 한적한 해변에 지어진 집들에 그들을 모았고 번역 작업을 수행하도록 했다. 그래서 그들은 몇 가지 결과를 비교하고 일치시키는 작업에 착수했고, 그들이 동의한 것은 무엇이든 데메트리오스의 지시에 따라 적절하게 필사됐다. …
>
> [307][그]들은 밝고 조용한 아름다운 곳에서 날마다 함께 모여 일에 매진했다. 그리고 번역 작업은 우연히도 마치 그렇게 정해 놓았던 것인 양 72일 만에 완료됐다. (Charles, *The Letter of Aristeas* [1913], 301-7)

번역본은 유대인 공동체에서 낭독됐으며, 이 그리스어 번역본은 하나님의 율법의 공인 번역본이었기에 지도자들은 그 내용을 변경하려는 자에게 저주를 선언했다. 번역자들은 의장대와 편지, 그리고 대제사장 엘아자르를 위한 선물과 함께 고향으로 돌아왔다.

『아리스테아스의 편지』는 통상적으로 허구로 알려져 있으나, 알렉산드리아의 도서관에 대해서 언급한 최초의 문헌이다. 그뿐만 아니라 아래의 5가지 이유로 칠십인역의 기원(번역자 72명을 반올림한 숫자로서의 70)을 이해하는 데 중요하다:

(1) '칠십인역'이라는 명칭은 원래 모세 오경에만 적용되던 이름이었다. 다른 책들은 후에 번역됐으며, 가장 늦게 번역된 것은 주후 1세기경이다.

(2) 유대인 중에 그리스어를 모국어로 사용하던 사람들은, 히브리어를 거의 못하거나 아예 못하는 사람들이 많아 성경의 그리스어 번역본이 필요했다.

(3) 최소한 어떤 유대인들은 칠십인역을 권위 있는 경전으로 간주했다. 편지의 저자는 칠십인역 본문을 히브리성경의 다른 번역본들보다 더 높은 위치에 두고자 하는 목적을 가지고 있었다.

(4) 『아리스테아스의 편지』는 전형적인 유대교의 변증서이자 선전물로 보이며, 만약 그렇다고 한다면 헬라인들을 향한 변증서로 볼 수 있다.

(5) 반면에 유대인 독자를 겨냥했을 수도 있는데, 이 경우 칠십인역을 영감을 받아 기록된 권위 있는 유대교 경전으로 승격시키기

위한 목적을 가지고 있었을 수도 있다.

3.2 칠십인역의 사본들과 비평본들

칠십인역의 필사본들은 5개의 그룹으로 분류된다:

(a) 파피루스

가장 오래된 그리스어 성경 필사본의 일부가 파피루스에 기록, 보존되어 있다. 그러나 대부분은 매우 작게 조각난 단편들만 남아 있다. 중요한 사본으로는 이집트에서 나온 체스터 베티 파피루스(Chester Beatty Papyri, 주후 2-4세기경)로 창세기와 민수기, 신명기, 이사야, 예레미야, 에스겔, 다니엘, 에스더와 전도서의 조각들이 있다.

(b) 언셜체 사본

여러 개의 초기 그리스어 사본들은 구약성경의 상당 부분 혹은 구약성경 전체를 보존하고 있는데, 이는 초창기 히브리어 사본들과는 매우 대조적이다. 구약성경 전체가 보존된 사본들에는 언셜체로 기록된 사본들이 몇 개 있다. 언셜체 사본은 교회의 지도자들에 의해 보존되고 물려져 내려왔기 때문에 이 사본들은 구약성경과 신약성경을 모두 포함하고 있다. 가장 중요한 3개의 언셜체 사본들은 아래와 같다:

- **시내산 사본**(*Codex Sinaiticus*, 약어로 S 혹은 ℵ): 주후 4세기 필사본. 시내산 사본은 원래 그리스어 성경(그리스어 번역본) 전체를 포함하고 있었으나, 구약의 절반만 남아 있는 상태다. 사본 대부분은 독일 고고학자였던 콘스탄틴 폰 티센도르프(Constantin von Tischendorf)가 1850년대 후반에 시내산 사막의 성 캐더린 수도원(St. Catherine's Monastery)에서 러시아로 옮긴 것으로 알려져 있으나 이에 대해서는 논란의 여지가 남아 있다. 현재 사본의 가장 큰 부분은 대영박물관에 소장되어 있으며 작은 부분 하나가 독일 라이프치히에 있다.

- **바티칸 사본**(*Codex Vaticanus*, 약어로 B): 주후 4세기 필사본. 1481년 이전부터 바티칸 도서관에 소장되어 왔다. 원래 그리스어 성경 전체를 포함하고 있었으나 시작 부분이 소실됐다(창 1:1-46:27; 시 106-138편; 히 9:14부터 계시록까지).

- **알렉산드리아 사본**(*Codex Alexandrinus*, 약어로 A): 주후 5세기 필사본. 런던 대영박물관에 소장되어 있다. 시내산 사본, 바티칸 사본과 마찬가지로, 알렉산드리아 사본도 원래 그리스어 성경 전체를 포함하고 있었다. 구약 부분에서 여러 본문들이 소실됐다(알려진 바로는 제1왕국기[= 삼상] 12:18-14:9과 시편 49:19-79:10 부분이 소실됐다).

(c) 소문자체 또는 초서체(필기체) 사본

중세에 필사된 수백 개의 그리스어 사본들은 인쇄본에서 발견되는 초서체(필기체)로 필사됐다. 초서체 사본들은 칠십인역의 전체에 대한 사본 증거를 갖고 있으며, 현대 학자들에게 사용된다.

(d) 인쇄본

칠십인역의 인쇄본은 여러 가지가 있다. 그중 중요한 3개는 다음과 같다.

- 랄프스-한하르트판(Rahlfs-Hanhart). 알프레드 랄프스(Alfred Rahlfs)가 출판한 짧은 판본. 나중 판본은 로버트 한하르트(Robert Hanhart)가 편집했다: *Septuaginta. Id est Vetus Testamentum Graece iuxta LXX interpreters* (1935).

- 괴팅엔판(The Göttingen Edition). 독일의 칠십인역 사업(Septuaginta-Unternehmen)에서 출판한 여러 권으로 된 비평판: *Septuaginta Vetus Testamentum Graecum. Autorität Académie Scientiarum Gottingensis editum*. 총 40여 권으로 계획됐다. 첫 번째 책(*Psalmi cum Odis*)은 1931년에 출간됐으며, 2012년까지 3분의 2가량이 출판됐다. 2020년 이전에 완결하는 것으로 계획되어 있다.

- 케임브리지판(The Cambridge Edition). 비평판으로 헨리 바클레이 스윗(Henry Barclay Swete)이 『그리스어 구약성경』(*The Old Testament in Greek*)이라는 이름으로 출판했다. 제1권(창세기-왕국4서)은 1887년에 나왔으며, 제2권(역대상-토비트)은 1891년에, 제3권(호세아-『마카비4서』)은 1894년에 각각 출판됐다.

(e) 칠십인역의 영어 번역본

2개의 영어 번역본이 최근에 출판됐다. 가장 권위 있는 번역은 칠십인역 및 동족문헌 연구를 위한 국제 기구(International Organization for Septuagint and Cognate Studies)의 것이다: Albert Pietersma and Benjamin G. Wright (Eds.), *The New English Translation of the Septuagint* (2007). 두 번째는 *The Orthodox Study Bible* (1993)로 우수한 번역이며 보다 신앙적인 번역서다.

이 같은 번역본들이 출판되기 이전에는 영어로 읽을 수 있는 칠십인역이 별로 없었다. 랜슬롯 브랜튼 경(Sir Lancelot Brenton)의 *The Septuagint Version: Greek and English* (1844)가 150여 년 동안 가장 폭넓게 사용되어 왔었다. 찰스 톰슨(Charles Thomson)의 *The Holy Bible, Containing the Old and New Covenant, Commonly Called the Old and New Testament: Translated from the Greek* (1808)도 있는데, 이는 구하기가 매우 어려운 번역본이다. 톰슨 (Thomson, 1729-1824)은 1774년부터 1789년까지 북미대륙의회(American Continental Congress)의 서기로 일했다.

3.3 칠십인역의 형태와 내용

기독교(개신교) 성경의 구약의 경우 그 내용은 마소라 본문과 거의 동일하지만 순서는 히브리성경과 다르다. 유대교 성경은 창세기에서 시작하여 에스라-느헤미야와 역대기로 끝나는 반면, 기독교 성경은 창세기로 시작해서 말라기로 끝난다. 이것은 기독교 성경의 구성이 히브리성경에 기초한 것이 아니라 주로 신약성경 기자들과 초대 교회가 사용했던 칠십인역에 기초하고 있기 때문이다.

칠십인역 후반부의 **책 순서**는 그리스어 사본에 따라 차이가 있다. 예를 들어, 바티칸 사본은 에스겔과 다니엘로 끝난다(〈표 4〉 참조). 확실하지는 않지만, 기독교 성경에서 채택된 창세기에서 말라기까지의 순서는 유대인이 아닌 기독교인에 의해 확정됐을 가능성이 있다.

내용 면에서 칠십인역은 어떤 책의 경우, 마소라 본문의 책들과 유사한 내용을 담은 본문을 가지고 있으나, 내용이 다른 본문을 가진 책들도 있다. 많은 경우 이러한 차이는 번역가의 자유 번역에 따른 것이다. 잠언을 예로 들 수 있다(〈표 5〉 참조).

그러나 어떤 경우에 칠십인역은 마소라 본문과 다른 히브리어 대본(Vorlage로 불림)을 번역했다. 여러 예들이 있는데, 시편 145:13에서 그 한 예를 찾아볼 수 있다:

> (13a) 당신의 왕국은 모든 시대의 왕국이며 당신의 통치는 모든 세대와 세대에 있습니다.
>
> (13b) **주는 그의 모든 말씀에 신실하시며 그의 모든 행사에 성실하시도다.**

이 구절은 마소라 본문보다 칠십인역에서 더 길다. 마소라 본

문의 히브리어 본문은 13절의 앞부분만(13a) 포함하고 있기 때문이
다. 대부분의 학자들은 칠십인역에 13b가 포함된 것을 번역자가
마소라 본문보다 더 긴 히브리어 본문이 담긴 대본을 사용했기 때
문인 것으로 여긴다.

칠십인역은 또한 마소라 본문에 없는 여러 책을 포함하고 있
다(포함된 책의 종류는 사본에 따라 다름). 그중 9개는 로마가톨릭 성경에
서 찾아볼 수 있으며 **외경**(*Apocrypha*, "숨겨진 책") 또는 **제2정경**(*Deu-terocanonical*)으로 알려져 있다:

(1) 토비트(주전 4세기 또는 3세기)

(2) 유딧(주전 2세기 또는 1세기)

(3) 에스더 추가본(주전 2세기 또는 1세기)

(4) 마카비 1서(주전 2세기 말 또는 1세기 초)

(5) 마카비 2서(주전 124년)

(6) 솔로몬의 지혜(대략 주후 40년경 또는 그 이전)

(7) 집회서(주전 180년경, 서문-주전 132년경). 시락서 또는 예수 벤 시라의
    지혜라고도 불림.

(8) 바룩(주전 200년에서 60년 사이)

(9) 다니엘 추가본, 세 부분(세 부분 모두 주전 2세기):

   • 아사랴의 기도와 세 청년의 노래, 다니엘 3:23과 3:34 사이

   • 수산나(그리스어판의 13장)

   • 벨과 용(그리스어판의 14장)

다양한 칠십인역 사본에서 몇 권의 책이 더 발견되며, 여러(동방) 정교회 성경에 포함되어 있다:

(1) 『므낫세의 기도』(아마 주전 1세기)

(2) 『시편 151편』(헬레니즘 시대, 이전의 히브리어 대본에서 유래됨)

(3) 『에스드라1서』(『에스드라2서』라고도 함, 아마도 주전 2세기).

(4) 『에스드라2서』(『에스드라3서』라고도 함, 주후 1세기 말에서 3세기 사이, 슬라브어 성경에만 있음)

(5) 『마카비 3서』(주전 30년에서 주후 70년)

(6) 『마카비 4서』(주전 1세기에서 주후 1세기 말, 그리스 정교회 성경에만 있음)

4. 히브리성경/구약성경의 번역본들

히브리어를 거의 또는 전혀 알지 못하는 유대인과 기독교인들이 자신들의 언어로 구약성경을 읽을 수 있도록 히브리성경을 번역한 다른 번역본도 있다. 이러한 판본 중 가장 중요한 것들은 다음과 같다:

- 아람어 타르굼(주전에 이미 시작됨). **타르굼**(*Targum*)이라는 용어는 "번역" 또는 "의역"을 의미한다.

- 고대 라틴어(주후 2세기 후반에 시작됨).

- 시리아 페쉬타(주후 2-3세기).
- 라틴 불가타(주후 390-405년). 이 역본은 히에로니무스에 의해 번역 됐고 서방 교회의 성경이 됐다.

이들을 유대 사막에서 발견된 성서 본문들과 비교해 보면, 때 때로 이 번역본들 가운데 특히 고대 라틴어 역본과 페쉬타에 중요 한 고대 독법이 보존되어 있는 경우가 있음을 알 수 있다. 그러나 마소라 본문, 사마리아 오경 및 칠십인역이 성서 본문 또는 고대 본문에 대한 가장 중요한 증거로 남아 있다.

<표 4>

잠언 30:1-3 마소라 본문(NRSV)	잠언 30:1-3 칠십인역(NETS)
(1) 이 말씀은 야게의 아들 아굴의 말씀이다. 신탁이다. 그리하여 그가 말한다: 저는 곤고합니다. 오, 하나님, 저는 곤고합니다. 오, 하나님. 제가 어떻게 이겨낼 수 있겠습니까?	(1) 내 아들아, 내 말을 경외하고 그것을 받을 때에 돌이키라. 이것이 하나님을 믿는 자들을 향한 그 사람의 말이다: 이제 마치겠다.
(2) 저는 인간이라고 하기에는 너무나도 우둔합니다. 저는 인간의 총명을 가지고 있지 않습니다.	(2) 내가 모든 사람들 중에 가장 어리석은 자이며 사람의 지혜를 갖지 못함이니라.
(3) 저는 지혜를 배우지 못했고 또 거룩하신 자를 아는 지식이 없습니다.	(3) 하나님께서 지혜로 나를 가르치셨고 나는 거룩한 것들을 아는 지식을 얻었다.

<표 5. 세 사본들에 따른 칠십인역 목록>
* [대괄호]는 남아 있지 않은 책들. 『파랄리포메나』는 역대기에 상응함.

시내산 사본	바티칸 사본	알렉산드리아 사본
창세기-[신명기]	창세기-신명기	창세기-[신명기]
[여호수아-4 왕국기]	여호수아-제4왕국기	여호수아-제4왕국기
『파랄리포메나1서』[+ 2서]	『파랄리포메나1-2서』	『파랄리포메나1-2서』
[에스드라1서 = 에스라]	에스드라1서 = 에스라	호세아—말라기
에스드라2서(느헤미야)	에스드라2서(느헤미야)	이사야
에스더	시편	예레미야
토비트	잠언	바룩
유딧	전도서	애가
마카비1-4서	아가	예레미야의 편지
이사야	욥	에스겔
예레미야	솔로몬의 지혜서	다니엘
애가	시락서	에스더
[에스더]	에스더	토비트
[유딧]	유딧	유딧
[토비트]	토비트	에스드라1서 = 에스라
[호세아—말라기]	호세아—말라기	에스드라2서(느헤미야)
시편	이사야	마카비1-4서
잠언	예레미야	시편
전도서	바룩	욥
아가	애가	잠언
솔로몬의 지혜서	예레미야의 편지	전도서
시락서	에스겔	아가
욥	다니엘	솔로몬의 지혜서
		시락서
		『솔로몬의 시편』

제5장
성경 사본

최근까지 알려진 사본들을 더하면, 대략 1,250개 이상의 사해 문서가 존재하며, 그중 1,050부 이상이 쿰란에서 발견됐다. 쿰란에서 발견된 사본들은 성경 사본(약 300부)과 외경과 **위경**(약 150부)과 비성경 사본(약 600부)으로 분류할 수 있다.

본 장에서는 성경 사본을 개관하도록 한다. 성경 사본이라 함은 히브리성경(유대인 성경)과 개신교 구약성경에 있는 책들의 필사본을 말한다. 히브리성경 혹은 구약성경에 있는 각 권의 순서는 제2성전기 마지막 시기까지도(주후 70년) 확정되지 않은 상태였지만, 편의를 위해 현대 번역 성경의 순서에 따라(창세기부터 말라기까지), 그리고 4가지 분류법(오경, 역사서, 시가서, 성문서)에 따라 각 책들을 다루는 것이 도움이 되리라 생각한다.

본 장에서는 각각의 책들에 대해 다음과 같은 내용을 다루려

고 한다: 성경 사본의 수, 이 사본들이 보여 주는 장 수, 몇몇 사본
들에 대한 설명, 이 사본들이 담고 있는 책들의 글자 형태(textual
forms)와 흥미로운 내용.

1. 오경(토라)

사해문서에서 오경에 있는 책들의 필사본은 127개에 이른다.
이 중 116개는 쿰란에서 발견됐으며, 11개는 유대 사막의 다른 곳
에서 발견됐다. 이 사본들 중 12개에는 오경 내(內) 한 권 이상의 책
의 본문이 보존되어 있다.

창세기

하늘과 땅의 창조 기사, 원역사, 족장들의 무용담이 있는 창세
기는 쿰란의 엣세네파 **야하드** 공동체 가운데서 가장 인기가 많은
세 권의 책들 중 하나였다. 쿰란에서만 30부가 발견됐으며, 바르
코흐바 항쟁 때(Bar Kokhba revolt, 주후 132-135년) 저항군들의 은신처
로 사용됐던 와디 무랍바아트에서 2부 혹은 3부가 더 발견됐다.
그리고 남쪽 마사다에서 1부가 더 발견됐다. 대부분의 창세기 사
본은 단편 조각만 남아 있으며, 총 50장 중 34장에 해당하는 부분
만 남겨져 있다(1-6, 8, 10, 12, 17-19, 22-24, 26-27, 32-37, 39-43, 45-50장).

가장 오래된 사본은 4QpaleoGen^m(주전 2세기 중반)으로 히브리

어 고서체로 기록되어 있다. **창세기**라는 제목이 특징적으로 붙어 있는 다른 사본이 있는데, 4QGen^h-title(이는 4QGen^k의 일부일 가능성도 있다)이라는 약어—제목에 title이 들어간 유일한 성경 사본—로 불린다.

이 사본들은 일반적으로 전통적인 마소라 본문과 사마리아 오경의 자음에 가까운 형태를 보여주기 때문에, 창세기 본문은 쿰란 시기에 거의 안정화됐다. 11개의 사본이 다양한 이독을 보여 준다는 점은 눈여겨볼 필요가 있는데, 이들을 혼합되거나 조정되지 않은(다른 본문들의 배열과 일치하지 않는) 본문으로 볼 수 있겠다. 다른 창세기 사본들, 특히 무랍바아트에서 발견된 사본들(주후 2세기 초반)은 실질적으로 마소라 본문과 같다고 볼 수 있다.

흥미로운 이독 한 가지는 창세기 41:16이다. 마소라 본문에서는 요셉이 파라오에게 대답하기를: "그것[응답]은 **제게** 있지 않습니다. 하나님께서 파라오께 평화의 답을 주실 것입니다"라고 되어 있다. 이 본문은 요셉이 거만한 것으로 해석될 여지가 있다(이를테면, "**내**[요셉]가 아니고서는, 하나님께서 파라오의 안녕을 말하는 응답을 주시지 않을 것입니다"라는 식으로). 4QGen^j에서는 사마리아 오경과 칠십인역에서와 마찬가지로 요셉이 보다 공손하게 나온다: "[하나]**님**이 아니고서는, 파[라오]의 안녕은 응답받지 못할 것입니다." 고대 서기관이 요셉의 성품을 보호하는 차원에서 "나[요셉]"라는 단어를 뺐을 것이라는 주장이 가능하다. 하지만 오히려 4QGen^j 사본이 원본 본문에 일치할 가능성이 훨씬 높은 것으로 보인다.

출애굽기

출애굽기는 이집트에서의 탈출, 시내산으로 연결해 주는 사건들, 언약, 장막, 경배에 대한 가르침을 특징적으로 보여준다. 출애굽기는 쿰란에서 많이 알려져 있었다: 쿰란에서 30부에 해당하는 사본들이 발견됐고 무랍바아트에서 1부가 더 발견됐다. 이 사본들은 성경 출애굽기 전체 40장의 부분들을 보존하고 있다. 가장 오래된 사본은 4QExod-Lev^f(주전 3세기 중반)이다. 이는 4QSam^{b}와 함께 가장 오래된 사본 중의 하나다.

쿰란에서 발견된 대부분의 출애굽기 사본은 마소라의 자음 본문과 유사하며, 무랍바아트에서 발견된 사본(MurExod, 주후 2세기 초반)은 마소라 본문에 보다 밀접하게 일치한다. 반면에 최소한 2개의 사본(4QpaleoExod^{m}과 4QExod-Lev^f)은 사마리아 오경의 자음 본문과 유사하며, 4QExod^{b}는 칠십인역에 가깝다.

고대 히브리 고서체로 기록된 4QpaleoExodus^m 사본은 제4동굴에서 발견된 사본으로는 가장 많은 내용을 보존하고 있으며 같은 성경 본문들 간에 서로 다른 판본이 존재했음을 보여주는 좋은 예라고 할 수 있다. 사해문서가 발견되기 전에는, 많은 학자들이 사마리아 오경과 마소라 본문의 주요 차이점에 대해서, 사마리아 오경이 후기에 소외된 사마리아인들에 의해 편집됐다고 생각했었다. 그러나 사마리아 오경에 남아 있는 많은 이독이 4Qpaleo-Exod^{m}에서도 동일하게 발견됐다. 이 사실은 초기 유대교 안에 2가지 판의 출애굽기가 회람됐음을 보여준다: 먼저는 마소라 본문에 가까운 본문이며(칠십인역으로도 번역된 본문), 두 번째로는 사마리아 오경에 특징적으로 나타나는 보다 확장된 형태의 본문이다.

출애굽기 7:18은 놀랄 만한 예다. 여기에서 4QpaleoExod^m과 사마리아 오경은 본문이 더 길다. 모세와 아론이 16-18절에 있는 하나님의 명령을 바로에게 반복해서 말하는 내용이 포함되어 있다. 반면에 다른 사본 두 곳(4QGen-Exod^a와 4QExod^c)과 마소라 본문과 칠십인역에는 이보다 짧은 본문이 나온다(〈표 1〉참고).

〈표 1〉

4QpaleoExod^m의 출 7:18(사마리아 오경)	4QGen-Exod^a, 4QExod^c의 출 7:18(마소라 본문/칠십인역)
(18) "나일강의 **중심[에서]** [물고기가] 죽고, [나일강에서 악취가 날 것이다.] 애굽 사람들이 나일강에서 물 마시기를 싫어하게 될 것이다." [모세와 아론이 바로에게 나아가] 그에게 [이]르기를; [히브리 사람의 하나님 여호와께서 나를 왕에게 보내어 이르시되] "내 백성을 보내라 그러면 [그들이] [광야에서 나를 섬길 것이니라] 했으나 보라 이제까지 네가 듣지 아니하도다.] 그러므로 여호와가 이같이 이르노니 "네가 [이로 말미암아 나를 여호와인 줄 알리라 볼지어다 내가] 내 [땅의] 지팡이로 [나일강을] [치]면 [그것이 피로 변하고] 나일강의 [고기]가 죽고 그 [물에서는 악취가 나리니] 애[굽] 사람들이 [그 강물 마시]기를 [싫어하리라]."	(18) "나일강의 고기가 죽고 그 물에서는 악취가 날 것이다. 애굽 사람들이 나일강에서 물 마시기를 싫어하게 될 것이다."

레위기

예배와 제사, 제사장과 절기들을 위한 규정들과 정결법 등을 다룬 레위기는 **야하드** 공동체에 매우 중요한 책이었다. 쿰란에서 22개의 사본이 발견됐으며 마사다에서 2개 더 발견됐다. 전체 27장 중에서 12장을 제외한 나머지 모든 장이 보존되어 있다.

가장 오래된 사본은 4QExod-Lev^f(주전 3세기 중반)이다. 레위기 사본 4개(그중 가장 눈에 띄는 11QpaleoLev^a)는 고대 히브리 고서체로 기록됐으며, 2개는 그리스어로 기록됐다: 4QLXXLev^a와 pap4Q-LXXLev^b(이것은 파피루스에 기록됐는데, 파피루스는 대부분의 사해문서가 기록된 양피지보다 손상되기가 훨씬 더 쉽다).

레위기 본문은 쿰란 시기에 이르러서는 거의 안정화된 것으로 보인다. 레위기 사본은 마소라의 자음 본문 및 사마리아 오경과 일반적으로 유사하다. 마사다 사본 2개(주후 1세기 중반)는 특별히 마소라 본문과 가깝다. 대부분의 쿰란 사본들은 마소라 본문과 사마리아 오경과는 다른 이독을 포함하고 있기도 하다. 몇몇 사본은 혼합됐거나 비정렬됐다는 식으로 묘사하는 것이 적절하다. 레위기 3:11이 그런 경우로, 마소라 본문과 사마리아 오경은 제사장이 제단에서 번제로 태우는 것을 '화제로 드리는 음식'이라고 묘사한다. 그러나 pap4QLXXLev^b와 칠십인역은 '주님을 기뻐하시게 하는 화제의 향을 위한 음식'이라고 기록되어 있다.

사해문서 중에 아람어로 번역된 레위기 사본이 하나 있다(그 외에 욥기의 아람어 번역이 2부 있다). 이 『레위기 타르굼』(4QtgLev)은 약 주전 150년에 필사됐다.

민수기

민수기는 이스라엘의 40년 시내 광야 여정을 다루며, 이스라엘 사람들이 모압 평야에서 약속된 땅을 향해 요단강을 건널 태세를 갖추면서 끝이 난다. 18개의 민수기 사본이 발견됐다. 곧, 쿰란에서 15개, 나할 헤베르에서 2개, 무랍바아트에서 1개가 발견됐다. 대부분은 단편 조각들이며, 전체 36장 중 6, 14장 부분은 남아 있지 않다.

가장 잘 보존된 중요한 민수기 사본은 4QNum^b(약 주전 30년경)로 11–36장의 본문을 담고 있다. 4QNum^b는 확장된 성경 본문에 첨삭이 많이 되어 있어, 초기 유대교의 '살아있는 성경'(Living Bible)이라고 묘사될 수 있겠다. 신명기에 있는 몇 개의 담화문(speech)은 민수기에서 이야기하고 있는 어떤 행사 기간 중에 공표되지만 정작 민수기 마소라 본문에는 이들이 나오지 않는다. 4QNum^b에서는 전통적인 마소라 본문에 포함되지 않은 이 담화문들을 신명기에서 차용해 와서 적절한 자리에 삽입했다. 예를 들어, 4QNum^b 사본과 사마리아 오경의 민수기 21:21에는 아모리인들과 싸우라는 하나님의 명령을 신명기 2:24-25에서 차용해온 반면에 마소라 본문과 칠십인역은 그 내용이 없는 짧은 본문을 가지고 있다.

따라서 제2성전기 기간 동안 유대교 안에 최소한 2개의 민수기 판본이 회람되고 있었음을 알 수 있다: 하나는 마소라 본문에 가까운 판본이고, 다른 하나는 (4QNum^b에서 볼 수 있듯이) 사마리아 오경의 특징을 나타내 주는 더 긴 본문으로 된 판본이다.

<표 2>

4QNum^b의 민 21:21(사마리아 오경)	민 21:21(마소라 본문/칠십인역)
(21) 그리고 [주께서] [모세에게] 말씀하시어 이르되, [일어나, 너의 길을 떠나, 아르논 골짜기로 지나가라. 보라 내가 너의 손에 헤스본 왕 아몬인 시[혼과 그의 땅을 붙이리라; 그 땅을 소유하고 그와 전쟁에서 싸우]라. [오늘날 내가 온 하늘 아래 너의 소식을 듣는 자들로 너를 두려워하고 너를 겁내게 하리라;	(21) 그리고
이스라엘이 아모리 왕 시혼에게 사신을 보내어 이르되]:	이스라엘이 아모리 왕 시혼에게 사신을 보내어 이르되

신명기

신명기는 모압 땅에서 이스라엘이 약속의 땅으로 들어갈 준비를 할 때 모세가 그들에게 전했던 여러 편의 설교를 담고 있으며 모세의 유언과 그의 죽음에 관한 기사로 마친다. 신명기에는 또한 율법과 모세를 통해 이스라엘과 맺은 언약이 특징적인데, 이 2가지는 **야하드** 공동체의 문헌들에서도 매우 두드러진 주제다. 신명기는 쿰란의 엣세네인들에게 가장 선호도가 높은 책이다.

쿰란에서만 39개, 나할 헤베르, 무랍바아트, 마사다에서 각 1개씩, 무려 42개의 신명기 사본이 발견됐다. 대부분은 단편 조각들이지만 신명기의 모든 장들(34장)이 조금씩은 보존되어 있다. 사본 2개는 고대 히브리 고서체로 기록되어 있고(4QpaleoDeut^r과 4QpaleoDeut^s), 하나는 그리스어로 기록되어 있으며(4QLXXDeut), 파피루스에 기록된 사본도 있다(pap6QDeut).

많은 신명기 사본들은 마소라의 자음 본문과 사마리아 오경에 가깝다. 그러나 보다 독립적인 본문을 가진 사본도 있다(예,

4QDeut^{b}와 4QDeut^c). 그리고 적어도 사본 1개(4QDeut^q)는 칠십인역과 일치하는 부분이 많다. 다른 성경 사본에서 발견되는 요소가 생략되어 있기도 하다: 예를 들어, 4QDeut^{d}와 마소라 본문과 사마리아 오경은 신명기 3:20은 "**여호와께서 너의 동포들에게 쉼을 주시기까지**"라고 단순히 되어 있는 반면에 4QDeut^{m}과 칠십인역은 "**여호와 너희의 하나님께서 너의 동포들에게 쉼을 주시기까지**"라고 되어 있어, 여호와가 누구인지 이스라엘에게 설명해 주고 있다.

우리는 위에서 4QNum^b 사본에 성경 본문이 어떻게 첨삭되고 확장됐는지에 대해서 보았다. 같은 현상이 몇몇 신명기 사본에서도 나타나는데, 대표적으로는 4QDeut^{j}와 4QDeut^{n}을 들 수 있다. 예를 들어, 4QDeut^j 사본에는 (하나님의 명령을 지켰을 때 그 결과를 기술하고 있는) 신명기 11:21 뒤에 출애굽기 12:43-51이 바로 붙어있다(사본에는 출애굽기 12:43-44만 남아 있다). 이렇게 긴 독법은 4QDeut^j 사본에만 나타나며, 다른 본문들(MT, SP, LXX)에는 그러한 증거가 없다.

(11:21) "[그리하면] 여호와께서 [너희 조상들에게 주리라고 맹세하신 땅에서 너희의 날과 너희의 자녀의 날이 많아서 하늘이 땅을 덮는 날과 같으리라]."(출 12:43) **그리고 [여호와께서 모세와 아론에게 이르시]되 [**"유월절 규례는 이러하니라]; **이방 [**사람은 먹지 못할 것이나; 44각 사람이 돈으로 산 종은 할례를 받은 후에] **먹을 것이며.**" (*The Dead Sea Scrolls Bible*, 588-89)

따라서 제2성전기 유대교에서는 최소한 2가지 판본의 신명기가 회람되고 있었음을 알 수 있다: 마소라 본문에 가까운 더 짧은 판본과 4QDeut^{j}와 4QDeut^n 사본이 보여주는 더 긴 판본이 있었다. 일반적으로 더 긴 본문은 사마리아 오경이 갖는 특징이다. 그러나 위의 예는 사마리아 오경에서도 찾아볼 수 없는, 몇몇 주요한 긴 본문이 있었음을 보여준다.

2. 역사서

역사서들은 29개의 사본들에 나온다. 이 사본들은 모두 쿰란 인근의 동굴들에서 발견된 것들이다.

여호수아

여호수아서는 여호수아의 리더십 아래 행해진 가나안 정복과 지파별로 땅을 분배하는 이야기가 나오며 세겜에서 이루어진 언약 갱신으로 마무리된다. 쿰란 제4동굴에서 여호수아 사본 3부가 발견됐다. 그중 세 번째 사본은 4QpaleoParaJoshua(4Q123)로 여호수아서와 관련되어 있긴 하지만 그 내용이 정확하게 어떤 책인지 밝히는 것은 쉽지 않다. 가장 오래된 사본은 4QJosh^{a}로 약 주전 100년경의 것으로 보인다. 이 사본에는 여호수아서 전체 24장 중 9개의 장(2-8, 10, 17장)만 나와 있다.

이 사본들을 발견하기 전에는 여호수아서가 2가지 판으로 존재했던 것으로 알려져 있었다. 칠십인역에 나오는 더 오래된 짧은 본문과 더 길고 전통적인 마소라 본문이 2가지 판본을 대표한다. 4QJosh^a와 4QJosh^b 사본에서 발견되는 여러 가지 차이점들은 어떤 경우는 칠십인역을, 다른 경우에는 마소라 본문을 따르고 있다. 그뿐만 아니라 가끔씩 칠십인역이나 마소라 본문과 다른 독자적인 독법을 보여주기도 한다. 4QJosh^a 사본의 본문 내용은 심지어 그리스어 번역본(LXX)보다도 더 짧다. 이렇게 볼 때, 이 사본(4QJosh^a)을 당대 회람됐던 여호수아서 본문의 세 번째 판본으로 볼 수도 있다.

4QJosh^a는 오랫동안 학자들을 괴롭혔던 문제를 해결하는 데 도움이 됐다. 전통적인 독법인 마소라 본문에서는 여호수아가 이스라엘 민족을 이끌고 요단강을 건너고(3장), 길갈에 진을 친 후에(4장) 여리고 전투에 임한다(6:1-27). 그 후 아이성에서 다시 승리하게 된다(8:15-29). 바로 뒤에 여호수아는 북쪽으로 약 20마일(32km)을 행군하여 세겜에 가서 그리심산 맞은 편에 있는 에발산에 제단을 쌓는다. 이 제단이 후일 사마리아의 거룩한 산이 된다(8:30-35). 그리고 나서 여호수아는 예상치 못하게, 남쪽으로 내려와 아이성 밑에 있는 기브온의 문제를 다룬다(9장). 결과적으로 여호수아는 새로 지은 제단을 대적의 영토에 방치할 수밖에 없었다.

어찌보면 현명해 보이지 않았던 여호수아의 행적을 4QJosh^a 사본이 설명해 준다. 이 사본에는, 제단을 쌓는 이야기가 끝나면서 바로 5장이 따라온다. 5장에서 이스라엘 민족은 길갈에 진을 친다. 다시 말하면 여호수아는 정복 전쟁을 시작하기 전 요단강을 건너자마자 첫 번째 제단을 에발산이 아닌 길갈에 세웠음을 알 수 있다. 이는 충분히 짐작할 수 있는 단계다. 땅에 대한 약속의 성취를 감사하며 그 땅을 거룩하게 구별하기 위해 여호수아는 길갈에 제단을 쌓은 것으로 볼 수 있다. (그 제단은 지속적으로 중요한 예배의 장소로 남게 된다. 반면에 에발산은 이스라엘을 위한 예배의 장소로 더 이상 지칭되지 않는다.) 4QJosh[a]가 보여주는 여호수아 이야기의 진행 절차는 역사가인 요세푸스(주후 1세기)가 재차 확인해 준다. 요세푸스는 그의 책에서 여호수아가 요단강을 건넌 직후 제단을 쌓은 것으로 기록했다(『유대 고대사』 5.16-20).

그렇다면 왜 여호수아 본문은 바뀌게 됐을까? 신명기 27:4에 보면, 마소라 본문에는 모세가 첫 번째 제단을 에발산에 쌓으라고 명령한 반면, 사마리아 오경에는 그리심산으로 나와있다. 4QJosh[a] 사본에 의거해 볼 때, 여호수아에게 주었던 명령과 그 명령이 이뤄지는 과정에 3가지 단계가 있음을 알 수 있다. 첫째, 제단은 사람들이 요단강을 건넌 후에 쌓도록 되어 있었고, 여호수아가 그렇게 해서 길갈에 제단을 쌓았다. 둘째, 사마리아인으로 유추되는 북쪽 지역 사람들이 북쪽 땅에 대한 소유권을 주장하기 위해 제단이 수축된 장소를 그리심산으로 바꾼 것으로 보인다. 마지막으로, 유대인 서기관들이 그리심산을 (제단이 세워진 것으로 기록된 것 말고는 특별할 것이 없는) 에발산으로 바꿈으로써 이 같은 북쪽 사람들의 주장을 무력화하고 결과적으로 그 땅에 대한 자신들의 소유권을 개진

하고자 한 것으로 보인다.

사사기

사사기는 가나안 침공(정복)부터 왕정 직전까지의 이스라엘 역사를 다룬다. 이 책은 '**사사**'(재판관)라고 불리는 국가적 차원의 지도자들의 이야기로 특징지을 수 있는데, 이들은 대부분 전쟁 영웅들이다. 쿰란에서는 5개의 사본이 발견됐을 뿐이다. 사사기의 총 21장 중 5개의 장(6, 8?, 9, 19, 21장)만 보존되어 있다. 가장 오래된 사본은 4QJudg^a로 대략 주전 50-25년경의 사본이다.

4QJudg^a 사본은 마소라 본문이나 칠십인역보다 짧고 시기적으로 그것보다 이른 본문이 있음을 보여준다. 이 본문은 마소라 본문이나 칠십인역에서 발견되는 신학적인 단락(삿 6:7-10)을 아직 포함하고 있지 않은 것으로 사사기의 다른 판본을 제시해 주는 것으로 보인다. 4QJudg^b 사본 같은 경우 비록 신학적 단락(삿 6:7-10) 부분이 남아 있지 않아 그 부분의 존재 여부를 확인할 수는 없으나, 이것 또한 짧은 판본인 것으로 보인다.

룻기

이 낭만적인 이야기는 모압 여인으로 자신의 시어머니에 대한 충의와 하나님에 대한 헌신으로 남편이 모압에서 죽은 후 시어머니인 나오미를 따라 이스라엘로 돌아온 룻에 관한 이야기다. 그녀는 새 남편인 보아스를 만나고 다윗 왕의 증조모가 된다. 쿰란에서는 5개의 룻기 사본이 발견됐는데, 5개를 모아 보면 총 4장으로 되어 있는 룻기 전체의 내용이 보존되어 있다. 가장 오래된 사본은 2QRuth^{a}와 4QRuth^{b}로 주전 1세기 중반의 사본이다.

이 사본들은 전통적인 마소라 텍스트나 칠십인역과 거의 흡사한 형태의 본문을 가지고 있다. 몇 가지 소소한 이독이 있는데, 예를 들어 룻기 3:17 같은 경우, 마소라 본문과 칠십인역이 **"너는 누구냐"**로 되어 있고, 다른 마소라 사본들이 **"너는 ⋯"** 이라고 되어 있는 반면, 2QRuth^a 사본과 훨씬 후대의 그리스어 사본은 **"어떻게 지내느냐, 나의 딸아?"**라고 기록되어 있다.

사무엘상하

사무엘상하는 히브리성경에는 단권으로 되어 있다. 본서는 사무엘이 사역했던 때부터 다윗의 통치 후기의 사건들까지의 이스라엘의 역사를 보여주며, 사무엘의 행적과 이스라엘의 초대 왕 사울, 이스라엘 최고의 군주인 다윗이 등장한다. 쿰란에서는 7개의 사무엘기 사본이 발견됐다. 이 사본들은 사무엘상하(총 55장) 중 6개의 장(삼상 13, 22, 29장; 삼하 1, 9, 17장)을 제외한 나머지 본문을 보존하고 있다.

가장 오래된 사본은 4QSam^{b}로 약 주전 250년경 사본이며 가장 오래된 사본 2개 중 하나다. 가장 중요한 사본은 4QSam^a 사본(주전 1세기 중반)이다. 쿰란에서 발견된 가장 큰 성경 사본 중 하나인 4QSam^a 사본은 사무엘상 1장부터 시작해서 사무엘하 마지막 장에 이르는 본문을 보존하고 있다.

　고대(제2성전 당시)에 사무엘기 전체가(마소라 본문과 칠십인역 본문의) 2가지 판본으로 존재했는지 아니면 특별한 단락만 그런 건지는 분명하지 않다. 한 가지 예로 사무엘상 17-18장에 나오는 다윗과 골리앗 이야기 같은 경우, 1QSam과 4QSam^b 사본 같은 경우 전통적인 마소라 본문과 거의 흡사하나 4QSam^a는 칠십인역과 일치하는 부분이 많다(그 외에 독립적인 독법도 있다). 이에 더하여 역대기 상하와 일치하는 부분도 몇 군데 있다. 4QSam^a 사본이 역대기상하와 일치하는 것을 볼 때, 역대기 기자가 책들(혹은 [하나로 묶인] 책)을 작성할 때 사용한 사무엘 사본이 4QSam^a이었음을 알 수 있다.

　4QSam^a에 나오는 몇 가지 이독은 전통적 마소라 텍스트와 칠십인역에 비해서 우위에 있다. 그중에 가장 두드러진 것은 사무엘상 10장 마지막 부분이다. 여기에 암몬 왕 나하스가 저지른 잔악한 행위들을 묘사하는 문단이 추가되어 있다. 이렇게 함으로 11장의 그의 무자비한 행위들에 대해 설명한다. (주후 1세기 후반에, 요세푸스는 『유대 고대사』 6.68-72에서 주요 세부 사항들을 확인해 주고 있다.)

　　암몬 왕 [나]하스가 갓 지파와 르우벤 지파를 악랄하게 억압했다. 그는 모든 사람들의 오른쪽 눈을 뽑아버려 이스라엘을 무서움에 떨게 했다. 요단강 건너 지역에 있던 이스라엘 사람들 중, 암몬 사람들을 피해 [야]베스-길르앗으로 탈출한 7,000명을 제외하고는, 암몬 왕 나하스가 그 오른쪽 눈을 뽑지 않은 사람이 한 명도 없었다.

> [11:1]약 한 달 뒤, 암몬 왕 나하스가 올라가 야베스-[길르앗]을 포위했
> 다. (*The Dead Sea Scrolls Bible*, 225)

가장 오래된 증거 자료인 4QSam[a] 와 요세푸스도 고대 성경
사본들 중 적어도 일부는 사무엘상 10장의 끝이 더 길었던 것을
확인해 준다. 잃어버린 긴 문단은 NRSV에 복원되어 있다.

4QSam[a] 같은 사본들은 칠십인역을 재평가하는 데에도 도움
이 된다. 그리스어 번역인 칠십인역이 마소라 본문과 차이를 보일
때, 4QSam[a] 사본이 마소라 본문이 아닌 칠십인역과 더 유사한 경
우가 왕왕 있다. 이런 사실은 그리스어 번역자들이 칠십인역을 만
들 때, 쿰란 사본과 유사한 히브리어 본문을 사용했음을 입증해
준다.

열왕기상하

열왕기상하 역시 히브리성경에는 단권으로 되어 있다. 이 책
은 다윗의 통치 말미로부터 유다 왕 여호사밧과 북이스라엘 왕 아
하시야 때까지의 역사(열왕기상) 및 나아가 엘리사 예언자부터 예루
살렘의 멸망과 여호야킴 왕이 감옥에서 풀려날 때까지의 역사(열
왕기하)가 기록되어 있다. 쿰란에서는 5부의 열왕기 사본이 발견됐
다. 이 사본들에는 열왕기상 22장 중 6개의 장(1, 3, 7, 8, 12, 22장)과

열왕기하 25장 중 6개의 장(5, 6, 7, 8, 9, 10장)의 본문이 보존되어 있
다. 가장 오래된 사본은 5QKings와 pap6QKings 사본으로 대략
주전 2세기경에 필사됐으며, pap6QKings는 파피루스에 기록됐
다.

열왕기 사본들은 마소라 본문과 다른 소소한 이독들이 많이
보존되어 있는데, 그중 중요한 것들도 몇 개 있다. 대부분 마소라
본문이 가장 적절한 본문을 가지고 있지만, 몇몇은 사해문서가 더
나은 경우도 있다. 그 한 예를 4QKings에서 찾아볼 수 있다.
4QKings의 열왕기상 8:16에는 역대하 6:5b-6a에서도 찾아볼 수
있는 긴 본문이 보존되어 있다. 아래의 예에서 볼 수 있는 것처럼
굵은 글씨체로 되어 있는 두 문장이 마소라 본문에는 없는 것을
볼 수 있다. 마소라 본문의 필사자가 "내 이름을 두기 위하여"라는
구절이 첫 번째로 나왔을 때, 여기에서 같은 구절이 두 번째 나온
곳으로 부지중에 넘어갔기 때문임을 알 수 있다. 칠십인역의 경우
마소라 본문에서 부지중 생략된 두 문장 중 첫 번째 문장만 생략
되어 있고, 두 번째 문장("그러나 내 이름을 두기 위해 예루살렘을 선택했
다")은 보존되어 있는 것을 볼 수 있다:

<표 3>

4QKings의 왕상 8:16-18 (= 대하 6:5b-6a)	왕상 8:16-18(마소라 본문/칠십인역)
(16) "[내가 내 백성 이스라엘을 애굽에서 인도하여 낸 날부터 내 이름을 둘 만한 집을 건축하기 위하여 이스라엘 모든 지파 가운데에서 아무 성읍도 택하지 아니하고 **어떤 사람도] [내] 백성 [이스라엘을] 다스릴 리더로 [택하지도 아니했다.]** **[다만 예루살렘을 택하여 거기에 내 이름을 두고 다만 다윗을 택하여] 내 백성 [이스라엘을] 다스리게 했노라**	(16) 내가 내 백성 이스라엘을 애굽에서 인도하여 낸 날부터 내 이름을 둘 만한 집을 건축하기 위하여 이스라엘 모든 지파 가운데에서 아무 성읍도 택하지 아니하고 **[다만 예루살렘을 택하여 거기에 내 이름을 두고―LXX]** 다만 다윗을 택하여 내 백성 이스라엘을 다스리게 했노라

역대기상하

역대기상하도 히브리성경에는 단권으로 되어 있다. 역대기상하는 사무엘기와 열왕기의 사건들을 다른 관점에서 재진술한 책이다. 역대기는 포로 귀환 이후에 기록된 것으로 비록 이스라엘과 유다가 멸망했지만, 하나님께서 여전히 그의 약속을 지키시고 귀환한 백성들을 축복하심을 보여주고 있다. 역대기에 나타난 다른 주요 주제들은 예배, 성전 제의, 다윗과 솔로몬 등이다.

쿰란에서는 작은 조각 하나(4QChron)가 발견된 것이 전부다. 주전 50-25년경의 것으로 보이는 이 조각에는 역대하 28:27과 29:1-3의 일부가 보존되어 있을 뿐으로 역대기상하 전체 65장에서 단 4절만 남아 있다. 역대기가 단권으로 기록됐기 때문에, 4QChron도 아마 역대기의 상하를 모두 포함하고 있었을 것으로 여겨진다. 그러나 남아 있는 본문이 전체 역대기보다 더 짧은 저작물에서 유래한 것일 가능성도 있는데, 이럴 경우 쿰란에 역대기 본문 전체가 존재했는지에 대한 의문의 여지가 남게 된다.

에스라-느헤미야

에스라-느헤미야서도 히브리성경에는 한 권으로 되어 있다. 에스라-느헤미야서는 바빌론 유수에서 예루살렘으로 돌아온 사람들과 그들이 다시 시작하는 과정이 담겨져 있다. 에스라서가 성전 재건과 진정한 예배의 회복을 다루고 있다면, 느헤미야는 성벽과 종교-사회적 개혁을 묘사해 주고 있다.

쿰란에서는 제4동굴에서 에스라서 사본 1개가 발견됐다. 오랫동안 학자들은 사해문서에는 느헤미야서가 없다고 생각했었다. 그러나 2000년에 노르웨이 사본 수집가인 마틴 스케이엔(Martin Schøyen)이 소장했던 사본을 가져 나오면서, 제4동굴에서 출토된 느헤미야 사본이 있음이 드러났다. 2011년에 알려지지 않았던 또 다른 느헤미야 사본이 나왔고, 오클라호마시티의 그린 컬렉션(Green Collection)이 구매했다. 이 사본들에 대한 보다 자세한 이야기는 본서의 §1.4을 참고하라.

4QEzra는 주전 1세기 중반의 것으로 에스라서 10장 중에서 4, 5, 6장의 본문 일부를 포함하고 있다. 보존된 본문은 4개의 소소한 이독을 제외하고는 마소라의 자음 본문과 거의 똑같다. 2개의 느헤미야 사본은 아마도 쿰란 제4동굴에서 나온 것으로 추정되며 주전 1세기 후반 혹은 주후 1세기경(약 68년)에 필사된 것으로 보인다. 느헤미야서 13장 중 그린 컬렉션의 사본은 느헤미야 2:13-16의

본문을 포함하며, 스케이엔의 사본에는 3:14-15의 본문이 보존되어 있다.

에스라서에는 엣세네 무브먼트가 자신들을 일컬었던 **야하드** ("공동체", 스 4:3)라는 핵심 단어가 들어 있다. 안타깝게도, 4QEzra 에는 그 부분이 소실되어 남아 있지 않다.

에스더

에스더서는 전통적인 히브리성경에는 있지만, 유대 사막에서 출토된 사본들 중에는 발견되지 않은 유일한 책이다. 에스더의 부재가 우연일 수도 있고, 비교적 짧은 책(총 10장)이어서 그렇다는 주장이 있을 수는 있지만, 엣세네파는 신학적인 연유로 에스더서를 거부했던 것으로 보인다.

학자들이 다양한 설명을 제시했었다: 에스더서에는 하나님에 대한 언급이 없다는 점, 에스더가 이방인인 페르시아 왕과 결혼했다는 점, 책 뒷부분에 보복이 강조된다는 점(이것은 쿰란 공동체의 몇몇 분파 문서의 내용과 상충된다). 그러나 엣세네파가 에스더서를 거부했는지 여부를 결정하는 가장 설득력 있는 설명은 엣세네 무브먼트의 종교 절기와 관련이 있다. 에스더서는 부림절이라는 이름의 새로운 절기를 소개한다(에 9:20-32). 이 절기는 모세의 책들에도 언급되어 있지 않고, 쿰란 분파의 절기 목록이 나와있는 **야하드**의 역법서(曆法書, calendrical texts)에도 포함되어 있지 않다. 이런 점을 볼 때, 그들이 부림절을 시작한 에스더서를 거부했던 것으로 보인다.

3. 시가서

다섯 권의 시가서가 57개의 사본에 필사되어 있다. 이 중 54개
는 쿰란에서 나머지 3개는 유대 사막의 다른 장소에서 발견됐다.

욥기

욥기는 고통과 재난의 문제, 그리고 왜 선한 사람이 큰 고통을
경험해야 하는지를 다루는 놀라운 드라마다.

쿰란에서는 6개의 욥기 사본이 발견됐다. 욥기서의 42장 중에
11개의 장(8, 9, 13, 14, 31-37장)이 보존되어 있는데, 만약 2개의 타르굼
욥기를 포함하면 장 수는 33개로 늘어난다(3-5, 17-30, 38-42장 추가).
가장 긴 사본은 4QJob^a 사본이고 가장 오래된 사본은 고대 히브리
고서체로 기록된 4QpaleoJob^c 사본으로 대략 주전 225-150년경
으로 추정된다. 2개의 타르굼, 혹은 아람어 번역은 제4동굴
(4QtgJob)과 제11동굴(11QtgJob)에서 발견됐다. 제11동굴 사본(주후 1세
기 초반)은 욥기 17-42장에 이르는 많은 부분을 보존하고 있다.

이 모든 사본들 중에서 4QJob^a 사본이 마소라의 자음 본문에
가장 가깝다. 대부분의 이독은 매우 사소한 것들이지만, 몇 가지는
짚어볼 필요가 있다. 예를 들어 4QJob^a 사본에는 욥기 33:26에 **하
나님**을 말할 때 단어 '엘'(*El*)을 사용하는데, 이는 마소라 본문에 사
용된 '엘로아흐'(*Eloah*)보다 익숙한 단어다. 또한 많은 학자들이 욥
기 32-37장에 나오는 엘리후의 논증이 욥기 원저작의 일부가 아

니라고 믿어 왔으나, 욥기 사본은 이미 주전부터 엘리후의 논증이 욥기에 포함되어 있었음을 보여준다.

시편

시편은 유대인에게나 기독교인에게 공히 성경의 기도서로, '제2성전기의 (공용) 찬송가'다. 전통적인 마소라 시편은 다섯 권의 책, 혹은 묶음으로 되어 있는 150편의 시들을 말한다. 시편을 다섯 권으로 묶은 것은 오경을 구성하는 모세의 다섯 권의 책을 모방한 것으로 보인다. 그리스어 시편에는 시가 한 편 더 있다(151편). 특별히 73개의 시가 다윗과 연관되어 있는데, 그 표제에서 다윗을 언급한다. 다른 여러 시들은 아삽의 자손들이나 솔로몬과 같은 사람들에게 귀속된다. 표제어가 없는 시들도 있다(이런 34편을 "고아"[orphan] 시라고도 한다).

시편 사본이 42부 발견된 것에 더하여 시편에 나오는 시를 포함하는 사본이 적어도 한 부 이상 발견됐다. 이들은 주전 2세기 중엽(4QPsᵃ)부터 주후 50-68년의 기간에 필사됐다. 37부가 쿰란에서 발견됐고 3부가 훨씬 더 남쪽에서 발견됐는데, 하나는 나할 헤베르에서 그리고 2개는 마사다에서 발견됐다. 시편 사본은 신명기 사본(41부) 다음으로 많이 발견된 성경이다. 대부분은 손상 정도가 심하지만, 예닐곱 개는 상당한 분량이 보존되어 있다. 『대시편 사본』(11QPsᵃ), 4QPsᵃ, 5/6HevPs, 4QPsᵇ, 4QPsᶜ, 4QPsᵉ 들이 잘 알려져 있다(분량이 많이 남아 있는 순으로 정렬했다).

전통적인 히브리 시편에 나오는 150편 중 127편이 이 시편 사본들에 보존되어 있으며, 몇몇 시들은 **페샤림**(*Pesharim*)과 같은 다른 사본에 보존되어 있다. 나머지 23편의 시들도 원래 포함되어 있었을 것이나, 발견된 사본들에는 남아 있지 않다. 시편 1-89편에서 19편의 시들이 보존되지 못했던 반면 90-150편에서는 5편만 없을 뿐이다.

최소 14편의 '외경적' 시(또는 저작물)가 4개의 시편 사본에 포함되어 있다(4QPs^f, 11QPs^a, 11QPs^b, 11QapocrPs). 이들 중 6편의 시는 학자들에게 알려져 있었던 시다: 시편 151A, 151B, 154, 155, 다윗의 유언(= 삼하 23:1-7), 집회서 51:13-30. 나머지 8편 혹은 9편의 시는 이 사본들이 발견되기 전에 전혀 알려져 있지 않았던 시였다. 알파벳 순서로 이들을 열거하면 이렇다: 『시온을 부름』, 『종말의 찬송』, 『유다를 부름』, 『카테나』, 『다윗의 작품집』, 『창조자에게 드리는 찬송』, 『구원 탄원』, 『악마를 대적하는 세 가지 노래』. 이 작품들 중 두 작품에 대한 짧은 설명을 덧붙이려 한다.

- 『종말의 찬송』과 『유다를 부름』은 4QPs^f 사본에 나온다. 『종말의 찬송』은 하나님에 대한 찬양인데, 종말적인 특성이 강조되어 있다. 반면에 『유다를 부름』은 종말적이기는 하지만 유다에 초점이 맞춰져 있다. 2개는 한 편의 아크로스틱 시(acrostic poem, "가나다 시")의 일부였을 수도 있다:

⁵하늘과 땅아 함께 찬양하라; ⁶황혼의 모든 별들아 찬양하라! ⁷유다여, 너의 기쁨으로 기뻐하라 유다야, ⁸너의 행복 속에 기뻐하라, 춤을 춰라. ⁹순례의 축제를 거행하라, 너의 맹세를 지키라, 더 이상 ¹⁰네 중심에 벨리알이 있지 않으니, 네 손을 들어라! ¹¹네 오른손이 이기리라! 보라, 대적들은 ¹²죽고, 모든 ¹³행악자들은 흩어졌다. 오 주여 오직 당신만이 영원하십니다. ¹⁴당신의 영광이 영[원 무]궁할 것입니다. ¹⁵주님을 찬양하라! (*The Dead Sea Scrolls Bible*, 588-89)

• 『다윗의 작품집』은 산문으로 11QPs^a 사본에 나온 시편의 맺음말이지만, 사본의 끝에서 두 번째 열에 나온다(27열). 다윗이 본 문헌의 (따라서 시편의) 저자라고 주장된다. 또한 하나님의 영감으로 저작되고 배열됐음을 강조한다(11행, "그가 이 모든 것을 예언을 통해 기록했다. …"). 사용된 숫자들(예, 364, 52, 30 등)을 보면 이 시편이 364일 기반의 태양력의 '해'와 '주'와 '달'에 맞춰서 배열됐음을 알 수 있다. **야하드**(쿰란 공동체)는 354일을 기반으로 하는 음력을 따르지 않고 364일 기반의 양력을 따랐다:

²이새의 아들 다윗은 지혜롭고, 태양 빛과 같이 빛나며, ³하나님과 사람 앞에 그의 모든 행적이 총명하며 완벽했다. 주께서 ⁴그에게 총명과 지혜의 영을 주시니, 그가 ⁵3,600편의 시를 지었다. 또한 1년 364일 날마다 드려질 ⁶영원한 번제

가 드려지는 제단 앞에서 부를 노래들을 지었다. [7]안식일의 제사를 위해, 52곡의 노래를, 새 달에 드리는 [8]제사와 엄숙한 총회와 대속죄일을 위하여 30곡의 노래를 지었다. [9]그가 부른 노래는 모두 446곡이었으며, [10]고통받는 자들을 위해 만든 음악은 4곡, 전체는 4,050곡이었다. [11]이 모든 것을 지존하신 분 앞에서 그에게 주어진 예언을 통해 지었다. (The *Dead Sea Scrolls Bible*, 583-84)

시편 사본들 중 네 곳에서 발견되는 이런 기록들은, 쿰란의 시 편집을 성경에 나오는 시편과 무의식 중에 같은 것으로 여기지 말아야 함을 주지시켜 준다. 많은 시편 사본들은 성경 시편의 고대 형태나 내용이 어떠했는지를 살펴보는 데 별로 도움이 되지 않는다. 어떤 사본들은 본문이 거의 남아 있지 않거나 아예 남아 있지 않다. 여기에는 1QPs^c, 2QPs, 3QPs, 4QPs^j, 4QPs^p, 4QPs^r, 4QPs^u, 4QPs^v가 포함된다. 반면에 일부는 초기 시편의 순서가 어떠했는지 알아보는 데 도움이 된다(예, 1QPs^j에 나오는 49-51편). 다른 시편 사본들은 제의적인 용도에 따라 적은 수의 시들만 모아 놓은 것들이다. 여기에는 1QPs^a; 4QPs^g, 4QPs^h, 5QPs에 나오는 시편 119편; 1QPs^b의 『올라가는 자들의 시들』(120-34편)이 있다.

시편 1-89편의 경우 시편 사본은 유대교나 기독교 성경에서 익숙하게 보아왔던 순서에 따라 시들을 배열하고 있다. 증거로는 4QPs^a와 4QPs^q 등이 있다. 하지만 4QPs^q에서는 시편 33편이 31편

뒤에 따라오고, 4QPs^a에서는 시편 71편이 38편에 뒤따라오는 차
이가 있다.

시편 91편 이후로는—시편 90편은 남아 있지 않다—시편 전
체의 구성은 사본들마다 큰 차이를 보인다. 주된 배열이 5가지 정
도가 있다.

- **11QPs^a-시편집** 배열(시편 1-89편에 더하여 11QPs^a에서 발견되는 시들의 순
  서)을 11QPs^a, 11QPs^b 그리고 아마도 11QPs^e에서 찾아볼 수 있다.
  가장 분량이 큰 사본은 『대시편 사본』(11QPs^a)으로 대략 주후 50년
  경에 필사됐으며 시편 101편에서 151B편까지 이르는 배열로 49
  편의 시를 보존하고 있다. 이 시편은 마소라 시편과는 그 배열 순
  서에서 그리고 11개의 시가 더 많다는 점에서 차이가 난다(『시온을
  부름』, 『카테나』, 『다윗의 작품집』, 『다윗의 마지막 말들』, 『창조자에게 드리는 찬
  송』, 『구원 탄원』, 시편 151A, 151B, 154, 155편; 집회서 51:13-30).

- **마소라 본문-150시편집**(시편 1-150편) 배열: 마소라 본문에 있는
  150편의 순서에 따르는 배열을 분명하게 확증해 주는 사본은 쿰
  란에서 발견된 것들 중에는 하나도 없다. 그러나 마사다에서 발
  견된 두 번째 시편 사본(MasPs^b)이 시편 150편으로 끝나는 것을 볼
  때 히브리성경(마소라 본문)의 시편 배열을 따른 것으로 보인다.

- **보다 작은 3가지 배열:** (1) 11QapocrPs에는 『악마를 대적하는 네
  가지 시』가 있는데, 시편 91편 앞에 나오며 그중 3개의 시는 이전
  에 알려져 있지 않은 시들이다; (2) 4QPs^b에는 시편 91편부터 118

편까지가 순서대로 나오는데, 112편이 103편 뒤에 나온다; (3) 4QPs^f에는 시편 22편 뒤에 『시온을 부름』이 나오고, 107편 뒤에 『종말의 찬송』이 나오며, 109편 뒤에 『유다를 부름』이 나온다.

위에 나타난 사본상의 증거는 사해문서에 크게 2가지 판본의 시편집이 보존되어 있었음을 보여준다: **마소라 본문-150시편집** (전통적 마소라 본문과 칠십인역, 다만 그리스어 성경 같은 경우 여러 이독이 있고 151편으로 끝나는 차이점이 있기는 하다)과 **11QPs^a-시편집**(시편 1-89편에 11QPs^a의 배열이 더해진 시편집)이다. 많은 학자들은 **11QPs^a-시편집**을 사해문서의 시편 책에서 원본이자 가장 으뜸가는 판본으로 여긴 다. 반면, (11QPs^a 및 제의적이고 교육적인 목적을 위해 **마소라 본문-150시편집** 의 배열을 가지고 있었던 다른 시편 사본들을 가진) 쿰란의 시편 사본이 마 소라 본문으로 대표되는 시편집의 초기 형태를 확증해 준다는 견 해를 가진 학자들도 많다.

쿰란 시편 사본들은 전통적인 마소라 본문 시편에 있는 난해 한 내용들을 깔끔하게 정리해 주는 이독들이 포함되어 있다. 그중 일부는 대부분의 현대 번역 성경에 적용되기도 했다.

한 가지만의 예, 곧 145편의 잃어버린 구절만 살펴보아도 충분 할 것이다. 마소라 본문에 보면 시편 145편에 한 절이 빠져 있다. 시편 145편은 아크로스틱 시(acrostic poem, "가나다-시")이기 때문에 한 구절이 누락되어 있다는 사실이 쉽게 알려지게 됐다. 히브리어 알파벳에 22개의 글자가 있는데, 시편 145편의 마소라 본문에는

21절밖에 없기 때문이다. 히브리어 알파벳 **멤**(*mem*)으로 시작하는 13절과 **사메흐**(*samekh*)로 시작하는 14절 사이에 **눈**(*nun*)으로 시작해야 하는 구절이 빠진 것이다. 마소라 본문의 더 짧은 13절은 흠정역(KJV)에 그대로 반영되어 있다: "당신의 나라는 영원한 나라입니다. 그리고 당신의 통치는 모든 세대에 지속됩니다." 그리스어 번역인 칠십인역은 13절 뒷부분에 **눈**(*nun*)으로 시작하는 구절이 추가되어 있다(우리는 이것을 13b라고 부를 수 있을 것이다).

> [13a]당신의 나라는 영원한 나라입니다. 그리고 당신의 통치는 모든 세대에 걸칩니다.
> [13b]주님은 그의 말씀에 신실하시며 그 행위가 성실하십니다(The Lord is faithful in all his words, and devout in all his deeds).

이것은 칠십인역의 번역자가 사용했던 히브리어 본문에는 마소라 본문을 만들 때 사용했던 히브리어 본문에서 사라진 **눈**(*nun*)으로 시작하는 구절이 있었음을 말해 준다. 이 사실은 11QPs[a] 사본에 의해서 확인될 수 있게 됐다. 11QPs[a] 사본의 145편에는 **멤**(*mem*) 구절과 함께 사라진 **눈**(*nun*) 구절이 히브리어로 보존되어 있다. 그러나 11QPs[a] 사본의 본문은 칠십인역과 한 가지 차이점이 있다: "**하나님**(주님)은 그의 말씀에 신실하시며 그 행위는 자비하십니다"(*God [The Lord] is faithful in his words, and gracious in all his deeds*).

잠언

잠언은 지혜와 분별과 도덕적 성품을 훈련하는 데 중요한 도덕적이고 종교적인 가르침들을 모아 놓은 책이다. 잠언 사본은 쿰란 제4동굴에서 3개가 발견됐는데, 단편 조각들이며, 주전 1세기 후반이거나 주후 1세기 초반의 것들이다. 이 지혜서의 전체 31장 중 6개의 장(1, 2, 7, 13, 14, 15장)이 남아 있다.

잠언의 마소라 본문과 칠십인역은 서로 차이가 나는데, 히브리어 잠언이 원래 2개의 판본으로 있었음을 보여준다. 쿰란에서 출토된 사본은 전통 히브리어 본문(마소라 본문)과 일치하는 것으로 보인다. 여러 개의 이독이 보존되어 있는데, 대부분 문자 하나 정도의 차이지만 그로 인해 의미상 차이가 나는 경우들이 있다. 잠언 14:32에서 한 예를 찾아볼 수 있다. 잠언 14:32은 4QProv^a 사본과 마소라 본문이 일치하는 구절이다: "[의인은] **그들의 죽음에서** (히브리어 *bmwtw*) 피[난처를 얻는다]"라고 되어 있는 반면에, 칠십인역에는 "**그들의 경건함으로**"(히브리어 *btwmw*를 번역함)라고 되어 있다.

또 다른 이독은 잠언 14:34에서 찾아볼 수 있는데, 4QProv^a와 칠십인역은 "[의는] 나라를 높이나 [죄는] 사람들을 [떨]**어뜨린다**"라고 되어 있는 반면, 마소라 본문은 "사람들의 **충성이다**"라고 되어 있다.

전도서(코헬레트)

전도서는 '스승' 또는 '철학자'의 어록으로, 전통적으로 솔로몬

이 인생의 무상과 그 모순에 대한 깊은 사색을 담고 있는 것으로
알려져 있다. 전도서 사본은 쿰란 제4동굴에서 2개가 발견됐을 뿐
이다. 가장 오래된 것은 4QQohª으로 대략 주전 170-150년경에 필
사됐으며 매우 초기에 필사된 사본에 속한다. 이 사본은 현재 요
르단의 암만 박물관(Amman Museum)에 소장되어 있다. 그중
4QQohª와 4QQohʰ는 성경의 11장 중 4개의 장(1, 5, 6, 7장)의 본문
을 보존하고 있다.

발견된 2부의 사본은 당시에 한 가지 판본의 전도서가 있었음
을 보여준다. 이는 마소라 본문과 칠십인역에서도 볼 수 있다. 다
만 4QQohª 사본에 몇 개의 이독이 있기는 하다.

한 가지 예는 전도서 7:2로, 4QQohª 사본에는 "슬픈 상가 [집
에] 가는 것보다 **기[뿐** 집에 가는 것이] 낫다"로 되어 있어 "**잔치집**"이
라고 기록된 마소라 본문이나 칠십인역과 대조된다. 두 번째 예로
는 전도서 7:5을 들 수 있다. 마소라 본문이나 칠십인역은 "어리석
은 자들의 노래를 **듣는 사람보다** 현명한 자의 **책망**을 듣는 것이
낫다"로 기록되어 있다. 4QQohª는 이 부분을 "어리석은 자들의
노래를 **듣는 것[보다]**" "지혜자의 **책망들을**"로 기록하고 있다.

아가

아가(The Song of Songs: 모든 노래 중 '최고의 노래'라는 의미)는 사랑의
시들을 모은 것으로 일부는 성적이고 낭만적이다. 초기 랍비나 초
대 교회 교부들 중 일부는 아가가 성적인 사랑에 대한 노골적인

찬사를 보낸다는 점을 들어 이 책이 히브리성경이나 구약성경에 포함되는 것을 막으려 했었다. 그러나 다른 이들은 아가를 성경으로 받아들이고 이런 부분들을 다르게 해석했다. 유대교 현자들은 아가가 신랑인 하나님과 신부인 이스라엘 사이의 관계를 묘사하고 있는 것으로 여긴 반면, 교부들은 이것을 그리스도와 그의 교회 사이의 관계를 묘사하는 것으로 보았다. 비교적 최근에 들어와서, 유대인들과 기독교인들 양측 모두 아가의 성적이고 낭만적인 특성을 인지하고 이해하기 시작했다.

쿰란에서는 4개의 아가 사본이 나왔다. 4개 모두 헤롯 시대(주전 30년-주후 68/70년)에 필사됐으며, 가장 늦은 것은 6QCant 사본으로 대략 주후 50년경의 필사본이다. 이 사본들은 아가의 전체 8장 중 7개 장의 본문을 보존하고 있다.

아가 사본들 중에 4QCant[b] 사본에는 3:6-8과 4:4-7 부분이 없는 채로 필사됐으며, 5:1에서 책이 끝나는 것으로 보인다. 또 다른 중요한 사본은 4QCant[a]이다. 해당 사본에는 4:7과 6:11 사이가 빠져 있는데, 이는 전체 책의 30%에 해당하는 분량이다. 특별히 전통적 마소라 본문에서 아가 4:7이 한 단락의 **끝**을 구성하고, 6:11이 다른 단락의 **시작**이라는 점에서 눈여겨볼 필요가 있다. 따라서 4:8-6:10이 생략된 것을 단순히 우발적 사건으로 보기보다는 이 부분이 의도적으로 생략됐거나 혹은 서기관이 필사했던 대본에는 그 부분이 원래 없었던 것으로 볼 수 있다. 아가 4:8-6:10에 광범위하게 사용된 감각적 언어나 성적 이미지가 독자들을 당황케 하기 때문에 책의 많은 분량을 생략했을 것이라는 설명도 가능하다.

이렇게 본다면, 4QCant^a와 4QCant^b의 생략된 부분이 공히 아가 4:7에서 만난다는 점 또한 흥미롭다. 4QCant^a는 4:7 이후에 **시작되는** 큰 단락이 생략되어 있는 반면 4QCant^b는 4:7을 포함한 **앞선** 세 구절이 생략되어 있다.

이 두 사본이 필사될 당시에는 아가가 8개의 장 전체를 포함하고 있었을 것으로 보이며, 4QCant^a와 4QCant^b에서 의도적으로 큰 단락을 생략한 것으로 보인다. 이런 차이에 대한 다른 설명들도 가능하다. 먼저는 주전 1세기 후반까지 아가 본문이 확정되지 않았을 가능성이 있으며, 또는 이 두 사본이 당대 아가의 두 가지 판본을 보여주고 있다는 설명도 가능하다.

4. 예언서

예언서 사본은 총 68개로 그중 65개는 쿰란에서 발굴됐으며, 나머지 3개는 유대 사막의 다른 유적지에서 발견됐다.

이사야

이사야서는 유대인들과 기독교인 모두에게 중요한 책으로, 심판과 위로, 종말과 하나님 나라의 도래에 관한 비전의 메시지를 담고 있다. 이사야 사본들도 특별한 관심의 대상으로, 그 내용의 중요성과 더불어 『대이사야 사본』이 모든 사해문서 중에서 가장 유명한 사본이라는 사실 등으로 인해 특별한 관심을 받는다.

이사야서는 쿰란에서 가장 널리 보급된 4권의 책들 중 하나로 22개의 사본이 쿰란의 동굴들에서 발견됐다. 쿰란보다 더 남쪽에 위치한 와디 무랍바아트에서도 사본 1개(MurIsa)가 발견됐다. 쿰란의 이사야 사본들은 대략 주전 125년(1QIsaᵃ)부터 주후 60년경(4QIsaᶜ)까지 약 2세기에 걸쳐서 필사됐다.

『대이사야 사본』(1QIsaᵃ)은 쿰란 동굴에서 발굴된 사본들 중 실질적으로 손상되지 않은 상태로 발견된 유일한 두루마리다. 『대이사야 사본』은 두루마리에 기록된 54개의 열에 이사야서 66장 전체를 보존하고 있다. 다만 가죽이 손상되면서 생긴 작은 틈이 몇 개 있을 뿐이다. 주요 이사야 사본들로는 1QIsaᵇ, 4QIsaᵇ, 4QIsaᶜ 등이 알려져 있으며, 이 사본들에도 이사야서의 상당 부분이 보존되어 있다.

많은 학자들은 이사야 1-36장(혹은 1-39장)을 (주전 8세기 후반 예루살렘에 거주했던) '제1이사야'의 작품으로, (주전 587년 예루살렘 멸망 이후 포로기의) 이사야 40-55장을 '제2이사야'의 예언 기록으로 본다. 이런 면에서 볼 때, 1QIsaᵃ 사본이 두 부분으로 나뉘어져 있다는 사실이 매우 흥미롭다. 정확하게 앞 27열과 뒤 27열이 나뉘어 각각 33장씩을 포함하고 있다. 이런 특징 때문에 몇몇 학자들은 제1이사야와 제2이사야의 가장 오래된 고대의 구분점이 이사야 33장 끝부분이라고 생각하게 됐다.

사해문서들과 다른 고대 사본들에는 이사야서에 대해 하나의 일반적인 판본만 보존되어 있다. 이들 사이에는 지속적으로 유형화된 이독이 없으며, 광범위하게 재구성된 흔적도 없다. 몇몇 사본들은 마소라 본문과 가깝다: 1QIsa^b^, 4QIsa^a^, 4QIsa^b^, 4QIsa^d^, 4QIsa^e^, 4QIsa^f^, 4QIsa^g^. 잘 알려진 1QIsa^a^와 4QIsa^c^는 전통적 형태의 히브리어 본문과 다른 수백 개의 이독을 가지고 있기는 하다.

그러나 여기에 있는 이독들은 성경의 의미를 이해하는 데 있어서는 별로 유의미한 차이를 보이지 않는다. 하지만 다른 면에서는 중요한 점들이 있다. 예를 들어 철자법이나 문법의 차이나 어순의 변화 같은 것들은 히브리어가 고대에 어떻게 사용됐는지를 보여주는 풍부한 증거들을 제공해 준다. 또한 여러 서기관들의 실수에서 (어떤 서기관들은 부주의한 사람들이었다는 등의) 필사자 개개인에 대해 많은 것을 유추할 수 있을 뿐만 아니라 제2성전 후기의 필사 관습에 대해서도 많은 것을 알 수 있다.

이사야서 저작 후기 단계에 대한 통찰력을 제공하는 이독들이 대부분의 독자들에게 큰 관심을 받는다. 이런 관심은 어떤 본문에는 존재하고 다른 본문에는 존재하지 않는 한 구절 또는 여러 구절들과 관련되어 있다. 예를 들어, 이사야의 소명 내러티브(사 40:6-8) 같은 경우 처음 1QIsa^a^ 사본을 필사한 서기관은 짧은 본문을 가지고 있었다. 후대 서기관들이 1QIsa^a^ 사본의 위의 구절에 마소라 본문에서 볼 수 있는 긴 추가 본문을 덧붙였다. 이 긴 판본의 경우 7절이 세 부분으로 되어 있고(원래 1QIsa^a^의 경우는 한 부분) 8절은 두

부분으로 되어 있다(원래는 한 부분만으로 있었다. 〈표 4〉참고).

어떤 학자들은 마소라 본문에 있는 더욱 긴 본문이 정확한 본문이라고 주장한다. 1QIsaᵃ에서 실수로 생략됐다는 것이다(필사자의 눈이 7절의 "풀은 마르고 꽃은 시드나"에서 8절의 같은 구절로 넘어가면서 두 구절 사이의 본문이 생략됐다고 주장한다). 그러나 1QIsaᵃ가 더욱 이른, 그리고 보다 짧은 본문을 필사했다고 보는 것이 더 그럴듯해 보인다. 첫째로 1QIsaᵃ의 더욱 짧은 본문이 마소라 본문에서 볼 수 있는 확장, 수정된 본문보다 뜻이 더 잘 통한다. 아마도 후기 서기관이 1QIsaᵃ를 '수정'했던 것으로 볼 수 있다. 둘째로, 칠십인역은 1QIsaᵃ 사본과 똑같은 짧은 본문을 가지고 있다. 이는 그리스어 번역자가 7-8절을 번역할 때 마소라 본문과 다른, 1QIsaᵃ 사본과 같은 형태의 히브리어 본문을 사용했음을 보여준다.

〈표 4〉

1QIsaᵃ의 사 40:6-8(칠십인역)	사 40:6-8(마소라 본문)
(6) 말하는 자의 소리여 이르되 외치라. 대답하되 내가 무엇이라 외치리이까 하니 모든 육체는 풀이요 그의 모든 아름다움은 들의 꽃과 같으니 (7) 풀은 마르고 꽃은 시드나	(6) 말하는 자의 소리여 이르되 외치라. 대답하되 내가 무엇이라 외치리이까 하니 모든 육체는 풀이요 그의 모든 아름다움은 들의 꽃과 같으니 **(7) 풀은 마르고 꽃이 시듦은** **여호와의 기운이 그 위에 붊이라** **이 백성은 실로 풀이로다**
(8) 우리 하나님의 말씀은 영원히 서리라 하라	(8) 풀은 마르고 꽃은 시드나 우리 하나님의 말씀은 영원히 서리라 하라

66-67

다른 여러 이독들은 마소라 본문의 이사야서 독법을 더 선호
하는 것으로 나타났다. 그중 몇 개는 정확한 본문으로 원본 이사
야서에 속한 것으로 볼 수 있다. 예를 들면, 4QIsa^f 사본의 이사야
1:15은 "너의 손이 피로 가득하다"로 되어 있으며, 이는 마소라 본
문과 칠십인역과 같다. 반면에 1QIsa^a 사본은 "너의 손은 죄악으
로"라는 평행구로 끝난다.

네 번째 종의 노래인 이사야 53:11에서 중요한 이독이 발견된
다. 전통적인 마소라 본문은 이 구절에 난해하거나 애매한 부분이
있다: "**그**(즉, 그 종)가 그의 영혼의 고통을/고뇌를 **보게 될 것이
다**"(KJV), 혹은 "그의 영혼의 고통으로부터 그가 **보게 될 것이다**."
반면에 1QIsa^a 사본에는 '희망'이나 '생명'이라는 함의를 가진 '**빛**'
이라는 단어가 포함되어 있어 보다 명확한 의미를 전달해 준다.
이 독법은 같은 구절이 보존되어 있는 1QIsa^b 사본과 4QIsa^d 사본
에도 동일하게 나타나며 칠십인역 또한 이를 따르고 있다.

<표 5>

사 53:11(마소라 본문)	1QIsa^a, 1QIsa^b, 4QIsa^{d}의 사 53:11 (참조, 칠십인역)
그가 자기 영혼의 수고한 것을 **보고**, 만족하게 여길 것이다. 나의 의로운 종이 자기 지식으로 많은 사람을 의롭게 하며, 또 그들의 죄악을 친히 담당할 것이다	그의 영혼의 고통으로부터 **그가 빛을 보고**, 만족하게 여길 것이라. 나의 종, 의로운 자가 그의 지식으로 많은 사람을 의롭게 하며, 또 그들의 죄악을 담당하리로다

이사야서는 쿰란에 유입된 유대 저작들과 엣세네파 **야하드**에

의해 저작된 문헌들(분파 문서) 같은 비성경 사본들에게 가장 영향력이 있고 빈번하게 인용된 책들 중 하나다. 분파 문서에는 『이사야 페샤림』이 포함되는데, 이 사본은 쿰란에서 5부가 발견됐다. 『이사야 페샤림』은 성경 본문을 인용하고 그 본문에 대하여 **야하드** 공동체의 삶이나 신앙에 관련된 주해를 달아 놓은 것이다. 이 주석들은 쿰란에서 이사야서가 정경적 지위를 가지고 얼마나 중요하게 취급됐는지를 명백히 보여준다.

예레미야

　예레미야는 유다 왕국이 종식되던 기간에 말씀을 선포했으며 주전 587/586년에 바빌로니아가 예루살렘과 성전을 무너뜨릴 때 살아 남았던 예언자다. 많은 유대인들이 바빌로니아에 잡혀갔을 때, 예레미야 예언자는 예루살렘에 남아 그곳에 있던 사람들이 그곳에서 새롭게 시작할 수 있도록 도왔지만, 후에는 쫓겨나 이집트로 도망해야 했다. 예레미야서 사본 9개가 쿰란에서 발견됐는데, 예레미야 전체 52장 중 31장 분량의 본문을 보존하고 있다(4, 7-15, 17-22, 25-27, 30-33, 42-44, 46-50장). 가장 오래된 사본은 **4QJer^a**로 대략 주전 200년경의 것이고 가장 늦은 사본은 **4QJer^c**로 주전 1세기 후반에 필사됐다.

　4QJer^a 사본과 4QJer^c 사본의 경우 형태 면에서 마소라 본문의 자음 형태와 가까운 반면, 4QJer^b 사본과 4QJer^d 사본의 경우 내용 면에서 칠십인역이 번역된 히브리어 판본과 놀라우리만큼 비슷하

다. 가장 눈에 띄는 차이는 이 사본들과 칠십인역이 마소라 본문 판본보다 13% 정도 길이가 더 짧다는 점이다. 4QJer^b와 4QJer^d 사본은 세세한 부분에서도 칠십인역과 유사한 점이 많다. 따라서 고대 이사야서는 2개의 판본이 있었음을 알 수 있다: 더욱 이른 시기의 짧은 판본(4QJer^b, 4QJer^d, LXX)과 후대의 더욱 긴 판본(4QJer^a, 4QJer^c, MT).

둘 사이의 차이점은 예레미야 10:3-11에 극명하게 드러난다. 이 본문은 우상을 풍자하는 내용을 진술한다. (손상되기 이전의 완전한 본문이었을 때) 4QJer^a 사본의 본문과 마소라 본문은 공히 9개의 절을 모두 가지고 있는 반면, 4QJer^b 사본과 칠십인역에는 6-8절과 10절이 없다. 짧게 발췌한 다음의 본문을 보자:

<표 6>

4QJer^a의 렘 10:9-10(마소라 본문)	4QJer^b의 렘 10:9-10(칠십인역)
(9) [다시스에서 가져온 은박과 우바스에서 가져온 금으로 꾸미되 기술공과 은장색의 손으로 만들었고 청색 자]색 [옷을 입었나니 이는 정교한 솜씨로 만든 것이거니와] (10) [오직 여호와는 참 하나님이시요 살아 계신 하나님이시요] 영원한 왕이시라 그 [진]노하심에 [땅이 진동하며 그 분노하심을 이방이 능히 당하지 못하느니라]	(9) [다시스에서 가져온 은박과 우바스에서 가져온 금으로 꾸미되 기술공과 은장색의 손으로 만들었고] 청색 자색 [옷을 입었나니 이는 정교한 솜씨로 만든 것이거니와]

예레미야애가

예레미야애가에 있는 5편의 시는 고대 이스라엘이 받았던 엄청난 재난에 대한 반응이다. 그 재난은 주전 587/586년 예루살렘과 성전의 파괴를 말한다. 깊은 감동이 있는 마음을 울리는 시 안에는, 이런 막대한 외상적 재난에서 살아남은 사람들이 외치는 울림이 있다: **왜입니까?** 이 단어는 예레미야애가의 히브리어 제목이며 5편의 애가 중 3편의 애가에 나오는 첫 번째 단어다.

쿰란에서는 예레미야애가의 사본 4부가 발견됐으며, 이 4개의 사본에는 애가서 5장 전체의 본문이 보존되어 있다. 가장 오래된 사본은 4QLam 사본으로 헤로디안 초기(주전 30년경부터 주후 1년 사이)의 것이다. 이 사본들은 전통적 마소라 본문과 비슷한 형태의 애가들을 가지고 있다. 그러나 4QLam 사본과 5QLamᵃ 사본에는 마소라 본문이나 칠십인역과 부합하지 않는 독특한 독법 몇 개가 보존되어 있다. 4QLam 사본, 마소라 본문, 칠십인역의 예레미야애가 1장에서 발췌한 아래의 예에서 이런 몇 가지 이독을 분명하게 찾아볼 수 있다.

<표 7>

4QLam의 애 1:17	애 1:17(마소라 본문/칠십인역)
(17) 시온이 [그의] 두 손을 폈으나 **그를 사랑하는 모든 자들 중에** 그를 위로할 자가 없다. **오 주님 당신은 의로우십니다.** 주님께서 야곱에 관하여 **보고 계시니,** 그의 이웃들이 그의 대적들이 될 것이다. 그들 가운데 **시온이 유배를 당하게 됐다.**	(17) 시온이 두 손을 폈으나 그를 위로할 자가 없도다. 야훼께서 야곱에 관하여 **명령하셨으니,** 그의 이웃들이 대적들이 될 것이다. **예루살렘은 그들 가운데 있는 불결한 자가 됐다.**

앞의 표에서 서로 다른 이독들은 굵은 글씨체로 표시되어 있

다. 이독들에는 4QLam 사본에 있는 더 긴 본문('그를 사랑하는 모든 자들 중에'), 신명(4QLam 사본의 '주님'[Adonay]과 MT의 '야훼'[Yahweh]), '대 적들'의 서로 다른 결말 등이 있다. 4QLam 사본에 나온 마지막 이독인 '유배를 당하게 됐다'는 칠십인역의 지지를 받는다. 표에 나오지 않은 또 한 가지 이독은 4QLam 사본에는 16절이 17절 뒤에 따라온다는 것이다.

예레미야애가는 1–4장에 아크로스틱 시(acrostic poem, "가나다-시")가 있는 등 히브리 시의 특성을 잘 보여주는 좋은 예라고 할 수 있다. 이런 연유로 근대의 학자들과 번역본들은 본서를 산문 형식 보다는 운문 형식으로 편성해 놓았다. 흥미롭게도 3QLam을 필사 했던 서기관도 그 본문을 시 단위로 구분해 놓았다. 반면에 4QLam, 5QLamᵃ, 5QLamᵇ 사본들의 경우는 산문처럼 구성되어 있다. '언제 운문 형식이 등장했는가' 하는 문제는 고대에만 있었던 것은 아니다: 예를 들어, KJB(1611)에 나오는 산문 형식과 NR-SV, NAB, NIV와 JPS의 **타나흐**(Tanakh) 같은 근대 번역본들의 운문 형식을 비교해 보라.

에스겔

에스겔은 제사장이며 예언자였고, 주전 587/586년 예루살렘의 멸망 이후 바빌론 유수 때 바빌론에 살았다. 그의 예언은 예루살렘의 사람들과 바빌론에 포로로 잡혀간 사람들 모두에게 선포된 것으로 심판, 소망, 위로, 나라의 회복, 장래의 성전에 관한 메시지였다.

에스겔서 사본 6부가 쿰란에서 발견됐으며 마사다에서 1부 (MasEzek)가 추가로 발견됐다. 가장 오래된 사본은 4QEzek^c 사본으로 주전 1세기 초반 혹은 중반에 필사됐다. 이 사본들은 에스겔서 전체 48장 중 18개의 장의 분량(1, 4, 5, 7, 10, 11, 13, 16, 23, 24, 31-37, 41장)을 보존하고 있다.

쿰란 에스겔 사본들, 특히 11QEzek 사본의 본문은 마소라의 자음 본문의 에스겔서 본문과 매우 흡사하다. 그러나 4QEzek^b 사본의 경우 에스겔서 1장에 나온 예언자의 첫 환상 자료를 보존하고 있는데, 전체 에스겔서 중에서 이 부분만 필사된 사본으로 보인다. 이 외에 에스겔 23:15-17을 보존하고 있는 4QEzek^a 사본 같은 경우 비록 매우 많이 손상된 상태이나 남아 있는 공간을 볼 때, 필사될 당시 16절이 없던 채로 15절과 17절만 필사된 것으로 보인다.

다니엘

다니엘서는 유대인들이 이방 왕의 지배 아래서 핍박받던 시기에 기록된 (혹은 완성된) 책이다. 포로 기간 중 바빌론을 배경으로 보여주는 다니엘과 세 친구들의 이야기는 하나님께 신실하며, 타협하지 않고, 악함과 우상 숭배에 대한 승리를 기대하도록 독자들을 독려한다. 이런 책은 **야하드** 공동체에게도 격려가 됐을 것이다. 그들은 때때로 다른 유대인들에게 핍박받고 헬레니즘에 위협받고 있다고 느꼈기 때문이다.

쿰란에서는 총 11개의 다니엘서 사본이 발견됐으며, 이 11개의
사본에 다니엘서 전체 12장 중 1-11장이 보존되어 있다. 그러나 다
니엘서 12장이 원래부터 없는 짧은 판본의 다니엘서가 있었던 것
같지는 않다. 『선문집』(4Q174)에 다니엘 12:10이 인용되어 있는데,
"예언자 다니엘의 책에 기록된"이라고 적혀 있기 때문이다. 10개
의 다니엘서 사본은 모두, 주전 125년(4QDanᶜ)부터 주후 50년(4Q
Danᵇ) 사이, 약 175년의 기간 동안 필사됐다. 성경 사본 전체에서
4QDanᶜ 사본이, 다니엘서 원본이 저작된 시기(주전 165년경)와 가장
가까운 시기에 필사됐다. 이는 원본이 기록된 후 40년 만에 **야하
드** 공동체가 다니엘서를 읽었음을 보여준다.

다니엘서는 2가지 판본이 있다: 12장으로 구성된 마소라 본문
판본과 『다니엘 추가본』을 포함하는 그리스어 성경에서 볼 수 있
는 더 긴 판본이다. 다니엘 사본 중 7개는 칠십인역에 남아 있는
긴 판본이 아닌 짧은 판본의 다니엘서 전체를 포함하고 있다. 여
덟 번째 사본인 4QDanᵉ의 경우 다니엘 9장 본문만 보존하고 있는
데 아마도 다니엘의 기도 본문(단 9:4b-19)만 가지고 있었던 것으로
보인다. 만약 그렇다고 한다면, 4QDanᵉ 사본은 엄밀하게 말해서
다니엘서 사본으로 보기는 어렵다.

다니엘서의 본문에 관해서 보면, 사본 10개 중 어느 것도 마소
라 자음 본문과 크게 다른 부분은 없다. 그러나 그중에서도
1QDanᵃ 사본이 마소라 본문과 가장 가깝다. 하지만 여전히 몇 가

지 눈여겨볼 만한 이독들이 있는데, 그중 하나는 느부갓네살 왕의 꿈의 해석이 다니엘에게 드러난 뒤의 상황인 다니엘 2:20이다. 4QDanª 사본에는 "다니엘이 말[하여] 이르되: 영[원부터] 영원까지 **위대한 하나님**의 이름을 찬송할 것은 지혜와 능력이 그에게 [있음]이로다"라고 되어 있는 반면, 마소라 본문에는 신명에 '위대한'이라는 수식어 없이 '**하나님**'으로만 되어 있다. 칠십인역은 4QDanª 사본의 독법과 마찬가지로 '**위대한 주님**'으로 되어 있다.

다니엘 7:1에 또 다른 중요한 차이가 나타난다. 마소라 본문에는 이 구절이 "바빌론 벨사살 왕 원년에 다니엘이 그의 침상에서 꿈을 꾸며 머릿속으로 환상을 받고 **그 꿈을 기록하며 그 말씀의 합을 연결지었다**"라고 되어 있다. 왕의 마지막 행동은 뭔가 좀 어색하다. 그런 연유로 사해문서가 발견되기 이전에도 이미 학자들이 "그 말씀의 합을 연결지었다"(he related the sum of the words)라는 표현을 후대의 삽입구로 추측해 왔다. 이는 "[그리고] 그가 그 [꿈을] 기록했다"라는 어구로 구절을 끝내면서 더 이상의 단어를 가지고 있지 않은 4QDanᵇ에 의해 입증된다. NRSV는 이 짧은 독법을 수용해서 번역에 반영했다.

마지막으로 다니엘서의 2개 언어 병용 문제를 고찰해 볼 필요가 있다. 히브리성경의 다니엘서는 히브리어로 시작되어 다니엘 2:4b에서 아람어로 전환된다. 그리고 8:1에서 다시 히브리어로 돌아온다. 해당 본문을 보존하고 있는 4개의 사본(1QDanª, 4QDanª, 4QDanᵇ, 4QDanᵈ)에 의하면 히브리어와 아람어 변용이 동일하게 일어나는 것을 볼 수 있다. 이는 다니엘서가 매우 이른 시기부터 이런 형태로 존재해 왔음을 입증해 주며, 다니엘서 원본이 처음부터 히브리어와 아람어로 편찬됐을 가능성이 매우 높음을 말해 준다.

열두 소예언서

소예언서들은 칠십인역과 기독교의 성경에는 12권으로 구성되어 있는 반면, 히브리성경에는 '열두 예언자의 책'이라는 한 권의 책으로 구성되어 있다. 열두 소예언서는 여러 예언자들의 심판에 대한 경고와 위로의 말들을 묶어 놓은 책이다. 그중 일부(호세아, 아모스)는 북왕국에서, 다른 책의 예언자들(요엘, 미가, 나훔, 하박국, 스바냐)은 남왕국에서 활약했으며, 또 다른 이들(오바댜, 요나, 학개, 스가랴, 말라기)은 포로기나 포로 이후 시대에 활약했다.

소예언서 사본 15부가 유대 사막에서 발견됐다. 그중 13개는 쿰란의 동굴에서 발견된 것으로, 주전 150년부터(4QXII[a], 아마도 4QXII[b]) 주전 25년(4QXII[g]) 사이에 기록됐다. 무랍바아트 남쪽과 (MurXII) 나할 헤베르에서(8HevXII gr) 사본 2부가 추가로 발견됐다. 이 사본들은 소예언서 전체 67개의 장 중, 스가랴 7, 13장과 말라기 1, 4장을 제외한, 63개의 장을 보존하고 있다.

그렇다면 과연 12개의 예언서들이 고대로부터 하나의 책으로 묶여 있었을까? 7개 사본들이 이를 증거해 주고 있다. 나머지 사본 3부는(4QXII[d], 4QXII[f], 5QAmos) 열두 소예언서 중 한 권의 일부만 보존되어 있는데, 이는 사본의 본문 대부분이 손상됐기 때문이다.

그렇다면 소예언서 사본의 순서는 어떻게 되어 있을까: MT에서 찾아볼 수 있는 것 같은 전통적인 히브리성경 순서로 되어 있을까 아니면 칠십인역의 순서를 따르고 있는가? 다음 쪽의 표에서 볼 수 있는 것처럼, 두 책의 차이는 굵은 글씨체로 적혀 있는 다섯 권의 순서와 관련되어 있다.

소예언서 사본들은 일반적으로 전통적인 히브리성경 순서를 따르고 있다. 심지어 나할 헤베르 제8동굴에서 출토된 그리스어로 된 사본조차도 그렇다(8HevXII gr). 그러나 가장 오래된 사본인 4QXIIª(주전 150년) 사본의 경우 요나서가 말라기 뒤에 따라오며 마지막을 장식한다. 이런 순서는 소예언서 초기의 순서가 유동적이었음을 시사한다.

<표 8. 소예언서 순서>

히브리성경	칠십인역
호세아	호세아
요엘	**아모스**
아모스	**미가**
오바댜	**요엘**
요나	**오바댜**
미가	**요나**
나훔	나훔
하박국	하박국
스바냐	스바냐
학개	학개
스가랴	스가랴
말라기	말라기

이 사본들의 본문은 일반적으로 전통적 마소라 본문에 가깝

다. 칠십인역의 본문을 가지고 있는 8HevXII gr 사본도 자음 마소
라 본문에 보다 가깝게 수정된 것을 볼 수 있다. 하지만 여러 이독
들이 8HevXII gr 사본을 비롯한 4QXIIᵃ, 4QXIIᶜ, 4QXIIᵉ, 4QXIIᵍ
사본에 존재한다. 이 사본들의 본문은 '가볍게 혼합된' 본문이라
고 묘사될 수 있을 것 같다. 보통은 전통적 마소라 본문에 일치하
나 때때로 칠십인역에 일치하고, 그리고 어떤 경우엔 마소라 본문
이나 칠십인역 모두와 다른 '독립적인 독법'을 갖기도 한다.

첫 번째 예로는 호세아 11:8을 들 수 있다. 제4동굴에서 나온
소예언서 사본(4QXIIᵍ)은 "**그가 나의 마음을 돌이켰다**"(*He has turned
back upon my heart*)라는 고대의 독법을 보존하고 있는데, 이는 마소
라 본문의 "**내 마음이 내 속에서 돌이키어**"(*My heart is turned over
within me*)나 칠십인역의 "**내 마음이 돌이키어**"(*My heart is turned over*)
와 차이가 있다. 마소라 본문이나 4QXIIᵍ 사본의 히브리어 본문
둘 다 난해하다. 그리스어 성경은 번역자가 가지고 있던 히브리어
원전의 본문을 보다 이해하기 쉽게 만들려고 시도한 것으로 보인
다.

두 번째 예는 니느웨를 향한 예언이 나오는 나훔 3:8-10에서
볼 수 있다. 8절의 끝부분은 난해한데, 다행히도 2개의 사본에 보
존되어 있다. 4QXIIᵍ 사본에는 "(8) 네가 어찌 [노]아[몬 보]다 낫겠
느냐? 그는 나일강에 놓여 있으므로 [물이 둘렸으니], **그 벽이 바다의
성루가 됐으며**"라고 기록됐으나, 굵은 글씨체로 된 마지막 부분은
마소라 본문("그 성루가 **바다였으며, 그 벽은 바다에서 나온 것이다**")이나 칠

십인역("그의 영토는 바다이며 그의 벽은 물이다")과 다를 뿐만 아니라 "[그의] **힘은 바다요, 물**[은 그의 벽이다]"라고 기록된 나할 헤베르에서 나온 그리스어 소예언서(8HevXII gr)와도 다르다.

　앞서 언급한 10개의 소예언서 사본들 외에도 7-8개의 **페샤림**(주석서)에서 여러 소예언서에 관해 기록된 것을 찾을 수 있다: 호세아서 주석 2개(4QpHosᵃ, 4QpHosᵇ), 스바냐서 주석 2개(1QpZep, 4Qp-Zephᵃ), 미가서 주석 1개 혹은 2개(1QpMic, 4QpMic?)가 있으며, 나훔서와 하박국서 주석이 각 1개씩(4QpNah, 1QpHab) 있다.

제6장
사해문서와 성경 본문

본 장에서는 성경 사본의 중요성에 관하여 논의하게 된다. 첫 번째 단락에서는 성경 사본들의 6가지 측면에 대하여 생각해 본다(초기 수집, 각 권에 대한 사본의 수, 축약되거나 발췌된 본문, 파피루스 사본, 고대-히브리어 사본, 그리스어와 아람어 사본). 두 번째 단락에서는 성서 본문의 발전 단계에 관한 여러 이론을 비롯하여 히브리성경/구약성경을 이해하는 데 성경 사본들이 끼치는 영향에 관해 점검하도록 한다.

1. 성경 사본에 대한 몇 가지 주안점

1.1 성경 문헌들의 초기 수집 형태

한 사본에 한 권 이상의 문헌이 필사된 경우가 있는데, 쿰란에서 발견된 11개 사본과 무랍바아트에서 나온 1개의 사본에서 이같은 경우를 찾을 수 있다. 대부분은 오경의 책들이며 사본명에 어떤 책들이 있는지 나타난다: 4QGen-Exod[a], 4QpaleoGen-Exod[l], 4QExod-Lev[f], 4QLev-Num[a]. 한 부의 사본에 1권 이상의 문서를 포함하고 있지만, 사본명에 그것이 드러나지 않는 경우도 여러 개 있다: 『개작된 오경』(*Reworked Pentateuch*: 약어로 RP로 쓴다—편주) 4부: 4QRP[a](창세기, 출애굽기, 신명기), 4QRP[b](출애굽기, 민수기, 신명기), 4QRP[c](다섯 권 전체), 4QRP[d](출애굽기, 레위기, 민수기, 신명기); 또한: 4QExod[b](창세기, 출애굽기); 1QpaleoLev(레위기, 민수기); 그 외에도 Mur 1 사본에 여러 권의 책이 함께 필사된 것으로 보인다(창세기, 출애굽기, 민수기). 또한 사본의 길이를 고려할 때, 2권 이상의 책들을 포함했을 것으로 여겨지는 사본들도 있다: 4QGen[b], 4QGen[e], 4QExod[e], SdeirGen(와디 스데이르 출토), MasDeut(마사다 출토).

이 모든 증거들은 전통적인 오경의 순서(창세기부터 신명기까지)를 확증해 주며 **야하드**는 그것을 하나의 모음집으로 여겼던 것으로 보인다. 적잖은 사본들이 손상되기 전에는 모세 오경 전체를 포함하고 있었던 것으로 보이며(대표적으로 4QReworked Pentateuch[b]와 4QRP[c]), 이럴 경우 두루마리는 거의 100피트(약 30미터)에 이르게 된다.

바빌로니아 탈무드(*Baba Batra* 13b)에 의하면, 열두 소예언서는 한 권의 모음집으로 합쳐져 있는 것으로 되어 있다. 7개의 사본은 고대에 열두 소예언서가 한 권으로 필사됐음을 확인해 주며, 순서는 칠십인역이 아닌 전통적인 히브리성경(MT)의 순서를 따른다. 하지만 가장 오래된 사본인 4QXII^a(주전 150년)의 경우 말라기 뒤에 요나서가 마지막으로 나오는 것으로 보아, 당시에 열두 소예언서의 배열 순서는 유동적이었던 것으로 보인다.

유대 전승에서는 성문서 다섯 권이 '다섯 두루마리' 혹은 '다섯 메길로트(두루마리)'로 취합되어 있다: 아가, 룻기, 애가, 전도서, 에스더. 기독교 성경에는 이 책들이 다른 방식으로 분류되어 있다. 룻기와 에스더는 역사서로, 전도서와 아가는 시가서로, 애가는 예언서로 분류된다. 그렇다면 사해문서에는 '다섯 메길로트'가 함께 묶여 있었을까? 에스더는 **야하드** 공동체의 경전에 포함되지 못했다. 그리고 쿰란에서 나온 4QLam 사본에는 애가 앞에 다른 책이 나온다. 사본의 해당 부분이 훼손됐으나 아마도 예레미야서였을 것으로 추정된다. 따라서 쿰란 사본 조각들은 '다섯 메길로트'가 한 묶음으로 필사되는 전통을 확증해 주지 않는다.

1.2 성경 권별 사본들 수

학자들이 취급 가능한 성경 사본은 270개이며 이 중 252개는 쿰란에서, 나머지 18개는 다른 유적지에서 발견됐다. 쿰란에서 나

온 252개 사본에는 그리스어 사본 10부와 아람어 **타르굼** 사본 3
부와 『개작된 오경』 사본 5부, 그리고 2000년 이후에 대학교나 신
학교나 다른 기관에서 획득한 (아마도 쿰란에서 나온) 사본 30부가 포
함되어 있다. (270개는 303개에서 조정된 숫자다. 쿰란 사본 11개와 무랍바아
트 사본 1개에서 1권 이상의 문서를 보존한 경우가 33회였다. 이들은 1번만 계수되
어야 한다.)

성경 사본의 총수는 318개이며, 이 중 300개는 쿰란에서 발견
됐다. 약 48개의 (혹은 이보다 조금 적은 수의) 사본은 개인이 소장하고
있으며 추후에 "시장에" 나오게 될 것이다. 대부분의 경우 이들이
성경 사본 조각이라는 것 외에는 이 사본들에 대해서 별로 알려진
바가 없다.

옆의 〈표〉를 보면, 가장 많이 필사된 사본은 신명기(42부, 그중
39부는 쿰란 출토), 시편(42부, 그중 쿰란 출토 39부), 창세기(34부, 그중 쿰란
출토 30부), 출애굽기(31부, 그중 쿰란 출토 30부), 이사야(23부, 그중 쿰란 출
토 22부), 레위기(24부, 그중 쿰란 출토 22부) 등이다. 유독 에스더서는 존
재하지 않으며, 역대기와 에스라는 각각 1부씩만 있다.

위의 내용은 가능한 한 정확하게 언급했지만, 최종적인 숫자
는 파악하기가 어렵다: (a) 어떤 성경 사본은 보다 짧게 기록된 듯
하다(예, 4QPs^g, 4QPs^h, 5QPs, 4QCant^a, 4QCant^b, 4QDan^e). (b) 하나의 사본
에 다 들어가지 않는 책도 있다(4QGen^h1, 4QGen^h2, 4QDeut^j, Mur 1). (c)
어떤 경우는 각각 독립된 사본이 아니라 하나의 두루마리의 일부
인 경우도 있다(4QJer^b, 4QJer^d, 4QJer^e).

1.3 축약되거나 발췌된 성경 본문

제의적인 용도로 사용하기 위해, 발췌되거나 축약된 본문만 있는 '성경 사본'도 적잖다. 예를 들어, 4QDeut^{j}와 4QDeut^n(신 31장의 언약 본문), 4QDeut^q(신 32:1-44의 모세의 노래), 1QPs^a, 4QPs^g, 4QPs^h, 5QPs(시 119편), 4QDan^e(단 9:4b-19의 다니엘의 기도만 있는 것으로 보임) 등이 있다.

<표 1>

책 이름	쿰란	다른 장소	계
신명기	39	3	42
시편	39	3	42
창세기	30	4	34
출애굽기	30	1	31
이사야	22	1	23
레위기	22	2	24
민수기	15	3	18
다니엘	11	0	11
열두 소예언서	13	2	15
예레미야	9	0	9
에스겔	6	0	6
사무엘상하	7	0	7
욥기	6	0	6
룻기	5	0	5
아가	4	0	4
애가	4	0	4
사사기	5	0	5
열왕기상하	5	0	5
여호수아	3	0	3
잠언	3	0	3
전도서	2	0	2

느헤미야	2	0	2
역대기상하	1	0	1
에스라	1	0	1
에스더	0	0	0
(계	284	19	303)
조정된 합계	252	18	270
'매물'	48	0	48
총계	300	18	318

1.4 파피루스에 기록된 성경 사본

사본들, 특히 성경 사본들은 거의 대부분 양피지에 기록되어 있다. 이는 제의적으로 정결한 동물의 가죽으로 준비했고 따라서 쿰란 서기관들이 성서 문헌들을 필사할 때 이를 선호했다. 반면에 파피루스의 경우 표면적으로 이집트의 비유대인들이 만들기 때문에 많은 이들이 부정한 것으로 여긴다. 쿰란에서는 대략 100여 개의 파피루스 사본이 발견됐다. 대부분은 편지나 계산서들이다. 하지만 성경 문헌이 기록된 것도 9개가 있다: 오경 4개(pap4QGen, pap7QLXXExod, pap4QLXXLev^b, pap6QDeut?), 열왕기 1개(pap6QKings), 시편 1개(pap6QPs), 예언서 2개(pap4QIsa^p와 pap6QDan), 제7동굴에서 출토된 그리스어로 기록된 십계명 제1계명일 수 있는 본문(pap Biblical Text gr).

1.5 히브리어-고서체 성경 사본

대부분의 사본들이 정방형체로 필사된 반면, 12부의 성경 사본

은 히브리어-고서체로 기록되어 있다. 이 중 11개는 오경 사본이다
(4QpaleoGenᵐ, 6QpaleoGen, 4QpaleoGen-Exodˡ, 4QpaleoExodᵐ, 1QpaleoLev,
2QpaleoLev, 6QpaleoLev, 11QpaleoLevᵃ, 1QpaleoNum, 4QpaleoDeutʳ,
4QpaleoDeutˢ). 그리고 마지막 열두 번째는 욥기 사본이다(4Qpaleo-
Jobᶜ). 히브리어-고서체는 특별히 중요한 책들에 사용됐을 가능성
이 매우 높다. 이들은 오래됐거나 모세의 저작으로 알려져 있는
것들이다. 히브리어-고서체 사본들에 욥기가 포함된 사실에서 모
세가 욥기를 기록했다는 바빌로니아 탈무드의 랍비 전승이 유래
했으리라 추정해 볼 수 있다(『바바 바트라』 14b, 15a). 이 서체와 관련
있는 또 하나의 사본은 4QpaleoParaJoshua로 여호수아 21장의 일
부를 포함하고 있다. 이 히브리어-고서체 본문은 사두개파에서 유
래된 것으로 보인다. 바리새인들은 이 서체의 사용을 금하고 있었
기 때문이다(미쉬나 『야다임』 4.5; 바빌로니아 탈무드 『산헤드린』 21b).

1.6 그리스어와 아람어로 기록된 성경 사본

몇몇 사본들은 주전 2세기부터 주후 1세기에 걸쳐 그리스어로
필사됐다. 대부분은 성경(biblical: 혹은 그보다는 경전[scriptural]) 사본들
로 오경 자료들이다: 출애굽기(pap7QLXXExod), 레위기(4QLXXLevᵃ;
pap4QLXXLevᵇ), 민수기(4QLXXNum), 신명기(4QLXXDeut)가 있다. 이
외에도 나할 헤베르의 제8동굴에서 상당 분량의 그리스어 소예언
서 사본(8HevXII gr)과 그리스어 출애굽기 재진술(Greek paraphrase of
Exodus, 4Q127), 예레미야의 편지(pap7QEpJer gr), 『에녹1서』(pap7QEn gr)

사본 등은 언급할 가치가 있다.

어떤 히브리어 사본들은 칠십인역과 비슷한 본문 형태를 가지고 있어, 칠십인역 번역에 사용된 히브리어 대본과 유사한 것으로 보인다. 예를 들어, 4QJer^{b}와 4QJer^{d}는 칠십인역이 번역에 사용한 히브리어 본문과 가까운 본문을 가지고 있다. 칠십인역은 근대 성경에서 발견되는 더 긴 판본보다 길이가 13% 짧은 본문을 번역하여 제시해 주었다. 이런 큰 차이 이외에도 사본들이 마소라 본문이 아니라 칠십인역에서 찾아볼 수 있는 독법들을 보존하는 경우가 많다.

아람어 번역인 타르굼 사본은 쿰란에서 3부가 발견됐다: 4QtgLev, 4QtgJob, 11QtgJob. 바빌로니아 탈무드에 나오는 랍비 전승에 모세가 욥기를 기록했다고 되어 있는데(『바바 바트라』 14b, 15a), 이에 비추어 보면 모세가 기록했던 책들만 아람어로 번역될 가치가 있다고 여겨졌던 것을 알 수 있다.

2. 사해문서와 히브리성경/구약성경의 본문

일찍이 구약성경에는 여러 유형과 판본들이 있었다. 잘 알려진 것들로는 전-마소라 본문(pre-Masoretic Text), 사마리아 오경, 칠십인역(그리스어 성경)이 있다. 성경 사본들을 조사해 본 결과 여러 사본들이 아래 4가지 범주에 속하는 것을 알게 됐다: (a) 마소라 본문과 유사한 것; (b) 사마리아 오경과 유사한 것; (c) 칠십인역이 번역한 것으로 보이는 히브리어 본문; (d) 혼합되거나 독립적인 본문들이다. 쿰란과 사해 주변 다른 장소에서 나온 성경 사본들이 연구되면서, 성서 본문 발달에 관한 이론들이 성립되고 발전됐다.

2.1 지역 본문 이론

하버드대학교의 프랭크 무어 크로스(Frank Moore Cross, 1921-2012)는 윌리엄 F. 올브라이트(William F. Albright)의 초기 연구를 바탕으로 성경의 첫 다섯 권의 발달에 관한 이론을 발전시켰다. 그는 **지역 본문**(*local texts*)이라는 용어를 사용하여 본문 유형을 3개로 분류했다. 이 유형들은 쿰란과 다른 고대 사본에서 나온 성경 사본들에 나타난다.

(a) 팔레스타인 본문

히브리성경 전체 혹은 그 대부분은 팔레스타인 지역에서 기록됐다. 또한 그곳에서 수 세기 동안 지속적으로 연구되고 필사됐다. 대표적으로 이 본문을 반영하는 것은 사마리아 오경으로 오늘날까지 사마리아 유대인들의 성경으로 남아 있다. 사마리아 오경은 고대 팔레스타인의 본문을 보존하고 있지만, 모음과 분파 본문들이 후대에 첨가됐다. 사해 사본들 중에 4QpaleoExod^m, 4QExod-Lev^f, 4QNum^b 사본들을 예로 들 수 있다.

(b) 바빌로니아 본문

유대인들은 팔레스타인 본문을 다른 곳으로 가져가기도 했다. 대표적으로는 주전 587/586년 그들이 포로로 잡혀갈 때, 바빌로니아로 가져간 예를 들 수 있다. 그들이 가져갔던 사본이 수 세기에 걸쳐서 필사되면서, 본문에 차이들이 생기기 시작했다. 서기관들이 의도적으로 만든 차이도 있고, 실수로 생긴 것들도 있었다. 크로스는 결론짓기를, 마소라의 자음 본문은 바빌로니아에 있던 유대인들의 필사 및 완결 과정의 결과라고 했다. 바빌로니아 본문의 예로 4QGen-Exod[a], 4QSam[b], 1QIsa[b], 4QJer[a], 4QPs[c] 등이 있다.

(c) 이집트 본문

알렉산드로스 대왕의 정복 전쟁 이후 많은 유대인들이 이집트로 이주했다. 그들의 후손들은 그리스어를 유창하게 사용하거나 그리스어가 그들의 모국어처럼 됐다. 이 유대인들 다수는 히브리어를 거의 알지 못하고 헬라 문화에 동화됐기 때문에 히브리성경을 그리스어로 번역할 필요가 생겼다. 주전 3세기에 모세 오경을 시작으로 이집트의 유대인 학자 그룹이 팔레스타인에서 온 히브리어 본문을 그리스어로 번역했다(칠십인역). 4QLev[d], 4QJer[b], 4QJer[d] 등의 예가 있다.

2.2 다수의 본문, 창의적 저자와 필사자들

히브리대학교의 샤마리야후 탈몬(Shemaryahu Talmon, 1920-2010)

은 성서 본문들이 유형적으로 혹은 집단적으로 분류되어 있던 것
이 아니라, 처음부터 다양한 형태로 존재했다고 제안했다. 탈몬은
또한 성경 사본들의 본문 비평적 측면과 사회학적 측면에 집중하
여 저자와 필사자의 차이를 없앴다. 탈몬은 마소라 본문, 사마리아
오경, 칠십인역이 수많은 본문으로 가득한 호수로부터 구조된 본
문들이라고 설명했다. 이들 본문들이 남게 된 이유는 랍비들과, 사
마리아인들, 기독교인들이 각각 자신들이 수집했던 특정 본문을
보존했기 때문이다. 이 외에 다른 형태의 본문들도 존재했었지만
한때 그 본문들을 경전으로 사용했던 그룹들과 함께 사라져 갔다.

2.3 다양한 본문 속 지배적 본문으로서의 전-마소라 본문

에마누엘 토브(Emanuel Tov: 사해문서 출판 프로젝트의 1990-2009년 총
책임자)는 쿰란 성경 사본들이 보여주는 본문의 다양성이 크로스가
생각했던 것보다 훨씬 더 크다는 것을 발견했다. 그리고 이 다양
한 본문들이 크로스가 말했던 3개의 카테고리 중 하나로 깔끔하
게 분류되지 않고, 보다 많은 본문 유형들이 있음을 관찰했다. 그
러나 그 와중에 토브는 대다수 본문들을 마소라 본문이나 사마리
아 오경, 칠십인역과의 유사성의 정도에 따라 4개의 카테고리로
재분류할 수 있었다. 여기에 토브는 이와는 다른 기준을 사용하는
다섯 번째 그룹을 추가했다. 토브는 (MT, SP, LXX 같은) 후대의 본문
과의 유사성에 근거해서 이전에 존재했던 텍스트들을 분류하는
것에 문제의식을 가지고 있었지만, 이 3개의 후대 본문의 초기 형

태가 이미 주전 마지막 세기에 존재했기 때문에 이를 필요한 작업이라고 여겼다. 그는 쿰란에서 나온 성경 사본 130부를 바탕으로 각 그룹의 비율을 계산했다. 나머지 90개의 문헌은 본문 비평적 분석을 하기에는 심하게 조각난 상태였기 때문에 제외했다.

(a) 전-사마리아(또는 조화[Harmonistic]) 본문

사마리아 오경에 존재하는 본문 유형(크로스[Cross]의 분류로는 "팔레스타인 본문"). 물론 사마리아의 성경 자체는 보다 후대의 것이고 추가된 자료들을 포함하고 있기는 하다. (원-사마리아 본문으로 분류되는) 쿰란의 본문들은 철자법을 수정하거나 오경의 다른 곳에 있는 병행 본문과 그 내용을 조화시켜 놓은(harmonization) 점이 특징적이라고 하겠다. 토브는 이런 텍스트들이 쿰란 성경 사본의 5%에도 못 미치는 것으로 추정했다. 이들은 오경에 제한됐으며 토라 사본들 중 21%에 해당한다.

(b) 원-마소라(또는 원-랍비) 본문

자음 본문으로, 마소라 본문에 나오는 특징적인 독법을 포함하는 안정된 본문 유형(크로스의 분류로는 "바빌로니아 본문"). 토브는 48부의 쿰란 성경 사본(37%)을 이 범주로 분류했다. 이 중 20개(15%)는 마소라 본문과 매우 밀접하고, 18개(14%)는 마소라 본문과 사마리아 오경에 비슷한 수준으로 유사하며, 10개(7.5%)는 마소라 본문과 칠십인역의 히브리어 대본, 두 본문에 같은 수준으로 가까운 것으로 분류했다.

(c) 칠십인역의 히브리어 대본으로 추정되는 본문에 가까운 본문

이것은 칠십인역을 번역할 때 사용한 것으로 보이는 히브리어 대본에 가까운 본문 유형(크로스의 분류로는 "이집트 본문"). 여러 사본들이 칠십인역의 특징적인 독법을 공유하기는 하지만 이 항목으로 분류되지는 않았다. 토브는 쿰란 성서 사본의 5% 정도만 이 본문군에 속하는 것으로 보았다.

(d) 독립 본문

많은 쿰란 성경 사본들이 마소라 본문이나 사마리아 오경 또는 칠십인역 중 하나에 독점적인 유사성을 보여주지는 않는다. 대신 한 사본 안의 다른 부분들이 하나 이상의 고대 판본과 유사성을 보인다. 2QExod[a], 4QExod[b], 11QpaleoLev[a], 4QDeut[b], 1QIsa[a], 4QPs[a], 11QPs[a], 4QCant[a], 4QDan[a]를 예로 들 수 있다. 어떤 텍스트는 다른 어떤 곳에서도 찾을 수 없는 독법을 가지고 있기도 하다 (예, 4QJosh[a], 4QJudg[a], 4QSam[a]). 토브는 쿰란 성경 사본들 중 28부(37%)를 이 항목으로 추정했다.

(e) '쿰란 필사 관습'을 따라 기록된 사본들

(이 항목의 대부분의 예들은 앞서 언급한 4개의 항목에 중복되는 관계로 토브의 통계에는 포함되어 있지 않다.) 토브에 따르면, 여기에 속하는 사본들

은 쿰란 공동체 출신의 서기관들이 필사했으며 긴 철자법과 형태론적으로 단어의 끝이 길다는 특징이 있다. 또한 오류나 수정이 잦고, 본문을 보다 자유롭게 다룬다. 토브는 18개의 예를 찾았는데 여기에는 4QExod[b], 4QDeut[j], 1QIsa[a], 4QIsa[c], 11QPs[a] 등이 포함된다. 이들 대부분은 다른 본문들(MT, SP, LXX)과의 유사점이 별로 없는 독립적인 본문이다.

2.4 연속적 문헌 편집본

유진 울리히(Eugene Ulrich: 성경 사본 총책임자, 1990-2009년)는 성경의 여러 책들의 본문 발전 과정을 설명하기 위해 '연속적 문헌 편집본' 모델을 제안했다. 이러한 본문들은 성경 저작 과정 후기에 나타난 것으로, 성경 각 권이 서로 다른 여러 단계에 걸쳐 일어난 것으로 보인다. 각 권의 새로운 판본은 저자나 서기관이 종교적 혹은 국가적인 위기 상황에 따라 원래의 본문을 개정해 나간 창조적 노력의 결과다. 일반적으로 새 판본이 옛 판본을 대신하기는 하지만 항상 그런 것은 아니다. 이 항목의 예로는 4QpaleoExod[m]과 4QNum[b]를 들 수 있는데 이들은 사마리아 오경, 11QPs[a]-Psalter, 『희년서』(당시 랍비들이 사용했던 354일 음력 달력이 아닌, 364일 양력 달력을 사용함) 같은 책들과 특징을 공유하고 있다.

울리히는 이런 다른 편집본을 구별하는 두 단계 절차를 제공한다: (a) 철자의 차이를 무시하라. 사본의 철자법은 특정 편집본과의 연관성이 거의 없기 때문이다. (b) 다양한 편집본에서 유형화

되어 나타나는 것과 상관없는 이독이 있다면 무시하라. 저자와 서
기관도 같은 방식으로 기존의 편집본에 대한 개정 작업을 수행했
다.

　예레미야서가 다른 편집본의 분명한 예가 될 수 있다. 4QJer^a
와 4QJer^c에는 긴 마소라 본문 판본의 본문이, 그리고 4QJer^b와
4QJer^d에는 짧은 칠십인역 판본의 본문이 있다. 울리히는 24권의
전통적인 히브리성경(마소라 본문) 중 제2성전기를 마감하는 세기에
있었던 최소 12개, 많게는 16개의 다른 편집본들을 분별했다:

- 쿰란 성경 사본들 중 6개(출애굽기, 민수기, 여호수아, 예레미야, 시편, 아가).
- 쿰란 성경 사본들 중 추가적으로 가능성이 있는 사본들 4개(사사
  기, 사무엘, 소예언서, 예레미야애가)
- 사마리아 오경이나 칠십인역도 고려하면, 6-7개가 추가됨(창세기
  5장과 11장, 열왕기, 에스겔, 소예언서, 욥기[?], 잠언, 다니엘)

2.5 성서 사본들과 성경 본문의 발전
긍정적인 측면에서 보면:

- 크로스의 지역 본문 이론은 히브리성경 본문의 발전 과정을 이해
  하는 데 있어서 큰 도약이 됐다.
- 탈몬은 마소라 본문과 사마리아 오경, 칠십인역이 수많은 성경
  본문 유형들 중 3개일 뿐이라는 점과, 실제로 다른 여러 유형들

이 한때 존재했다는 점을 보여 주었다.

- 토브의 분류는 '지역 본문' 이론보다 미묘하고 함축적이다. 토브는 쿰란의 성서 사본들을 '지역 본문' 이론보다 더 많은 유형으로 분류했다. 토브가 말한 4개의 범주들은 그 범위가 넓은데, 특히 '독립 본문'(Nonaligned Texts)은 더 다양한 성서 본문의 유형들을 포함하고 있다. 토브는 쿰란 사본 중에서 전-마소라 본문이 지배적이었음을 강력하게 주장했다.

- 올리히의 '연속적 문헌 편집본' 모델은 확실히 진일보한 이론으로 히브리성경의 12권의 책(많게는 16권)에 대한 다양한 편집층들을 쿰란 성경 사본에서 분류했다.

이 이론들을 건설적으로 비평해 본다면:

- 크로스가 쿰란 성경 사본들을 3개의 본문 유형으로 분류한 것은, 초기의 연구였음을 고려하더라도 매우 제한적이었다. 더 많은 다양한 본문 유형들이 분명히 존재하고 있었다.

- 탈몬의 접근법은 쉽게 분류될 수 있는 독특한 특징을 가진 그룹이나 본문군들의 존재를 경시하는 경향이 있다.

- 토브의 '원-마소라'(proto-Masoretic)라는 용어는 중세 시대 '마소라 본문'(Masoretic Text)에 너무 밀착되어 있다. 이보다는 '전-마소라'(pre-Masoretic)라는 용어가 더 적절할 것 같다. 또한 마소라 본문 또는 사마리아 오경, 칠십인역에 같은 정도로 유사성을 보이는

본문들을 전-마소라 그룹으로 지정해 버리는 것은 문제가 있다. 토브는 '통계적 개연성에 맞춘 것'이라고 해명했는데, 이에 근거하여 2개의 고대 본문 유형들과 비슷하게 가까운 쿰란의 성경 본문은 전-마소라 본문이 아니라는 증거가 없을 경우에는(혹은 다른 본문이라는 증거가 확실히 있기 전에는) 전-마소라 본문으로 분류해야 한다고 주장했다. 사실, 48개(37%)의 쿰란 성경 사본이 이 분류에 속한다. 엄밀히 말하면, 그중 단 20개(15%)만 마소라 본문에 가깝고, 나머지 28개(22%)는 마소라 본문에 가까운 만큼이나 사마리아 오경 또는 칠십인역의 히브리어 대본에 가깝다. 토브의 전-마소라 그룹에 대한 비율은 하향 조정될 필요가 있고 전-사마리아 그룹과 칠십인역의 히브리어 대본의 비율은 상향 조정될 필요가 있다.

• 울리히의 24권의 전통적 히브리성경 중 16권에 이르는 책들에 대한 다양한 편집본들의 분류도 몇 가지 도전에 직면해 있다. 어떤 학자들은 울리히가 제시한 모든 책들이 서로 다른 문헌적 편집본이라고 분류해야 할 만큼 차이나는 이독이나 이독의 유형들을 포함하고 있는지에 대해 문제를 제기한다. 예레미야서 같은 경우 2가지 판본이 존재한다는 점에 대해서 모든 학자가 쉽게 동의하지만, 울리히가 제시한 다른 책들 중에는 분명하지 않은 경우도 있다(예, 사사기와 욥기).

결론적 정리

학자나 일반인을 막론하고 성경 사본을 읽고 연구하는 사람이라면 누구나 아래의 3가지 질문을 염두에 두는 것이 매우 유익하리라 본다:

(1) 어떤 본문 유형에 각각의 사본들이 분류될 수 있을까: 전-사마리아, 전-마소라, 칠십인역의 히브리어 대본 또는 독립 본문?

(2) 한 사본을 이 범주들 중에 하나로 분류하기 위해서 어떤 방법론이나 기준을 사용할 수 있을까?

(3) 연구하는 사본이 특정한 성경책(혹은 그중 일부)의 특정한 편집본이라는 것을 구별하는 것이 가능할까?

제7장
사해문서, 외경, 위경

약 1,250개에 이르는 사해문서들 중 1,050개 정도가 쿰란에서 발견됐다. 쿰란에서는 성경 사본 약 300개, 비성경 사본 약 600개, 외경 및 **위경**(새로운 **위경** 포함)은 모두 약 150개가 발견됐다.

대부분의 외경과 **위경**은 로마가톨릭이나 그리스 정교회의 성경처럼 더 많은 책들이 포함된 구약성경을 가진 기독교 성경에서 발견되므로 성경 사본에 속한다고 주장할 수 있다. 이 문서들은 초기 유대교를 이해하는 데 매우 중요하다. 이는 제2성전 시기(주전 516-주후 70년), 특히 포로 귀환(에스라-느헤미야)에서부터 초기의 바울서신(데살로니가전서)이나 복음서(마가복음) 기록 사이에 있었던 사건들을 기록했거나 설명하고 있기 때문이다.

1. 외경과 위경

외경과 **위경**이라는 용어는 각각 하나 이상의 의미를 가지고 있기 때문에 이해하기가 쉽지 않다.

외경(*Apocrypha*; 단수형: *Apocryphon*)은 "숨겨진 또는 비밀스러운 글"을 의미하는 복수형 단어로, 원래는 기독교 그룹의 입문자만 읽도록 되어 있었다. 그러나 결국에, 이 용어는 모든 기독교인이 성경으로 받아들이지는 않았지만 내용, 형식 또는 제목에서 성경의 책들과 유사한 작품을 지칭하는 데 사용됐다. 가장 일반적으로 '로마가톨릭 성경에는 나오지만 유대교나 개신교 성경에는 나오지 않는 책이나 책의 일부'를 말할 때 사용된다. 이 책들은 거의 모두 칠십인역에서 유래했으나 유대교 정경을 완성했던 랍비나 종교 개혁 시기에 개신교 정경을 확정했던 교회 지도자들은 이들을 수용하지 않았다. 가톨릭과 동방 정교회 기독교인은 이러한 문서들을 성경으로 인정하며 제2정경(Deuterocanonical)으로 알려져 있다.

외경에는 총 10개 문서가 있다. 토비트기, 유딧기, 마카비1, 2서, 솔로몬의 지혜서, 시락서('집회서' 또는 '예수 벤 시라의 지혜서'라고도 불림), 바룩서, 예레미야의 편지 등 8권은 완전한 책이다. 2개의 외경은 다른 책에 대한 보충 자료로, 에스더서 추가본(8개 부분) 및 다니엘서 추가본(아사랴의 기도; 세 청년의 노래; 수산나; 벨과 용)이 있다. 모두 제2성전 시기에 기록됐으며 가장 오래된 것은 토비트(주전 4세기 또는 3세기)이고 가장 늦은 기록은 솔로몬의 지혜서(주후 40년경 또는 그 이전)이다.

위경(*Pseudepigrapha*; 단수형: *Pseudepigraphon*)이라는 용어는 "고대 저자의 이름을 빌려 쓴 저작"을 의미한다. 보다 일반적인 의미에서 위경은 사해문서가 발견되기 전에 우리에게 알려져 있던 구약과 외경 및 몇 개의 다른 주요 저작물(특히 필론과 요세푸스)을 제외한 거의 모든 고대 유대 저작물을 지칭한다. 외경과는 달리 **위경**이라는 용어와 위경에 포함된 문서의 제목들은 일반적으로 기울임체(한국어판에서는 겹낫표—편주)로 적는다. **위경**에는 두 그룹이 있다.

첫 번째 그룹에는 외경 이외에 8개의 저작이 포함되며, 다양한 정교회에서 이들을 성경으로 인정한다. 그중 하나(『시편 151편』)는 시편의 결론부를 만든다. 나머지 7권은 책으로, 그중 일부는 하나 이상의 이름이 있다: 『므낫세의 기도』, 『에스드라1서』(또는 『에스라3서』), 『에스드라2서』(또는 『에스라4서』), 『마카비3서』, 『마카비4서』, 『에녹1서』, 『희년서』. 대부분은 제2성전기에 기록됐으며, 가장 오래된 것은 『희년서』와 『에스드라1서』(주전 2세기), 그리고 가장 늦은 저작은 『에스드라2서』(주후 1세기 후반-3세기)이다. 이 책들은 여러 동방 정교회에서 성경의 일부로 인정되기 때문에 이 책들에 **외경**이라는 용어가 적용되어야 한다는 주장이 제기될 수도 있다. 그럴 경우 **외경**은 "로마가톨릭이나 정교회 성경에는 나오지만 유대교나 개신교 성경에는 나오지 않는 책이나 책의 일부"로 더 광범위하게 정의될 수 있다.

위경의 두 번째 그룹에는 사해문서가 발견되기 이전에 학자들에게 알려져 있던 여러 작품들이 포함되어 있다. 대다수는 제2성전 시기의 유대 저작이지만, 『에스드라2서』 1-2장(=『에스라5서』)과 『에스드라2서』 15-16장(=『에스라6서』)과 같이 일부는 후기 기독교에 기원을 두고 있기도 하다. 두드러진 **위경**들은 다음과 같다:『모세의 승천』,『아리스테아스의 편지』,『아담과 이브의 생애』,『이사야의 순교와 승천』,『시편 152편』부터 『시편 155편』까지,『솔로몬의 시편』,『시빌라의 신탁』,『열두 족장의 유언』.

2. 사해문서의 외경과 위경

적어도 9개의 외경과 **위경** 텍스트가 사해문서에서 발견된다. 본서에서는 편의상 이들을 한 섹션에 묶어 알파벳순으로 나열하고 설명하도록 한다.

2.1 『에녹1서』(또는 에티오피아어 『에녹서』)

이 중요한 문서의 경우, 108장 전체가 온전한 형태로 남아 있는 것은 에티오피아어 판본뿐이다. 그리스어로 된 일부 사본이 고대 저자에 의해 인용됐으며, 초기 사본들에서 그 자취를 찾을 수 있다. 에티오피아 전승으로 보존된 전체 문서는 5개의 '소책자'로 구성되어 있다: 「감찰자들의 책」(1-36장), 「비유」(37-71장), 「천문서」

(72-82장), 「꿈의 책」(83-90장), 「에녹의 편지」(91-108장). 이 소책자에
는, 인류 역사를 처음부터 끝까지 조사한, 가장 초기의 유대 묵시
문학이 포함되어 있다.

각 소책자에는 야렛의 아들이자 아담의 7대손인 에녹(창 5:21-
24)에게 주어진 것으로 추정되는 계시가 포함되어 있다. 에녹은
"하나님과 동행하더니 하나님이 그를 데려가시므로 더 이상 세상
에 있지 아니했던" 사람이다(창 5:24). 이 구절이 저자가 다른 성경
인물이 아닌 에녹을 가정한 이유를 설명해 준다. 에녹은 결과적으
로 지금 하늘에 있기에, 이 소책자들에 묘사된 계시를 받을 수 있
는 이상적인 수신자가 되기 때문이다.

눈에 띄는 에녹서의 주제는 불순종한 천사에 관한 이야기로,
그들은 하늘에서 내려와 땅의 여자들과 결혼하여 거인 자손을 낳
았다. 『에녹1서』에 따르면, 이 거인들은 하나님이 그들을 벌하고
세상을 멸망시키기 위해 홍수를 보내게 한 큰 악의 원인이 됐다.
그 같은 사상은 사람의 딸들과 결혼한 **하나님의 아들들**을 묘사하
는 창세기 6:1-4의 핵심 구절에 뿌리를 두고 있다. 『에녹1서』는 이
하나님의 아들들을 천사로 본다(욥 38:7 참고). 창세기 6:1-4이 홍수
이야기 직전에 나오기 때문에 『에녹1서』의 저자는 파멸적 홍수 심
판의 원인을 제공했던 죄의 폭발적 증가가, 아담과 이브나 그들의
후손보다, 천사들에게서 난 거인 자손들의 악함에서 비롯된 것으
로 보았다.

『에녹1서』의 두 번째 주요 주제는 심판이다. 홍수 이야기('첫 번

째 심판')는 큰 악에 대한 하나님의 반응을 강조하고 다가올 심판에 대한 경고 역할을 한다. 그의 권면에서 에녹 자신도 이 같은 예를 여러 번 언급했다. 흥미롭게도 일부 신약성경 저자들도 이 같은 예를 언급한다(예, 벤후 3:5). 네 번째 소책자(72-82장)가 천문학적 문제에 관한 최초의 유대 문서라는 점도 주목할 만한 가치가 있다.

쿰란에서 발견된 『에녹1서』의 자료는 모두 아람어로 기록되어 있으며, 쿰란에서 발견된 11개의 사본에 보존되어 있다. 가장 오래된 두 문서는 4QEnᵃ ar(4Q201)과 4QEnastrᵃ ar(4Q208, 주전 2세기 초)이고 가장 늦은 것은 4QEnastrᵃ ar(4Q209, 주후 1세기 초)이다. 파피루스에 기록된 『에녹1서』의 그리스어 사본(pap7QEn gr)이 제7동굴에서 발견됐지만 일부 학자들은 제7동굴에서 발견된 그리스어 사본 조각에 『에녹1서』의 텍스트가 포함되어 있다는 데 이의를 제기한다. 쿰란에서 발견된 사본적 증거들은 이 책이 아람어로 기록됐고 후에 그리스어로 번역됐으며, 그리스어에서 에티오피아 및 기타 다른 언어로 번역됐음을 암시해 준다.

쿰란에서 발견된 에녹서 사본은 다음과 같은 사실을 시사해 준다: 가장 초기 형태의 『에녹1서』는 모세 오경을 모델로 하여 5개의 소책자로 구성된 '오경' 형식으로 제작됐으며, 편찬자가 106장과 107장을 추가했다. 이 초기 형태의 에녹서에는 「비유」(37-71장)가 없다. 이 「비유」에는 최후의 심판을 수행할 **사람의 아들/인자**가 등장하기 때문에 신약 학자들이 특별히 관심을 갖는다: 복음서 저자들이 예수를 인자로 묘사했을 때 사용했던 초기 자료가

「비유」였을까? 많은 학자들은 쿰란에서 발견된 『에녹1서』 사본에는 「비유」의 위치에 『거인들의 책』으로 알려진(9개 또는 10개의 사본으로 남아 있는) 다른 저작이 있었을 것이라 믿는다. 『거인들의 책』은 불순종했던 천사들의 악한 자손에 관한 이야기다. 이 소책자는 나중에 「비유」로 대체된 것으로 보인다.

　　쿰란에서 발견된 특징적인 문서들을 근거로 판단하자면, 엣세네 무브먼트는 『에녹1서』에 엄청난 영향을 받았다. 예를 들어, 364일의 태양력(또한 354일의 음력)을 설명하는 「천문서」(72-82장)는 올바른 달력과 하나님이 정하신 절기에 대한 **야하드**의 관심을 촉진시켰다. 가브리엘레 보카치니(Gabriele Boccaccini) 같은 학자는 엣세네파가 에녹계 유대교(Enochic Judaism)의 후예이며, 쿰란에서 발견된 분파 문서가 기록되기 직전에 에녹계 유대교(Enochic heritage)에서 분리된 급진적 집단으로 보았다. 에녹계 문헌은 엣세네파 **야하드**의 (후기보다는) 초기 역사에 더 큰 영향을 미쳤던 것으로 보인다. 대부분의 에녹서 필사본들은 비교적 이른 시기의 것들로, 이 같은 필사 시기는 『에녹1서』가 주후 1세기에 이르러서는 쿰란에서 폭넓게 사용되지 않았음을 시사해 준다.

　　야하드는 적어도 그들의 역사의 초기 단계에서는 『에녹1서』를 성경으로 여겼다. 이 책은 현대 유대교, 개신교 또는 로마가톨릭의 성경에는 포함되어 있지 않지만 기독교 전통의 하나인 에티오피아 정교회에서는 이 책을 성경으로 간주한다.

2.2 『희년서』

이 문서 전체는 에티오피아어로만 남아 있으며(50장으로 되어 있음), 부분적으로는 라틴어 번역본으로도 남아 있다. 이 두 번역본은 현재는 유실된 그리스어 판본에서 번역됐다. 『희년서』는 하나님의 임재의 천사(an angel of his presence)를 통해 시내산에서 모세에게 전달된 하나님의 계시라고 밝힌다(출 24:18). 천사는, 창조로부터 시작해서 출애굽과 유월절과 안식일에 이르는, 인류와 하나님의 선택된 백성의 역사에 대한 개요를 제시한다.

『희년서』는 주전 160년경에 기록됐으며, 그 명칭은 인류 역사를 각각 49년씩 50개 단위로 나누어 기록한 데에서 기인했다. 저자는 **희년**이라는 용어를 레위기 25장과는 다르게 오십 번째 해로 받아들이지 않았다. 대신 오십 번째 해에 의해 표시되는 49년의 기간을 의미하는 것으로 받아들였다.

<표 1. 『희년서』 개요>

범위	주제
1:1-29	하나님의 백성의 배교와 다가올 그들의 회복
2:1-4:33	원시 역사: 창조와 아담
5:1-10:26	노아에 관한 이야기
11:1-23:8	아브라함에 관한 이야기
23:9-34	아브라함의 죽음에 대한 생각
24:1-45:16	야곱과 그의 가족에 관한 이야기
46:1-50:13	모세에 관한 이야기

『희년서』는 창세기와 출애굽기에 묘사된 많은 사건을 다시 이

야기해 주기 때문에 종종 '다시 쓴 성경'(rewritten Bible)으로 분류된
다. 저자는 일반적으로 성경의 개요를 따르지만 때때로 성경 내용
들을 생략하거나, 압축하거나, 확장하거나, 변경하기도 한다. 이런
식으로 저자는 역사적, 신학적, 법적 문제에 대한 자신의 견해를
제시했다. 예를 들어, 출애굽기 7-10장에 나오는 열 재앙에 대한
긴 설명은 『희년서』 48:4-11에서 단지 몇 절만에 끝나는 반면, 르
우벤과 빌하의 명백한 근친상간(창 35:22)은 『희년서』 33:2-20에 장
황하게 설명되어 있다.

　쿰란에서 약 15부(정확한 숫자는 불확실함)의 『희년서』 단편이 발
견됐으며 모두 히브리어로 기록되어 있고, 적어도 하나는 파피루
스에 기록되어 있다. 가장 오래된 것은 4QJubᵃ(주전 125-100년)이고
필사 연도가 가장 늦은 것은 11QJub(주후 50년경)이다. 에티오피아
및 라틴어 역본과 비교해 보면, 일부 예외적인 경우들이 있기는
하나, 일반적으로 고대 번역자들이 매우 세심하게 문자적으로 번
역했음을 알 수 있다. 추가적으로, 적어도 6개의 사해문서가 다양
한 방식으로 『희년서』와 연관되어 있다: 4QPseudo-Jubileesᵃ, ᵇ,
ᶜ(4Q225-27), 『희년서 인용문』이 있는 4QText(4Q228), 아마도 pap-
4QJubilees?(4Q482) 및 『마사다에서 나온 희년서와 유사한 문서』
(Mas 1j).

　다수의 『희년서』 사본과 『희년서』와 연관된 여러 저작들이 쿰
란에서 발견됨으로써 『희년서』가 엣세네파에서 빈번히 사용됐으
며, 쿰란에서 선호했던 문헌이었음을 알 수 있다. 『희년서』보다 더

많은 분량의 사본이 발견된 책은 신명기, 시편, 창세기, 이사야서 밖에 없다. **야하드** 역사의 초기에 주로 영향력이 있었던 것으로 보이는 『에녹1서』와는 대조적으로, 『희년서』에 나타난 석의와 성경 해석은 쿰란 공동체 역사 후기에 그 중요도가 증가했다. 『희년서』 사본 중 어느 것도 『에녹1서』(4QEnᵃ ar; 4QEnastrᵃ ar)만큼 이른 시기의 사본은 없으며, 남아 있는 사본들은 주전 125년에서 주후 50년 사이에 필사된 것으로 보인다.

야하드가 작성한 여러 문서들과 그들이 가지고 있던 일부 독특한 전통에서 『희년서』의 영향을 분명히 엿볼 수 있다: (a) 역사를 49년 기간의 희년 단위로 구분; (b) 언약 사건들의 날짜를 세 번째 달(특히 15일)로 정하는 것—이는 쿰란 공동체가 매년 칠칠절에 언약을 갱신하도록 영감을 주었을 수 있다; (c) (『에녹1서』의 「천문서」에도 포함된) 364일 태양력을 참된 달력으로 사용하여 모든 절기의 날짜를 이 태양력에 맞춤.

야하드는 『희년서』를 성경으로 간주했을 가능성이 크다. 『에녹1서』와 마찬가지로 『희년서』는 현대 유대교, 개신교, 로마가톨릭의 성경에는 포함되어 있지 않다. 그러나 기독교 신앙을 고백하는 에티오피아 정교회에서는 『희년서』와 『에녹1서』를 성경에 포함시킨다.

2.3 예레미야의 편지(또는 서신)

이 작은 책(73절, 1개의 장으로 된 책)은 느부갓네살 왕(아마도 주전

597년)에 의해 바빌론으로 유배된 유대인들에게 보낸 것이다. 이 편지는 우상의 무력함에 대한 경고를 담고 있으며 우상 숭배를 정죄한다. 이 편지는 주전 4세기 또는 3세기에 그리스어로 기록됐을 가능성이 가장 높으며, 외경의 일부로 라틴 불가타(Vulgate) 판본의 바룩서 6장에 나오는데, 칠십인역에서는 바룩서와 분리되어 예레미야애가 뒤에 온다(바룩-예레미야애가-예레미야의 편지의 순서임).

이 문서는 독립된 사본으로 쿰란 제7번 동굴에서 발견됐다. 이 필사본은 주전 100년경에 그리스어로 파피루스에 필사됐다—이후로는 pap7QEpJer gr로 표시한다. 사본은 손상이 심한 상태로 발견됐으며(43-44절의 일부 본문이 작은 조각에 남아 있는 상태임), 아마도 바룩서 첫 5개의 장은 포함되어 있지 않고 예레미야의 편지만 기록됐던 사본으로 보인다.

2.4 『시편 151A편』과 『시편 151B편』

칠십인역의 시편은 150편이 아닌 『시편 151편』으로 끝나는데, 오늘날 정교회 기독교인들이 사용하는 시편도 마찬가지다. 이는 그리스어 번역본을 기초로 만들어진 라틴어 및 시리아어 번역본에서도 발견된다. 그런데 사해문서가 발견되기 전까지는 이 『시편 151편』의 히브리어 본문이 남아 있지 않았었다. 그러나 11QPsᵃ(주후 30-50년)의 28열에 『시편 151편』의 초기 히브리어 형태가 보존되어 있었다.

이 마지막 시는 칠십인역의 경우 하나의 시로 되어 있으나

11QPs^{a}에는 2개의 독립된 시(『시편 151A편』 및 『시편 151B편』)로 나뉘어 있으며, 각각 고유한 표제가 있어 본래 히브리어로 쓰인 시라는 것을 나타낸다. 『시편 151A편』은 다윗이 기름 부음 받은 사건을 둘러싼 일들(삼상 16:1-13)을 시적으로 해석한 것이며, 『시편 151B편』은 골리앗과의 만남을 다룬다(삼상 17:17-54). 그리스어 번역자는, 이 두 시편의 절의 순서를 바꾸는 등 재작업과 통합 과정을 거쳐 『시편 151A편』은 칠십인역 시편 151편의 1-5절로 『시편 151B편』은 7-8절로 압축했다.

『시편 151A편』과 『시편 151B편』은 의심의 여지없이 다윗의 삶에서 일어난 실제 사건과 관련이 있다는 점에서 유일하게 진정한 '자전적'인 시편이다. 예를 들어 다음과 같다:

> 그는 나를 그의 양 떼의 목자로 삼으시고 그의 자녀들의 통치자로 삼으셨다. (『시편 151A편』 1절)

> 나에게 기름을 부으시려고 그의 예언자를 보내셨고, 나를 크게 하시려고 사무엘을 보내셨다. 내 형제들이 그를 만나러 나갔다. (『시편 151A편』 6절).

> 그때 나는 블레셋 사람이 [적의 대열에]서 항의하는 것을 [보]았다. (『시편 151B편』 2절).

11QPs[a]-Psalter는 칠십인역처럼 『시편 151편』으로 끝난다. 따라서 주후 1세기에는 적어도 2개의 유대인 그룹이 『시편 151편』으로 끝나는 시편을 사용하고 있었음을 알 수 있다(다만 두 시편집에 있는 시들의 순서에는 차이가 크다). 또한 11QPs[a]-Psalter의 『시편 151편』이 칠십인역의 『시편 151편』보다 더 다윗스럽다. 그리스어 표제는 『시편 151편』의 지위를 경시하는 것처럼 보인다. 이것은 아마도 이후에 마소라 본문에서 발견된 150편으로 끝나는 시편이 더 영향력을 끼치게 된 시기에 『시편 151편』의 위치에 관한 칠십인역 편집자들이 가졌던 우려를 반영하는 것으로 보인다:

- 이새의 아들 다윗의 할렐루야. 『시편 151A편』(11QPs[a])
- [다]윗의 권[능]이 시작될 때, 하나님의 예언자가 그에게 기름을 부은 후. 『시편 151B편』(11QPs[a])
- 이 시는 시편의 번호를 넘어서지만, 다윗이 홀로 골리앗과 싸운 뒤에 기록된, 진실로 다윗이 기록한 시편이다. 시편 151:1(LXX)

2.5 『시편 154편』과 『시편 155편』(시리아어 시편 2편과 3편)

이러한 시들은 시리아의 중세 사본, 특히 "규율서"(the Book of Discipline, 10세기)와 모술 사본(Mosul manuscript) 1113년(12세기)에서 발견된다. 두 시 모두 상당 부분 11QPs[a](주후 30-50년)에 남아 있지만 연결되어 있지 않은 행(lines 18, 24)에 있다. 『시편 154편』의 17-20절은 제4동굴에서 발견된 『요나탄 왕을 위한 기도』(4Q448)에도 등장한다. 쿰란 자료(사해문서)는 모술 사본이 『시편 154편』과 『시편 155편』을 가장 충실하게 번역한 시리아어 번역본임을 증명해 주며, 후기 사본들과는 다른, 중요한 이독을 포함하고 있음을 보여준다. 11QPs^{a}는 모술 사본 번역자가 사용했던 히브리어 텍스트의 표본이 되며, 어법이 거의 동일하다.

『시편 154편』은 뛰어난 성경적 양식을 가진 시이며, '예배로의 부르심'으로 분류될 수 있다. 주목할 만한 특징 중 하나는 지혜를 여성으로 의인화한 것으로, 이렇게 여성으로 의인화된 지혜는 히브리어 성경(특히, 잠 8:11-12)과 외경(집회서 1:15)에도 나온다.

> $^{155:5}$지혜를 주신 것은 주의 영광을 알게 하려 하심이라 ^{6}그가 행한 많은 일을 이야기하기 위하여 그녀를 사람들에게 나타내었느니라 ^{7}어리석은 자에게 그의 능력을 알게 하시며 지혜 없는 자에게 그의 크심을 알게 하시며 ^{8}성문에서 멀리 떠나는 자, 성문에서 떠나는 자. (*The Dead Sea Scrolls Bible*, 573)

『시편 155편』은 구원에 대한 탄원을 포함하며 성경적 어휘가 풍부한 감사시다(시편 22편과 51편을 연상시킴). 『시편 155편』은 세 연으로 구성되어 있는데, 그중 1연(1-7절)에는 구원을 바라는 시편 기자의 절박한 부르짖음이 나온다. 2연(8-14절)에서 시편 기자는 그의 고통이 자신을 하나님의 율법(가르침)으로 인도해 주기를 구한다. 그리고 짓눌리는 상황들과 '악한 전염병'으로부터 하나님의 정의와 보호를 요청한다.

> [11]나를 기억하시고 잊지 마시며 내가 감당할 수 없는 일로 나를
> 인도하지 마소서. [12]내 청년의 죄를 내게서 멀리 떠나게 하시고
> 내 잘못이 기억되지 않게 하소서 [13]여호와여 악한 재앙에서 나를
> 정결케 하사 다시는 내게 돌아오지 않게 하소서. (The Dead Sea
> Scrolls Bible, 580).

마지막 연(15-21절)에서 시편 기자는 자신의 탄원에 대해 하나님
께서 긍정적으로 응답하실 것과 자신을 구원하실 하나님의 능력
을 자신 있게 확언한다.

2.6 토비트

이 책은 고대 앗시리아의 수도인 니느웨에서 두각을 나타낸
이스라엘 북왕국의 유대인 유배자인 토비트를 다루고 있다. 그는
가난에서 시작하여 실명에 이르는 여러 역경을 겪었다. 그의 아들
토비아스는 종국에 사라라는 친척을 구출하고 결혼했으며 아버지
의 실명에 대한 치료법을 발견하고, 부자가 됐다. 토비트기(주전 4
세기 또는 3세기에 기록됨)는 고난의 때에 신실함과 가난하고 굶주린
사람들을 돌보고 부모를 공경하는 것의 미덕을 강조한다.

쿰란 제4동굴에서 5개의 필사본이 발견됐으며, 그중 4개는 아
람어로 기록됐고(하나는 파피루스에 기록됨), 하나는 히브리어로 기록

됐다. 가장 오래된 필사본은 4QTobit^d ar이고(주전 약 100년) 가장 늦은 필사본은 4QTobit^e이다(주전 30년-주후 20년). 이 필사본들 중 어느 것도 완전한 형태로 보존되지는 않았지만, 그 부분적인 사본들을 통해서 토비트기의 14장 모두를 찾아볼 수 있다. 가장 잘 보존된 사본은 4QpapTobit^a ar이며, 여기에는 1-7장과 12-14장의 일부가 포함되어 있다.

4개의 아람어 필사본은 토비트가 원래 아람어로 기록됐음을 나타내 준다. 쿰란에서는 문학 및 민족주의 르네상스의 일환으로 아람어로 기록된 저작을 히브리어로 번역하는 경향이 있었지만 히브리어로 된 저작을 아람어로 번역하는 경우는 별로 없었기 때문이다. 토비트의 아람어 본문이 먼저 기록됐고 히브리어 토비트기가 아람어에서 번역됐다는 또 다른 증거는 남아 있는 유일한 히브리어 사본의 필사 시기가 주전 30년이라는 것이다. 이렇게 토비트기가 원래의 언어인 아람어로 기록됐고, 히브리어로 번역되는 데 사용된 가장 초기의 필사본의 예를 제4동굴에서 찾아볼 수 있다.

아람어와 히브리어 사본은 공히 일반적으로 후대 그리스어 및 라틴어 사본에 보존된 더 긴 판본에 일치한다. 그러나 그리스어나 라틴어 번역본은 쿰란 사본과 같은 아람어 형태에서 직접 번역되지는 않았는데, 이 후대의 역본들은 번역자들이 오해했던 (히브리어) 단어들과 구절들을 포함하고 있기 때문이다.

2.7 벤 시라의 지혜서(시락서 또는 집회서라고도 함)

예수 벤 시라는 주전 190년에서 180년 사이에 히브리어로 지혜로운 말과 교훈을 담은 책을 편찬한 유대인 교사였다. 저자의 손자가 나중에 그것을 그리스어로 번역하고 이 이야기를 서문에 추가했기 때문에 우리가 이것을 알게 됐다. 전통적으로 사용되어 온 본문은 칠십인역에 있는 이 그리스어 번역에 기반을 두고 있으며 시락서 또는 집회서로 불린다. 또 다른 제목인 "예수 벤 시라의 지혜서"(또는 단순히 "벤 시라")는 이 책의 히브리어 기원을 인정하는 많은 학자들이 선호하는 이름이다. 그러나 원래의 히브리어 본문은 전통적으로 사용된 그리스어 본문과 실질적인 차이가 있다는 점에 유의해야 한다.

시락서는 고대 그리스어, 라틴어, 시리아어 역본들이 발견되지만 히브리어 원본은 아직 발견되지 않았다. 결과적으로 랍비들은 벤 시라/시락서를 성경 목록에서 제외했지만, 히브리어 본문이 주후 초기 몇 세기 동안 알려져 있긴 했다. 그러던 중, 11세기와 12세기에 필사된 여러 히브리어 사본이 20세기 초에 카이로 게니자에서 발견됐다. 카이로 사본 중에 완전한 것은 없지만, 벤 시라 전체 51장 중 약 2/3가 보존되어 있다.

쿰란 문서들 중 벤 시라의 본문을 가지고 있는 사본은 3개뿐이며, 2개는 쿰란에서, 그리고 하나는 마사다에서 발견됐다. 마사다는 주후 73년 또는 74년에 900명 이상의 유대인 저항군들이 스스로 목숨을 끊었던 곳이다.

『마사다』(MasSir) 사본은 벤 시라 본문을 가장 광범위하게 보존하고 있는 사본으로, 39-44장이 남아 있다. 『마사다』 사본은 주전 100-75년에 필사된 것으로 벤 시라 원본 기록 후 불과 100년 뒤에 필사됐다. 마사다 사본은 카이로 게니자에서 발견된 중세 사본이 기본적으로 원본 히브리어 판본을 잘 반영하고 있지만, 여러 변조와 후대의 변경이 있었음을 확인시켜 준다. 시락서 42:1-5에서 한 예를 찾아볼 수 있는데, 이 구절은 독자들에게 원칙을 옹호하고, 하나님의 율법을 준수하고, 정직과 성실을 증진하고, 상업 거래에서 착취당하지 않도록 교훈한다:

> [1b][그]러나 다음의 일들을 부끄러워하지 말라. 또한 사람의 편을 들지 말고 죄를 짓지 말라. [2]지극히 높으신 분의 율법과 그의 언약에 대하여, 악인을 용서하기 위해 심판을 포기하는 것에 대하여, [3]배우자 또는 여행 동반자와의 장부 작성에 대하여, 상속과 재산 분할에 대하여, [4a]저울과 추의 정확성에 대하여, 연마 측정과 무게에 대하여, [4b]많이 또는 적[게] 사는 것에 대하여, [5a][또한] 상인과의 거래에서 이익에 [대하여]. (*The Dead Sea Scrolls Bible*, 603)

쿰란에서 발견된 2개의 사본이 (단지 세 장[chapters]의 일부만 보존하고 있으나) 중요하다. 제2동굴 사본(2QSir)에는 후기 그리스어 사본에서 발견된 것과 유사한, 그러나 다른 히브리어 사본에는 없는 시락서의 본문이 포함되어 있다. 제11동굴 본문은 벤 시라 사본에서 나온 것이 아니라 주후 30-50년에 필사된 『대시편 사본』(11QPsª)의 일부다. 21-22열에 지혜에 대한 마지막 자전적 시가 포함되어 있다(시락서 51:13-30). 이 본문이 시편 모음집에 포함된 것을 볼 때, 이 시가 벤 시라에 포함된 지 오랜 시간이 지난 주후 1세기에도 여전히 '떠다니는 조각'(floating piece: 유동적인 본문—역주)으로 사용되고 있었음을 알 수 있다.

11QPsª에 포함된 원본 텍스트는 아크로스틱 지혜시(acrostic Wisdom poem)로, 23절이 추가된 이상한 형태로 끝난다. 이것을 후기 그리스어 판본 및 카이로 게니자에서 발견된 중세 히브리어 텍스트와 비교하면 흥미로운 차이점이 드러난다. 예를 들어, 후기 텍스트는 이 시의 아크로스틱(acrostic) 특성을 희석시켰으며 히브리어 원본에 나오는 많은 성애적(erotic) 이미지를 경건한 아이디어로 대체했다. 이는 보다 영적이고 철학적인 의미에서 지혜를 추구하려는 전반적인 목적에 부합한다. 이것은 21-22절(LXX)에 설명되어 있다:

- **히브리어 원본**(11QPsª): [21]내가 그녀를 향하여 내 욕망을 일으켰고 그녀의 높은 곳에서 나는 망설이지 않았다. [22]내가 손을 펼쳤다. … 그리고 나는 그녀의 보이지 않는 곳들을 인지한다.
- **개정본**(LXX): [21]나는 내 영혼을 그녀에게 향하게 했고, 내 행동은 정확했다. [22]내가 손을 높이 들어, 그녀의 비밀을 깨달았다.

11QPsᵃ의 본문은 성적인 이미지로 매우 성애적이다. 특히 히브리어 **손**은 "남성의 성기"를 의미할 수도 있고, **보이지 않는 곳들**은 "벌거벗음"으로 번역될 수도 있다.

2.8 새로운 위경

이전에 학자들에게 알려지지 않은 **위경**들이 약 150개의 사본들에 보존되어 있다. 이 문서들은 엣세네 무브먼트에서 사용되기는 했지만, 그들이 작성한 것은 아니기 때문에 분파 문서로 분류되는 경우는 거의 없다. 거기서는 대부분의 성경 인물들의 설정이 변경되어 있으며, 그 대부분은 아람어로 기록되어 있다. 따라서 학자들은 이러한 텍스트의 공식 명칭에 약자 ar을 사용한다(예, *Testament of Judah* ar). 중요한 새로운 **위경**은 다음과 같다:

(1) 『창세기 비경』(1QapGen). 이 문서는 제1동굴에서 발견된 최초의 일곱 사본 중 하나로 심하게 손상되어 있다. 이 문서는 천사의 결혼에서 비롯된 노아의 출생에 관한 이야기로부터 노아의 놀라운 어린 시절, 홍수, 노아의 후손들 사이의 땅의 분할 및 아브라함에 이르는 창세기 15장(언약)까지의 이야기를 보여준다.

(2) 노아가 등장하는 텍스트: 1Q19(『노아서』) 및 어쩌면 4Q534-36(『노아서』).

(3) 야곱이 등장하는 텍스트: 4Q537(『야곱의 유언』?).

(4) 레위가 등장하는 텍스트: 1Q21 및 4Q213-14(『아람어 레위 문서』) 및

4Q540-41(『레위의 비록』).

(5) 요셉이 등장하는 텍스트: 4Q371-73(『요셉의 비록』); 4Q474(『라헬과 요셉에 관한 문서』); 및 4Q539(『요셉의 유언』).

(6) 유다 또는 베냐민이 등장하는 텍스트: 4Q538(『유다의 유언』).

(7) 카하트(Qahat: 히브리어 **코하트**[*Kohath*]의 아람어 형태)가 등장하는 텍스트: 4Q542(『카하트의 유언』).

(8) 아므람이 등장하는 텍스트: 4Q543-48, 4Q549?(『아므람의 환상』).

(9) 모세가 등장하는 텍스트: 1Q22(『모세의 비록』); 1Q29, 4Q375-76(『세 개의 불의 혀』); 2Q21(『모세의 비록』?); 4Q249(『모세의 주석』); 4Q374(『출애굽/정복 전승』); 4Q408(『모세의 비록』?).

(10) 여호수아가 등장하는 텍스트: 4Q123(『재진술된 여호수아』); 4Q378-79(『여호수아의 비록』); 4Q522(『여호수아의 예언』).

(11) 사무엘이 등장하는 텍스트: 4Q160(『사무엘의 환상』); 6Q9(『사무엘-열왕기 비록』).

(12) 다윗이 등장하는 텍스트: 2Q22(『다윗의 비록』?); 4Q479(『다윗의 자손들』)

(13) 엘리야가 등장하는 텍스트: 4Q382(『재진술된 열왕기』).

(14) 엘리사가 등장하는 텍스트: 4Q481a(『엘리사의 비록』).

(15) 예레미야와 에스겔이 등장하는 텍스트: 4Q383-91.

(16) 말라기가 등장하는 텍스트: 5Q10-11(『말라기의 비록』).

(17) 다니엘이 등장하는 텍스트: 4Q242(『나보니두스의 기도』) 및 4Q243-45(『다니엘 위서 A』; 『다니엘 위서 B』).

결론적 정리

사해문서에는 예레미야의 편지, 토비트기, 벤 시라의 지혜서 (시락서 또는 집회서)의 3가지 **위경**이 있다. 『에녹1서』, 『희년서』 및 『시편 151A편』, 『시편 151B편』, 『시편 154편』, 『시편 155편』 등 이 전에 알려진 6개의 **위경**도 발견됐다. 쿰란의 **야하드**는 이들 중 일 부를 성경으로 수용하거나 매우 권위 있는 문헌으로 간주했는데, 특히 『에녹1서』, 『희년서』, 『시편 151A편』과 『시편 151B편』이 이에 해당한다. 새로운 **위경**은 엣세네파 **야하드**가 성경의 등장인물들 이 나오는 문서들에 관심을 갖고 사용했다는 사실을 보여준다.

제8장
쿰란에서 사용된 성경의 구성과 내용

1. 히브리성경 또는 구약성경?

1.1 유대교, 개신교, 로마가톨릭, 정교회의 성경들

본 장은 성경을 구성하고 있는 책들, 즉 정경의 문제에 대해서 생각해 보고자 한다. 이는 간단한 문제는 아닌데, 서로 다른 신앙 공동체가 서로 다른 성경 목록을 가지고 있기 때문에 그렇다. 가장 두드러지게는 유대교에서는 히브리성경을, 교회에서는 구약과 신약성경을 사용한다.

도움이 되기 위해 중요한 질문 하나를 던져보자: 발견된 사해문서에 신약성경이 포함되어 있는가? 거의 대부분의 학자들은 사해문서가 신약성경을 포함하기에는 너무 이른 시기에 기록됐다는 데 동의한다. 따라서 신약성경은 여기에서 제외해도 될 듯하다. 기독교 성경의 신약 부분은 쿰란 시기 이후에 기록됐다.

히브리성경 혹은 구약성경을 보아도, 유대교와 개신교, 로마가 톨릭 혹은 정교회의 성경들 사이에 차이점이 있다. 아래의 표에 정경 목록이 있다. 처음의 다섯 책(창세기, 출애굽기, 레위기, 민수기, 신명기)은 유대교와 여러 유형의 기독교 사이에 차이가 없다는 것을 대부분 알고 있을 것이다. 이 다섯 책은 히브리성경에서는 **토라**(*Torah*)로, 기독교 성경에서는 모세 오경(Pentateuch)으로 알려져 있다.

모세 오경 이외의 다른 책들의 수와 순서는 히브리성경과 기독교 성경에 따라 세밀한 차이가 있다. 히브리성경은 여호수아부터 열두 예언서까지를 **네비임**(*Nebi'im*, "예언서")으로 시편부터 역대기까지를 **케투빔**(*Kethubim*, "성문서")으로 묶어 놓았다. 이렇게 묶여진 성경을 종종 **타나흐**(*Tanakh*: **토라**, **네비임**, **케투빔**의 첫 글자를 따서)라고 부른다. 반면에, 기독교의 구약성경은 오경 이후의 책들을 '역사서', '시가서' 혹은 '지혜서' 그리고 '예언서'로 분류한다.

<표 1. 히브리성경 및 구약성경>

유대교의 타나흐 (총 24권)	개신교, 가톨릭, 정교회의 구약성경 (총, 개신교 39권, 가톨릭 46권, 정교회 49권)
토라(율법서: 5권) 창세기-신명기	**모세 오경(5권)** 창세기-신명기

네비임(예언서: 8권)	역사서(12권, 가톨릭 16권, 정교회 18권)
여호수아	여호수아
사사기	사사기
사무엘(1권)	룻기
열왕기(1권)	사무엘상하
이사야	열왕기상하
예레미야	역대기상하
에스겔	에스드라1서(정교회)
소예언서(1권)	에스라(정교회: 에스드라2서 = 에스라와 느헤미야)
호세아–말라기	느헤미야
	토비트(가톨릭과 정교회 성경)
	유딧(가톨릭과 정교회 성경)
	에스더(+ 가톨릭과 정교회 성경의 추가본)
	마카비1-2서(가톨릭과 정교회 성경)
	마카비3서(정교회 성경)
케투빔(성문서: 11권)	시가서/지혜서(5권, 가톨릭 7권, 정교회 8권)
시편	욥기
잠언	시편(+ 정교회 성경의 151편)
욥기	므낫세의 기도(정교회 성경)
아가	잠언
룻기	전도서
애가	아가
전도서	솔로몬의 지혜(가톨릭과 정교회 성경)
에스더	집회서(가톨릭과 정교회 성경)
다니엘	
에스라-느헤미야(1권)	예언서(17권, 가톨릭과 정교회 18권 + 추가본)
역대기(1권)	이사야
	예레미야
	예레미야애가
	바룩 + 예레미야의 편지(가톨릭과 정교회 성경)
	에스겔
	다니엘(+ 가톨릭과 정교회 성경의 추가본)
	소예언서(12권)
	호세아부터 말라기까지

타나흐의 마소라 본문은 사본마다 성문서의 순서에 차이가 있

다. 예를 들어 알렙포 코덱스와 레닌그라드 코덱스는 역대기가 아닌 에스라-느헤미야로 끝난다. 역대기가 혹은 에스라-느헤미야가 마지막에 위치하면서, 히브리성경은 분명한 신학적인 메시지를 주면서 끝나게 된다: 바빌론 포로에서 이스라엘의 땅으로 귀환함으로써 하나님께서 아브라함과 이스라엘의 지도자들에게 약속했던 언약이 성취된다는 것이다. 유대교와 예루살렘 성벽, 성전이 에스라와 느헤미야, 스룹바벨에 의해 재건되고 포로에서 귀환한 사람들에게 역대기가 이스라엘의 역사를 새롭게 이야기해 준다.

반면에 기독교의 구약성경은 심판의 예언과 메시아 시대의 약속으로 끝난다. 이 또한 분명한 신학적인 메시지를 담고 있다: 유대인들과 열방은 다가올 심판을 인지하고 자신의 악함을 버려야 하며 메시아의 도래를 준비하여야 한다는 것이다. 기독교 독자들에게 예수의 오심과 주의 길을 예비하는 자로 세례 요한이 언급되는 것은 구약의 마지막 책들이 갖는 이 같은 미래지향적인 관점과 그에 대한 기대감으로부터 비롯됐다.

성경 전체 책의 숫자를 비롯한 구성에 있어서도 차이점이 발견된다. 히브리성경(총 24권)과 개신교의 구약성경(총 39권)은 동일한 본문이다. 유대인의 성경의 수가 적은 이유는 몇몇 책들이 단권으로 여겨지기 때문이다: 사무엘상하, 열왕기상하, 열두 소예언서, 에스라-느헤미야, 역대상하.

로마가톨릭 성경에는 7권의 책이 추가되어, 총 46권이다: 토비트기, 유딧기, 마카비상(혹은 마카비1서), 마카비하(혹은 마카비2서),

솔로몬의 지혜서, 시락서(집회서), 바룩서(예레미야의 편지 포함). 로마 가톨릭 성경은 에스더서에 여덟 단락이 추가되어 있고 다니엘서에도 세 단락이 추가되어 있다.

(동방) 정교회 성경은 가톨릭 구약성경에 있는 모든 책에 3권이 추가되어 총 49권에 이른다: 에스드라1서, 마카비3서, 므낫세의 기도. 정교회의 성경들은 시편도 더 길다(시편 151편). 정교회 성경에는 사무엘상하가 왕국기1서와 왕국기2서로, 열왕기상하가 왕국기3서와 왕국기4서로, 역대기상하가 『파랄리포메나1-2서』로, 그리고 에스라-느헤미야가 에스드라2서로 되어 있다. 일부 다른 정교회의 구약성경에는 더 많은 책들이 포함되어 있다. 에티오피아 정교회의 경우 『에녹1서』와 『희년서』가 추가로 포함되어 있다. 이런 차이점들로 인해 유대교 히브리성경과 기독교 구약성경은 상당히 다른 모습을 가지게 됐으며, '히브리성경'과 '구약성경'이라는 두 용어도 상호 교차해서 사용할 수 없게 됐다.

1.2 정경, 성경, 경전(Canon, Bible, and Scripture)

유대교와 여러 기독교회들(신교, 구교, 동방 정교회 등)이 수용하는 정경의 차이 때문에, 히브리성경과 구약성경이 다르게 구성되게 됐다. **정경**(*canon*)이라 함은(유대교든 기독교든 간에) 신앙 공동체에서 공식적으로 수용하는 책들로 더 이상 더하거나 빼거나 할 수 없는 목록이다.

정경이라는 용어는 성경 이후(post-biblical) 시대에 생긴 것으로,

유대인이든 기독교인이든 주후 3세기 이전에 만들어진 목록(거룩한 것으로 구별된 책의 목록)에는 사용될 수 없는 개념이다. 따라서 옛 세네파 **야하드**가 사용한 책들에는 정경에 대한 구분이 없었다. 같은 개념이 **성경**(*Bible*)이라는 단어에도 적용될 수 있다. **성경**이라는 단어 또한 일반적으로 유대인들이나 기독교인들에 의해서 하나님의 영감을 받아 신적인 권위가 있는 것으로 여겨지는 저작들을 모은 책을 지칭하기 때문이다. 주후 3세기 이전의 저작들에 대해서 정경이라는 용어를 사용할 경우 문제가 있는데, 이는 그 당시에 이미 유대인 경전이 완성됐고, 그 경전이 한 권의 책으로 묶여져 있었다는 전제를 내포하고 있기 때문이다. 쿰란 시대나 신약성경 기록 시대에는 (정경 문제가 완료됐다는 의미에서) 완성된 히브리성경 혹은 그리스어 구약성경이 없었기 때문에 그런 전제는 후대가 되어서야 가능하다.

대부분의 학자들에게, **경전**(*Scripture*, 형용사는 *scriptural*)이라는 용어가, 정경이 형성되고(하나로 묶여) 완성된 성경이 사용되기 이전인 제2성전 시기에 있었던 특별히 신성한 혹은 권위 있는 것으로 여겨졌던 저작들을 지칭하는 용어로 쓰기에 그나마 가장 적절해 보인다.

2. 쿰란에서 발견된 사해문서 이외의 고대 증거

주전 200년부터 주후 100년 사이의 대부분의 유대인 혹은 모든 유대인이 몇몇 책들을 (하나님의 계시 또는 유례 없는 권위가 있는) 경전으로 여기고 있었다는 것을 일부 초기 유대 문헌에서 찾아볼 수 있다. 어떤 문서들은 일반적으로 폭넓게 경전으로 여겨졌으나, 경전성에 논란이 있는 문서들도 있었다.

2.1 외경과 위경의 본문들

외경이나 **위경**의 저자들이 특정 문서들을 '경전'으로 여기고 있다는 증거가 담긴 몇몇 본문들을 찾을 수 있다.

(a) 시락서 38:34-39:1; 44-50장; 시락서 서언

시락서(혹은 '집회서' 또는 '예수 벤 시라의 지혜서')는 주전 190년 혹은 180년경에 히브리어로 기록됐다. 그중 한 단락(38:34-39:1)에서 "지극히 높으신 자의 율법, 모든 고대의 지혜, 예언들, 그리고 어록, 비유와 잠언들"에 대해 언급한다. 시락서 뒷부분에는 성경 시대의 유명한 사람들을 칭송하는 시들(44-50장)이 있는데, 여기에는 모세 오경, 여호수아, 사사기, 사무엘상-하, 열왕기상-하(역대기와 이사야의 병행 본문들과 함께), 예레미야, 에스겔에 나오는 사건들에 대해 언급한다(어쩌면 욥기와 소예언서도 포함될 수도 있다). 만약 여기서 역대기와 욥기를 빼고 보면, 이 시는 히브리성경의 첫 두 묶음(율법서와 예언서)의 순서를 확증해 준다고 볼 수 있다. 반세기 후에 저자의 손자가 그 책을 그리스어로 번역했는데, 번역본에 자신의 서언을 덧붙였다. 그 서언에서 역자는 자신뿐 아니라 그의 독자들에게 명백하게 경전으로 여겨지는 세 묶음의 책들에 대해서 언급한다. (세 번째 묶음은 불명확하게 정의되어 있으며, 아마도 다른 두 묶음의 책들만큼 권위 있는 것으로 여겨지지 않았던 것으로 보인다.)

> **율법서**와 **예언서**와 **그 외의 책들**이 우리에게 위대한 가르침을 많이 전해 주었다. 이것을 볼 때, 이스라엘의 학문과 지혜는 칭송을 받을 만하다. … 나의 조부 예수는 **율법서**와 **예언서**와 **우리 조상들의 다른 책들** 읽는 일에 헌신했으며, … 이 책뿐만 아니라, 심지어 **율법서**나, **예언서**와 **나머지 책들**까지도 원전을 읽을 때와는 차이가 적지 않다. (NRSV)

(b) 마카비2서 2:2-3, 13-14

이 책은 예후다 마카비의 지도하에 일어났던 유대인 항쟁 전후의 일화들을 다루고 있으며, 주전 124년에 완성됐다. 2:2-3에 율법서가 언급되어 있으며, 13절에는 느헤미야가 도서관을 세우고 "왕들과 예언자들에 관한 책들과 다윗의 글들, 그리고 봉헌 제사에 관한 왕들의 편지들을 수집해 놓았다"고 알려준다. 여기에 언급된 왕들과 예언자들에 관한 책들은 역사서(사무엘상하, 열왕기상하 그리고 아마도 역대기상하)와 예언서들을 의미할 가능성이 크다. 다윗

의 글들은 시편을, 그리고 봉헌 제사에 대한 왕들의 편지는 에스
라를 말하는 것일 가능성이 있다(에스라서에는 성전 봉헌에 관계된 왕의
편지가 포함되어 있다). 하지만 저자가 어떤 책을 말하는 것인지 자세
하게 묘사하지 않았기 때문에 책들을 이렇게 지정하는 것이 확실
한 것은 아니다.

(c) 『에스라4서』 14:23-48

『에스라4서』는 보통 에스드라2서 3-14장으로 포함되기도 하
는데(로마군이 성전을 파괴했던 해인) 주후 70년 이후에 기록됐고 대략
100년경에 완성됐다. 저자는 무너진 성전을 묵상하며, 이 끔찍한
사건으로 경전이 유실됐다는 말을 더한다. 여기서 에스라는 하나
님의 성령이 그에게 영감을 주어 하나님의 율법(여기서는 경전 전체를
의미함)에 기록되어 있었던 것을 다시 기록하게 해 주시기를 기도
한다. 신적인 영감으로 그는 94권의 책을 받아 적었는데, 이들은
두 그룹으로 나뉜다: "네가 처음 기록한 **24권**은 공개하여 존귀한
자나 존귀하지 않은 자들로 하여금 읽게 하라. 그러나 마지막에
기록된 **70권**은 보호하라"(14:45-46)

위의 본문에 의하면, 주후 100년경에 히브리성경을 구성하는
24권의 책들이 모아졌고, 그 수집된 책들은 많은 유대인들에게 중
요한 경전적 문헌으로 받아들여진 것으로 보인다. 이 모음집에 나
머지 70권의 영감됐다는 저작들(여러 위경들)이 포함되지 못한 점을
볼 때, 이 경전 모음집은 이 시기에 거의 닫혀 가고 있었던 것으로

보인다. 그러나 그것은 여전히 성경이나 정경이라 부르기에는 충분치 못하다. 왜냐하면 24권의 책들이 모든 유대인들에게 최고의 권위가 있는 책으로 받아들여졌는지에 대해서는 위의 본문이 확인해 주지 않기 때문이다.

(d) 『마카비4서』 18:10

주전 1세기 혹은 주후 1세기 어느 시점에 기록된 것으로 보이는 『마카비4서』에는 다음과 같은 구절이 있다: "그가 아직 너와 함께 있었을 때, 그가 너에게 **율법서**와 **예언서**를 가르쳤다"(18:10). 오경의 내러티브들과 다니엘, 이사야, "시편 기자 다윗"의 책들, 잠언, 에스겔 같은 책들에 대한 언급이 이어진다. 여기에서 말하는 **예언서**에 다니엘, 시편과 잠언을 포함할 가능성은 있지만, 확신하기는 어렵다.

2.2 헬라적 유대 문헌들의 본문들

(a) 필론, 『사색적 삶에 관하여』, 25

필론은 대략 주전 20년경부터 주후 50년경까지 이집트 알렉산드리아에 살았던 유대인 철학자였다. 한 논문에서 그는 치유파(Therapeutae)라고 불렸던 유대인 그룹에 대해 묘사한 적이 있는데, 그들은 쿰란에 살았던 엣세네인들과 공통점이 많다. 예를 들어, 이들은 각 집마다 성별된 방 또는 성소를 가지고 있었다. 그곳에서 치유파들은 비밀 의식을 거쳐 신성한 삶에 입회하게 된다. "그들은 아무것도 그곳에 가지고 들어가지 않는다. … **율법들**과 **예언자들의 입으로 전해진 예언들**, 그리고 **시편과 그 외에 지식과 신앙을 자라게 하고 완전하게 해 주는 것**을 제외하고"(『사색적 삶에 관하여』, 25).

필론의 말은 위에 나왔던 벤 시라의 손자가 언급했던 세 묶음의 책들을 상기시킨다: (1) **율법들**(= 시락서의 율법서); (2) **예언자들의 … 예언들**(= 예언서); (3) **시편과 그 외에 지식과 신앙을 자라게 하고 완전하게 해 주는 것**(= 그 외의 책들, 우리 조상들의 다른 책들 또는 **나머지 책들**). 하지만 필론의 분류는 시편을 세 번째 그룹에서 가장 중요한 책이라고 말한다는 점에서 벤 시라의 번역자와는 다르다.

(b) 요세푸스, 『아피온 반박문』 1.37-41과 『유대 고대사』 10.35

『아피온 반박문』은 유대인 역사가인 요세푸스가 주후 90년경에 기록한 글이다. 이 글에서 요세푸스는 유대인들의 역사를 기록한 고대의 책들의 정확성을 지켜내려고 한다:

우리는 서로 간에 불일치하여 상충되는 수많은 책들을 가지고 있는 것이 아니다. 정당하게 공인된 우리의 책은 **22권**이며 전 시대의 기록을 담고 있다.

이들 중 **다섯은 모세의 책**으로 율법과 인류의 출생으로부터 율법 수여자의 죽음에 이르는 전통적인 역사로 이루어져 있다. 이 기간은 3000년이 조금 못된다. 모세의 죽음으로부터 페르시아의 수에로(Xerxes, '크세르크세스') 왕을 이은 아하수에로(Artaxerxes, '아르 타크세르크세스')에 이르기까지 **예언서는** 모세를 이어 자신들의 시대의 역사를 **13권의 책**에 기록했다. **나머지 네 권은 하나님을 향한 시들과** 인간사의 행실들을 위한 **교훈들**을 포함한다. (Trans. H. St. John Thackeray, 『아피온 반박문』 1.38-40)

요세푸스가 말한 22권의 목록은 히브리성경을 구성하는 책들을 세는 방법 중 하나이며 22개의 히브리어 알파벳의 숫자를 근거로 만들어졌다고 대부분의 학자들이 동의한다. 그가 말한 모세의 다섯 책은 오경(창세기-신명기)이다. 두 번째 항목은 예언자들에 의해 기록된 13권의 책을 포함한다고 했는데, 그러나 유대교 **타나흐**의 **네비임**(예언서)은 8권밖에 없다. 예언적 계승의 마지막 시점으로 아하수에로를 언급했는데, 에스라, 느헤미야, 에스더에서 아하수에로가 마지막(최근의) 페르시아 왕으로 기록된 것으로 볼 때, 요세푸스의 예언서들 목록에 이 3권이 포함됐음을 알 수 있다.

요세푸스의 예언서 13권의 목록은 다양하게 제시됐다. 그중 11권은 전반적으로 받아들여진다. 여기에는 여호수아, 사사기, 사무엘, 열왕기, 에스라-느헤미야(한 권), 에스더, 이사야, 예레미야, 에스겔, 다니엘, 그리고 열두 소예언서(한 권)이 포함된다.

- H. St. 존 테커레이(H. St. John Thackeray, 1926)는 나머지 두 권을 역

대기와 욥기로 보았다. 그는 또한 룻기를 사사기에 합치고 예레
미야애가를 예레미야에 합쳤다.

- 로저 벡위스(Roger Beckwith, 1985) 또한 역대기와 욥기를 포함시켰
  으며, 룻기를 사사기에, 그리고 예레미야애가를 예레미야에 묶었
  다.

- 밴더캠과 플린트(VanderKam and Flint, 2002; 또한 밴더캠의 2010년 책에
  서)는 사무엘과 열왕기를 각각 상하로 나누어 네 권(두 권이 아니라)
  이었다고 제안함으로써 역대기와 욥기를 배제했다.

- 요세푸스는 그의 책 『유대 고대사』 10.35에서 이사야와 "또한 12
  권에 이르는 다른 책들"에 대해서 언급했다. 이것은 『아피온 반
  박문』에 언급되는 예언서 13권과 상응한다고 볼 수도 있다. 그러
  나 이것이 이사야와 열두 소예언서를 말하는 것일 수도 있다. 『아
  피온 반박문』에 나오는 요세푸스의 세 번째 목록으로 하나님을
  향한 시들과 교훈들을 포함하는 나머지 네 권에 대해서는 학자들
  간의 의견이 분분하다. 네 권 모두 오늘날의 용어로 보면 **케투빔**
  (*Kethubim*, 성문서)의 일부이다. 테커레이(St. John Thackeray)와 벡위스
  (Beckwith)는 그 네 권이 시편, 잠언, 전도서, 아가라고 했다. 밴더
  캠과 플린트(VanderKam and Flint)도 시편, 잠언, 전도서를 제안했으
  나, 그들은 아가 대신 욥기를 제안했다.

2.3 신약의 본문들

(a) 누가복음 24:44과 유사 본문들

(모세의) **율법과 예언자들**이라는 표현은 신약성경에 여러 차례 등장한다(예, 마 5:17; 7:12; 22:40; 눅 16:16, 29, 31; **모세[율법]와 예언자들**: 요 1:45; 행 13:15; 28:23; 롬 3:21).

누가복음 또한 24:27에서 **모세와 모든 예언자들**을 말한다. 이에 더하여, 몇 절 뒤에는 더 긴 표현이 나온다. 부활한 예수께서 그의 추종자들에게 이렇게 말한다: "내가 너희와 함께 있을 때에 너희에게 말한 바 곧 **모세의 율법**과 **예언자들**과 **시들**에 나를 가리켜 기록된 모든 것이 이루어져야 하리라"(눅 24:44). 여기에서 "시들"은 시편을 말하는 것으로 볼 수 있다. 어떤 학자들은 이 "시들"이 성문서의 다른 책들도 포함한다고 제안하나 그렇게 봐야만 할 증거는 충분치 않다.

(b) 마태복음 23:34-35(= 누가복음 11:49-51)

이 본문에서, 여러 가지 모습으로 순교당했던 '예언자들과 현자들과 서기관들'에 대해 예수께서 "의인 아벨의 피로부터 성전과 제단 사이에서 너희가 죽인 바라갸의 아들 스가랴의 피까지"라고 말한다. 이 표현은 35절에 나오는 "땅 위에서 흘린 **모든** 의로운 피를 가리키는데, 그렇다면 경전의 범위가, 예수의 시대에 이르러서는, 창세기(아벨의 살해, 창 4:8)에서 시작하며 역대기(요아스에게 살해당한 사가랴, 대하 24:20-22)에서 끝나고 있음을 말하는 것으로 볼 수 있다.

복음서 본문은 **바라갸의 아들** 예언자 스가랴에 대해 언급하는데, 그의 메시지는 스가랴서에 기록되어 있다. 하지만 스가랴서에는 스가랴를 살해한 요아스에 대해, 그는 **여호야다의 아들**로 불리우며 아하시야왕과 요아스왕이 다스리던 때에 대사사장이었다고 말한다. 그렇다면 어쩌면 마태복음 본문은 예수께서 제1차 유대 항쟁 기간에 예루살렘에 있었던 바리스(혹은 바룩)의 아들 스가랴를 (요세푸스, 『유대 전쟁사』 4.334-44) 말했던 것으로 볼 수도 있다. 그러나 비록 예수께서 경전 목록의 처음과 마지막 책들을 지칭했다 하더라도 누가가 그 사이에 어떤 책들이 얼마나 많이 있었는지에 대해 표시한 것은 아니었다.

2.4 쿰란에서 발견된 문헌들 이외의 고대 증거들에 대한 정리

위에서 말한 본문들은 외경과 **위경**, 헬라 문화권 유대인 저작과 신약성경에서 나왔다. 이들은 주전 200년에서 주후 100년에 이르는 기간 동안 경전에 대한 쿰란 이외의 유대인들의 개념이 어떠했는지를 볼 수 있는 귀중한 식견을 제공한다.

모든 유대인들 혹은 대부분의 유대인들은 두 부류의 경전에 대해 친숙했다: (1) 율법, 모세의 율법들, 모세의 율법, 모세의 책들; (2) 예언서, 예언들, 예언자의 입으로 전달된 예언들.

이 외에도 추가적으로 경전으로 여겨진 문서들이 있었다. 그러나 모든 저자들이 이 세 번째 부류에 친숙했었는지 여부는 확실치 않다. 어떤 저자들은 추가적인 책들을 보다 일반적인 용어(그들 뒤에 따라오는 다른 책들, 우리 조상들의 다른 책들, 나머지 책들)로 지칭한다. 반대로, 다른 저자들은 시편이나 지혜서(시편과 그 외에 지식과 신앙을 자라게 하고 완전하게 해 주는 것; 하나님을 향한 시들과 교훈을 포함하는 남은 네 권의 책들; 어록들, 비유들, 잠언들)에 대해 말한다. 어떤 자료는 내러티 브들(왕들과 예언자들에 관한 책들, 그리고 다윗의 저작들과 봉헌 제사에 대한 왕 의 편지들, 마카비2서 2:13)을 언급한다.

2.5 그렇다면 이 경전 목록에 들어가는 책들은?

- 율법서 혹은 토라. **모세의 율법, 모세의 책들**을 말하는 많은 언급 에서 주전 2세기 이전에 이미 창세기부터 신명기까지의 5권이 후일 유대교 성경이 되는 경전의 첫 부분을 이루고 있었음을 알 려준다.

- 예언서 또는 **네비임**. 예언서 부분이 유대교 정경에 나오는 예언 서 목록(여호수아부터 열두 소예언서까지)과 같다는 확실한 증거는 없 다. 다만 이사야, 예레미야, 에스겔, 다니엘, 소예언서들이 포함되 어 있었다.

- 다른 책들. 시편과 다른 책들을 포함하는 뚜렷한 세 번째 묶음이 부상하고 있었는지에 대해서는 결정 내리기가 쉽지 않다. 어떤 자료에 의하면(마카비4서 18:15; 참고, 10절), **시편 기자 다윗**(의 글들)이 예언자들(예언서들) 가운데 있었던 것으로 보인다. 하지만 또 다른

자료에는 **다윗의 글들**(마카비2서 2:13)이나 **시편**(눅 24:44)이라는 표현들이 예언자들(예언서들)과 구별되어 언급된다. 만약 그런 세 번째 묶음이 있었다고 한다면, 그 시리즈에는 현재 성문서(시편부터 역대기)에 보존되어 있는 많은 책들이 포함됐을 것이다. 하지만 성문서의 모든 책들이 포함되지는 않았을 것이며, 현재 성문서에 포함되지 않은 책들이 포함됐을 수도 있다.

이 시기(주전 200년경부터 주후 100년경까지)의 마지막 시점에 이를 때까지도 정경 혹은 모든 유대인들이 최고의 권위로 받아들였던 책들의 정해진 목록이 있지는 않았다. 하지만 여러 고대의 자료들이 그 당대에 정경화 과정이 진행되고 있었다는 증거들을 보여준다.

3. 쿰란에서 발견된 사해문서가 보여주는 증거

3.1 중요한 2가지 질문

경전과 정경화 과정에 있어서 사해문서가 무엇을 조명해 줄 수 있는가? 이 문제를 다루었던 앞선 책들과 마찬가지로 필자 또한 쿰란에서 발견된 분파 문서를 집중적으로 살펴볼 것이다. 분파 문서는 엣세네 무브먼트의 저작들을 포함하고 있다. 이 엣세네파에서 가장 잘 알려진 센터는 쿰란에 있었다. 분판 문서는 다음 2가지 질문에 도움이 된다: (1) 쿰란에서 발견된 분파 문서가 히브리성경/구약성경의 구조에 대해서 밝혀주는 바가 무엇인가? (2) 분파 문서들이 히브리성경/구약성경의 내용에 대해서 무엇을 드러내 주는가? 분파 문서들은 **야하드**의 이데올로기나 그들이 사용하는 특정한 언어를 포함하는 문서들이다. 이들 대부분은 분파나 그 무브먼트의 창설자에 의해 기록됐다.

3.2 분파 문서가 히브리성경/구약성경의 구조에 대해서 밝혀주는 바는 무엇인가?

경전이 유대인 성경처럼 삼등분 된다거나 기독교 구약성경처럼 네 부분으로 배열된다는 증거를 분파 문서들 중에서도 찾아볼 수 있는가?

『공동체 규율』에는 **모세와 하나님의 모든 종 예언자들**을 통해 주신 하나님의 명령에 대하여 말하고 있다(1QS 1:3). 『다마스쿠스 문서』는 **율법의 책과 예언자들의 책**을 언급한다(CD 7:15, 17). 『일부 율법의 행위들』은 **야하드**가 지켜야 할 여러 가지 규율의 개요를 약술하고, **모세[의 책]**을 언급하며(4QMMT C, line 21), **모세[의 책]**과 **예[언자의 책들]**을 거론한다(C 17).

따라서 경전이 두 그룹으로 분류되는 것은 명백해 보인다:

(1) **모세의 책**. 이것은 **율법** 혹은 **모세의 율법**(왕하 14:6의 모세의 율법서 참고)에 해당한다.

(2) **예언자들 혹은 예언자의 책들**.

『일부 율법의 행위들』의 출판본(Qimron and Strugnell, 1994)에 보면 다음과 같은 흥미로운 구절을 발견할 수 있다.

> [그리고] 우리가 너희에게 [또한 [10]기록하여] 너희로 하여금 **모세의 책** [과] **예[언자들의 책]**들 그리고 **다**[윗과] [11]**지나간 시대의** [사건들을] 이해하도록 했다. … (C 9-11; 저자의 사역)

앞서 보았던 2가지 문헌을 생각해 볼 필요가 있다: 마카비2서 2:13("왕들과 예언자들에 관한 책들, 그리고 다윗의 저작들과 봉헌 제사에 대한 왕의 편지들")과 누가복음 24:44("모세의 율법, 예언자들, 시들이 반드시 이루어질 것이다"). 따라서 만약 쿰란 사본 연구자가 MMT(『일부 율법의 행위들』)의 단편 조각들을 제자리에 잘 맞춰 놓았다고 한다면, MMT의 이 부분이 성경의 삼분법을 보여주는 예라고 할 수 있다.

그러나, [-의 책]들이라는 표현이 17번 조각에 동떨어져서 보존되어 있는 반면, 예[언자들]과 다[윗]이라는 표현은 15번 조각에 있는데, 15번 조각과 17번 조각이 서로 딱 들어맞는 조각은 아니다. 따라서 이렇게 복원된 본문이 확실한 것은 아니며, 쿰란에서 성경 책을 삼분법으로 분류했다는 확고한 증거로 보기는 어렵다. 여전히 삼분법적 분류가 가능하기는 하지만, 확증된 것은 아니다.

방금 보았던 MMT 단락 뒤에 바로 따라오는 단어들 또한 흥

미롭다: **지나간 시대의** [사건들]이라는 표현은 연대기 같은 내러티브 형식의 저작을 말하는 것일 수 있다. 따라서 (마카비2서 2:13에도 나오는) 이런 용어는 여호수아나 열왕기 또는 역대기나 에스라와 느헤미야를 지칭하는 것일 수 있다. 이것은 적어도 당대 어떤 유대인들은 현대 히브리성경에서 전기 예언서(Former Prophets)라고 불리는 것들을 (칠십인역에서처럼) 역사서로 묶어 분류했다는 점을 말해 준다. 안타깝게도, 이 부분의 4QMMT 본문도 손상되고 단편적이어서, 이같이 분류하는 것이 가능은 하지만 확정할 수는 없다.

3.3 분파 문서는 히브리성경/구약성경의 내용에 대해 무엇을 드러내 주는가?

오늘날 전통적으로 내려오는 히브리성경이나 기독교 구약성경에 있는 책들을 엣세네파 **야하드**도 경전으로 받아들였을 것으로 그냥 추정하는 것은 무리가 있다. 그렇다면 그들이 어떻게 특정한 문서를 경전적 권위가 있는 책으로 여기게 됐을까? 한 가지 요인을 가지고 이를 결정하는 것은 충분치 못하다. 그래서 그들이 사용했을 만한 9가지의 척도를 정리해 보았다:

(1) 경전적 지위를 나타내는 언급들. 예를 들어, 『선문집』에서는 다니엘 12:3을 인용하면서 이렇게 말했다: "다니엘 예언자의 책에 기록된 바대로"(4Q174 2:3)

(2) 예언에 호소함. 예를 들면, 『대이사야 사본』(11QPsᵃ)의 『다윗의 작

품집』에 다음과 같이 기록되어 있다: 다윗이 ⁵3,600편의 시와 제
단에서 부르는 노래 364곡을 ⋯ ⁶1년 364일을 위해 ⋯ ¹¹지극히
높으신 분 앞에서 그에게 주신 **예언을 통해**(col. 27:5-6, 11).

(3) 신적 권위를 주장함. 3가지 실례를 『에녹1서』(1:2; 10:1-11:2)와 『희
년서』(1:5-18, 22-28, 26-29; 2:1), 『성전 문서』에서 찾아볼 수 있다. 『성
전 문서』는 하나님으로부터 직접 받은 새로운 신명기로 제시된
다.

(4) 다윗 표제. 『대이사야 사본』에서 2가지 예를 찾을 수 있다. 『시편
151A편』은 "할렐루야! 이새의 아들 다윗의 시"라는 표제어로 시
작되며, 『시편 151B편』에서는 하나님의 예언자가 다윗에게 기름
부은 뒤에 다윗의 능력이 시작된다.

(5) **페샤림**(*Pesharim*)과 다른 주석들. 주석서들이 주석하고 있는 책들
은 주석가와 독자(청중)들에게 경전으로 여겨졌다. 쿰란에서 적어
도 17개의 **페샤림**(주석들) 사본이 발견됐다: 이사야 주석 6부(3QpI-
sa; 4QpIsaᵃ⁻ᵉ); 호세아, 미가, 스바냐 주석 각각 2부; 나훔과 하박국
주석 1부씩; 시편 주석 3부. 『창세기와 출애굽기 주석』(4Q422)같
은 다른 유형의 주석들도 발견됐다.

(6) 보존된 사본의 양. 대부분의 쿰란 두루마리들은 조각들로 남아
있고 그나마 유실된 것도 많이 있다. 그러나 특정 문서가 얼마나
발견됐는지를 알려주는 발견된 사본의 수의 많고 적음은 해당 문
헌이 쿰란에서 얼마나 폭넓게 사용됐는지, 그리고 엣세네파 **야하
드**에서 권위 있는 책으로서 해당 문서의 지위가 어떠했는지를 알

려 준다. 많은 수의 사본이 발견된 문헌으로는: 신명기(39부), 시편 (39부), 창세기(30부), 출애굽기(30부), 이사야(22부), 레위기(22부), 『희 년서』(약 15부), 『에녹1서』(최소한 12부) 등이 있다.

(7) 그리스어나 아람어로 번역됨. 히브리어 저작이 그리스어로 번역 됐다면, 번역자나 사용자들에게 그 문서가 권위 있는 책의 지위 를 가지고 있음을 나타내 준다고 볼 수 있다. 그리스어 사본 여러 개가 쿰란에서 발견됐는데, 주로 출애굽기(pap7QLXXExod) 같은 오 경의 책들과 예레미야 서신(pap7QEpJer gr)이 있다. 몇몇 서적은 아 람어로 번역되어 레위기 타르굼과 욥기 타르굼(4QtaLev, 4QtgJob, 11QtgJob)으로 남아 있다.

(8) 이전 서적에 대한 의존도. 분파 문서 중 몇 개는 보다 앞서 기록 된 서적들에 대한 일반적 수준의 의존도를 보이는데, 이런 경우 나중에 기록된 문서의 저자가 이전 서적을 권위 있는 서적으로 여겼던 것으로 볼 수 있다. 예를 들면, 『창세기 비경』은 아람어 저 작으로 에녹, 라멕, 노아와 아들들, 그리고 아브라함의 삶을 말해 준다.

(9) 권위 있는 문헌으로 인용되거나 인유됨(Alluded, "암시됨"). 마지막 기준은 보다 상세하게 제시된다. 특정 문서가 후기 문헌에서 어 떤 방법으로 사용되는지를 보면, 그 문서의 특별한 권위나 경전 적 지위를 엿볼 수 있다. 쿰란의 분파 문서에는 경전적 책들에 대 한 몇 가지 유형의 인용이나 인유들이 특색을 이룬다. 첫 번째 유 형은 도입 문구를 사용한 인용이다. 예를 들어 『다마스쿠스 문

서』 6:13-14에서 말라기 1:10을 인용하면서, "하나님께서 말씀하신 바"라는 도입 문구를 사용한다. 또 다른 경우는 도입 문구 없이 인용하거나 인유하는 것으로 이사야 28:16의 "귀중한 모퉁잇돌"("귀하고 견고한 기촛돌", 개역개정)이 『공동체 규율』(1QS) 8:7에 인용되어 있다. 세 번째 유형은 미드라쉬 문헌들로, 예를 들면 시편 1:1과 2:1이 『선문집』(4Q174)의 기초 본문으로 사용된 것과 같은 경우다.

다음의 표에 주어진 목록에서 가운데 열은 보존된 문헌의 수(척도 6번)이다. 다음 열에는 이전 서적을 인용하거나 인유하는 핵심적인 분파 문서(혹은 주요 분파 문서)를 보여준다(척도 9번). 첫 번째 열에는 성경 문헌들을 전통적인 히브리성경의 분류를 따라 묶어 놓았다(율법서, 예언서, 성문서). 그렇다고 해서 쿰란의 **야하드** 무브먼트가 이 3가지 분류를 따랐다는 것은 아니다. 전통적인 히브리성경에 포함되지 않는 문헌들은 네 번째(다른 책들) 그룹에 포함시켰다. 약어를 사용한 분파 문서의 목록은 아래와 같다:

- CD: *Damascus Document* (『다마스쿠스 문서』: CD, 4Q266-73, 5Q12, 6Q15)
- 1QS: *Rule of the Community* (『공동체 규율』: 1QS)
- 1QM: *War Scroll* (『전쟁 문서』: 1QM, 1Q33, 4Q491-96)
- 1QH^a: *Hodayot* (『호다요트』) 또는 *Thanksgiving Psalms* (『감사 찬양집』:

1QHᵃ)

- 4QFlor: *Florilegium* (『선문집』: 4Q174)

- 4QTestim: *Testimonia* (『증언서』: 4Q175)

- 4QMMT: *Some of the Works of the Law* (『일부 율법의 행위들』)

- 11QMelch: *Melchizedek Text* (『멜기세덱 문서』: 11Q13)

- PesherIsa 등등: *Pesharim* on Isaiah (『이사야 페샤림』), Hosea (『호세아 페샤림』), Micah (『미가 페샤림』), Nahum (『나훔 페샤림』), Habakkuk (『하박국 페샤림』), Zephaniah (『스바냐 페샤림』), Psalms (『시편 페샤림』)

- PesherApocWeeks: *Pesher on the Apocalypse of Weeks* (『시간의 묵시에 관한 주석』: 4Q247)

- ApocrMal: *Apocryphal Malachi* (『말라기 묵시록』: 5Q10)

<표 2>

문서명	사본 숫자	독특한 분파 문서에 사용된 경우
율법서:		
창세기	25부	CD(3x)
출애굽기	22부	1QS, CD(2x), 4QFlor, 4QTestim
레위기	18부	1QS, CD(20x), 11QMelch(2x)
민수기	11부	1QS, CD(18x), 1QM, 4QFlor(3x), 4QTestim(3x), 11QMelch
신명기	38부	1QS, CD(12x), 1QM(2x), 4QTestim
개작된 오경	5부	

예언서:		
여호수아	2부	4QTestim
사사기	3부	
사무엘상하	4부	CD?, 1QM, 4QFlor(3x)
열왕기상하	3부	
이사야	22부	CD(16x), 1QS(4x), 1QM, 4QFlor(2x), 11QMelch(6x), PesherIsa(101x)
예레미야	7부	11QMelch(6x)
에스겔	6부	CD(4x), 4QFlor
열두 소예언서	8부	
호세아		CD(6x), PsherHos(22x)
요엘		CD(2x)
아모스		CD(2x), 4QFlor
오바댜		
요나		
미가		CD(8x), PesherMic(13x)
나훔		CD(2x), PesherNah(24x)
하박국		PesherHab(35x)
스바냐		1QS, PesherZeph(6x)
학개		
스가랴		CD(2x), PesherIsa
말라기		CD(3x), 4QFlor, 11QMelch(3x), ApocrMal
성문서:		
시편	37부	CD(2x), 1QH^a, 4QFlor(3x), 11QMelch(3x), PesherPs(43x)
욥기	6부	CD(2x)
잠언	2부	CD(2x)
룻	4부	
아가	4부	
전도서	2부	
애가	4부	
에스더	0부	
다니엘	10부	4QFlor, 11QMelch
에스라	1부	(**야하드**라는 명칭; 참조, 스 4:3)
느헤미야	2부	CD(2)
역대기상하	1부	

(기타 문서):		
『에녹1서』	최소 12부	PesherApocWeeks(?)
『희년서』	약 15부	CD(4Q228, 4Q265를 보라)
『성전 문서』	약 15부	
예레미야의 편지	1부	
벤 시라(= 시락서)	2부	
토비트	4부	

결론적 정리

위 단락에서 제시된 많은 정보들은 쿰란에서 엣세네파 **야하드**
가 어떤 문헌들을 권위 있는 경전으로 보고 있었는지에 대한 윤곽
을 그려준다.

- 모세의 책/율법서. 창세기, 민수기, 출애굽기, 레위기, 그리고 (특
  히) 신명기가 많이 필사됐고, 수없이 많이 인용되거나 인유되는
  등 높이 존중됐다는 점은 그리 놀랍지 않다. 『개작된 오경』도 오
  경의 여러 책, 혹은 오경의 모든 책을 포함한다는 점에서 여기에
  포함될 수 있다.
- 예언서. 엣세네 무브먼트에서 말하는 예언서 그룹이, 율법서나
  성문서에 비해, 전통적인 히브리성경의 예언서 목록과 차이가 날
  가능성이 가장 높다. 이사야, 예레미야, 에스겔과 열두 소예언서
  는 특징적으로 이 목록에 포함된다. 또한 이 목록에 다니엘서와
  시편도 포함됐을 가능성이 있다.

- 오늘날 성문서에 포함되는 책들. **야하드** 무브먼트에서 경전의 세
  번째 그룹이 부상했을 **가능성이 있기는 하다.** 하지만 4QMMT의
  핵심 본문은 재구성된 본문이며 따라서 확실한 본문이 아니다.
  결과적으로 **야하드**에서 세 번째 그룹을 구분했는지에 대한 증거
  가 불충분하다. 그럼에도 불구하고 모세의 책이나 예언서들과 함
  께 다뤄지지 않는 문헌들 중에서 권위 있는 경전으로 여겨졌거나
  그렇게 사용된 문서들이 있다.

  몇몇 텍스트는 내러티브를 포함하지만 사본이 몇 개 되지 않
을 뿐만 아니라 인용구가 아예 없거나 있다고 해도 거의 없다(여호
수아, 사사기, 사무엘, 열왕기, 역대기, 에스라-느헤미야). 마카비2서 2:13과
MMT의 한 부분—부분적으로 재구성된 본문—에서 일련의 역사
서들을 인용했을 수 있다. 이럴 경우 이런 문헌들이 함께 묶였**을
수 있다.** 사무엘기가 여러 차례 인용되기는 하지만, 사무엘기(4부),
열왕기(3부), 역대기(1부)는 발견된 문서의 개수가 많은 것에 비해
제대로 기술되지 못했다. 여호수아와 사사기, 룻기는 이에 비하면
(특히 룻기의 분량을 볼 때) 훨씬 낫다. 하지만 에스더서는 **야하드**에서
경전으로 받아들여지지 않았다.

  전통적으로 성문서에 포함되는 문헌들은 시편 또는 지혜 교훈
들이다(시편, 잠언, 욥기, 애가, 아가, 전도서). 시편은 경전으로 여겨졌으
며, 앞에서 말한 바와 같이 예언서로 분류됐다. 욥기도 경전으로
인식됐으며, 6개의 사본이 발견됐고, 2번 인용됐으며, 모세에 의해

기록됐다고 믿었던 듯하다. 잠언도 2개의 두루마리에 필사됐으나 분량에 비해서 인용된 횟수가 거의 없다. 아가는 사본 4개로 선전했으나 전도서는 사본 2개로 그에 못 미친다.

- 다른 문헌들. 위의 표에 주목할 만한 여러 개의 다른 문헌들이 있었다. 『에녹1서』는 『희년서』 및 『성전 문서』와 함께 쿰란 **야하드** 공동체에게 경전으로 여겨졌을 가능성이 매우 높아 보인다. 벤시라(집회서)는 51장이나 되는 긴 책이지만 거의 나타나지 않고 영향력도 적었다. 오히려 토비트는 훨씬 짧은 책이지만 4개의 사본이 발견된 만큼 집회서보다 더 중요하게 여겨졌다고 판단해 볼수 있다.

제9장
비성경 사본

서론: 사용된 범주

    비성경 사본들 중 적어도 절반 이상은 엣세네(야하드) 무브먼트가 작성한 문헌들이다. 이들 문서에는 이 무브먼트의 이데올로기나 그들이 사용한 특징적인 용어들이 있어서 이들을 **분파 문서**로 분류한다. 반면에 비분파 문서에는 팔레스타인 유대 사회에 있던 다른 분파들의 작품에서 나타난 것과 구별되지 않는 사상과 언어가 포함되어 있어, 비분파 문서들은 엣세네 무브먼트에 국한된 문헌으로 보이지 않는다. 비성서 사본을 분파 문서와 비분파 문서로 깔끔하게 구분하고자 하는 시도들이 있었지만, 특정 분파의 내용과 언어를 식별하는 것이 쉬운 일이 아니기 때문에, 이런 시도들이 의도된 성과를 거두지는 못했다. 본 장에서는 비성서 사본들의 종류를 7가지 범주로 나누어 살펴볼 것이다: (1) 규율서, (2) 율법서, (3) 권위 있는 문헌에 대한 주석서, (4) 시, 달력, 기도문 및 예전서, (5) 지혜 문헌, (6) 종말론적 문헌, (7)『구리 문서』, 기타 기록 문서 및 비분파 문서.

1. 규율서(規律書)

가장 특징적인 분파 문서에는 다양한 규율서들이 포함되어 있다. 이 용어는 "규정 또는 계율 모음"을 의미한다(예, 후대의 성 베네딕트 규칙서). 쿰란에서 발견되는 규율서에는 쿰란 공동체에 가입하는 방법, 구성원 회의, 식사, 심지어 전쟁 수행에 대한 규정 등 공동체 생활에 대한 규정이 포함되어 있다. 주요 규율서로는 『다마스쿠스 문서』,『공동체 규율』,『회중 규율』,『축복 규율』,『전쟁 규율』 등이 있다.

1.1『다마스쿠스 문서』

『다마스쿠스 문서』는 사해문서들이 발견되기 이전부터 잘 알려져 있었다. 1896년 케임브리지대학교의 솔로몬 셰흐터(Solomon Schechter)는 (케임브리지대학교에서 보관 중이던) 카이로 게니자의 문서들 중에서, 그가 『사독 저작 단편』이라 불렀던, 그간 유실됐던 문서의 온전한 중세 사본과 보다 작은 사본을 찾았다. 학자들이 후

일 쿰란에서 최소 10부에 이르는 이 문서의 필사본 단편들을 발견
하고 매우 놀랐다: 제4동굴에서 8부(4Q266-73), 제5동굴에서 1부
(5Q12), 제6동굴에서 1부(6Q15)가 발견됐다. 그 사본들은 중세 유대
인 그룹인 카라이파(Karaites)에 의해 보존됐는데, 그들은 엣세네파
의 **야하드**처럼 바리새파-랍비의 율법 접근 방식에 반대한 그룹이
었다. 게니자는 구-카이로에 있는 카라이파의 벤 에즈라 회당의
일부였다.

쿰란 동굴에서 10개에 이르는 많은 수의 『다마스쿠스 문서』
사본이 발견됐다는 점은 이 문헌이 쿰란 인근의 유적지와 관련된
공동체에게 매우 중요한 문헌이었음을 시사한다. 본 문서는 카이
로 게니자 본문에만 전체가 보존되어 있으며, 본서의 내용이 열에
따라 나뉘어져 있다. 『다마스쿠스 문서』는 2개의 주요 단락으로
나뉘어져 있다:

- 훈계(1-8열과 19-20열)는 악한 자들과의 분리를 촉구하고, 그룹의 기
  원을 예루살렘 멸망(주전 587/6년) 후 390년이 지난 시점에 두며,
  성경 역사에서 교훈을 이끌어내고, 주의를 촉구하며, 처벌을 경
  고한다.
- 규율이나 법령 목록(15-16열과 9-14열)은 성경의 율법에서 가져온
  것이다. 예를 들어, 범법자, 피부병, 새 언약(엣세네) 공동체로의 입
  교, 안식일, 제사, 성전, 성전 도시에 관한 것이다. 일부 규칙은 공
  동체를 위한 것이었다(제사장과 수호자의 역할, 위반에 따른 처벌). 또한

불성실한 구성원을 추방하는 예식도 있는데, 이는 매년 3월에 열리는 언약 갱신 의식에서 볼 수 있다.

『다마스쿠스 문서』는 한 공동체를 대상으로 작성됐는데, 이 공동체의 구성원들은 집단 거주지(공동 캠프)에 살았으며(CD 7:6; 10:23), 이 캠프들은 이스라엘의 여러 도시에 공동체로 존재했다. 이 사람들은 가족이 있었고 임금을 받았으며 재산을 소유했다. 그러나 그들은 동시에 남은 자들이었으며, 그들을 위해 하나님께서 의의 스승(야하드 무브먼트 초기의 가장 중요한 지도자)을 세우셔서 그들을 바른 길로 이끌어(1:10-11), (새) 언약에 들어가도록 하셨다(2:2, 6:12 참조). 입회를 원하는 사람들의 자격은 감독관(Guardian: 히브리어로 **마벡케르**[Mabeqqer] 또는 **파퀴드**[Paqid]로 아마도 교사[Instructor]의 또 다른 명칭으로 보임)이 평가했으며, 그는 또한 구성원들에게 하나님의 일들을 가르쳤다.

다마스쿠스에 대한 언급(6:19)은 난제 중 하나다. 그들이 시리아 다마스쿠스로 이주했던 것인지, 아니면 다마스쿠스라는 명칭이 유배지를 상징하는 것인지(암 5:26-27 참조) 불분명하다. 『다마스쿠스 문서』의 결론부에는 이러한 규정들이 현재 "악의 시대" 동안 "율법에 대한 가장 최근의 해석"(4Q266, frg. 11 lines 19-20)을 따라 준수되어야 한다고 명시하고 있다.

1.2 『공동체 규율』

『공동체 규율』은 쿰란의 **야하드** 공동체를 위한 정관이 11열로 구성되어 있는, 거의 완전한 형태의 필사본으로 제1동굴에서 발견됐으며, 제1동굴에서 발견된 가장 중요한 문서 중 하나다. 대부분의 학자들은 이 저작을 『공동체 규율』이라고 부르지만 일부는 히브리어 이름인 『세레흐 하-야하드』(Serekh ha-Yahad: 따라서 1QS는 다음의 약어다―1[제1동굴]/Q[쿰란]/S[**세레흐**, 즉 **규율**])로 부르는 것을 선호한다. 제4동굴에서 사본 10부(4Q255-64a: 모두 단편 조각들임)와 제5동굴에서 사본 1부(5Q11)가 추가로 발견됐다.

제4동굴에서 발견된 필사본 2개(4Q256 및 4Q258)는 더 짧은 판본의 5-7열을 보존하고 있다. 4Q258은 1-4열이 없는 상태로 제5열에서 시작하는 사본일 수도 있다. 두 사본 모두 마지막 부분에 추가 자료를 보존하고 있다. 제4동굴의 세 번째 필사본(4Q259)에는 『오토트』(Otot, "표징들")라는 역법서(曆法書)가 있다. 이 모든 자료들을 고려하자면, 이 규율서의 발전 단계를 규명하는 것은 쉽지 않다. 본 문서의 가장 초기 필사본(1QS, 주전 100-75년)에 가장 후기의 형태가 남아 있어서 더 그렇다. 따라서 본 문서의 발전 단계를 다음과 같이 추측해 볼 수 있다. 원래 『공동체 규율』의 원본은 5-9열과 『오토트』로 이뤄진 짧은 형태였으나, 후에 각 규정들에 대한 성서적 정당성이 추가됐으며, 최종적으로 1-4열이 문서의 앞에 서언처럼 추가되고, 10-11열이 『오토트』를 대체한 것으로 보인다.

이 『공동체 규율』에는 일반 사회를 떠난 일단의 남성 그룹을―

아마도 쿰란의 **야하드**나 이와 같은 류의 다른 그룹을—위한 규정
들이 담겨있다. 『공동체 규율』은 이 공동체를 **야하드**라고 부르며,
은혜의 언약(1:7)에 들어가는 지침을 비롯하여, 교제를 이해하는 것
과 구성원으로서 살아가는 방식에 대한 지침들을 제공한다. **야하
드**의 구성원은 **마스킬**(*Maskil*: "교사", 아마도 "제사장")이 이끌며 감독
관(Guardian)—아마도 같은 인물일 것—이 심사하여, 제사장, 레위
인, 이스라엘인으로 구분된다. 토라에 대한 순종이 정점을 차지하
며—모든 구성원은 토라에 대한 순종에 따라 매년 지위가 매겨진
다—인류는 크게 빛의 자녀와 어둠의 자식의 두 종류로 분류된다
(1:9-10). 본서에 그려진 공동체는 여러 면에서 수도원 수도회와 유
사하다. 대부분의 학자들은 이 공동체를 엣세네 무브먼트의 일부
인 쿰란에 있던 **야하드**로 여기고 있다.

<表1. 『공동체 규율』(1QS, 4Q255-64a, 5Q11) 개요>

범위(열:행)	주제
1:1-15	언약과 스승의 역할
1:16-3:12	입회, 구성원 연례 심리, 제명
3:13-4:26	두 영과 선과 악의 문제
5:1-20	공동체의 행동에 대한 일반 규율
5:20-7:25	공동체의 행동에 대한 세부 규율
8:1-9:2	내부 회의 또는 초기 선언문
9:3-11	목적, 예언자, 두 메시아
9:12-10:5	**마스킬**(*Maskil*, "교사")을 위한 규율
10:5-11:22	**마스킬**이 전달하는 기도 샘플

1.3 『회중 규율』과 『축복 규율』

이 두 문서는 제1동굴에서 나온 『공동체 규율』(1QS)의 부록으로 발견됐다. 수년 동안 1QS 사본이 이 두 문서가 담겨 있는 유일한 필사본으로 여겨졌으나, 2000년에 출판된 사본 9개(4Q249a-i, 모두 불가해 본문임)가 『회중 규율』의 필사본인 것으로 추정된다.

『회중 규율』(1QSa 또는 IQ28a)은 "이는 마지막 날에 이스라엘 온 회중의 규례니라"(col. 1:1)라는 선언과 함께 마지막 때에, 총회에 대한 지침과, 제사장 사독의 자손의 율법을 따라 하나님의 언약을 지키며 사는 공동체(1:1-3)의 구성원에 대한 지침을 제공한다. 『공동체 규율』과는 대조적으로, 마지막 때에 **야하드**는 여자와 아이들을 포함하고(1:5), 제사장들이 이끌며 군사적 형태로 조직된다(1:22-25). "거룩한 천사들이 그들의 회중[의 일부]이기" 때문에 부정하거나 신체적인 흠이 있는 사람들은 구성원 가입이 금지된다(2:8-9; 참조. 1:25-2:10). 마지막 부분(2:11-22)은 메시아의 만찬(또는 만찬들, line 22)을 설명하며, 많은 독자들에게 신약성경의 주의 만찬을 상기시킨다:

그들이 공동체 [식]탁[에] 모일 [때], [빵과 포도주를 차]려 놓는다. 공동체 식탁이 [식사를 위해] 차려지고, [18][그] 포도주는 마실 수 있도록 (부어 놓는다), 아무도 제사장보다 먼저 빵의 [19]첫 조각에 [손 대]지 않는다. [그](제사장)가 빵의 첫 조각과 [20]포도주를 [축]사하고, 먼저 빵을 취한다. 그 후[에] 이스라엘의 메시아가 [21]빵을 [취할 것]이다. [마지막으로] **야하드**의 총회의 [각] 구성원이 지위에 따라 [순차적으로] 축[사 해야 한다]. 이 절차는 적어도 열[명이 함께 모]이는 ²²모든 식[사 에] 적용된다. (2:17-22; *The Dead Sea Scrolls: A New Translation*, 140)

『축복 규율』(1QSb 또는 IQ28b)은 『공동체 규율』의 두 번째 부록 이다. 『회중 규율』과 마찬가지로 마지막 날을 위한 것으로 보이며, **야하드** 이데올로기의 중요한 특징을 표현한다. 여기에는 **야하드** 의 지도자인 교사가 낭독하는 많은 축복이 기록되어 있으며, 마지 막 축복은 회중의 왕자(또는 지도자)인 다윗(계열)의 메시아를 위한 축복으로(5:20-29), 그의 통치가 모든 사람에게 정의를 가져올 것이 다: "[그가 공의로 궁핍한 자를 심판하며], 공정함으로 땅의 온[유한 자들] 을 판단할 것이다"(4:21; 사 11:4에서 인용).

1.4 『전쟁 규율』(또는 『전쟁 문서』)

『전쟁 규율』은 공동체가 종말론적 전투 중에 스스로 대형을 갖추는 방법에 대한 지침을 제공하는 문서로서 본서 뒷부분에서 종말론적 문서를 다룰 때 논의하겠다.

2. 법률 문서

쿰란 동굴에서 발견되는 많은 저작들은 법률 문서의 특성을 가지고 있다. 일부는 공동체 생활을 위한 규정들을 포함하고 있으며, 심지어 전쟁 수행에 대한 규정을 포함하는 것도 있다. 다른 법률 문서는 오경(특히 출애굽기부터 신명기까지)에 있는 율법들을 설명하고, 그것을 **야하드** 공동체에 적용한다. 이들 중 몇 개를 이제 논의하게 될 텐데, 이 외에 다르게 분류된 저작들도 율법이나 법률 자료를 포함하고 있다는 점을 염두에 둘 필요가 있다.

2.1 『일부 율법의 행위들』(MMT, '미크싸트 마아쎄 하-토라')

이 중요한 문서는, 핵심적인 히브리어 문구인 '미크싸트 마아쎄 하-토라'(*miqsat maʼase ha-torah*, "일부 율법의 행위들")를 포함하고 있기 때문에 여기에 MMT로 축약해서 부른다. 학자들은 문서의 일부만 남아 있는 6개의 필사본(A-F 부분 = 4Q327, 4Q394-99)에서 본 문서를 재구성했다.

『할라카 편지』 또는 『분파 선언문』이라고도 불리는 MMT는 엣세네파(야하드) 무브먼트를 이해하기 위한 핵심 문헌이다. 많은 학자들은 그것을 편지로 여기지만(발신인과 수신인은 확인되지 않았음), 다른 사람들은 그것을 공적인 논문이나 다른 공동체와의 조약 또는 법률 모음집으로 간주하기도 한다. MMT에는 달력 자료(A)와 주로 토라에서 나온 약 24개의 율법과 그에 대한 정확한 해석(B) 및 에필로그(C)가 포함되어 있다. 에필로그는 조명해 주는 바가 크다:

이제 우리가 당신과 당신의 백성에게 유익하다고 판단한 **일부 율법의 행위들**을 당신에게 기록했으니 이는 당신이 율법에 정통함과 지식이 있음을 보았기 때문입니다. 이 모든 것을 이해하고 당신의 계획을 바로잡아 악한 생각과 벨리알의 계획에서 당신을 멀리하도록 그분께 간청하십시오. 그러면 당신은 마지막 때에, 우리의 말의 본질이 참됨을 발견하고 기뻐할 것입니다. 그리고 그것은 당신 자신과 이스라엘의 유익을 위해 그분 앞에서 옳고 선한 일을 행했기 때문에 당신에게 의로 간주될 것입니다. (C, lines 26-32행; *The Dead Sea Scrolls: A New Translation*, 462)

한 무리가 상대방에게 편지를 써서, 자신들이 믿는 달력과 성경의 여러 부분에 대한 바른 해석을 그들에게 전하고 있다.

A 부분: 달력 부분(4Q327). 이 부분은 (달을 기준으로 측정하는) 354일 **음력**이 아니라 (태양을 기준으로 하는) 364일 **양력**을 제시한다. 이것은 초기 유대교와 랍비 유대교의 연구자들에게 익숙한 논쟁으로, 모든 유대인들이 준수해야 하는 절기를 확정하는 데 있어서 정확한 달력을 기준으로 삼는 것이 결정적이기 때문에 중요하다. 엣세네파에게는 364일 달력(태양력)이 정확한 달력이었던 반면, 바리새파는 354일 달력(음력)을 정확한 달력으로 보았다.

B 부분: 법률 부분. 법률 부분에는 희생 제사, 제사장 예물, 순결, 금지된 결혼, 성소에 들어가는 것이 금지된 사람과 관련하여 거룩한 것과 성스러운 것이 섞이지 않도록 하기 위해 무엇을 해야

하는지에 관한, 논쟁이 되고 있는 24개 정도의 법률이 있다. 그러한 문제는 또한 초기 랍비들 사이의 논쟁의 중심에 있었으며, 유대 율법을 집대성한 미쉬나와 두 탈무드(팔레스타인과 바빌로니아)를 편찬하는 데 중심적인 역할을 했다. MMT와 같은 텍스트를 분석하고, 율법이 엣세네 무브먼트의 주요 관심사 중 하나임을 밝히는 데 있어 여러 유대인 학자들의(법률적) 전문 지식이 핵심적인 역할을 했다.

24개 법률에 대한 MMT의 결론들을 일일이 설명하는 것은 이 책의 범위를 벗어나는 작업이 되겠다. 다만, 한 가지 예만으로도 그 특성을 충분히 살펴볼 수 있다. 제2성전 후기와 그 뒤를 이은 랍비 유대교 시대에 대부분의 유대인 종파의 주요 쟁점은 의식적 정결이었다. 정결하게 되기 위해서 그리고 부정해지지 않기 위해서 무엇을 해야만 하는가? 자신과 공동체를 부정하게 만드는, 피해야 할 것들은 무엇인가? 이것들은 또한 레위기의 주요 관심사이기도 했다. (쥐와 카멜레온과 같은) 땅에 우글거리는 부정한 생물을 다루는 부분에서 이스라엘 사람들은 다음과 같은 지도를 받는다:

> [33][이 부정한 것들] 중 어떤 것이라도 어느 질그릇에 떨어지면 그 속에 있는 것이 다 부정하여지나니 너는 그 그릇을 깨뜨릴 것이라. [34]먹을 만한 축축한 식물이 거기 담겼으면 부정하여질 것이요 그같은 그릇에 담긴 마실 것도 부정할 것이다. (레 11:33-34)

이와 같은 구절은 나중에 용기 사이의 접촉으로 전이되는 부정함이 용기에 담겨있던 액체 흐름으로까지 확장되는지에 대한 추측을 불러일으켰을 수 있다: 액체 흐름을 통해 부정한 그릇에서 정결한 그릇으로 물이 흘렀을 때, 부정함이 전달되는가? 미쉬나(『야다임』 4.7)에 따르면, 바리새인들은 부정함이 전달되지 않는다고 가르쳤지만(더 관대한 관점), 사두개인들은 부정함이 전달된다고 가르쳤다(더 엄격한 관점)는 것을 볼 수 있다. 4QMMT는 다음과 같이 결론짓는다:

> 액체의 흐름과 [관련]하여 우리는 그것들이 본질적으로 [정]결하지 않다고 판단했다. 실제로 액체의 흐름은 부정한 것과 정결한 것 사이에 경계를 형성하지 않는다. 흐르는 액체와 그 용기에 있는 액체가 하나의 액체가 되기 때문이다. (B, lines 55-58; *The Dead Sea Scrolls: A New Translation*, 458-59)

B 부분의 24개 판결 모두를 분석한 결과, MMT로 대표되는 그룹(엣세네파)과 사두개파는 율법에 대해 더 엄격하고 까다로운 접근 방식을 공유한 반면 바리새파는 보다 온건한 접근 방식을 취했다.

C부분: 에필로그. 공동체는 다른 유대인 무리에서 스스로 분리됐으며, *MMT*에서 거부된 관행은 따르지 않는다. 그리고 이 문서의 수신자는 법률에 대한 이러한 올바른 이해를 받아들여야만 한다. 일부 학자들은 저자가 특정 사두개인들을 설득하려 한다고

생각하지만, 이보다는 자신이 속한 공동체 내에서 동요하는 구성원들에게 호소하는 것일 가능성이 크다. 그들은 굳건히 서서, 공동체의 (의의) 스승의 주장을 배척하고 성경의 율법을 타협하여 바리새인들과 동맹을 맺은 조롱하는 자(또는 거짓의 사람)를 따르지 말아야 한다.

2.2 『성전 문서』

『성전 문서』(11Q19)는 쿰란에서 발견된 가장 길고(약 28피트 = 약 8.5미터) 가장 잘 보존된 두루마리 중 하나다. 단편 사본도 4개가 발견됐다(11Q20, 11Q21?, 4Q365a? 및 4Q524).

『성전 문서』의 저자는 하나님께서 새 하늘과 새 땅을 창조하실 때까지의 기간에 이스라엘을 인도하기 위해 '새 신명기'를 편찬했다. 그는 오경(특히 신명기)을 여러 차례 인용하면서도 의도적으로 모세의 이름을 생략했다. 율법은 거의 항상 하나님께서 모세에게 1인칭으로 말씀하신 것으로 제시되는데, "네 형 아론"(col. 44:5)이라는 어구에서, 모세에게 직접 말씀하신다는 것을 추론할 수 있다. 오경에서 하나님께서 3인칭으로 말씀하시는 구절들이("여호와께서 말씀하셨다") 『성전 문서』에서는 1인칭으로 말씀하시는 것으로 나온다("내가 너희에게 이르노니").

『성전 문서』의 개요를 보면, (성전) 중심에서 시작해서, 절기에 관한 율법들, 성전 뜰, 예루살렘과 다른 도시를 포함해서 점차 바깥쪽으로 진행하는 것을 볼 수 있다.

<표 2. 『성전 문서』(1Q19-21, 4Q365a?, 4Q524) 개요>

범위(열)	주제
1?-2	언약, 시내산에서의 모세(출 34장 참조). 하나님께서 다음과 같은 지침을 주신다:
3-13	성전과 제단 건축
13-29	절기와 절기의 희생 제사
30-45	성전 단지의 안뜰과 그 안에 있는 다양한 건물들
45-51	성전의 성소를 보호하는 것과 여러 정결법
22-66	제사장, 레위인, 사사, 왕의 의무를 포함한 사법 제도(신명기 12-23장의 법전 참조); 그리고 전쟁을 하기 위한 규칙

이 이상적인 성전은 미래에 인간에 의해 건설될 것이며 규모가 거대하다: 한 면이 2,860피트(1,700규빗 = 약 872미터)이고 총 둘레가 11,450피트(6,800규빗 = 약 3,490미터)에 이른다. 이것은 하스몬 시대(약 주전 150-30년)의 예루살렘 전체의 크기였다!

정확히 누가 『성전 문서』를 편찬했는지는 분명하지 않지만 옛 세네파 야하드의 이념을 반영하고 있다. 예를 들어, 절기 목록과 날짜는 『희년서』와 쿰란 달력과 같은 분파 문서에서 볼 수 있는 364일을 전제로 한다. 일부 학자들은 의의 스승이 『성전 문서』를 기록했으며, 여기에서 하나님께서 모세에게 계시하신 율법에 대한 진실한 이해를 제시한 것이라 생각한다. 『시편 페샤림』(4Q171, 아래 §3.1 참조)에 그 스승이 보낸 한 율법을 언급하기는 하나(frgs. 1-2, col. 4.8-9), 그 외에 이런 주장을 뒷받침할 만한 증거는 거의 없다. 4Q524 사본의 필사 연대가 주전 150-125년이므로 『성전 문서』는 야하드 그룹이 쿰란으로 이동했던 2세기 후반 이전에 작성됐을 것이다.

(이와 관련된 또 다른 중요한 저작은 『새 예루살렘 문서』이며, 아래 종말론적 문헌에서 논의될 것이다.)

2.3 기타 법률 문서

(참고: 일부 학자들은 『개작된 오경』을 이 그룹으로 분류하나 『개작된 오경』은 토라의 판본으로 분류하는 것이 보다 적절하다.) 더 많은 법률 문서가 쿰란에서 발견됐으며, 이들은 **야하드**에게 매우 중요한 정결법을 다루고 있다:

- 『할라카 A』(4Q251). 예: 금지된 결혼 유형
- 『할라카 B』(4Q264a). 예: 안식일에 말할 수 있고 말할 수 없는 것에 관하여
- 『기타 규율』(4Q265). 예: 출산 후 여성의 부정 기간
- 『정결례』(4Q284). 정결의 기간에 관하여
- 『수확』(4Q414). 무화과 및 올리브와 같은 작물에서 나는 액체의 정결에 관하여
- 『의식』(4Q159, 513, 514). 예: 이성의 옷을 입지 않음(참조, 신 22:5 참조)

3. 권위 있는 문서에 대한 주석

성경은 쿰란의 엣세네파 **야하드**의 중심 무대였으며 신명기,

시편, 창세기, 출애굽기, 이사야 등이 가장 많은 수의 필사본이 발견된 대표적인 문서들이다. 쿰란 동굴에서 발견된 대부분의 분파 문서들은 '성경적인' 용어들을 사용하거나 성경 본문과 성경 인물들을 다룬다. 특히 두 그룹의 문서들이 체계적으로 성경을 해석한다.

3.1 페샤림(연속 주석)

히브리성경의 여러 예언서에는 현재의 실재와 미래의 사건이라는 2가지 시간의 축이 있으며, 이는 주로 저자 자신을 위한 시간축이다. 많은 예언서는 예언자의 시대 상황을—보통은 어려운 상황—반영하며, 미래의 심판, 신원, 회복 또는 구원을 기대한다. 따라서 엣세네파 중 일부 저자가 특정 예언서의 섹션들을 권위 있는 성경으로 선택하여 그에 대한 권위 있는 주석을 기록한 것은 그리 놀라운 일은 아니다. **페샤림**(*Pesharim*: **페쉐르**의 복수형)은 성경 한 권에서 연속적으로 펼쳐지는 말씀을 인용하고 설명한다. 각 주석가는 스스로가 예언자가 말했던 마지막 날에 살고 있다고 믿으며, 자신의 시대에 맞추어 예언자의 말씀들을 해석하거나 감춰진 것을 풀어내고자 했다. 일부 **페샤림**은 당대의 특정한 사건들을 언급하고, 몇몇 경우에는 특정 인물의 이름을 언급하기 때문에, 쿰란에 있었던 **야하드**와 그들이 살았던 시대를 파악하는 데 매우 중요한 자료가 된다. 17개 또는 18개의 **페샤림**이 확인됐으며, 7권의 성경에 있는(이사야, 호세아, 미가, 나훔, 하박국, 스바냐, 시편 및 확인되지 않은 1개의 본문) 본문들에 대한 주석이 있다. 그중 2개를 보다 자세히 논의해 보기로 한다.

(a) 『하박국 페쉐르』

제1동굴에서 최초로 발견된 7개 두루마리 중 하나인 이 페쉐르(1QpHab)는 하박국서 1-2장에 대한 주석을 달고 있으며, 본문에 대한 해석을 **페쉐르**라는 히브리어 단어로 소개하고 있다. 1QpHab(『하박국 페쉐르』)는 보존 상태가 좋고 중요한 자료를 포함하고 있어 이어지는 주석들에 대한 논의에서 주도적인 위치를 차지했다.

야하드는 하나님께서 그들의 초기 지도자인 의의 스승에게 예언서들의 신비를 계시하셨기 때문에 자신들의 성경 해석이 참되다고 확신했다. 『하박국 페쉐르』의 저자는 주전 600년대 후반에 활동했던 예언자가 의의 스승과 그의 대적인 악한 제사장에 관해 기록한 것이라 믿었다. 모든 페쉐르 저자들의 성경에 대한 접근 방식과 해석은 학자들이 자주 인용하는 1QpHab의 유명한 구절에 설명되어 있다. 하박국이 언급한 때가 언제 완성될지 자신은 몰랐으며, 예언자가 실제로는 의의 스승을 지칭했고, 하나님께서 예언자가 전했던 말씀의 진정한 의미를 의의 스승에게 계시하셨다고 한다:

그러므로 내가 내 파수하는 곳에 서며 내 성루에 서서 그가 내게 무엇이라 말씀하실는지 기다리고, 그의 꾸짖음에 [어떻게 대답해야 할지] 기다리리라. 그때 주께서 내게 대답하여 [이르시되 "**이 묵시를 명확하게] 판에 새기라, 그리하여 쉽게** [누군가가 그것을 읽도록 하라](합 2:1-2)."

[이것은 …을 지칭한다.] 그런 다음 하나님은 하박국에게 다가올 세대에 일어날 일을 기록하라고 말씀하셨다. 그러나 그 기간이 완료될 때가 언제인지 그에게 알려 주시지 않았다. **"누구든지 쉽게 읽을 수 있도록"**이라고 하신 말씀은 의의 스승을 가리켜 말하는 것으로, 하나님께서 그의 종 예언자들에게 보이셨던 모든 신비한 계시들을 그에게 알게 하셨음이라. (1QpHab 6:12-7:5; *The Dead Sea Scrolls: A New Translation*, 84)

또 다른 주목할 만한 인용문은 열방이 유다에 대해 놀랄 것이라는 하박국의 예언에 대한 해석이다:

["**배신자들아 보라** [17]**너희는 보고 놀라라 주께서 너희 때에 너희가 믿지 아니할 일을 행하시느니라 만약]** [2:1]**듣는다면**(합 1:5)."

[이 구절은] 거짓의 사람과 함께 반역자들을 가리킨다. [2]왜냐하면 그들은 하나님의 입에서 나온 의의 스승[의 말에 순종하지] 않았기 때문이다. [3]이 구절은 또 새 [언약]을 배반[한 자들]도 가리킨다. 이는 그들이 하나님의 언약을 [4]믿지 아니[하고] 그의 거룩한 이름을 [더럽혔기] 때문이다. [5]마지막으로, 이 구절은 '마지막 날들'(the

Last Days)에 있을 반[역자들을 가리]킨다. ⁶그들은 이[스라엘의 잔]인한 자들이라 ⁷그들은 제사장들이 전해줄 후대에 [닥칠] 모든 일을 듣고도 믿지 아니할 것이다 ⁸그 제사장들의 [마음]에 하나님께서 모든 말씀을 설명할 수 있는 [능력]을 주셨다. ⁹그의 종, 예언자들의 말씀으로, [그들을] 통해 하나님이 ¹⁰그의 백성과 [그의 땅]에 닥칠 모든 일을 예언하셨다. (1QpHab 1:16-2:10; *The Dead Sea Scrolls: A New Translation*, 81)

주석가는 **야하드**의 역사에서 일어날 일을 이미 오래전에 하박국이 예언했다고 설명한다. 두 명의 핵심 인물이 언급됐다: 의의 스승(제사장으로도 불림)과 의의 스승의 권위와 요구를 수용하기를 거부한 거짓의 사람으로, 후자는 공동체의 중요한 대적이다. 그리고 세 그룹의 반역자들이 명시되어 있다: 거짓의 사람의 추종자들, 공동체의 새 언약을 거부한 자들, 예언에 대한 의의 스승의 영감받은 해석을 믿지 않는 자들.

(b) 『시편 페샤림』

3개의 『시편 페샤림』이 쿰란 동굴에서 발견됐다: 1QpPs(1Q16), 4QpPsᵃ(4Q171) 및 4QpPsᵇ(4Q173). 매 구절을 따라 연속적으로 주석을 해 나가는 페샤림은 예언서에 국한되는 것으로 보인다는 점에서, 『시편 페샤림』이 있다는 사실은 사뭇 놀랍다—본문이 확인되지 않는 또 다른 페쉐르인 4QpUnidentified(4Q172)의 존재도 난제

이기는 하다. 이는 쿰란 주석가들이 시편을 예언으로, 다윗을 예언 자로 여겼을 가능성이 크다는 점을 상기시켜 준다(『대시편 사본』에 나오는 『다윗의 작품집』에 따르면, 다윗은 "가장 높으신 분 앞에서 주신 예언으로" 총 4,050편의 시와 노래를 지은 것으로 되어 있다[col. 27:2-11]).

가장 잘 보존된 『시편 페쉐르』는 시편 37편을 주석한 4QpPs^a 이다. 이 시편은 (하나님께서 벌하실) 악인들의 명백한 성공에도 불구 하고 (하나님께서 보상하실) 의인들에게 믿음을 지키라고 격려한다. 이 페쉐르에서 의인은 **야하드**의 구성원들과 그들의 지도자인 의 의 스승이며 악인은 그들의 대적인 '악한 제사장' 및 거짓의 사람 을 나타낸다.

3.2 주제별 주석

페샤림이 성경의 한 책에서 연속적으로 본문 구절을 인용하고 설명하는 방식이라면, 주제별 주석은 성경의 여러 문헌들 속의 구 절들을 해석하고 수집한다. 그 이면에는 공통된 주제 또는 주제들 의 묶음의 자취를 추적할 수 있다는 생각이 자리하고 있다. 주제 별 주석의 저자들은 성경의 문헌들이 서로 연관되어 있어서 한 책 에 나오는 본문이 그 책의 뒷부분이나 다른 책에 나오는 연관된 본문을 통해 그 의미가 명확해질 수 있다고 보았다.

(a) 『멜기세덱 문서』(11Q13)

몇몇 문서들은 아브람이 여러 왕들을 무찌르고 롯을 구했을 때 그를 영접했던 살렘 왕이자 지극히 높으신 하나님의 제사장인 멜기세덱을 언급하고 있다(창 14:17-20). 『멜기세덱 문서』(11Q13)는 레위기 25장(희년을 다룸)에 기초하고 있으며 신명기 15:2과 이사야 61:1에 비추어 레위기 25:13을 해석한다. 신명기와 이사야 구절들이 재산을 원주인에게 돌려주고 빚을 탕감하는 데 초점을 맞추고 있는 반면, 11Q13의 저자는 종말론적 의미를 드러낸다. 2:4(열과 행을 의미함—역주)은 다음과 같은 해석을 보여준다: "[레위기 25:13은] [마]지막 날들에 적용되며, [이사야가 '**포로된 자에게 자유를 선포하며**'라고 말한 것처럼](사 61:1) 포로에 관한 것이다." 그런 다음 공동체의 구성원은 "멜기세덱의 기업"이라고 불리며, 멜기세덱은 "그들의 정당한 소유를 그들에게 돌려줄 것이다. 멜기세덱이 그들에게 희년을 선포하여, 모든 죄의 [빚에서 그들]을 해방할 것이다"(col. 2:6).

　멜기세덱은 벨리알에게 포로로 잡혀갔던 자들을 풀어주고 종말의 때에 심판자로 활동할 것이다. 그런 다음 저자는 시편 82:1과 7:7-8을 "멜기세덱의 은혜의 해"(col. 2:9-11)로 해석한다. 시편 82:1-2은 벨리알과 그에게 예정된 영들(타락한 천사들)에 대한 멜기세덱의 심판을 의미하는 것으로 해석된다(line 12).

　의인을 구하는 종말의 때의 해방자로서 멜기세덱은 신성한 존재 또는 천사로 등장한다(lines 10-11). 여기서 그는 대천사 미가엘(『전쟁 문서』 17:6-8), 빛의 왕자(『공동체 규율』 3:20), 진리의 천사(『공동체 규율』 3:24)와 동등하다.

"신과 같은 존재(히브리어, 엘로힘)가 [신성한] 회[의]에서 그의 자리를 취했다. 그가 신적인 존재들(히브리어, 엘로힘) 가운데서 심판을 행하시도다"(시편 82:1). 다윗도 그에 관하여 말[했다]. "[그의] 위에 ¹¹가장 높은 천국에 너의 자리를 취하여라. 한 신적인 존재(히브리어, El)가 만민을 심판하리로다"(시편 7:7-8). (col. 2:10-11; *The Dead Sea Scrolls: A New Translation*, 592)

(b) 다른 주제별 주석들

이 외에 다른 주제별 주석들 중 가장 중요한 문서들에는 『선문집』(4Q174), 『증언서』(4Q175) 및 『카테나 A』(4Q177)가 있다. 또 다른 문서들은 주제별 주석들과 비슷한 접근 방식을 취하고 있으나 한 권의 책에 집중돼 있다. 『창세기 주석』(4Q252)이나 『이사야 페쉐르』(4Q163) 등이 이런 예에 해당한다. 『창세기 주석』(4Q252)은 창세기에서 선별한 본문들을 순서대로 설명하고 있으나 상당 부분의 본문을 건너뛰고 있다. 『이사야 페쉐르』(4Q163)에는 예레미야, 호세아, 스가랴의 구절도 등장한다.

4. 시(詩)로 된 문서들, 달력, 기도 및 예전서

4.1 시로 된 텍스트

시편은 성경 사본들 중에서 가장 많은 필사본이 발견된 2권 중 하나이기에, 분파 문서에서 이와 유사한 본문을 발견하는 것이 놀라운 일은 아니다—다만 그 내용이 새로운 시대와 새로운 상황에 맞추어지긴 했다. 여러 시들이 시편이 아닌 다른 범주에 속하는 문서(예, 『공동체 규율』)에서 발견된다. 그러나 일부 문서들은 완전히 시로 되어 있다.

(a) 『호다요트』(『감사 찬양집』)

가장 중요한 『호다요트』 사본은 제1동굴에서 나온 보존 상태가 좋은 『감사 찬양집』(1QHᵃ) 필사본과 7개의 단편(1Q35 및 4Q427-32)에 남아 있는 『호다요트』 사본들이다. 대략 35곡의 찬송이 있는데, **"당신께 감사하나이다. 오 주님"** 또는 때때로 "당신을 송축하나이다. 오 주님" 같은 어구로 시작된다. 그것들은 내용면에서는 성경 시편과 같지 않으며, 종종 성경적 스타일의 흐름에서 벗어나 엣세네파 무브먼트의 이데올로기를 반영한다.

대부분의 『호다요트』는 1인칭 '내가'를 주어로 사용하며 강한 감정, 울부짖음 또는 신념을 표현한다. 학자들은 그것들을 '공동체 찬송'(Community Hymns)과 '스승 찬송'(Teacher Hymns)의 2가지 유형으로 나눈다. 이 2가지 유형 중 한쪽으로 분류하기 어려운 『호다요트』들도 있으나, 대략 14편의 공동체 찬송과 14편의 스승 찬송이 있는 것으로 본다.

공동체 찬송은 찬양, 순종 또는 악에 대한 하나님의 심판에 대한 일반적인 **야하드** 구성원들의 기도와 생각을 보여준다. 예를 들

어 「26번 찬송」은 다음과 같이 시작된다:

> [16]긍휼이 많으시고 인자가 [풍성하]신 주여 주를 송축하나이다. 나
> 로 주[야]로 잠잠치 아니하고 [17]주의 기이한 일을 선포하게 하여
> [이] [일들]을 알게 하려 하심이니이다. 모든 능력은 당신의 것이로
> 소이다. [···] [18]주의 인자하심과 주의 크신 선하심과 풍[성한 긍휼하
> 심으로 나는] [당신의] 용[서 하심을] 기뻐하겠나이다. ···. (col. 8:16–18; *The
> Dead Sea Scrolls: A New Translation*, 195)

스승 찬송(10-17열에 모여 있음)에서 화자는 이 무브먼트 초기의
카리스마적 지도자인 의의 스승이다. 그는 자신의 고난과 시련, 벨
리알과 악인의 음모, 그를 구원하신 하나님의 은혜, 그에게 계시된
지식에 대해 이야기한다. 가장 주목할 만한 예는 「15번 찬송」으로,
여기에서 의의 스승은 벨리알의 음모에 대해 말하고, 조금 후에
하나님이 공동체 구성원(**다수**라고 불림)을 조명하시기 위해 어떻게
그에게 지식을 계시하셨는지 설명한다:

> [13]오 하나님이여, 벨리알의 모든 계획을 [14]물리치시며, 오직 주의
> 권고만 서게 하소서. 당신의 마음의 계획만 영원할 따름입니다.
> 그들은 사기꾼입니다. 그들이 벨리알의 음모를 꾸미나이다. [15]저
> 희가 두 마음으로 주를 구하며, 주의 진리에 기초를 두지 아니했
> 나이다. ···

²⁸그러나 당신은 나를 통해 많은 이들(또는 **야하드 공동체 구성원들**)의 얼굴을 밝히셨고, 셀 수 없을 만큼 여러 번 그들을 강하게 하셨으니, 이는 당신의 기이한 비밀을 내게 ²⁹깨닫게 하셨음이니이다. 주의 기이한 회의에서 주께서 나를 세우사, 많은 이들(또는 **야하드 공동체 구성원들**) 앞에서 당신의 영광을 위하여 놀라운 일을 행하고 ³⁰주의 능한 일을 모든 산 자에게 알게 하셨나이다. 이에 비해 유한한 인간은 무엇입니까? (12:13-15, 28-30; *The Dead Sea Scrolls: A New Translation*, 184-85)

(b) 비정경 시편

4개의 두루마리(4Q380-81)에서 발견되는 비정경 시편 모음은 성경의 시편 양식으로 기록됐다. 어떤 이들은 "하나님의 사람의 시편"(4Q381 frg. 24.4)이라는 표제를 예로 들어, 그것을 다윗이 기록했다고 제안한다. 4Q381에는 **셀라**(*selah*)라는 단어가 두 번 나온다 (예, frg. 31.3). 성경 시편에서 그런 것처럼 하나님에 대한 찬양은 하나님의 도우심과 악한 원수들의 멸망에 대한 간구일 뿐만 아니라 비정경 시편의 두드러진 주제이기도 하다.

한 시편은 "앗시리아 왕이 그를 투옥했을 당시 유다 왕 므낫세의 기도"(4Q381 frg. 33.8)라는 표제가 붙여졌다. 므낫세는 대표적인 우상 숭배자로, 유다를 멸망시키기에 충분할 만큼 악행을 일삼았던 왕이었다(왕하 21:1-18). 그는 유다를 정복했던 앗시리아인에게 붙잡혀 투옥됐다. 역대하 33:10-13은 므낫세가 감옥에서 하나님께

기도했고 하나님께서 그의 간청을 들으시고 그를 회복시켜 주셨다고 전한다. 역대하에는 이 기도가 기록되지 않았기 때문에 후대의 유대인들이 그 기도를 제공하려 했다. 그 한 예를 비정경 시편(4Q381 frg. 33.8)에서 찾아볼 수 있으며, 또 다른 예는 **위경**인 『므낫세의 기도』에서 찾을 수 있다.

4.2 달력(역법서)

(a) 달력 및 절기 조사

분파 문서들에 있는 달력과 역법서(曆法書, Calendrical text)는 읽기 쉽게 만들어진 문서들이 아니다. 본 단락에서는 엣세네(야하드) 무브먼트와 다른 유대인들이 사용했던 2개의 상이한 달력에 따라 유대인 절기를 분류하고, 주요 역법서들을 소개하도록 한다.

(b) 유대인의 절기와 달력들

대부분의 독자들은 오늘날 지켜지는 여러 유대교 절기에 대해 잘 알고 있다. 많은 특별한 날들과 절기들이 히브리성경에서 유래한다. 안식일은 한 주의 일곱째 날이다. 레위기 23장은 여러 절기들과 그 절기들이 며칠 동안 지켜져야 하는지 알려준다.

가장 잘 알려진 절기는 유월절로, 정월 14일(1/14)이다. 한 해가 진행됨에 따라 추가로 여덟 절기가 더 나온다: 무교절(1/15-21), 초실절 또는 **첫 보릿단**(*Omer*)을 흔들기(첫째 달), 두 번째 유월절(2/14, 민 9:6-13 참조), 칠칠절(**첫 보릿단**을 흔든 후 50일 후; 셋째 달), 나팔절 또는 기억의 날(7/1), 대속죄일(7/10), 초막절 또는 장막절(7/15-21). 그리고 에스더서와 관련된 또 다른 축제로 부림절(12/14)이 있다.

그 시대의 모든 독실한 유대인들처럼 엣세네파 **야하드**도 모든 절기들을 지켰지만, 에스더서에 나오는 부림절은 지키지 않았다. 그런데 그들은 나머지 유대인들과는 다른 달력을 사용하여 절기들을 지켰다. 바리새인, 사두개인과 성전 지배층은 음력 달력을 사용하여 절기를 지켰지만, 엣세네파는 양력 달력에 따라 절기를 지켰다. 이것은 **야하드**의 절기는 바리새인과 사두개인의 절기와 날짜가 다르다는 것을 의미한다.

야하드가 사용했던 달력과 관련하여 초기 문서 2개가 엣세네 무브먼트에 지대한 영향을 끼쳤다. 『에녹1서』 72-82장(「천문서」)은 354일의 음력과 더불어 364일의 태양력을 설명한다. 『에녹1서』는 유대인들의 절기와 태양력을 연결하지 않지만 『희년서』에는 이 둘이 연결되어 제시된다. 『희년서』 저자에게는 364일이 한 해를 이루는 태양력이 진정한 달력이었으며 각 절기들은 이 태양력에 따라 신성하게 지정됐다. 이에 더하여 바리새인, 사두개인과 성전 지배층은 354일로 구성된 음력을 사용했기 때문에, 『희년서』 저자의 입장에서, 그들은 절기들을 바른 날짜에 지키지 못하게 됐다. 따라서 그들은 절기를 잘못 준수하여 결과적으로 하늘에 있는 광명체들과 땅에 있는 인간들 사이를 연결하는 하나님의 변함없으신 질서에서 벗어나게 됐다.

(c) 역법서

20개가 넘는 역법서가 쿰란에서 발견됐는데, 이 문서들은 절기들과 그 일정 및 예전들을 규정하거나 일치시키고 있다. 대부분은 양력(364일)과 음력(354일)을 고려한다. 몇몇 문서들은 양력이나 음력 중 하나를 지지하지 않은 채, 날짜와 숫자에 집중한다.

절기 일정. 정확한 날짜에 절기를 지키는 것이 매우 중요했기 때문에 일부 텍스트에는 364일 시스템 안에서 일(日), 주(週), 월(月), 계절(季節), 절기(節氣) 또는 안식일(安息日)을 지정한다. 『역법서』(4Q327)가 대표적인 예로, 1년에 걸친 안식일과 절기들의 날짜를 제공한다.

음력에 따라 달의 일정을 제시하는 문서들도 있다. 『달의 단계』(4Q317)는 밤마다 비춰지는 달의 표면의 양을 구체적으로 제시한다. 달이 차는 기간에는 매일 밤 달 표면의 1/4이 빛을 낸다. 그리고 달이 기우는 기간에는, 매일 밤 반대편 쪽 1/4이 어두워진다.

제사장 반차(또는 교대). 역대상 24:7-18에서 다윗 왕은 제사장 가문을 24개 조로 나누었다. 성전 제의의 발전에 따라, 이 그룹은 돌아가며 성전 임무를 수행했는데, 한 조가 일주일 동안(안식일에서 안식일까지) 봉사한 뒤 목록에 있는 다음 조가 이어 나갔다. 이에 따라 어떤 조가 언제 성전 제사를 돌보았는지, 그 조의 이름과 해당 주를 파악하는 것이 결국 각 주들의 이름을 명명하는 방법이 됐다. 따라서 일부 쿰란 달력에서는 24개 조의 이름이 각 주를 지칭하는 데 사용된다. 1년에 52주가 있으므로, 각 조는 한 해에 2주씩

근무하고(이에 따라 해당 주의 이름을 제공함), 그중 4개의 조는 1년에 3주를 근무한다(해당 주의 이름을 제공함); 따라서 48교대(24개 조 × 2회) + 4교대(4개 조 × 1회 추가) = 52가 된다. 이렇게 6년의 기간이 지나면, 24개 조 각각은 1년에 3주 동안 봉사할 기회를 한 차례씩 갖게 된다.

『미쉬마로트』(4Q320-29)라는 이름으로 알려진 일련의 문서들이 생겨났는데, 이 단어는 "파수대"(Watches) 또는 "제사장 반차"(Priestly Courses)를 의미한다. 『역법서 A』(4Q320)는 일련의 절기들이 어떤 제사장 반차에 해당하는지를 제시해 준다. 『미쉬마로트 A-C』(4Q322-24)는 각 제사장 반차가 성전 임무를 수행하는 주가 언제 시작되는지를 나열한다. 『역법서 D』(4Q325)는 안식일 및 절기 같은 행사들과 제사장 반차들을 연계한다. 마지막으로 『미쉬마로트 F』, 『미쉬마로트 G』(4Q328-29)는 제사장 반차와 그들이 6년 순환 기간 동안 성전 제사 임무를 수행할 주(週)들을 나열한다. 마지막 두 문서는 시간의 계층을 묘사하는데, 364일-태양력 발전 단계의 후기에 속할 수 있다(J. Ben-Dov, *Head of All Years*, 2008, 28 참조).

동조시키는 문서들. 일부 문서들은 심지어 양력과 음력의 날짜를 동조시킨다. 이러한 동조 작업은 때로 해당 기간에 성전 직무를 수행하는 제사장 반차의 이름으로 보완된다. 『역법서 A』(4Q320)에, 첫째 해 마지막 이틀과 둘째 해 첫 이틀이 아래와 같이 나와 있다(frg. 1 i, lines 6-9). **참고:** 예다야 등은 제사장들의 이름이며 따라서 그들의 반차 이름이다. 또한 본문에 '음력 월'과 '양력 월'

이라는 표현은 없지만, 이 같은 표현이 내포되어 있는 것은 분명하다.

> [6]예[다야의 다섯째 날]는(음력) 29일로, (양력) 정월 13일이다.
>
> [7]학[고스의 안식일]은(음력) 30일, 곧(양력) 2월 30일이다.
>
> [8]엘[리아십의 첫째 날]은(음력) 29일로, (양력) 3월 29일이다.
>
> [9]빌[가의 셋째 날]은(음력) 30일로, (양력) 4월 28일이다.
>
> (4Q320 frg. 1 col. i, line 6–9; *The Dead Sea Scrolls: A New Translation*, 394).

『오토트』(4Q319)는 훨씬 더 복잡하다. 『오토트』는 4개의 날짜를 동조시킨다: 희년(49년 단위); 음력과 양력의 한 해가 같이 시작하는 날들(23년에 한 번씩 돌아옴); 그 날짜에 섬기는 제사장 반차(『가물』과 『스가냐』만 가능함); 안식년. 『오토트』는 6번의 희년에 따른 날들, 즉 294(= 6 × 49)년의 연대를 제시한다.

달력과 관련된 기타 문서들. 일부 문서에는 점술, 천문학 또는 점성술 정보가 포함되어 있다. 준-과학적인(혹은 유사-과학적인) 『황도대 관상학』(4Q186)은 사람의 신체적 특징을 빛이나 어둠 속에 있는 자신의 영의 일부와 연관시키려 시도한다(『관상학』, 4Q561도 참조). 『황도학과 천둥학』(4Q318)은 달(moon)이 나타났던 날짜와 그날의 황도대 별자리를 제공하고, 특정 별자리에서 천둥이 칠 경우 발생할 사건을 예측하는 점성술 작업이다.

4.3 기도서와 예전서

음력 달력에 대한 **야하드**의 저항은 성전 예배 대신 기도와 예전에 의존하는 형태로 나타났다. **야하드** 무브먼트 자체의 기도와 활동들은 그들이 예루살렘 성전에 접근할 수 없기에 생겼던 예전의 공백을 대체했다. 몇몇 문서들에 날, 안식일, 절기들을 위한 말씀과 활동들이 제시된다.

(a) 매일의 기도

『매일의 기도』(4Q503)에는 한 달 동안 매일 아침과 저녁에 암송해야 할 하나님의 축복이 기록되어 있다. 이 축복에는 천문학적 측면이 있다: 각 축복의 시간은 천체의 움직임을 지배하는 법칙에 따라 낮과 어둠의 비율을 기반으로 정해진다(『에녹1서』 73-75, 77-79장). 여기에는 역사적인 측면도 있다: 이러한 축복은 유월절이 있었던 니산월에만 암송된다. 필사본에 보존되어 있는 부분은 이 첫 달(니산월)에 관한 것으로 보인다.

『천체의 말씀』(4Q504-6)은 매주마다 매일 암송해야 할 공동체 축복을 제시한다. 이 기도에는 이스라엘과 맺은 하나님의 언약이라는 주제가 눈에 띄게 드러난다. 하나님께 용서를 구하고 하나님께서 이전에 베푸셨던 신실하심을 회상하는 기도가 있다: "[그들의] 모든 죄[악]을 향한 당신의 노여움과 분노를 당신의 백성 이스라엘에게서 거두소서. ¹²열방이 보는 동안 당신이 행하셨던 놀라운 일들을 기억하소서—확실히 우리는 당신의 이름으로 부름 받았나이다"(504 frgs. 1-2 ii.11-12). 또 다른 기도는 하나님께서 이스라엘을 선택하신 것을 기념하며(frgs. 1-2 iii.2-14), '안식일 기도'(Sabbath Prayer)의 경우, 찬양을 드리며 '아멘' 반복으로 그 최고조에 이르게 된다.

> [4]**안식일을 위한 찬양**. [주님께] 감사하라, 그 [거룩한] [5]찬양[으로] 그의 거룩하신 이름을 영원히 송축하라. 거룩한 궁창의 [6]모든 천사들과 하늘과 땅과 그의 모든 피조물들 [위의 거룩한 모든 자들은] [7][그를 찬양하라]; [… 큰] [8]무저갱과 지옥과 물과 [그 안]에 있는 모든 것. [9]그의 모든 피조물은 계속하여, 영원 [영원히] [그를 송축할지어다]. [아멘! 아멘]! (504 frgs. 1-2 frg. vii.4-9; *The Dead Sea Scrolls: A New Translation*, 525)

(나) **안식일 기도**

『안식일 희생 제사 노래』는 예루살렘 성전이 아니라 하늘의 '천상 성전'에서 드리는 예배를 위한 기도다. 이 의식은 안식일을 위한 것으로, 안식일에 천사의 예전에 참여함으로써, 지상과 천상 공동체가 예배로 연합하게 된다. 천사들의 찬송은 (**야하드**가 따랐던) 364일 태양력에 맞추어 행해졌기 때문에, 지상에서도 이에 따라 정해진 날에 그들이 하나님을 예배했다.

이 문서는 쿰란 동굴에서 9개의 단편 사본이 발견됐고(4Q400-407, 11Q17) 마사다에서 하나가 추가로 발견됐다(Mas1k). 이 모음집은 주전 1세기 초에 기록됐던 것으로 보인다. 일부 학자들은 『안식일 희생 제사 노래』가 분파 문서(엣세네 무브먼트가 창작한 문서)가 아니라고 믿지만, 대부분 학자들은 분파 문서로 보고 있다. 그뿐만 아니라, 이 모음집은 폭넓은 호소력을 가지고 있어 꽤 널리 회람됐다고 믿는다(따라서 마사다에서도 사본이 발견된 것이다).

이 문서는 이사야, 출애굽기, 『에녹1서』의 이미지들을 사용하고 있지만 특별히 에스겔 40-48장의 이미지가 사용된다. 열세 편의 노래는 하늘 영역에 있는 하나님의 보좌 주변에서 드리는 예배, 높은 성전에서의 천사들의 기도, 하나님의 임재와 다른 신적 존재들이 거하는 내부 알현실(Throne room)을 묘사한다. 대부분의 규율서와 마찬가지로 이 노래는 교사(Instructor)를 위한 것이다. 일곱 번째(중심에 놓인) 안식일 노래는 다음과 같이 시작된다:

> [30]교사에게 속한 본문. 일곱째 안식일에 제사를 드릴 때에 부르는 노래로, (둘째) 달 십육일에 불렀다.
>
> 지극히 높으신 하나님을 찬양하라, 당신은 모든 지혜로운 신성한 존재들 [31]중에 뛰어나십니다. 경건한 자들 가운데서 거룩한 자들은 영광스러운 왕을 거룩하게 하라. 그는 그의 거룩하심으로 그의 거룩한 자들을 거룩하게 하신다.
>
> 모든 경건한 자들 중에 [32]찬양의 방백들아, 존귀한 [찬]송의 하나님을 찬양하라. 참으로 그의 나라의 영광은 찬송에 합당한 찬란함 속에 거하느니라; 거기에는, [그분의] 모든 지경의 [33]찬란함과 더불어 모든 거룩한 자들의 찬양이 있도다. (4Q403 frg. 1i.20-33; *The*

Dead Sea Scrolls: A New Translation, 469)

여기에 언급된 안식일은 1년의 첫 13번의 안식일이며, 91일로 구성된다. 이는 본문의 기초가 되는 364일 달력에서 정확히 1년의 1/4이 된다.

(c) 기타 기도서 및 예전서

『베라코트』 또는 『축복』(4Q286-90)에는 『공동체 규율』에 언급된 연례 "언약 갱신 의식"에 대한 예식이 포함되어 있는 것으로 보인다. 하나님을 향한 송축이 있으며, 벨리알, 그의 운명, 말키-레샤(Malki-resha)에게는 저주가 있다. **야하드**라는 용어는 유지된다(예, 4Q286 frg. 7ii:1, 4Q288 frg. 1.1). 절기를 위한 기도서와 예전서도 있다. 『절기 기도』(1Q34[두 판본] 및 4Q507-509)는 분파 달력에 특징적인 대속죄일 및 포도주와 기름의 절기를 강조한다. 『하나님을 찬양하는 시간』(4Q409)은 이 달력에도 있는 나무의 절기(Festivals of Wood)와 초실절, 그리고 기억의 날(Day of Remembrance)을 언급한다. "나뭇가지"(frg. 1.11)에 대한 언급은 초막절을 가리키는 것일 수 있다.

다른 여러 사본들은, 모두 단편 조각으로 남아 있으며, 다양한 행사들을 위한 기도들을 보존하고 있다. 『식후 기도』(4Q434a)와 『정결 예식』(4Q414; 4Q512) 등을 예로 들 수 있다.

5. 지혜 문서

쿰란 인근에서는 지혜 문헌이 거의 발견되지 않았다: 잠언과 전도서 각 2권씩, 욥기 6권(상태가 더 좋음). 외경 중에는, 벤 시라의 본문이 포함된 사본 2개가 쿰란에서 발견됐으며, 사본 하나는 마사다에서 발견됐다. 비성경 사본에는 몇 가지 다른 지혜 문서들이 포함되어 있다.

『사악한 여인의 계략』

『사악한 여인의 계략』(4Q184) 문서는 '어리석은 여인'에 대한 생생한 그림을 보여준다. 잠언에서 지혜는 지혜로운 여인인 '지혜 여인'으로 의인화되어 모든 사람을 그녀의 집으로 초대하여, 그곳에 와서 그녀에게서 배우도록 한다(잠 8:1-9:6). 그녀는 창녀의 매력으로 순진한 남자들을 유혹하는 요부와 대조된다(잠 7:1-27). 『사악한 여인의 계략』에서 이 무절제한 여성은 '어리석은 여인'이라는 인물로 더욱 극적으로 묘사된다:

> [11]그녀는 몰래 숨어서 기다린다 [12]… 그녀는 성읍 거리에 숨으며 성문에 몸을 숨긴다. [13]… 그녀의 눈은 이리저리 향하며, 매혹적으로 눈꺼풀을 휘날리며, 잡아챌 [14]의인을 찾으며, 넘어뜨릴 강한 자를 찾으며, 타락시킬 정직한 자를 찾으며, 순진한 청년을 찾아 [15]그들로 계명을 지키지 못하게 하고 … [17]그녀는 감언이설로 인

류를 유혹하여, 그들이 지옥의 길로 가도록 만들고자 한다. (4Q184 frg. 1.11-13, 17; *The Dead Sea Scrolls: A New Translation*, 273)

『교훈』

지혜 문서 중 가장 큰 문서는 『교훈』으로, 7개의 필사본(1Q26; 4Q415-18a, 423; 4Q418c를 포함하면 아마도 8개)이 남아 있다. 그것은 전통적인 지혜 문헌 양식(현자가 '이해하는 사람'으로 불리는 젊은이를 가르치는 방식)으로 기록되어 있다. 현자는 재정, 사회 관계, 가족 문제와 같은 예상되는 주제에 대한 조언을 제공한다. 예를 들어, "네가 가난할 때 네 궁핍을 자랑하지 말라. 그러지 않으면 ²¹네 생명을 멸시하게 될 것이라. 나아가 너의 가장 가까운 동반자인 네 아내를 업신여기지 말라"(4Q416 frg. 2ii:17-21). 이것이 분파 문서라면 여기에 나온 **네 아내**에 대한 언급은 (『다마스쿠스 문서』에서처럼) 이 교훈이 결혼이 허용된 엣세네파를 향한 가르침이라는 것을 의미한다. 다른 단락에는 다음과 같은 내용이 나온다:

⁸그렇다. 너희는 궁핍하다. 네 유업 외에는 아무것도 탐내지 말며 그것에 사로잡히지 말라. 그렇지 않으면 율법의 ⁹경계를 넘게 될 것이다. 만일 (하나님께서) 너를 존귀한 자리로 되돌리신다면, 그에 합당하게 행동하라. 그리고 **세상이 돌아가는 비밀**을 알고, 그 원인을 찾으라. 그리하면 그의 참된 ¹⁰유업을 알고 의롭게 살게 될 것이니, 이는 하나님께서 너의 모든 길에 그의 얼굴을 비추실 것

이니라. (4Q416 frg.2iii, line 8-10; *The Dead Sea Scrolls: A New Translation*, 488)

『교훈』에 있는 어떤 아이디어는 성경 지혜 문헌에서 찾을 수 없는 것들이다. 위의 인용문에는 유일하게 이『교훈』에서만 수차례 사용되는, '**세상이 돌아가는 비밀**'이나 '**현재/장래의 신비**'와 같은 표현들이 포함되어 있다. 이 지식은 특별한 통찰력을 통해서만 얻을 수 있다:

> [8]그리하면 너희가 [그들의 행위에] 따라 [선]과 [악]의 차이를 알게 될 것이다. 지식의 하나님은 진리의 조언자이시며, **세상의 돌아가는 비밀** 속에서 [9]그 근거[와 그 행위를 평탄케 하시며 … [11]그리고 이해하는 능력으로 그의 목적의 [비]밀이 [알려진다], [12]그의 [모든] 행위에 흠없는 행실로. (4Q417 frg. 2 i.8-9, 1-12; *The Dead Sea Scrolls: A New Translation*, 483)

따라서 오직 하나님만이 계시하신 특별한 지식이 있는 종말론적 차원이 있다(4Q416 frg.2 iii.17-18; 4Q418 frg. 123 ii.2-4; 1Q26 frg. 1.4). '**이해하는 사람**'은 하나님의 때와 역사가 움직이는 곳을 안다. 그리고 그는 그것에 맞추어 살아감으로써 삶의 목적과 만족을 찾을 것이다. 반면에 하나님은 악인을 심판하실 것이다(4Q416 frg. 1.10-16). 『교훈』은 지성적 모티프와 종말론적 모티프를 동시에 포함하고 있기 때문에, 제2성전 후기 유대교에서 '지혜'와 '마지막 때'에 관한 기록들 사이의 관계성에 대한 중요한 질문을 제기한다.

기타 문서

지혜 문서가 몇 개 더 있는데 모두 단편적이다. 그중 4Q185(『지혜 작품』)는 사람들에게 지혜를 구하고, 과거에 하나님께서 행하신 일을 기억하고, 그분의 길을 더 많이 알도록 요청한다. 여기서 지혜(아마도 율법)는 인간이 찾아내는 것이 아니라 하나님께서 그들에게 소유물로 주신 것이다. 일부 학자들은 4Q185가 분파 문서가 아닐 수 있다고 생각하지만 인간을 심판하는 천사의 역할 등을 언급하는 것은 이것이 분파 문서라는 점을 시사한다:

> [13](지혜를) 실천하는 사람은 행복하다 [⋯] [14]교활함[으로] 그녀를 찾을 수 없고 아첨으로 그녀를 붙잡을 수도 없다. 그녀를 그의 조상들에게 주셨으므로, [15]그는 그의 힘을 다해, 제한 없는 그의 [⋯] 다해 그녀를 얻[고 그녀를 붙들 것이다.] 그러고 나면, 그는 그녀를 그의 자손에게 물려주고, [그의] 백성에게 참된 지식을 물려줄 수 있다.
>
> (4Q185 frg. 1–2ii.13–15; *The Dead Sea Scrolls: A New Translation*, 275)

『신비』(1Q27; 4Q299–301)는 선한 자의 보상과 (위에 언급된 『교훈』에서 발견되는 용어인) **"세상이 돌아가는 이치"**나 **"현재/장래의 신비"**에 맞춰 살지 않는 악한 자의 징벌에 대하여 말한다. 『의로운 자의 길』(4Q420–21)은 원래 지혜 문헌이었으나, 점차로 규율서에서 찾을 수 있는 자료들을 포함하면서 확장됐다. 이 문서는 검소하고, 겸손

하며, 충실하고, 의로운 삶에 대한 교훈을 제공하며, 또한 교사를
언급한다. 『교훈적 작품』(4Q424)은 배움이 될 만한 사람의 유형들
을 말해 주고, 동시에 (사기꾼, 불평하는 사람, 인색한 사람 같은) 이와는
다른 사람들과 교제하는 것을 경고한다. 『새벽의 자녀들의 현자』
(4Q298)는 지혜를 습득하는 것과 관련되어 있지만, 동시에 종말론
적 관점도 가지고 있다. 여기에서 1인칭으로 말하는 교사는 입문
자 또는 빛의 아들들(여기서는 **새벽의 자녀들** 또는 **이해력 있는 사람**이라고
함)이 배움을 확장하고, 정의를 행하며 겸손하게 행하도록 명한다.

　『현자의 노래』(4Q510-11)와 『시편 비경』(11QapocPs 또는 11Q11)에는
악령을 쫓아내는 주문이 포함되어 있으며, 후자에는 성경 시편 91
편이 포함되어 있다. 『현자의 노래』에는 교사를 위한 주문이 포함
되어 있으며, 다른 섹션에서는 하나님께 감사하고 그분의 능력과
기사를 선포한다. 다음과 같은 예를 볼 수 있다:

> ⁴나 교사(Instructor)는 [하나님]의 영광스러운 광채를 선포하여 또한
> 놀라고 멸망시키는 천사들의 ⁵모든 영들, 사생아들의 영들, 귀신
> 들, 릴리스(Lilith: 셈족 신화에 나오는, 황야에 살며 어린이를 습격하는 여자
> 악령—편주), 짖는 자들, [사막에 거주하는 자들]을 놀라게 하고 두렵게
> 한다. ⁶그리고 경고도 없이 사람들에게 내려와 그들을 이해하는
> 영으로부터 벗어나게 이끌며, 그들의 마음과 그들의 […] 현재 악
> 의 통치 기간 동안 ⁷황폐하게 만들고 빛[의] 아들들에게 예정된 굴
> 욕의 때, … ⁸[그]나 죄악으로 인한 굴욕의 시대에. (5Q510 frg. 1.4-

8; *The Dead Sea Scrolls: A New Translation*, 527)

6. 종말론 문서

종말론이라는 용어는 "마지막 때 또는 그때에 일어날 일들에
대한 연구"를 의미한다. 엣세네파, 특히 쿰란에서 살거나 만난 사
람들은 자신들이 세계 역사의 마지막 시대에 살고 있다고 믿었다.
따라서 분파 문서나 비분파 문서 할 것 없이 쿰란에서의 여러 비
성경 사본들에 종말론이 등장하는 것은 그리 놀라운 일이 아니다.
본서의 다른 지면(예, 『성전 문서』 및 **페샤림** 부분)에서 몇 가지가 이미
논의됐다. 그러나 일부 문서는 강력한 종말론적 관점을 특징적으
로 갖고 있기에 종말론적 문서라는 범주에 부합한다. 여기에서는
두 문서를 자세히 다룰 것이다.

6.1 『전쟁 규율』(또는 『전쟁 문서』)

이 작품은 종말론적 전쟁 중에 공동체가 어떻게 배치되어야
하는지에 대한 지침을 제공하기 때문에 규율서(規律書)이다. 그러
나 이 문서에서 다루는 주제를 볼 때, 『전쟁 규율』은 다른 규율서
보다 현저하게 종말론적이며 따라서 이 섹션에서 다루게 된다.

가장 잘 보존된 사본은 1QM("전쟁"을 의미하는 히브리어 **밀하마**
[*Milhamah*]에서 유래)이라는 약어를 사용하는 19개의 열로 구성된 필

사본으로 제1동굴에서 발견됐다. 이 문서와 관련된 8개의 필사본 파편이 제4동굴에서 추가로 발견됐다. 이 중 6개(4Q491-96)는 『전쟁 규율』의 필사본 또는 『전쟁 규율』을 기록하는 데 사용한 자료들일 수 있으며, 나머지 2개는 『전쟁 규율 유사 문서 A』(4Q497)와 『전쟁 규율 유사 문서 B』(4Q471)이다.

『전쟁 규율』은 종말론적 전쟁의 구도를 설명한 것으로, 여기에서 빛의 아들들인 "광야에 유배됐던 레위 자손, 유다 자손, 벤야민 자손"(1:2)들이 하나님의 편에 속한 공격자들이 된다. 그들은 어둠의 자식들을 대적하는데, 그들의 지도자는 벨리알(사탄)이며, 처음에는 이스라엘의 이웃이었던 에돔, 모압, 암몬, 아마도 아말렉과 블레셋 그리고 앗시리아의 깃딤(1:1-2)을 말한다. 그 후 전쟁은 이집트의 깃딤과 북방 왕들을 포함하면서 확장된다(1:1-4).

『전쟁 규율』은 마지막 전쟁(40년 동안 지속되는 7번의 전투)에 초점을 맞추고 있다. 이 전쟁은 하나님과 그의 천사들이 빛의 아들들 편에서 싸우고, 벨리알과 그의 영들이 어둠의 자식들 편에서 싸우는 하나님의 군대와 벨리알의 군대 간의 전쟁이다. 6번의 전투에서 두 군대는 동률을 이룬다. 빛의 아들들이 첫 3번의 전투에서 승리하나 어둠의 자식들이 그다음 3번의 전투를 이긴다. 마지막 일곱 번째 전투에서 하나님의 손이 적들을 압도하며 어둠의 자식들은 멸망한다(1:13-16).

<표 3. 『전쟁 규율』 개요(1QM, 4Q491-96)>

범위(열)	주제
1:1-15	1. 종말론적 전쟁에 대한 설명
1:16-2:15	2. 어둠의 자식들의 멸절과 전쟁 40년 동안 하나님께 대한 봉사
2:16-5:2	3. 나팔, 깃발, 방패
5:3-6:17	4. 사단(師團)의 무장 및 배치와 기병의 배치
7:1-7	5. 군인 모집 및 연령
7:9-9:8	6. 제사장과 레위인의 업무
9:10-18	7. 전투 사단의 기동
10:1-15:3	8. 대제사장과 지도자들의 연설, 기도, 축복
15:4-18:9	9. 7번의 교전의 마지막 전투
18:10-19:8	10. 최종 승리에 대한 감사
19:9-14	11. 최종 전투 후 의식

여기에서 몇 가지 흥미로운 특징이 나타난다. 첫째, 성전 예배는 전쟁 중에도 계속될 것으로 기대되고 있다(2:1-6). 둘째, 그 전쟁은 40년 동안 계속될 것인데, 그중에는 안식년으로서 전투가 일어나지 않는 5년, 전체 회중이 전투를 벌이는 6년, 특별히 지정된 적들과 싸우는 "사단 단위의 전쟁"을 하는 29년이 포함된다(2:6-10).

마지막으로 이것은 성전(聖戰, holy war)이므로 여호수아의 여리고 정복 때와 마찬가지로 제사장과 레위인들의 역할이 부각된다. 대제사장과 다른 제사장들은 과거에 이스라엘을 승리케 하신 하나님의 승리를 암송하며 기도를 드리고 전쟁의 지도자들은 축복을 선포한다(7:9-15:3). "거룩한 천사들이 그들의 군대와 함께 있기"(7:6) 때문에 흠이 있거나 의식적으로 부정한 사람은 전쟁에 나설 수 없다. 최후의 승리를 위한 감사의 기도가 드려진다(18:10-

19:8). 그리고 마지막 전투 후에 치러지는 의식에서 대제사장과 다
른 제사장들과 레위인들이 부각된다(19:9-14).

6.2 『새 예루살렘 문서』

아람어로 기록된 『새 예루살렘 문서』는 쿰란에서 광범위하게
사용됐다(7개의 단편 사본이 남아 있음: 1Q32; 2Q24; 4Q554; 4Q554a; 4Q55;
5Q15; 및 11Q18). 이 문서는 **야하드**가 작성한 것이 아니라 주전 167/
66년에 시리아 왕 안티오코스 에피파네스가 성전을 모독했던 것
에 저항했던 유대인들이나 하스몬 시대(주전 150년에서 63년경 사이)에
대제사장직을 겸했던 하스몬 계열 유대 왕들을 대적했던 유대인
들이 저작했던 것으로 추정된다.

새 예루살렘(및 **성전**)이라는 용어는 사용되지 않았지만, 이 문서
는 명백히 마지막 때의 예루살렘과 그 성전을 다루고 있다. 이 문
서는 천국을 가이드 투어하는 형식을 취하고 있으며, 열방과의 최
후의 전투로 끝난다. 이 문서는 환상을 보는 사람(visionary)에게 보
여지고, 아마도 천사로 추정되는 그의 안내인이 읽어 주는 책이나
글에서 유래했다고 알려진다(11Q18 frg. 19.5).

저자는 미래의 예루살렘과 성전의 특징을, 몇 가지 세부 사항
및 그 치수와 함께 보여준다. 이 도시와 성전의 가장 두드러진 건
축적 특징은 거대한 규모에 있다.

새 예루살렘 밖에서부터 안내가 시작된다. 환상을 보는 사람
은 도시를 둘러싸고 있는, 12개의 성문이 있는 성벽의 크기를 본다

(『성전 문서』 39:12-13 참조). 각 성문의 이름은 야곱의 열두 아들의 이름을 따라 명명됐다. 따라서 새 예루살렘의 성문은 이스라엘 열두 지파의 재결합을 상징한다(겔 48:30-35 및 계 21:12-13 참조).

저자는 또한 새 예루살렘의 도시 블록, 주택, 대로, 거리, 식당, 계단 및 탑을 보여준다. 이 정도 규모의 구조는 이 도시가 대규모 순례자 그룹을 수용하도록 설계됐음을 시사한다. 따라서 마지막 날에 모든 민족이 찾아올 종말론적 예루살렘에 대한 예언자들의 비전을 이 하늘의 모델이 실현하는 역할을 한다.

종말론적 성전에 대한 묘사 또한 비슷한 패턴을 따라 기록됐을 가능성이 크다. 안타깝게도 그 건축, 치수, 건축에 사용된 귀금속, 성전 기물이나 성전 가구를 묘사하는 구절들은 거의 소실됐다. 반면에 제사장의 반차, 대제사장의 의복, 제사장의 활동 및 제물로 드려지는 동물의 도살과 유월절 및 기타 절기를 준수하는 것을 포함하는 성전에서 행해지는 의식에 대한 세부 사항들은 좀 더 잘 보존되어 있다. 그러한 구절들을 통해 엣세네파 **야하드**가 성전이나 제사장직 자체에 반대한 것이 아니라 당시 예루살렘 성전과 성전 지도자들에게 반대했던 것을 알 수 있다.

『새 예루살렘 문서』는 미래의 예루살렘에 대한 에스겔의 묘사(48:15-35)와 천상 예루살렘에 대한 요한계시록의 설명과 유사하지만 한 가지 중요한 차이점이 있다. (4Q554의) 손상된 마지막 열에는 다가올 왕국에 대한 예언이 포함되어 있는데, 이는 이방 국가와 이스라엘 간의 최종 전투로 이어지며 마침내 이스라엘의 승리로

마무리된다(『성전 문서』와 함께 이 문서는 이 문서가 부분적으로 본뜬 에스겔 40-48장의 종말론적 성전 및 예루살렘에 대한 설명과 요한계시록 21:9-22:7의 새 예루살렘에 대한 설명을 연결하는 전승의 일부가 된다):

> ¹⁴[… 일어날 것이다] ¹⁵그 대신에, 페[르시아 왕국이 있다. … 그런 다음 일어 날 것이다] ¹⁶그것을 대신하여 깃딤이. 이 모든 왕국이 하나씩 차례 로 나타날 것이다. […] ¹⁷수많은 거만한 다른 사람들이 그들과 함 께 […] ¹⁸그들과 함께 에돔과 모압과 암몬 사람들 […] ¹⁹바빌론 온 땅의 […] 아닌 […] ²⁰그리고 그들은 […] 때까지 네 후손들에게 악 을 행할 것이다. ²¹그 왕국의 모든 사람들 안에서. (4Q554 frg. 2 iii.14-21; *The Dead Sea Scrolls: A New Translation*, 562-63)

따라서 새 예루살렘은 열방과의 마지막 전투라는 맥락에서 등 장하며, 이것은 전체 문서가 가지는 종말론적 특성을 강조한다. 그 러나 이 섹션을 바르게 배치하면, 『새 예루살렘 문서』는 『성전 문 서』의 미래 예루살렘과 요한계시록의 천상 예루살렘과 차이가 난 다. 그들이 이상적인 미래 도시를 묘사하는 반면, 이 문서는 새 예 루살렘과 그 성전을 최종 전투 이전에 (그래서 마지막 때에) 배치한다.

6.3 『메시아 묵시록』

『메시아 묵시록』(4Q521)은 주전 1세기에 저작됐거나 필사된, 짧 지만 중요한 문서이다. 이 단편으로만 남아 있는 문서는 하나님을 지칭하기 위해 **아도나이**(Adonay, "주님")라는 용어를 사용하며 다음과 같은 특징을 보여준다: 책망(frg. 1); 메시아적 인물에 대한 긴 단락(frgs. 2+4ii); 최종 심판(7+5ii); 아담(frg. 8.6); "야곱의 축[복]"(8:7); 성전 기물들(8.8); "[제사장]과 그 모든 기름 부음을 받은 자"(8.9); "[메시]아의 손에 남겨진" 어떤 것(9.3); 다시 제사장직(11.5); 그리고 "[그왕]국"(12.1). 아래 발췌문은 최종 심판에 관한 것으로 하나님의 창조 능력, 축복과 저주, 그리고 죽은 자를 살리는 부활자를 언급한다:

> [1][…] [주께서 만드신 모든] 것을 보라, [2][땅]과 그 위에 있는 모든 것, 바다[와 [3]그 안에 있는 모든 것], 그리고 모든 호수와 시내를 보라. [4][… 너희], 주[님](Lord, "여호[와]") 앞에서 선을 행한 [모든] 사람은 [5]저주하는 자와 같이 하지 [말고 축복하]라. 그들은 죽을 운명에 처하게 될 것이다. 그 강이 [6]그의 백성들 중 죽은 자들을 [일으]킬 [때에]. (frgs. 7+5ii.1–6; *The Dead Sea Scrolls: A New Translation*, 531-32).

7. 『구리 문서』, 기타 기록 문서 및 비분파 문서

편의를 위해 비성경 사본들 중 나머지 문서들을 함께 묶어 다루도록 한다.

7.1 『구리 문서』

어떤 쿰란 문서들은 계약서, 영수증, 기록과 같은 증서의 성격을 가진 기록 자료다. 2개의 압연 판을 말아 놓은 두루마리로 발견된 『구리 문서』(3Q15)는 현재 암만에 있는 요르단 고고학 박물관(Jordan Archaeological Museum)에 보관되어 있다. 그것은 쿰란 동굴에서 발견된 사본들 중, 양피지 가죽이나 파피루스가 아니라, 약 1%의 주석이 혼합된 구리 금속에 쓰인 유일한 문서다. 금속이 너무 산화되어 두루마리를 풀어 볼 수 없는 상태였던 관계로, 두루마리를 수직면으로 절단해야 했다.

이 문서에는 다양한 금은 보물이 숨겨져 있는 65곳의 목록이 나와 있다. 이 목록의 진실성에 대해서 학자들 사이에 공통된 의견은 없다. 이 목록은 델로스의 그리스 신전 목록(주전 190-180년)과 유사하다. 더욱이 로마 시대에는 보관용 공공 기록들과 성전 보관용 기록들이 구리나 청동 판에 기록됐다. 일부 학자들은 『구리 문서』를 예루살렘에 있었던 헤롯 성전의 목록으로 보며, 주후 66-70년에 있었던 로마와의 전쟁 중에 숨겨진 보물을 나열한 것이라 생각한다(이 문서는 대략 주후 50-100년 사이에 새겨졌다). 이 문서에는 수많은 귀금속을 포함해 놀라운 양과 가치의 보물들의 목록이 나온다. 1962년 존 알레그로(John Allegro)가 그랬던 것처럼 그 보물들을 찾으려 시도한 탐험가들이 한둘이 아니었다는 점은 놀라운 일이 아니다. 그러나 그들 중 한 명도 성공한 사람은 없었다.

23번째와 24번째 보물 창고는 스가가 골짜기에 있다고 나온

다. 어떤 학자들은 **스가가**(수 15:61)가 쿰란 유적지의 고대 이름이라고 생각한다:

> [13]스가가 골짜기의 둑에서, 삼(?) [14]규빗을 파라: 은화 열두 달란트. [5:1]스가가 [골짜기][의] 수로 위에 [2]북쪽에, 큰 [돌] [3]아래에서, [삼] [4]규[빗]을 파라: 은화 일곱 달란트. (3Q15 4:13-5:4; *The Dead Sea Scrolls: A New Translation*, 215)

7.2 기타 기록 문서

대부분이 아람어로 된 여러 사본이 쿰란 제4동굴에서 발견됐다. 일부를 제외한 대부분은 분파 문서일 가능성이 높다. 이 문서는 엣세네파 **야하드**의 일상생활과 공동체의 경제 활동이나 조직을 파악하는 데 도움이 된다.

여기에는 『편지』(4Q242-43), 『증서』(345-47, 348, 359), 『채무 인정서』(344), 『장부』(352a, 354-58), 『곡물 장부』(351-53) 및 『필사 활동』(360)이 포함된다. 『장부』 하나는 그리스어로 기록되어 있어(350), 일상 업무 및 외부 공동체와의 경제 활동을 유지하는 데 그리스어가 중요하게 사용됐음을 보여준다. 호니라는 사람이 엘아자르에게 선물한 증서가 기록된 도기(ostracon) 하나가 1996년에 쿰란의 공동묘지 가장자리에서 발견됐다. 이 문서 8행에, **야하드**라는 단어가 포함되어 있을 수 있다. 이 단어는 분파 문서에 등장하므로, 이들을 쿰란 정착지와 연결시켜준다. 그러나 현 시점에서 텍스트가 깨져 있는 상태라 다른 학자들은 이 단어를 다른 단어(예, '땅')로 읽는다.

7.3 비분파 문서

비성경 문서들 중에서 비분파 기록을 구분하는 것이 쉬운 일은 아니다. 비분파 기록들에는 아람어로 된 약 150개의 문서들이 있는데, 이들은 엣세네 무브먼트와 그들의 초기 문헌들이 생성되기 이전인 주전 3세기에서 2세기 사이에 기록됐다. 여기에는 대부분의 새 **위경**이 포함된다.

이들 중 하나는 『다니엘 위서 A』(4Q243-44)로, 이 문서에서 다니엘은 벨사살 왕에게 노아와 홍수부터 시작해서 헬레니즘 시대(주전 323-31년)까지의 역사에 대한 개요와 그 후에 거룩한 왕국이 세워질 것을 설명한다. 여기에 **발라크로스**(*Balakros*: 초기 헬레니즘 시대의 여러 인물에 사용된 이름)와 같은 여러 이름이 제시된다. 『다니엘 위서 B』(4Q245)는 내용상 이스라엘의 내부 역사에 초점을 맞추지만, 『다니엘 위서 A』의 마지막 부분일 수도 있다. 그것은 족장 시대(카하트[Qahath])로부터 헬레니즘 시대(오니아스, 시몬)에 이르는 대제사장들의 목록을 제공하고 있으며, (다윗, 솔로몬, 아하시야를 포함하는) 왕들의 목록으로 이어진다. 최종적으로 악의 근절과 귀환이 일어날 것을 말한다:

Col. i 1[ ]**이야** 2] 및 무엇 3[…] 다니엘 4[…] 한 책이 주어졌다 5[… 레]

위, 카하트 [6][…] 북키, 웃찌, [7][… 사독], 아비아달 [8]힐[기]야, [9][…] 및
오니아스 [10][… 요내]단, 시몬, [11][…] 및 다윗, 솔로몬, [12][…] 아하시[야,
오아]스, [13]]. (저자의 번역)

제10장
쿰란에 연결된 무브먼트:
바리새파나 사두개파가 아닌 엣세네파

서론

본 장에서는 중요한 문제를 다루게 된다. 쿰란에서 발견된 많은 분파 문서를 기록하고, 이 분파 문서를 비롯한 여러 다른 문서들을 인근 동굴에 보관한 사람들은 누구였는가? 600개 정도의 비성경 문서들 중 적어도 절반, 아마도 그 이상은 특징적인 이데올로기나 용어를 사용하는 문서들이며, 따라서 이들은 **분파 문서**(*Sectarian scrolls*)라고 불리게 됐다.

이 책 전체에서 필자는 분파 문서와 관련된 그룹 또는 무브먼트를 엣세네(**야하드**) 무브먼트로 인식한다. 그런데 이것은 틀릴 염려가 없는 사실인가? 아니면 다른 초기 유대인 그룹이 분파 문서들을 작성하고 여러 다른 문서들을 수집했을 가능성도 있는가?

이렇게 복잡한 문제에 접근할 때, 학자들과 독자들에게 가장 잘 알려진 초기 유대인 그룹에서부터 논의를 시작하는 것이 좋은 방법이 될 수 있다. 이와 관련하여 고려해 볼 만한 몇 가지 가능성은 다음과 같다:

- 쿰란에서 발견된 사본들은 바리새파와 관련이 있었다.
- 그들은 사두개파와 관련이 있었다.
- 그들은 엣세네파와 관련이 있었다.

사해문서가 발견된 당시부터, 대부분의 학자들은 분파 문서가 담고 있는 견해가 엣세네파라고 불리는 유대인 그룹의 견해와 유사하다는 점에 동의했다. 엣세네파는 분파 문서를 비롯한 다른 문서들을 쿰란 주변 동굴에 보관했던 그룹이었다. 그러나 초기 유대교 그룹들은 때로 그 경계가 모호하다(John Collins, *Beyond the Qumran Community*, 124-25을 보라). 바리새인, 사두개인, 엣세네인, 심지어 기독교인이라는 이름표 사이에는 상당한 수준의 유연성이 존재한다. 또한 분파 문서에 제시된 여러 사항들이 여러 다른 그룹의 신념을 반영하기도 한다. 따라서 엣세네파 외에 다른 그룹을 고려해 보아야만 하며, 이런 작업이, 그동안 여러 학자들이 제안했던, 때로 인위적으로 보이는 분파 사이의 차이점들을 논의할 수 있는 가능성을 열어준다(참조, Steve Mason, "Essenes and Lurking Spartans" [2007], 219-61).

여기에 2가지 중요한 질문이 있다: 쿰란에서 발견된 두루마리는 바리새인들과 관련이 있었는가? 그리고 쿰란에서 발견된 두루마리는 사두개파와 관련이 있었는가?

1. 쿰란에서 발견된 문서들이 바리새파와 연결되어 있는가?

1.1 바리새파는 누구인가?

바리새파("분리주의자" 또는 "구별된 자들"을 의미함)는 유대의 종교적 무브먼트였으며, 때로 정치적 무브먼트이기도 했다. 그들은 원래 **하시딤**("경건한" 또는 "하나님을 향한 충성")으로 알려졌는데, 주전 165년경 시리아의 통치자 안티오코스 4세 에피파네스에 저항한 마카비 반란 중에 형성된 무브먼트였다.

쿰란 문서 외에 요세푸스의 저작들과 신약성경은 바리새파에 대한 2개의 주요 자료가 된다. 이 두 자료가 바리새파에 대해 완벽하거나 전적으로 신뢰할 만한 설명을 제공하는 것은 아니다. 신약성경은 (예수를 반대했던) 바리새인들을 부정적으로 묘사하고 있고, 요세푸스는 로마 독자들을 위해 글을 썼기 때문이다. 그럼에도 불구하고 이 두 문헌은 바리새파와 관련된 중요한 역사적 사건들을 알려주며, 바리새파의 이데올로기와 사회적 구조에 대한 세부 사항을 제공한다. 또한 이러한 자료들은 종파 두루마리에서 엣세네파 무브먼트의 역사에서 중요한 역할을 했던 유대인 그룹의 몇 가지 특징을 파악하는 데 도움이 된다. 바리새파의 사상과 전통은 미쉬나나 탈무드로 잘 알려져 있는 유대교 율법의 후대 편집물에도 남아 있다.

분명한 점 한 가지는 바리새파는 기록된 문서에 빈틈과 모호한 내용이 있음을 깨닫고, 그것을 항상 문자 그대로 받아들여서는 안 된다고 가르쳤다는 것이다. 성문법(成文法)은 구전법(口傳法)으로 보충되어야 했다. 구전법은 비기록 전승으로, 그들은 이것이 모세 시대부터 전해져 내려왔다고 믿었다.

1.2 요세푸스의 글에 나타난 바리새파

바리새파에 대한 최초의 직접적인 언급은 유대인 역사가 플라비우스 요세푸스(주후 37-100년경)가 유대에 있었던 세 분파, 곧 '철학 학파'인 바리새파, 사두개파, 엣세네파를 설명하면서 나온다 (『유대 전쟁사』 2.119-66; 『유대 고대사』 18.18-22).

요세푸스의 글에 바리새파에 대한 언급이 고르게 분포되어 있지는 않다. 주후 75년경에 기록된 『유대 전쟁사』에는 바리새파가 제한적으로 언급되어 있는데, 여기에서 바리새파는 엣세네파 및 사두개파와 대조된다. 그들은 "유대인의 세 유형의 철학 학파"(2.119) 중 하나이며, "가장 경건한 규율"(2.119)을 가졌고, 유대 율법을 매우 신중하게 해석했으며(2.162), (사두개파와 대조적으로) "서로 우호적이고, 조화를 이루기 위해 노력한다"(2.166).

『유대 고대사』(주후 93/94년에 완성)에서 바리새파는 더 중요한 역할을 하는 것으로 나온다. 이 책에서 요세푸스는 바리새파와 사두개파 사이의 긴장 관계를 지적한다. 바리새파는 "모세의 율법에 기록되지 않은 여러 관습을 … 조상들로부터 전해 받았다." 반면에 사두개파는 "우리 선조들의 전통에서 온 것이 아닌" "기록된 말씀에 있는 관습들"만을 인정했다(『유대 고대사』 13.297-98). 이 구전법 외에도 요세푸스는 바리새파가 "군중들에게 동맹으로 인정"받아 더 인기가 있었고, 반면에 사두개파는 부유한 사람들만 설득할 수 있어서 군중들의 지지를 받지 못했다고 전한다(『유대 고대사』 13.297-98).

　　인간의 의지와 신의 주권에 대해 바리새파는 "모든 것은 운명에 달려 있다"고 주장하면서도 "이런 일들에 끼치는 인간의 의지의 영향"을 부인하지 않는다(『유대 고대사』 18.13-14). 이것이 그들이 인기가 높았던 이유였다(『유대 고대사』 18.14). 바리새파는 "영혼에는 불멸하는 능력이 있다"고 믿었으며, 생전에 불의한 삶을 살았던 자들에게는 "영원한 형벌"이 있지만 의롭게 산 사람들은 "새 생명으로 재창조된다"고 믿었다(『유대 고대사』 18.14). 그들은 또한 미래에 있을 의인의 부활을 기대했다. "모든 영혼이 썩지 않으나" "오직 의인의 영혼만 다른 몸으로 옮겨지고 악인의 영혼은 영원한 형벌을 받게 된다"(『유대 전쟁사』 2.162). 신의 주권과 인간의 운명에 대한 바리새파의 견해를 요세푸스가 완벽하게 설명했다고 보기는 어렵겠지만, 적어도 바리새파의 특징을 사두개파의 견해와 차별화시키고자 했던 것을 알 수 있다.

정치적 측면에서 바리새파는 하스몬 시대와 헤롯 시대에 적극적인 역할을 수행했다. 요세푸스는, 하스몬의 통치자였던 요안네스 히르카노스(주전 134-104년 재위)에 대해, 엘아자르라는 사람이 히르카노스의 대제사장 자격에 대해 혐의를 제기하기 전까지 그가 바리새파의 제자였다고 설명했다(『유대 고대사』 13.291-92). 바리새인들이 엘아자르를 명예 훼손으로 고소하긴 했으나 히르카노스가 원했던 만큼 가혹한 형벌을 받아야 한다고 주장하지는 않았다. 이에 히르카노스는 바리새파가 자신을 충분히 지지하지 않는다고 여기고, 대신 사두개파를 후원하기 시작했다.

또 다른 사건은 살로메 알렉산드라가 남편 알렉산드로스 얀나이오스(주전 103-76년 재위)의 사망 후에 하스모니아 왕위에 오른 것과 관련이 있다. 살로메는 사두개파를 지지하던 것에서 바리새파와의 연합으로 옮겨갔는데(『유대 고대사』 13.401), 자신의 통치를 확고히 하고 대중적인 호소력을 가진 그룹에 자신의 정치적 기반을 다지기 위해서 그런 조치를 취했다.

그러나 헤롯 시대는 바리새파에게 그리 좋은 결말을 주지 못했다. 헤롯 대왕(주전 40/39-4년 재위)은 처음에는 그들을 호의적으로 대했다(『유대 고대사』 14.172-76; 15.1-4, 370). 그러나 후에 그들과 불화가 생겼고, 주전 4년에는 많은 바리새인들이 헤롯에게 희생됐다(『유대 고대사』 17.41-45, 149-67). 일부 바리새인들은 헤롯의 통치가 끝날 것이라 예언했는데, 이는 매우 도발적인 정치적 발언이었다. 이 소식이 전해지자, 헤롯은 그를 모반한 혐의로 기소된 모든 바리새인들

을 처형했는데, 심지어 자신의 가족도 포함되어 있었다(『유대 고대
사』 17.44). 이 시점 이후로 유대 정치에서 바리새파에 대한 언급이
줄었는데, 이는 헤롯의 보복 이후 그들이 정치적으로 몸을 낮추었
기 때문인 것으로 보인다.

요세푸스에 따르면, 바리새파의 특징은 (성문법과 함께) 구전법
전승, 신의 주권, 운명, 인간의 의지, 영혼의 불멸, 보상과 형벌이
있는 내세, 의인의 부활에 대한 믿음으로 요약해 볼 수 있다. 그들
은 민중에게 더 사랑받았고, 사두개파와 긴장 관계를 유지했으며,
주전 4년에 헤롯에 의해 많은 바리새인들이 처형되기 전까지, 적
극적으로 정치에 참여했다.

1.3 신약성경의 바리새파

신약성경에서 바리새파는 가장 중요한 유대인 그룹으로, 종종
예수와 그의 제자들의 반대자로 나타나 좋지 않은 인상을 준다.
바리새인들에 대한 신약성경의 기록은 요세푸스가 제시한 바리새
파 유대교의 모습을 확증해 주고, 나아가 이를 더 자세히 설명해
준다.

신약 저자들은 바리새인들이 모세의 율법을 준수하기 위해 구
전 전통을 보존했다는 견해를 지지한다. 복음서는 바리새인들을
"율법의 선생"으로 분류한다(마 5:20; 12:38; 15:1; 23:2-29; 막 2:16; 7:1, 5;
눅 5:17, 21, 30; 6:7; 11:53; 15:2; 요 8:3; 참조, 행 23:9). 그리고 그들을 모세
의 자리에 앉은 자들로 묘사한다(마 23:2). 마태에 따르면 많은 바리

새인들은 공개적으로 랍비라고 불리는 것을 선호했다(마 23:7). 신약성경 저자들에게 바리새파의 정체성은 모세의 율법을 가르치는 선생이며, 이 역할에 견고하게 고정되어 있다.

복음서에는 또한 바리새인들이 모세의 율법을 준수하는 것과 관련된 분쟁에 대한 언급도 있다. 예를 들어, 바리새인들은 안식일 준수(마 12:1-8; 막 2:23-28; 눅 6:1-5)와 식사 전에 손을 씻는 것(마 15:1-9; 막 7:1-3; 눅 11:38)과 이혼 문제(마 19:1-12; 막 10:10-12; 눅 16:18)에 대해 예수와 제자들의 견해를 인정하지 않았다.

또한 그릇을 씻는 것에 대한 바리새인들의 입장도 흥미로운 주제다. 제2성전 시대 후기에 대부분의 유대인들에게 있어 주요 쟁점은 의식적 정결이었다. 공관복음서에서 예수께서 바리새인들의 위선적인 모습을 보여주기 위해 그들이 그릇을 씻는 것을 비판했다(마 23:26; 막 7:4; 눅 11:39). 이 같은 구절들이 바리새인과 사두개인 사이의 차이점(모세의 율법이 어떻게 준수됐는지)에 대해 통찰력을 제공하지는 않지만, 모세의 율법을 준수하는 것이 바리새파의 특징 중 하나였다는 점을 확인시켜 준다. 초기 기독교 공동체 역시 바리새인들과 구별되는 정체성을 형성했다.

내세와 영적 영역과 관련하여 사도행전은 바리새파가 사두개파와는 반대로 죽은 자의 부활과 천사와 영의 존재를 믿었다고 보도한다.

[6]바울이 그중 일부는 사두개인이요 다른 일부는 바리새인인 줄

알고 공회에서 외쳐 이르되 "여러분 형제들아, 나는 바리새인이
요 또 바리새인의 아들이라. 죽은 자의 소망 곧 부활로 말미암아
내가 심문을 받노라." [7]그 말을 한즉 바리새인과 사두개인 사이에
다툼이 생겨 무리가 나누어지니 [8](이는 사두개인은 부활도 없고 천사도
없고 영도 없다 하고 바리새인은 다 있다 함이라.) (행 23:6-8 개역개정)

신약성경 저자들은 또한 바리새파를 사회적으로나 정치적으
로 효과적인 집단으로 묘사했다. 복음서는 팔레스타인(눅 5:17)을
넘어 더 멀리까지(마 23:15; 요 7:35) 그들의 영향력이 미쳤음을 암시
해 준다. 마가복음은 바리새인들이 예수와의 갈등 상황에서 헤롯
당과 음모를 꾸미는 것으로 묘사했다(막 3:6; 12:13). 이것은 그들이
권력자들에게 영향을 끼칠 수 있었다는 점을 암시한다. 사도행전
5:34에서 바리새인 가말리엘이 산헤드린의 지도자였다는 사실이
이 같은 점을 뒷받침해 준다. 가말리엘의 권고는 초기 기독교 운
동에 대한 산헤드린 정책에 결정적인 영향을 끼쳤다.

따라서 요세푸스와 신약성경은 바리새파가 모세의 율법을 준
수하기 위해 구전 전통을 보존하고 내세와 부활을 믿었으며 대중
적인 집단이었고 사회적, 정치적 영향력을 누렸으며 사두개파와
갈등 관계에 있었다는 데 동의한다.

1.4 사해문서의 바리새파

(a) 엣세네파(야하드)는 바리새파였는가?

엣세네파(야하드)를 바리새파로 보는 학자는 거의 없다. 비록 두 무브먼트가 일부 신념을 공유하기는 하지만, 다른 많은 점에서 둘의 견해가 일치하지 않는다. 오히려 바리새파가 유대 사회에서 **야하드** 무브먼트의 중요한 대적이었다는 점은 분명해 보인다.

야하드와 바리새파는 부활에 대한 믿음과, 부활 이후에 보상과 형벌이 있는 내세에 대한 믿음, 그리고 안식일과 기타 행사들에 대한 긴 규정이 있다는 점에서는(『다마스쿠스 문서』, 미쉬나, 탈무드 등에서 볼 수 있는) 유사성을 보인다.

지금으로부터 100년쯤 전에, 랍비 학자인 루이스 긴즈버그(Louis Ginzberg)는 바리새인들이 카이로 게니자에서 발견된(1896년) 상당 분량의 『다마스쿠스 문서』 필사본 2개를 썼다고 제안했다(1922년). 법률 부분(cols. 15-16 및 9-14)에 대한 연구를 마치면서 그는 "단 한 본문(단락)을 제외하고, … 우리 문서에는 바리새파의 율법책이 있다"고 결론지었다. 그러나 (조카와의 결혼에 대한) 한 가지 규정이 긴즈버그의 이론을 지지하지 않았다는 사실은 의미심장하다. 쿰란에서 문서들이 발견된 뒤에, 사울 리버만(Saul Lieberman)과 하임 라빈(Chaim Rabin) 같은 몇몇 학자들이 바리새인과 **야하드**를 동일시하는 것이 여전히 가능하다고 제안했지만, 오늘날 이 바리새인 가설을 따르는 사람은 거의 없다.

그 둘을 동일시하기에는 둘 사이에 너무 많은 차이점이 존재한다. **야하드**의 일부 율법은 바리새파들이 채택한 입장과 일치하지 않는다. 액체가 흐르는 것과 조카와의 결혼에 관한 부분을 예로 들 수 있다. 바리새파가 예정론을 믿었는지, 태양력에 따라 절기를 지켰는지, 의의 스승에 의해 바리새파가 시작됐는지, 감독자들이 있었는지 또는 재산을 공동으로 소유했는지 여부를 밝혀주는 증거는 존재하지 않는다.

바리새인과 **야하드**를 분리시키는 가장 강력한 증거는 핵심적인 여러 분파 문서가 바리새파를 **야하드** 무브먼트의 강력한 대적들로 취급하는 것에서 찾아볼 수 있다.

(b) 여러 분파 문서에 있는 바리새파의 명칭들

많은 문서들이 바리새파에게 모욕적인 명칭을 사용하는데, 이들 명칭은 그들의 주요 활동인 율법 해석에 초점을 맞추고 있다. 이런 명칭에는 **미끄러운 답변을 찾는 자들**(또는 **입에 발린 답을 찾는 자들**), **에브라임, 담을 쌓는 자들** 등이 있다.

미끄러운 답변을 찾는 자들. 이 명칭(문자적 의미는 부드러운 것을 찾는 자들; 잠 26:28과 단 11:32 및 11:21, 34 비교)은 『다마스쿠스 문서』(CD) 1:18; 『감사 찬양집』(1QHª) 10:34; 12:8; 『이사야 주석』(4Q163); 『나훔 주석』(『4Q169); 및 『카테나 A』(4Q177) 같은 분파 문서들에 나온다.

이 문서들은 미끄러운 답변을 찾는 자들이 언약을 어기고, 율법을 위반했으며, 엣세네 무브먼트와 그 초기 지도자인 의의 스승을 핍박했다고 기록한다. 특히 『다마스쿠스 문서』는 이들을 새 언약파의 초기 역사와 연관시킨다. 이 새로운 그룹과 그 지도자의 대적은 느부갓네살이 남유다를 멸망시킨 후 390년 뒤에, 그리고 의의 스승이 나타나기 20년 전에 등장했다:

이스라엘에 거짓말하는 물을 뿌린 **조롱하는 자**가 나타나서 그들을 인도하여 길 없는 광야에서 방황하게 했느니라. 옛적의 높은 산을 낮추고, 의로운 길에서 돌이키며, 조상들이 기업의 표시로 세운 경계선을 옮겨 언약의 저주가 그들에게 미치게 했느니라. 이로 인해, 그분의 언약을 파기한 자들을 보복하는 칼에 그들이 넘겨졌느니라.

그들은 **미끄러운 답변을 추구**했고, 허상을 선택했느니라(참조, 사 30:10). 그들은 율법을 어길 방법을 찾았으며(사 30:13), 가는 목을 선호했도다. 그들은 죄인을 무죄하다고 하고, 무죄한 자를 죄인이라고 했도다. 그들은 언약을 어겼고, 율법을 위반했도다. 그들이 무죄한 자를 죽이기 위해 공모했으니(시 94:1), 정결한 삶을 사는 모든 자들을 마음 깊이 미워했음이라. 그래서 그들은 난폭하게 그들을 박해했고, 백성들이 다투는 것을 보고 기뻐했느니라. 이 모든 일로 하나님은 그들과 그들의 일행에게 매우 진노하셨노라. 그들의 모든 행위가 하나님께서 부정하게 여기시는 것들이므로, 하나님께서 멸절하셨느니라. (CD 1:14-2:1; *The Dead Sea Scrolls: A New Translation*, 52-53)

이 적대적인 그룹은 『감사 찬양집』에도 언급되어 있는데, 많은 학자들이 스승 찬송이라고 믿는 두 찬송에 나온다. 첫 번째 찬송 (10:33-11:5)에서 기자는 "거짓 중재자들의 적의에서, 그리고 미끄러운 답변을 찾는 자들의 모임에서"(10:33-34) 자신을 구해 주신 하나님께 감사를 드린다. 그들은 그를 죽이려 했다(line 34-35).

미끄러운 답변을 찾는 자들은 『나훔 주석』(4Q169)에 가장 많이 등장하는데, 이는 실제 사람들의 이름을 언급하는 몇 안 되는 문서 중 하나다. 한 핵심 구절에서 예언자 나훔을 인용하고 해석한다:

> ¹**늙은 사자가 가는 곳마다 새끼 사자가 있다.** ²**[두려움 없이].** (나훔 2:12b)
>
> ['**늙은 사자**'는 데메]트리오스로, 그리스의 왕이며, 미끄러운 답변을 찾는 자들의 조언을 따라 예루살렘에 오고자 했다. ³[그러나 그 도성은] 안티오코스로부터 깃딤의 통치자들이 나타날 때까지 그리스 왕들의 손에 [넘어가지 않았다]. 그러나 그 후에는 ⁴[이방인들에게] 짓밟힐 것이다. […] (frgs. 3-4 col. i.1-4; *The Dead Sea Scrolls: A New Translation*, 245)

늙은 사자는 아마도 시리아 왕 데메트리오스 3세(주전 96-88/87년 재위)이고, 미끄러운 대답을 찾는 자들은 바리새인이며, 안티오코스는 안티오코스 4세 에피파네스(주전 168년에 예루살렘을 약탈한 왕)

이고, 깃딤은 로마인이다. 요세푸스는 데메트리오스가 하스모니아 왕 얀나이오스의 대적들(여기에 분명 바리새파가 포함되어 있었을 것임)에게 부추김을 받아 유다를 공격하게 됐다고 기록했다(『유대 전쟁사』 1.92-114 및 『유대 고대사』 13.376-418).

그러고 나서 『나훔 주석』은 나훔 2:12b("[그가] 그의 동굴을 [먹이로 채웠으며], 그의 굴을 찢어진 살로 채웠다")가 '진노의 사자'(얀나이오스)를 가리켜 말하는 것이며, "그가 사람들을 산 채로 매달았었기 때문"에 미끄러운 대답을 찾는 자들(바리새인)에 대한 보복이라고 설명한다(lines 6-8). 이것은 얀나이오스가 바리새인 800명을 십자가에 못 박았으며, 그들은 십자가에서 자신들의 아내와 자녀가 학살당하는 것을 지켜봐야만 했다는 요세푸스의 기록을 확인시켜 준다(『유대 고대사』 13.379-80). 얀나이오스는(폭력적인 통치 후) 죽기 직전에 아내 살로메 알렉산드라에게 그녀의 통치를 공고히 하기 위해서 바리새인과 화해하라고 조언했다(『유대 고대사』 13.401).

에브라임. 『나훔 주석』(4Q169)은 또한 에브라임과 미끄러운 대답을 찾는 자들이 동의어임을 분명히 한다. 나훔 3:1에 있는 예언자의 말("화 있을진저 피의 성이여 그 안에는 거짓이 가득하고 포악이 가득하며 탈취가 떠나지 아니하는도다", 나 3:1)에 대해 **페쉐르**(주석)는 "이는 에브라임의 도시라, 마지막 날에 미끄러운 대답을 찾는 자들, 거짓과 속임수로 행동하는 이들"이라고 설명한다(frgs. 3-4 ii line 2).

에브라임은 호세아 5:14에 대한 암시일 가능성이 높지만 여기서는 알렉산드로스 얀나이오스가 바리새인들을 대하는 방식을 언급하는 것으로 해석됐다. 에브라임과 유다는 전통적으로 솔로몬이 죽은 후 분열한 북왕국과 남왕국을 지칭하는 표현이다(사 7:17). 그러나 저자는 에브라임을 바리새인들이라는 집단에 적용했다. 이 같은 접근 방식은 『다마스쿠스 문서』(7:9-15)에서도 볼 수 있는데, 유다에서 에브라임이 분리된 것을 바탕으로 에브라임과 유다라는 명칭을 해석했다: 북왕국 이스라엘처럼, 에브라임은 율법에서 벗어나 자신들의 악함으로 인해 심판을 받는 자들을 가리켜 말하며, 유다는 엣세네파 자신들을 지칭한다.

담을 쌓는 자들. 바리새인을 지칭하는 이 명칭은 『다마스쿠스 문서』에 7회 나온다(CD 4:19[= 6Q15 frg.1.1]; 8:12, 18[두 번]; 19:24, 31). 여기서 그들은 성소를 훼파하고 용납할 수 없는 결혼을 허락하는 자들이다. 여기에는 "월경 기간 동안 여자와 동침"(CD 5:6-9) 및 조카와의 결혼(CD 5:9-11)과 같은 잘못된 정결 관행이 포함된다. 조카와의 결혼 금지는 레위기 18:12-14에서 유래한다. **야하드**의 입장에서는 이러한 정결 관련 문제로 인해 담을 쌓는 자들이 부정하게 됐다. **담을 쌓는 자들**이라는 용어는 성문법 주위에 구전법으로 담이나 울타리를 쌓는다는 랍비 전승을 가리켜 말하는 것으로, 성문법이 잘 준수되는 것을 확실히 하는 차원에서 추가로 제정된 법들을 말한다(미쉬나 『아보트』 1.1을 보라). 바리새파가 랍비의 조상이었기 때문에 『다마스쿠스 문서』에 나오는 담을 쌓는 자들은 바리새파일 가능성이 크다.

2. 쿰란에서 발견된 문서가 사두개파와 연결되어 있는가?

2.1 사두개파는 누구였는가?

사두개파("올곧은 자들"을 의미함)는 주전 2세기 전반에 형성된 또 다른 유대교 무브먼트였다. 그들은 아론의 아들 엘르아살(압살롬의 반역 때 다윗을 도왔고 솔로몬을 왕좌에 앉히는 데 도움을 준 사람)의 후손인 제사장 사독의 혈통이라고 주장하는 제사장 집단이었으며, 그래서 사독인들이라고도 불렸다. 사두개파는 다양한 종교적, 정치적 역할을 수행했으며, 무엇보다도 성전을 담당했다. 주전 516년에 예루살렘 성전이 재건된 후, 성전은 유대교에서 예배와 사회의 중심이 됐으며, 제사장들은 엘리트 지위를 갖게 됐다. 제사장들은 성전에서 제사를 드리고 예루살렘을 순례해야 하는 3대 절기(유월절, 칠칠절, 초막절)에 제사를 감독하는 의무를 담당했고, 그로 인해 그들의 지위가 강화됐다. 사독의 후손으로서 사두개인들은 제사장 사독 가문과 성전의 권위를 보존하기 위해 노력했다. 대부분의 제사장, 대제사장, 귀족들은 사두개파였지만 일부는 바리새파였고 다른 일부는 어떤 분파에도 속하지 않았다.

사두개파는 때때로 국가 행정을 담당하고, 세금을 징수하고, 국내 분쟁을 해결하고, 군대를 무장시키고, 로마인들과의 관계를 조정하는 등 다양한 분야에서 활동했다. 그들은 헬라식 관습을 수용하는 데 상당히 개방적이었는데, 이는 바리새파가 반대했던 사안이었다. 그들은 또한 민법과 종교법을 해석할 책임이 있는 일종의 대법원인 산헤드린에서 바리새파와 함께 참여했지만, 두 분파 사이에는 자주 불화가 있었다.

사두개파는 주후 70년에 제2성전이 파괴되면서 사라지게 됐다. 사두개파의 저작물은 하나도 남아 있지 않기 때문에, 우리가 그들에 대해 조금이나마 아는 것들은 요세푸스와 같은 초기 저자들의 기록과 신약성경 그리고 이후의 유대교 율법 편집서들(특히 미쉬나와 탈무드)에서 찾은 것들이다. 이 중 미쉬나나 탈무드 같은 저작들은 사두개파에 반대했던 바리새파의 유산이었다. 사두개파의 사상 중 일부는 카라이파(Karaites)라고 불리는 중세 유대인 분파에 남아 있었을 수도 있다.

바리새파는 기록된 율법이 구전 율법으로 보완되어야 한다고 가르쳤는데, 그들은 모세 시대 이후로 전해 내려온 일련의 전통을 믿었다. 반면에 사두개파는 구전법을 거부하고 성문법만 고집하여, 그 둘 사이에 갈등이 발생하기도 했다.

사두개파와 바리새파 사이의 여러 분쟁은 미쉬나의 소책자인 『야다임』("손")에서 찾아볼 수 있다. 주요 쟁점은 정결 의식이었다. 부정함으로부터 정결해지고, 다시 부정하게 되지 않기 위해 어떻게 해야 하는가? 나와 내 공동체를 부정하게 만드는, 피해야 할 것은 무엇인가? 사두개인들은 부정함을 피할 수 있는 방법에 대하여 더 엄격한 입장을 가지고 있었다. 바리새파는 사두개파가 외래의 영향에 민감하게 반응하기 때문에 그들을 전통적인 유대교의 반대자로 여겼다. 사두개인들은 기록된 율법(성경)만이 권위가 있다고 믿었고, 바리새인들은 다른 책들도 어느 정도 가치가 있고 참고할 수 있다고 주장했다.

> 사두개파는 말하기를, "바리새인들이여, 우리는 당신들에게 불만을 호소한다. 당신들은 (권위 있는) 성경은 손을 더럽히지만 호메로스의 글(또는 세속적인 글)은 손을 더럽히지 않는다고 말하기 때문이다." (미쉬나 『야다임』 4.6; Trans. Lawrence Schiffman, *Texts and Traditions*, 270)

또 다른 예는 다음과 같다: 부정한 용기에서 정결한 용기로 물을 따르면, 부정함이 전이되는가? 바리새파는 부정함이 전이되지 않는다고 가르쳤고(더 관대한 견해), 반면에 사두개파는 부정함이 전이 된다는 입장(더 엄격한 견해)을 견지했다(미쉬나 『야다임』 4.7을 보라).

사두개인들은 내세(來世)를 믿지 않았던 것으로 보인다. 내세에 관한 것은 토라에 (전혀 나오지 않거나) 거의 나오지 않기 때문이다. 죽음에서 부활하는 것에도 비슷한 입장을 취한다. 대신 사두개파는 성전과 성전 예식에 집중했다.

2.2 요세푸스의 글에 나타난 사두개파

요세푸스와 신약성경의 저자들은 바리새파에 비해 사두개파에 대해서는 별로 많이 언급하지 않았다. 요세푸스에 따르면, 두 번째 유대 철학파는 사두개파로(『유대 전쟁사』 2.119), 이들을 구분할 수 있는 3가지 특징이 있다. 첫째, 그들은 바리새파가 주장했던 구전 율법을 거부했다(『유대 고대사』 13.297-98). 둘째, 사두개파는 운명을 믿지 않고 자유 의지를 믿었다: "그들은 전적으로 운명론을 부인하며, 나쁜 행동을 행하거나 보는 것을 초월한 곳에 하나님을 위치시킨다. … 선과 악은 인간의 선택에 달려 있다"(『유대 전쟁사』 13.173). 마지막으로, 그들은 "영혼 불멸"과 "지하 세계에서의 형벌"을 부인하면서 사후 세계를 믿지 않았다(『유대 전쟁사』 2.165).

요세푸스는 또한 사두개파는 서로에게 사납고, 사두개파 이외의 사람들과 열띤 논쟁에 참여하는 것에 매우 빠르다고 묘사했다. 그는 사두개파의 요나탄이라는 사람이, 요안네스 히르카노스(주전 134-104년 재위)를 설득하여, 바리새인들이 연회에서 왕을 모욕했던 자를 엄중히 정죄하지 않았던 것은 결국 바리새인들이 왕을 무시한 처사였다고 믿게 했던 일을 언급한다(『유대 고대사』 13.294-96). 또한 사두개파는 하스모니아 왕가의 지원을 받았으나, 살로메 알렉산드라는 주전 76년 남편 알렉산드로스 얀나이오스의 사망 후 자신의 통치를 공고히 하기 위해 바리새파를 지지하도록 입장을 바꾸었다.

2.3 신약의 사두개파

사두개파는 신약성경에서 단 14회만 언급되며(복음서에서 9회, 사도행전에서 5회), 전반적으로 요세푸스의 설명을 보완해 준다. 사도행전 23:6-8에서와 같이 공관복음서는 사두개인들이 죽은 자의 부활을 부인했다는 사실을 확인해 준다(마 22:23; 막 12:18; 눅 20:27).

복음서에는 바리새인과 사두개인 사이의 관계가 덜 명확하다. 마가와 누가는 (부활과 관련하여) 사두개인에 대해 각각 1번씩 언급한다. 그러나 마태복음에서 그들은 예수에게 반대하기 위해 바리새인들과 협력한다(마 3:7; 16:1, 6, 11, 12). 그러나 예수가 부활에 관해 사두개인들에게 대답하신 뒤에, 바리새인들은 그 대답을 반박하려 하지 않고 다른 질문을 던진다(본서의 저자는 여기에서 사두개인들에 반박한 예수의 대답에 바리새인들이 암묵적으로 동의한 것으로 보고 있다—역주):

> ³⁴예수께서 사두개인들로 대답할 수 없게 하셨다 함을 바리새인들이 듣고 모였는데 ³⁵그중의 한 율법사가 예수를 시험하여 묻되 ³⁶"선생님 율법 중에서 어느 계명이 크니이까?" (마 22:34-36)

사도행전의 저자는 산헤드린에서 바리새인과 사두개인을 적대자로 묘사한다(행 23:6-8). 사두개인은 권력을 가진 정치 집단으로서, 제사장들과 성전 경비대 사이에서 영향력을 행사하며(행 4:1), 대제사장과 그 일행은 사두개인으로 분류된다(행 5:17).

요세푸스와 몇몇 신약성경 저자들에 따르면, 사두개인들은 내세나 부활을 믿지 않았다(요세푸스의 글에는 이것이 분명하게 나오지 않는다). 요세푸스는 또한 그들이 운명을 믿지 않고 자유 의지를 믿었다고 말하는데, 이는 정치적 능동주의라는 의미에서 복음서와 사도행전의 지지를 받는다. 요세푸스는 그들이 바리새인들이 장려한 구전 토라를 거부했다고 덧붙였다. 물론 복음서에는 분명하게 나오지 않는다(또한 주어진 맥락에서 그런 내용이 필수적이지 않다).

바빌로니아 탈무드의 몇몇 구절에서 사두개파가 바리새파의 부활에 관한 교리를 받아들이지 않았다고 나온다. 하지만, 이러한 자료들이 실제로 고대의 것인지 여부는 정확히 알기가 어렵다. 예를 들어, 『산헤드린』 90b에서 사두개인(히브리어 **미님**[*minim*] 또는 "이단자")은 랍반 가말리엘에게 질문한다. "거룩하신 분께서(송축받으실 그분) 죽은 자들을 부활시키실 것을 어떻게 입증할 수 있는가?" 가말리엘은 "토라에서, 예언서에서, 성문서에서"라고 대답하고 신명기 31:16, 이사야 26:19, 아가 7:9을 설명하며 거기에서 부활을 언급하고 있는 것으로 해석했다.

2.4 사해문서의 사두개파

일부 학자들은 엣세네(야하드) 무브먼트가 사두개파였다고 믿는다. 두 그룹은 유대교 율법에 대해 기본적으로 동일한 접근 방식을 사용했지만, 다른 근본적인 문제에서는 차이가 있었다. 일부 분파 문서들(예, 『일부 율법의 행위들』 같은 문서)에는 사두개파가 바리새파보다 **야하드** 무브먼트에 덜 위협적이었음을 시사한다. 그러나 **야하드**는 성전을 감독하고 제사를 지휘하는 제사장들(대부분 사두개파)에 반대했으며, 그들이 진정한 예배를 타락시켰다고 믿었다.

사해문서에는 사두개파라는 명칭이 언급되어 있지 않다. 그러나 이 그룹을 때로 **므낫세**로 지칭했던 것으로 보인다. 성경에서 에브라임과 므낫세는 시간이 지남에 따라 여호와를 따르지 않게 된 북왕국을 가리키는 반면, 유다는 여호와께 신실함을 지켰던 남왕국을 지칭한다. 엣세네파에게 에브라임과 므낫세는 유다(엣세네파 자신들)를 대적하는 적들을 지칭하는 강력한 명칭이 됐다(CD 7:13 비교).

에브라임은 『나훔 주석』(4Q169)에서 나훔 3:8-10을 해석하는 부분에 나온다. 나훔서의 예언은 이렇게 시작한다: "**너는 어찌 테베즈**(*Thebes*: 히브리어, 노-아몬[*No-Amon*])**보다 낫겠느냐 그는 나일**(*Nile*: 히브리어, **시내들**[*streams*]) **사이에 있다**"(3절). 『나훔 주석』 3-4번 단편에서는 **노-아몬**을 므낫세와 동일시하고, 그의 **시내들**을 므낫세의 귀족들과 동일시한다(iii, line 9). **노-아몬**의 동맹(나 3:9)은 "사악"하고 "분열적인 집단"으로 해석되며, 그들은 므낫세와 동맹을 맺은 것으로 해석된다(iv, line 1). 마지막으로, 나훔 3:10에서 **노-아몬**은 그의 귀족들을 포함한 전체 주민들과 함께 추방당한다. 『나훔 주석』은 다음과 같이 밝힌다: "이것은 마지막 날의 므낫세를 가리키며, 그의 왕국은 이스[라엘에서] 약화될 것이며 […] 그의 여인들과 유아들과 자녀들은 모두 포로가 될 것이요; 그의 전사들과 그의 귀족들은 칼에 [죽을 것이다 …]"(iv, lines 3-4).

『나훔 주석』에서 우리는 므낫세가 사회적으로 유명한 그룹이었다는 것을 알 수 있다(그리고 그들은 "왕국"을 가지고 있었다). 사두개파는 유명한 집단이자 알렉산드로스 얀나이오스 시대에 유대아 지방의 지배층이었다. 『나훔 주석』은 또한 사두개파가 사악하고 분열적인 집단이었다고 말해 준다. '분열적'이라는 평가는 요세푸스가 사두개인들에 대해 그들이 사납고, 열띤 논쟁에 참여하기를 열망한다고 평가한 것과 잘 어울린다(『유대 전쟁사』 2.166). 요컨대, 『나훔 주석』이 므낫세에 대해 말하는 사항들은 사두개인들에게 잘 맞아떨어진다. 하지만 『나훔 주석』에서 **므낫세**가 "사두개파"를 의미하는 것으로 보이게 하는 증거는 가능성이 높지만, 확실하다고 하기는 어렵다.

3. 쿰란 인근에서 발견된 문서들은 엣세네파와 연결되어 있다

사해문서가 발견된 직후부터 학자들은 이것이 엣세네 무브먼트와 관련이 있다고 생각하기 시작했다. 이런 연관성을 제안한 첫 번째 전문가는 엘레아자르 주케닉(Eleazar Sukenik)이었고, 곧이어 윌리엄 올브라이트(William Albright)가 그 뒤를 이었다. '쿰란 엣세네 가설'은 약간의 수정 과정을 거쳤지만, 대부분의 학자들은 현재까지 이 입장에 동의한다.

주케닉과 올브라이트는 어떻게 둘 사이에 이 같은 연관성을 도출할 수 있었는가? 그 답은 초기 그리스 로마 작가들의 엣세네파에 대한 다양한 묘사 및 이런 설명들을 중요한 사해문서들의 내용과 비교하는 데 있다.

고대 문헌에 나오는 엣세네파에 대한 묘사와 쿰란에서 발견된 주요 분파 문서들을 비교함으로써, 쿰란-엣세네 가설의 2가지 중요한 점을 다루게 될 것이다: (a) 쿰란 유적지 근처에서 발견된 문서들은 엣세네파 무브먼트와 연관이 있다. (b) 쿰란 공동체는 이 무브먼트의 한 분파였으며, 자신들이 가지고 있던 대부분의 문서들(혹은 문서들 전부)을 인근 동굴들에 보관했다.

3.1 엣세네 무브먼트와의 연관성(쿰란-엣세네 가설 I)

이 무브먼트를 엣세네파로 보는 첫 번째 이유는 고대 기록들에 나오는 엣세네파의 주요 특징이 분파 문서에서 발견되는 것과 일치하기 때문이다.

여러 고대 문서에 엣세네파에 대한 풍부한 설명이 남아 있다. 그 저자들은 이 초기 유대 '분파'에 매우 흥미를 가졌다. 주요 저술가들은 다음과 같다: 알렉산드리아의 필론(주후 20-50년경), 연장자 플리니우스(주후 23-79년), 플라비우스 요세푸스(주후 37-100년경), 디오 크리소스토모스(주후 40-120년경), 로마의 히폴리투스(주후 170-236년경). 엣세네파에 대한 이 같은 저작들이 상호 의존적인 문헌들이었는지, 아니면 이들 모두가 소실된 이전의 공통 자료를 바탕으로 기록했는지에 관해서는 학자들 간에 약간의 이견이 있다.

엣세네파는 주로 다음의 4가지 방식으로 묘사된다: 2개는 요세푸스(『유대 전쟁사』 2.119-61 및 『유대 고대사』 13.171-7; 18.18-22)가 기록했고 나머지 2개는 필론의 작품에서 찾을 수 있다(『모든 선한 사람은 자유롭다』 75-91 및 『가설: 유대인을 위한 변론』).

티베리우스 필론(Tiberius Philo)은 유대 지역 사안에 대해 상당한 지식을 가지고 있었으며, 적어도 한 번은 예루살렘을 방문했던 것으로 보인다. 플라비우스 요세푸스는 엣세네파에 대해 가장 많이 언급했으며 유대아 지역에서 태어나고 자란 유일한 저자였다. 그는 또한 엣세네파 공동체에 대한 개인적인 지식이 있다고 주장했지만(『생애』 1.10-12), 이것은 논쟁의 여지가 있다. 우리가 쿰란이라고 부르는 사해 서안에 있는 정착지를 요세푸스가 알고 있었다는 명확한 증거는 없다.

분파 문서들 중에서 엣세네파 무브먼트를 규명해 줄 수 있는 핵심 문서는 『다마스쿠스 문서』(CD)와 『공동체 규율』(1QS)이다. 이들을 엣세네파에 대한 다른 고대 기록들과 비교하면, 그들 사이에 다수의 유사점들이 발견된다. 예를 들어, 토드 비일(Todd Beall)은 그의 책 『요세푸스의 엣세네파 묘사』(*Josephus' Description of the Essenes*, 1988)에서 『공동체 규율』과 요세푸스의 저작 사이에 21개의 유사점을 언급했다. 그 가운데 몇 가지 주제가 두드러진다:

(a) 결정론(또는 운명론)

『유대 고대사』에서 요세푸스는 "엣세네파의 교리는 모든 것을 하나님의 손에 맡기는 것을 선호한다"고 기술했다(18.18). 좀 더 긴

단락에서 3개의 유대 종파의 운명에 대한 견해를 비교했다:

> [바]**리새파는** … 일부 사건들이 운명의 작용이라 말하지만, 모든 사건이 그런 것은 아니라고 주장한다. 다른 사건들에 대해서는 그 일이 발생할 것인지 아닌지는 우리 자신에게 달려있다고 한다. 그러나 **엣세네 분파는** 운명이 모든 것의 주인이며, 운명의 명령에 부합하지 않는 한 어떤 일도 사람에게 닥치는 법이 없다고 선언한다. 그러나 **사두개파는** 운명을 배제한다. 그들은 운명은 존재하지 않으며 인간의 행동은 운명의 명령에 따라 이뤄지는 것이 아니라 인간 자신의 능력 앞에 놓여있기 때문에, 우리 자신이 스스로의 안녕을 책임지는 것이며, 마찬가지로 자신의 경솔함으로 인해 불행을 겪는 것이다. (『유대 고대사』 13.171-73; Trans. Ralph Marcus, *Josephus*, 311, 313)

운명이나 결정론에 대한 믿음, 즉 하나님이 역사의 경로를 미리 정하셨다는 믿음은 『다마스쿠스 문서』(CD), 『공동체 규율』(1QS), 『감사 찬양집』, 『전쟁 규율』, 『창조의 시대』(4Q180)와 여러 **페샤림**을 포함한 다수의 분파 문서들에 두드러지게 나타난다. 그들은 선과 악이 함께 존재하는 이유에 대해 하나님께서 모든 것을 창조하셨을 뿐만 아니라, 그의 창조 세계에서 일어날 모든 일들을 미리 결정하셨다고 설명한다. 『공동체 규율』(1QS 3:15-16)에 나오는 놀라운 한 구절은 현재와 미래의 모든 것이 지식의 하나님에게서 비롯된다고 말한다(line 15). 심지어 인간의 행위들도 하나님께서 미리 예정하셨으며, 하나님께서는 두 부류의 사람들을 위해 두 영(하나는 진리의 영, 다른 하나는 거짓의 영)을 세우셨다:

> ¹⁷또 사람을 창조하사 세상을 ¹⁸다스리게 하시고, 그들을 위해 두 영을 정하여 정하신 때까지 그 안에서 행하게 하셨으니 이들은 진리와 거짓의 ¹⁹영이라. 정직한 성품과 운명은 빛의 거처에서 비롯됐으며, 비뚤어진 것들은 어둠의 샘으로부터 나왔다. (1QS 3:17-19; *The Dead Sea Scrolls: A New Translation*, 120)

(b) 내세와 부활

초기 히브리어 및 아람어 문서와 그리스어 및 라틴어 문서 사이에는 내세(사후 세계)가 의미하는 바에 차이가 있다. 그럼에도 불구하고, 고대 문헌들은 엣세네파가 영혼 불멸성과 내세 및 (아마도) 육신의 부활을 믿었다는 것을 분명하게 보여준다. 우리가 예상할 수 있듯이 이 고대 저자들이 이런 모든 세부 사항에 동의했던 것은 아니다.

요세푸스는 엣세네파가 영혼이 "불멸하며, 의의 보상을 얻기 위해 노력하는 것이 필요하다고 여긴다"고 말했다(『유대 고대사』 18.1). 그들은 육신은 썩을 수 있지만 영혼은 불멸하며, 영혼은 육신의 감옥에 갇힌 채, 육신에서 해방되어 천국에 올라가기를 기다린다는 사상을 견지했다:

[154]그들 사이에는 이러한 견해가 끈질기게 유지되는데, 우리의 육체는 썩기 마련이며 그 물질은 영원하지 않지만, 우리의 영혼은 영원히 지속된다고 믿는 것이다. 그들의 영혼은 가장 순수한 정기(精氣)에서 발생했기 때문에 마치 어떤 마법에 의해 홀리는 것처럼 육신의 감옥에 끌려들어가 얽매이게 된다. [155]그러나 육신의 구속에서 해방되면, 마치 오랜 종살이에서 해방된 것처럼 그들은 기뻐하며 공중에 떠오른다. (『유대 전쟁사』 8.154-55; Mason, *Judean War*, 123-24)

선한 자들의 영혼은 죽음 이후 바다 저편 너머에 비나 눈도 내리지 않고 더위에 짓눌리지도 않는 집에 들어간다. 그러나 악인들의 영혼은 어두운 구덩이로 가서 끝없는 형벌을 받게 된다(『유대 전쟁사』 2.155).

로마의 히폴리투스는 엣세네파가 "영원한 벌을 받을 심판과 우주의 화염"을 언급했다고 말했다(『모든 이단에 대한 반박』 27). 그는 엣세네파 또한 부활을 믿었다고 기술했다:

부활 교리도 그들 사이에서 지지를 받았는데, 그들은 육신도 다시 일어나고, 이미 불멸한 영혼과 같이 육신도 불멸할 것이라 인정하고 있다. 그들은 영혼이 육신에서 분리됐을 때 다른 곳으로 옮겨지는데, 그곳은 바람이 잘 통하고 빛이 가득한 한 곳으로, 거기에서 심판 때까지 안식하게 된다고 한다. 그리스인들은 이 장소에 대한 소문만 알고 있었는데, 그것을 '축복받은 섬'이라고 불렀다. (par. 27; Goodman, *Classical Sources*, 73)

야하드는 마지막 때를 다루는 종말론적 문서를 많이 기록하고 사용했다. 그들의 문서에는 그들이 영혼의 불멸, 내세, 육신적 부활을 믿었다고 말하는데, 이는 그들이 요세푸스와 다른 초기 작가들이 묘사했던 엣세네 공동체였거나, 엣세네파 무브먼트의 일부였다는 점을 나타내 준다.

(c) 공동체 또는 무브먼트 입회

여러 고대 작가들처럼 요세푸스는 진리와 의 또는 구원을 추구하는 사람들이 가입할 수 있는 종교 단체 또는 '철학'에 매료됐다. 그는 엣세네파의 구성원이 되는 조건들을 기술했으며, 이 과정은 총 3년의 시간을 거쳐 정회원 자격을 얻게 된다:

[137]종파에 들어가고자 하는 사람들이 즉각적으로 허입되는 것은 아니다. 입회 청원자는 1년 동안 외부에서 기다린다. 이때 그에게 그들과 같은 삶의 방식이 제시되며, 그는 손도끼, 내가 언급했던 허리띠, 그리고 흰옷을 받게 된다. [138]이 기간 동안 자신의 금욕을 증명해야 하며, 그 후에야 그가 종파의 생활에 가까워지고, 한 차원 더 높은 정결 목욕(沐浴)에 참여하게 된다. 그러나 아직 친밀함까지 허락되는 것은 아니다. [139]변치 않는 참된 충성을 그가 보여

준 후에, 이후 2년간 그의 성품을 시험한다. 여기서 만약 합당하다고 여겨지면, 그는 완전히 일원으로 받아들여진다. 마지막으로 공동 식사에 손대기 전에, 형제들 앞에서 엄숙한 서약을 하게 된다. (『유대 전쟁사』 2.137-39; Goodman, *Classical Sources*, 73)

분파 문서 중에서 『공동체 규율』은 **야하드**에 입회하는 과정을 비슷하게 설명한다. 이 과정은 2년 동안 진행되고, 각 청원자가 완전한 회원 자격을 얻을 때까지 3가지 주요 단계를 거치게 된다: 1**단계**: 관리자 심사, 교육, 회원들에 의한 심사; **2단계**: 1년간의 준회원 자격, 추가 교육, 재산 인수, 식사에 대한 제한된 권리; **3단계**: 다시 1년 경과 후, 심사, 일반 회원의 음료를 만질 수 있는 권한 그리고 회원들의 승인에 따라 순결한 식사에 참여하는 것. 이 단계의 세부 정보는 다음과 같다:

[20]청원자는 **야하드**의 남자들 사이에서 두 번째 해가 지나기 [21]전에 정회원의 마실 것을 만져서는 안 된다. 두 번째 해가 지나면, 정회원들은 그의 사례를 검토해야 한다. 만약 그가 [22]**야하드**의 정회원이 되도록 정해지면, 그들은 율법의 토론, 판결, 순결한 식사 참여, 재산 혼합을 위해 그를 그 형제들 중에 적절한 지위에 등록시켜야 한다. 그 후에 **야하드**는 그의 조언과 판단을 [23]이끌어낼 수 있다. (1QS 6:20-23; *The Dead Sea Scrolls: A New Translation*, 126)

일부 학자들은 요세푸스와 『공동체 규율』이 서로 다른 절차를 기술하고 있다고 주장하지만, 우리는 그들이 동일한 절차를 묘사하고 있다고 합리적으로 결론지을 수 있다: 『공동체 규율』의 **1단계** = 요세푸스가 말하는 그룹 외부에 있지만 규칙에 따라 생활하는 1년; 『공동체 규율』의 **2단계**(+ 3단계의 "다시 1년 경과 후") = 요세푸스의 2년의 추가 검사; 『공동체 규율』의 **3단계** = 요세푸스의 최종 입회 및 영구적인 회원 자격 취득.

(d) 순결한 식사

요세푸스는 엣세네파가 공동 식사를 하기 전에 찬물로 몸을 씻어 자신들을 정화하는 방법에 대해 상세하게 설명한다. 또한 이 식사는 공식적인 절차를 따르며, 제사장이 주재하고 식사 전에 기도를 드린다:

> [129](오전 11시) 그들은 다시 한곳에 모여, 세마포를 두르고 **찬물에 몸을 씻는다.** 이 정화 후에 그들은 다른 견해를 가진 사람은 아무도 들어갈 수 없는 사적인 방에 모인다. 이제 그들은 자신을 깨끗이 했으므로, 마치 식당이 [일종의] 성소인 것처럼 식당에 다가간다. [130]그들이 묵묵히 자리에 앉은 후에 빵 굽는 자가 순서대로 빵을 제공하고, 요리사는 각 사람에게 한 접시씩 음식을 제공한다. [131] 음식을 먹기 전에 **그 제사장**이 기도를 드린다. 그 기도 전에는 어느 것도 맛보는 것이 금지되어 있다. 그가 아침 식사를 마치면 다

시 마치는 기도를 드린다. 이렇게 시작할 때와 끝낼 때에 그들은 생명의 후원자이신 하나님을 영화롭게 한다. (『유대 전쟁사』 2.129-31; Mason, *Judean War*, 106-8)

『공동체 규율』에 따라 사는 **야하드**에게 있어서, 정결을 위해 물에 들어가는 것은 순결한 식사(공동 식사)와 관련이 있다: "[13][사악한 자]는 '거룩한 자들'의 '순결한 식사'에 참여할 수 있도록 하는 물에 들어갈 수 없다. 그들의 사악함을 회개함 없이 [14]그들이 깨끗해질 수 없기 때문이다. 모든 범죄자들에게 불결함이 점착된다"(1QS 5:13-14). 또한 계층별로 정해진 절차가 있고, 제사장이 주재하며 음식을 위해 축복 (기도를) 한다:

[3]**야하드**에 속한 사람 열 명이 모인 곳마다 제사장이 항상 [4]있어야 한다. 남자들은 계급에 따라 순서대로 제사장 앞에 앉을 것이며, 그 순서로 어떤 사안에 대한 그들의 의견을 물을 것이다. 상을 차리거나 새 포도주를 [5]준비할 때에 제사장이 먼저 손을 내밀어 떡의 첫 몫이나 새 포도주를 축복해야 한다. (1QS 6:3-5; *The Dead Sea Scrolls: A New Translation*, 124)

(e) 침 뱉기 금지

『유대 전쟁사』에 기술된 엣세네파와 『공동체 규율』에 기록된 **야하드**에 대한 설명에서 작지만 중요한 유사점을 찾을 수 있다.

이러한 사소한 세부 사항들이 엣세네파 무브먼트에 대한 요세푸스의 설명에 신빙성을 더해 준다. 『유대 전쟁사』 2.147("또한 그들은 무리 가운데나 오른쪽으로 침을 뱉는 것을 피한다")과 1QS 7:13("많은 사람이 모인 회의에서 침 뱉는 사람은 30일 동안 벌을 받게 된다")을 비교해 보라.

(f) 기름 사용 금지

요세푸스는 엣세네파 사람들이 의식적으로 부정해지지 않기 위해 몸에 기름을 바르는 것을 피했다는 점에 주목했다: "그들은 기름을 부정함으로 여기며, 그들 가운데 어느 누구든지 기름과 우연히 접촉하게 되면 몸을 깨끗이 닦아내게 된다. 그들은 피부를 항상 말려 두고 흰옷을 입도록 주의를 기울인다"(『유대 전쟁사』 2.123; Goodman, *Classical Sources*, 39).

이것은 부정함이 액체를 통해 전달될 수 있다는 일부 분파 문서의 믿음과 일치한다(따라서 그릇이 부정하면 그 그릇에 담긴 기름이 부정해진다). 더욱이 『다마스쿠스 문서』에 보면, 나무 조각, 돌, 먼지에서 발견되는 기름 얼룩은 부정함을 전달한다(CD 12:15-17).

(g) 비밀 유지(비공개성)

요세푸스는 엣세네파가 그들의 독특한 믿음과 관습을 외부인들에게 밝힐 수 없었다고 말한다: "이에 더하여, 그는, 자신을 죽일 정도의 폭력이 행사된다 하더라도, 분파의 구성원들에게는 어느 것도 감추지 않으며 외부인에게는 어떤 것도 드러내지 않을 것을 맹세한다"(『유대 전쟁사』 2.141).

동일한 비밀 유지 규칙은 주요 분파 문서에도 나타난다. 『공동체 규율』("진리 곧 지식의 신비를 감추는 것", 1QS 4:6; 또한 9:16-19을 보라) 그리고 『다마스쿠스 문서』("관리자 앞에 나타날 때까지 아무도 그에게 규칙을 말할 수 없다", CD 15:10-11)에서 그 예를 찾아볼 수 있다.

(h) 엄격한 안식일 준수

『유대 전쟁사』에서 요세푸스는 엣세네파가 안식일 준수와 관련하여 다른 유대인 분파보다 더 엄격했다고 기술했다:

> 그들은 또한 다른 어떤 유대인보다 일곱째 날에 자신들의 일을 돌보는 것이 더 엄격하게 금지되어 있다. 그들은 이 날에 불을 지피지 않기 위해 음식을 사전에 준비해 둘 뿐만 아니라, 감히 물건을 옮기지도 않고 용변을 보러 가지도 않는다. (『유대 전쟁사』 2.147; Goodman, *Classical Sources*, 45)

안식일 준수는 일부 분파 문서에도 규정되어 있다. 예를 들어, 『다마스쿠스 문서』(10:14-11:18)의 규정은 이 무브먼트가 안식일 준수에 매우 엄격했음을 분명하게 보여준다.

(i) 부와 재산

고대 저자들은 엣세네파의 재산 공동 소유와 부의 회피에 깊은 인상을 받았다(예, 플리니우스, 『자연사』 5.73). 필론은 그들의 교류를 다루는 보다 긴 섹션에서 이것에 대해 상당히 자세히 설명한다:

[85]먼저, 어느 누구의 집도 개인의 것이 아니다. 모든 이들이 그 집을 나눠 가져서 그런 것이 아니라 그들이 공동체에 함께 거주하기 때문이다. 그들의 신념을 공유하는 사람이라면 어느 곳에서 오는 방문자라도 환영받는다. [86]둘째로, 그들은 하나의 금고와 공동의 지출금을 가지고 있으며, 그들의 옷과 음식은 공동 식사제도를 통해 공유된다. 다른 어떤 공동체에서도 집, 생활, 식사를 공유하는 관습을 이처럼 확실하게 실질적으로 실천하는 것을 찾아보기 어렵다. 그것은 누군가의 예상을 넘어서는 것이 아니다. 하루 일과로 번 모든 임금을 그들은 사유재산으로 소유하지 않고 공동 기금에 넣어 그로 인해 발생한 혜택을 원하는 사람들이 공유하도록 한다. [87]병에 걸린 환자들은 아무것도 제공할 수 없기 때문에 방치되는 것이 아니라, 공동 기금에 이미 준비된 치료비가 있어서 그들은 그 비용을 더 큰 재산에서 안심하고 지출할 수 있다. (*Every Good Man Is Free*, 85-87; F. H. Coloson, *Philo IX*, 59, 61)

요세푸스도 부와 공동 생활에 대한 엣세네파의 태도에 대해 찬사를 보낸다:

[122]그들은 재물을 경멸하며, 그들의 공동 생활은 존경할 만하다.

그들 가운데 다른 사람보다 더 큰 재산을 가진 사람을 찾는 것은 헛된 일이다. 참으로 분파에 들어가는 사람들은 그들의 재산을 교단에 넘겨주는 것이 법이다. 그러므로 가난의 굴욕도 부의 교만도 그들 가운데 어디에서도 볼 수 없다. 그들의 소유물이 섞여 있기 때문에 그들 모두에게는 형제들처럼 단 하나의 재산이 존재한다. ⋯ [127]그들은 자기들끼리는 아무것도 사고팔지 않는다. 각 사람은 자신이 가지고 있는 것을 필요로 하는 사람에게 그것을 주고, 무엇이든 자기가 필요한 것으로 되돌려 받는다. 그리고 그들은 어떤 대가도 주지 않고 원하는 누구에게서든 자유롭게 받을 수 있다. (참조, 『유대 전쟁사』 2.122, 127; 『유대 고대사』 18.20; Goodman, *Classical Sources*, 39)

재산의 공동 소유는 일부 분파 문서에서도 나타난다. 앞서 보았던 것처럼, 『공동체 규율』에 묘사된 폐쇄된 공동체에는, 수습 기간부터 **야하드**의 정회원이 되기까지의 절차가 있다(CD 6:13-23). **2단계**에서 후보자의 재산이 공동체에게 인계되지만 "아직 일반 회원 재산과 함께 지출되지는 않는다"(line 19-20). **3단계**에서 정회원 자격에는 "재산의 혼합"이 포함된다(line 22). 개인 재산을 공동으로 소유하는 이유는 『공동체 규율』 앞부분에 나와 있다: "그분의 진리에 동참하는 모든 자들은 자신들의 모든 **지식**과 **힘**과 **부**를 하나님의 **야하드**에게 가져와야 한다"(1QS 1:11-12). 이 어구는 "너는 **마음**을 다하고 **뜻**을 다하고 **힘**을 다하여 네 하나님 여호와를 사랑하라"(신 6:5)는 성경의 명령을 의도적으로 상기시킨다. 그러므로 자신의 재물을 바치는 것은 온 힘을 다해 하나님을 사랑하는 것이다.

대부분의 사람들에게는 부와 재산을 풀어 놓는 것이 현실적이지 않았다. 여러 도시나 마을 안에 공동 '캠프'라는 것이 있었고, 거기에서는 분파의 구성원들이 가족과 함께 살면서, 공동체 밖에서 일했는데, 『다마스쿠스 문서』는 공동 '캠프'의 경우에 해당하는 다른 규칙을 제시했다:

> [12]**이것은 일반 회원의 모든 필요를 충족시키기 위한 규정이다.** '감독관'에게 [13]매월 최소 이틀치의 급여가 지급된다. 그러면 재판관(사사)들이 [14]그 얼마를 그들의 고아들을 위해 주고, 얼마는 가난한 자와 궁핍한 자와 [15][나이가 들어 굽은] 노인들, 피부병을 앓는 사람, 누구든 다른 나라에 잡혀간 사람, 아무도 신경 쓰지 [16][않는 소녀], 같은 편이 없는 소년에게 줄 것이다. 공동체의 사업에 대해서는 이렇게 하여 [17][공동체 가족이 끊어지지 않아야 한다.] (CD 14:12-17; *The Dead Sea Scrolls: A New Translation*, 76)

(j) 결혼과 독신

예상할 수 있는 것처럼, 이 주제는 고대 저자들과 분파 문서에서 복잡하게 제시된다. 고대 저자들은 대부분의 엣세네파가 독신주의였다는 인상을 주지만 한 가지 예외가 있다(아래 참조). 필론도 그들이 "완벽한 절제를 명령함과 동시에 결혼을 금지했다. 실제로 엣세네인들은 여성을 받아들이지 않는데, 여자들이 이기적이기 때문"이라고 말한다(『가설』 11.14; Goodman, *Classical Sources*, 29). 플리니우스도 사해 해안 인근의 엣세네파는 "여자가 없고 모든 성적 관심을 포기한 고립된 부족"이라고 말했다(『자연사』 5.73). 또한 요세푸스는 이들을 다음과 같이 설명한다:

> [120][엣세네파]는 육체적 쾌락을 악으로 여기고 절제와 정욕에 굴복하지 않는 것을 미덕으로 여긴다. 그리고 그들은 비록 결혼을 경멸하지만 외부인의 자녀를 입양한다. … [121]그들은 결혼이나 그로 인해 발생하는 계승을 폐하지 않은 채, 여자들 중 어느 누구도 한 남자를 향한 충실함을 지키지 못한다는 확신을 가지고, 여자들의 음탕한 행위로부터 자신을 보호한다. (『유대 전쟁사』 2.120-21; Mason, *Judean War*, 97-100)

엣세네파 사이의 결혼 문제는 책 한 권을 채울 만큼 복잡하지만, 짧게 정리하면, 쿰란에 있던 사람들은 비혼주의 남성들이었던 것으로 보인다. 이것은 그들의 묘지에서 확인된다. 물론 아주 적은 수의 여성이 분파에 의해 매장된 것으로 보이는데, 이는 매우 특별한 경우라 할 수 있다. (쿰란 매장지에 후기에 매장된 유해들에는 여성들과 아이들이 포함되어 있다.)

또한 『공동체 규율』과 같은 문서는, 결혼에 관해 직접적으로

다루는 법률을 포함하고 있지는 않으나 남성 독신주의 그룹을 위
한 규율들인 것으로 보인다. 이 엣세네파 **야하드**는 자신들이 항상
거룩한 상태에 있다고 보았으며 여성과의 접촉을 금지하고 있었
다:

- 매월 있는 월경이 의식적 부정을 초래하기 때문에 여자들로부터
  격리함.
- 거룩한 전쟁을 준비함(삼하 11:13과 비교. 우리아가 그의 아내와 함께 자러
  집에 가지 않음).
- 하나님의 계시에 항상 준비됨(출 19:14-15, 모세가 백성을 성별함: "사흘
  을 예비하고 여자를 가까이 하지 말라").
- 제사장들은 영원히 거룩한 상태를 유지함(삼상 21:4, 다윗의 부하들이
  여자를 가까이 하지 않은 경우에만 거룩한 빵을 먹음).
- 끊임없이 천사들과 함께함(『안식일 희생 제사 노래』).

　그러나 엣세네 무브먼트의 여러 그룹에 기혼자 회원들이 있었
다는 강력한 증거가 있다. 요세푸스는 엣세네파의 기혼자들의 "관
례/제도"(order)에 대해 기록했는데, 그 수가 적지 않았을 것으로
보인다. 요세푸스와 필론은 엣세네파에 대략 4,000명의 남성들이
다양한 지역에서 살고 있었다고 추정했기 때문이다(『유대 전쟁사』
2.124; 『유대 고대사』 18.20; 『모든 선한 사람은 자유롭다』 7; 『가설』 11.1).

[160]엣세네파에도 다른 관례가 있다. 규정, 관습 및 법적 문제에 대해서는 서로 의견이 일치하지만 결혼에 대해서는 의견이 분분하다. 그들은 결혼하지 않는 사람들이 삶의 가장 큰 부분인 (혈통의) 계승 등을 차단하게 된다고 생각했다. 만약 모두가 같은 방식으로 생각한다면 혈통은 얼마 못 가 사라지게 될 것이다. [161]확실히 신부를 3년 간격으로 시험한다. 아이를 낳을 수 있는지에 대한 시험으로 세 번 정결 과정을 거치면, 그들은 신부들과 결혼한다. 그러나 그들은 임신한 부인들과 계속 성관계를 갖지 않음으로써 결혼의 필요성이 쾌락 때문이 아니라 자녀를 갖기 위한 것임을 나타낸다. 여자들이 목욕할 때에는 남자들이 허리를 가리는 띠를 [두르고] 목욕하는 것처럼 여자들도 몸에 옷을 두르고 목욕한다.

(『유대 전쟁사』 2.160-61; Mason, *Judean War*, 129-31)

『다마스쿠스 문서』와 『성전 문서』(참조, 45:11-12; 54:4-5)를 포함하여 여러 분파 문서(또는 **야하드**가 수용한 문서들)에서 가족을 언급한다. 예를 들어, 『다마스쿠스 문서』는 결혼하여 자녀가 있는, 캠프에 거주하는 회원들에게 지침을 제공한다(CD 7:6-9). 제4동굴에서 발견된 『다마스쿠스 문서』의 필사본에서 더 중요한 세부 사항을 찾아볼 수 있다. 누군가가 한 구성원에 대하여 이야기하는데, 그는 자신의 부인과 성관계를 하고, **어머니들**에 대해서 불평했다. 그 어머니들은 이 공동체의 삶에서 종교적인 역할을 감당했던 것으로 보인다:

¹²누구든지 규례를 ¹³어기고 **자기 아내와 동침하기 위해 접근**[하는] **사람**은 공동체를 떠나고 다시는 돌아오지 말 것이라. [누구든지] 아비들에 대하여 [불평하는 자는] ¹⁴회중을 [떠나] 다시 돌아오지 말 것이라. [그러나 만약] **어머니들에 대해** 불평하는 경우, 열흘 동안 배급량을 줄이는 고통을 받게 하라. 어머니들은 [회중들 안에서] 아비와 같은 지위를 ¹⁵가지지 못하기 때문이다. [이것이] 징계를 받는 모든 사람을 [판단하는] 규례다. (4Q270 frg. 7 i lines 12-15; *The Dead Sea Scrolls: A New Translation*, 77)

또 다른 제4동굴 필사본의 기록에는(4Q271; 또한 4Q270 frg. 5 lines 19-21 참조) 남자가 처녀 아닌 여자, 과부 또는 나쁜 평판을 가진 여자와 결혼할 수 있도록 허락받을 수 있는데, 그 여자가 '감독관'이 지정한, 자격을 갖춘 여성의 지도 아래 정결하게 되어야만 가능했다. 여기에서도 여성들이 종교적 역할을 했던 것으로 보인다. (참고: 텍스트가 매우 단편적이므로 4Q270의 일부 핵심 단어들은 굵은 글씨체로 표시했다.)

¹³어떤 남자도 그 같은 여자와 결혼할 수 없다. ¹⁴그런 **여**[자들]은 일반 회원을 총괄하는 '감독관'의 지명으로 선택된, 신뢰할 만하고 지식이 있는 ¹⁵**여**[자들] **아래서 감독을 받아야만** 하며, 그러고 난 후에야 그 남자는 그 여자와 결혼할 수 있다. …. (4Q271 frg. 3.10-15, 여기서는 13-15; *Dead Sea Scrolls: A New Translation*, 67)

『회중 규율』(1Q28a)은 『공동체 규율』(1QS)의 부록으로 발견됐
다. 그러나 추가로 발견된 9개의 사본(4Q249a-i)은 독립적인 필사
본일 수 있다. 이 마지막 때의 **야하드**에는 여자와 아이들이 포함
되어 있다(1:5):

> ¹:¹이것이 마지막 때에 이스라엘의 온 회중이 [**야하드**와 함께하도록]
> 동원될 때에 지켜야 할 규례이다. ²그들은 사독의 아들들과 언약
> 의 사람들의 율법을 따라 살아야만 한다. 그들은 사람들의 [길로
> 행하기를 ³그]친 사람들이다. ⁴그들이 도착하면, 여자와 아이들을 포
> 함하여 새로 들어온 사람들이 모두 모여 ⁵언약의 [모든] 규례를 낭
> 독할 것이다. ⋯ ⁶⋯ [어린 시절부터] 각 소년은 ⁷'묵상책'(Book of Med-
> itation)으로 교육을 받아야 한다. ⋯ ⁸그리고 [스무] 살이 되면 [그는]
> 계급에 ⁹[편입되고] 그의 일족의 남자들 사이에 자리를 잡게 되어,
> 거룩한 회[중]의 일원이 될 것이다. 그는 [옳고] 그른 것을 ¹⁰분별하
> 는 때인 스무 살이 완전히 되기 전에 성관계를 위해 여자에게 접
> [근해서]는 ¹¹안 된다. 여자의 편에서는 결혼 행위로 성인 회원으로
> 받아들여진다. (1Q28a 1:1-11; *The Dead Sea Scrolls: A New Translation*, 137-
> 38)

마지막으로, 여성에 대해 그리고 엣세네 공동체에서 여성의
존재에 관한 논의에는, 순결 규정이 포함된 여러 중요한 분파 문
서들이 있다. 이러한 규정의 대부분은 신체 분비물과 관련이 있다.

예를 들어, 『정결 규례 A』(4Q274)는 월경 중인 여자에 대한 제한 사항을 정하고 있으며, 『정결 예식』(4Q284)에는 월경 후 여성을 위한 정화 의식이 포함되어 있어(frgs. 2 ii 및 3), 해당 여인이 분파 공동체에 속해 있었음을 시사한다. 본문은 음식과 7일을 언급한다. 아마도 그녀는 그녀의 생리 기간 동안 공동체의 순수한 음식을 삼가했을 것이다. 일곱째 날, 해가 지고 나서 (목욕 의식을 할 때) 여자는 분명히 축복 기도를 했던 것으로 보인다: "이스라엘의 하나님, 당신을 송축합니다. …"(frg. 2 ii line 5). 남성 인도자(아마도 제사장)의 응답이 3번 단편에 이어진다.

결혼과 독신 생활에 대해 언급한 고대 자료와 여러 분파 문서에 비추어 볼 때, 쿰란의 **야하드**는 엣세네파의 한 공동체로, 독신주의적 생활을 했던 것으로 보인다. 그러나 종말에 관한 그들의 신앙에는 남성, 여성, 어린이가 포함되어 있었다. 이들과 비슷하게 독신주의적이었던 엣세네파 공동체가 더 있었을 수도 있다. 그러나 대부분의 엣세네파는 결혼하여 자녀를 낳았으며, 이런 공동체에서 여성은 특정한 종교적 역할을 수행했던 것으로 보인다. 고대 저자들은 황무지에서 공동체로 살아가는 독신주의 엣세네파에 매료되어 이들에게만 과도하게 초점을 맞추었다. 필론과 요세푸스가 약 4,000명의 엣세네파가 있다는 점에 동의하는 것과, 엣세네파의 결혼하는 '관례/제도'에 관해서 요세푸스가 언급했다는 사실은 고대 문헌들이 궁극적으로 분파 문서의 가르침에 반대하지 않았다는 점을 시사한다.

3.2 쿰란의 엣세네 공동체(쿰란 엣세네 가설 II)

쿰란-엣세네 가설의 두 번째 항목은 쿰란에 있던 **야하드**가 엣세네 무브먼트의 한 분파였으며, 그들이 대부분의 사해문서들을 또는 사해문서 전부를 인근의 동굴들에 보관했다는 것이다. 이 견해를 더 뒷받침하기 위해 많은 학자들은 적어도 한 명의 고대 저자가 쿰란에 있었던 공동체를 언급했다고 주장한다. 이것은 어려운 문제이며 신중한 논의가 필요하다.

(a) 연장자 플리니우스의 『자연사』 5.73

연장자 플리니우스(주후 23-79년)는 로마의 행정관이자 군관리이며 학자였다. 그의 작품의 대부분은 유실됐지만 37권으로 된 『자연사』는 남아 있으며, 이 저작은 정보의 보고다. 플리니우스는 주후 77년경에 이 기념비적인 작품을 완성했으며 100개 이상의 출처에서 자료를 수집했다고 말했다(그의 출처 목록은 400개 이상이다). 그는, 머지않아 주후 79년에 황제가 될 로마 사령관 티투스에게 이 저작을 바쳤다.

유대아와 엣세네파에 관련된 자료는 제5권에 있으며, 플리니우스는 60개의 자료를 참고했다고 언급했다. 70번 단락에서 그는 유대아의 지리를 설명한 후 요단강과 사해에 대해 다루었다(71-74). 사해 지역에 대한 플리니우스의 논평에는 다음과 같은 유명한 구절이 있다:

[사해의] 서쪽으로, 엣세네인들은 자신들에게 해를 끼치는 곳에서 충분히 멀리 떨어진 해안으로 도망한다. 이들 무리는 매우 독특하며 이 세상 다른 모든 종족들보다 놀라운 존재로, 여자가 없고 모든 성적인 관심을 버렸으며, 돈도 없이 종려나무 가지와 함께 살고 있다. 그들의 회중은 새신자의 인파로 날마다 다시 태어난다. 사람들은 자신들의 요동치는 운명과 삶에 지쳐 그 공동체가 가진 삶의 방식을 따라 가기 위해 그곳에 모인다. 참으로 놀랍게도, 수천 세대 동안 아무도 태어나지 않는 공동체가 영원히 지속된다! 따라서 그들의 삶에 대한 사람들의 재고(reconsideration)가 (또는 그런 삶으로부터의 돌이킴이) 그들에게는 열매가 된다. (『자연사』 5.73; Mason, "Historical Problem of the Essenes," 219)

플리니우스의 설명은 그가 그 공동체를 전적으로 찬동하는 것이라기보다 그들의 당혹스러운 매력을 표현한 것으로 보인다. 그는 몇 가지 중요한 점에서 필론과 요세푸스의 설명에 동의한다: 엣세네파는 유대아의 고대 집단으로 여성이 없고 사적인 재산을 허용하지 않으며 고립된 삶을 살고 있다. 이 그룹은 삶에 지치고 환멸을 느낀 신규 입문자들을 모집하여 지속적으로 새로운 구성원을 확보한다. 플리니우스의 『자연사』에서 유대아에 관한 설명은 다음과 같이 마무리된다:

이 아래에[또는 **내 목록의 다음 것**, 라틴어로 *infra hos*]는 예로부터 예루

살렘 다음으로 비옥함과 종려나무 숲으로 유명한 엔 게디 마을이
었으나, 지금은 마찬가지로 폐허가 됐다. 그 뒤로는 크고 높은 절
벽 위 요새인 마사다가 있다. 마사다는 사해(Asphaltites: 사해의 그리
스식 이름—편주)에서 전혀 멀지 않은 곳에 위치해 있다. 이것이 유
대아 지역이다. (5.73; Mason, "Historical Problem," 222-23)

여기에 인용된 두 단락 모두 학자들로부터 주목받았다. 플리
니우스는 분명히 사해(나중에 **유대아의 호수**라고 부름, 7.65)의 서쪽 해안
을 따라 엣세네파가 있었다고 말했다. 그런데 그는 호수 서쪽에
있던 놀라운 엣세네파를 언급하는 것 이상의 뭔가 다른 것을 의도
했는가? 엣세네 및 사해문서와 관련된 논의는 2가지 쟁점에 초점
을 맞추고 있다: 지리 및 동사(verbs).

(b) 『자연사』 5.73에 나오는 지리적 세부 사항
쿰란에서 엣세네파가 살거나 모였다는 플리니우스의 주장을
지지하는(즉, 쿰란-엣세네 가설을 지지하는) 지리적 논거는 다음과 같다:

- 앞서 두 번째로 인용한 단락에서 많은 학자들은 라틴어의 첫 두
  단어인 '인프라 호스'(*infra hos*)를 방향(이 아래에 위치함)을 나타내는
  것으로 번역하거나 해석한다.
- 그다음에 나오는 지명들(예, 엔 게디와 마사다)을 고려하면, 플리니우
  스는 남-북 방향으로 움직이고 있으므로, 엣세네파는 엔 게디 북

쪽 어딘가에 위치했을 것이다.

- 이것은 쿰란-엣세네 가설에 부합한다. 플리니우스는 방금 쿰란의 엣세네 공동체를 설명했고, 엔 게디는 그 남쪽에 있다.

- 고고학자들은 쿰란 이외의 지역에서 공동체 중심지의 흔적을 발견한 적이 없으며, 엔 게디 위의 언덕에서도 이 같은 흔적을 발견하지 못했다.

- 플리니우스(또는 그의 자료)가 지리적 위치와 관련하여 항상 정확한 것은 아니다. 예를 들어, 그는 마케루스와 칼리로에가 사해(Aspha-ltites)의 남쪽에 있다고 했다(실제로는 동쪽에 있다). 또한 사해를 실제보다 14배 정도 큰 바다로 상상했다(5.71-72).

- 5.73에 나오는 플리니우스의 설명에도 오류가 있다. 예를 들어, 그는 엔 게디가 "비옥함과 종려나무 숲으로 유명함이 예루살렘 다음으로 두 번째"라고 말했는데, 여기서 아마도 **여리고**를 **예루살렘**이라고 잘못 말한 것일 수 있다.

엣세네파가 쿰란에서 살았거나 모임을 가졌다는 플리니우스의 주장에 지리적인 측면에서 반대되는 주장들도 있다:

- 플리니우스는 쿰란에 대해 기록한 것이 아니며, 여기서 '인프라 호스'(infra hos)는 고도(낮은 데 위치한 곳)를 나타낸다.

- 3.109에는 『자연사』와 매우 유사한 평행 구절이 있다: "사비니인들 아래에는(infra Sabinos) 라티움이 있다." 그리고 이 경우에는 그

들이 특정 장소에 살았음을 의미하지 않고, 라티움이 그들보다
아래로 내려간 위치에 있다는 뜻이다.

- 따라서 5.73에서 플리니우스는 엔 게디 위의 산들에 있는 다른
  장소를 묘사하고 있다.

- 또 다른 가능성으로는 라틴어가 위의 번역에서 "내 목록의 다음
  것"(next on my list: 위의 번역에서 대괄호로 표시)을 의미할 수도 있다.

- 이 "독특한 부족"이 "오직 종려나무 가지와 함께" 살고 있다는
  플리니우스의 진술은, 그들이 메마르고 불모지였던 (그리고 여전히
  불모지인) 쿰란보다는 더 푸른 지역에 살았다는 것을 의미한다.

- 마케루스와 칼리로에(5.72) 그리고 엔 게디와 마사다(5.73)와 같이
  여러 장소의 명칭을 언급한 이 책에서 특정한 엣세네 거주지를
  말하고자 했다면, 그곳의 명칭을 사용했을 것이다.

- 이 부족은, 오히려 동쪽의 아라비아 유목민이나 라티움 위쪽의
  사비니인들처럼, 한 장소에 국한되지 않은 그룹을 지칭한다(Ma-
  son, "Historical Problem," 222을 보라).

- 엔 게디가 엣세네 정착지 남쪽에 위치해 있다고 플리니우스가 말
  했다는 해석은 사해문서들이 발견된 이후에 제안된 새로운 해석
  이다.

- 이 새로운 해석은 앙드레 뒤퐁-쏘메(André Dupont-Sommer [1952])가
  제안했던 것으로, 그는 '인프라 호스'(infra hos)가 "-보다 낮은 곳에
  위치한 것"이라는 표준적인 해석을 잘 알고 있었다:

플리니우스가 묘사한 엣세네 정착지는 사해의 서쪽 해안 중앙인 엔 게디의 샘 근처에 위치해 있다. … 플리니우스는 계속해서 다음과 같이 설명한다. "그들 아래에는(*infra hos*) 엔 게디 마을이 있었다." … 나는 이것이 엣세네파가 유명한 샘 바로 위의 산에 살았다는 것을 의미하는 것이 아니라, 이곳이 그들의 정착지에서 남쪽으로 조금 떨어져 있음을 의미한다고 생각한다. … 플리니우스의 본문을 이렇게 이해한다면, 엣세네파의 '도시'는 서쪽 해안 북쪽에 위치할 것이다. 즉, 정확히 말하면 [쿰란 근처] 아인-페쉬카 지역에 자리하고 있다. (*The Dead Sea Scrolls: A Preliminary Study*, 106 note 3)

(c) 『자연사』 5.73에 사용된 동사의 과거형 및 현재형

엣세네파가 쿰란에 있었다는 플리니우스의 주장에 반대되는 사례. 플리니우스는 주후 77년경에 『자연사』를 완성하여 예루살렘을 멸망시킨 로마 사령관 티투스에게 선물했다. 플리니우스는 70년대 이후의 상황을 알고 있었음에도, 이 지역을 묘사할 때 마치 전쟁 이전에 유대아가 시리아 속주의 민족이었을 때를 묘사하는 것처럼, 종종 과거형을 사용한다(5.66). 그는 로마가 이미 엔 게디와 예루살렘을 멸망시킨 일에 대해 알고 있었다("예루살렘 다음으로 두 번째인 엔게디의 마을이었으나" … "지금은 마찬가지로 폐허가 됐다"). 그러나 플리니우스는 엣세네파에 대해서는 현재형으로 기록한다: "엣세네인들은 **도망한다**(라틴어, *fugiunt*)", "그들의 회중은 **다시 태어난다**(*renascitur*)", "그곳에 **모인다**(*agit*)", "아무도 태어나지 않는 공동체가 **영원히 지속된다**(*aeterna est*)". 쿰란 유적지가 (쿰란-엣세네 가설처럼) 주후 68년에 로마인들에 의해 파괴됐다면, 『자연사』 5.73은 플리니우스의 엣세네인들이 쿰란이 아닌 다른 곳에 살았다는 점을 시사한다. 또는 만약 그들이 쿰란에 살았다면, 이 중심지가 주후 77년에 가까운 시점에도 여전히 사용되고 있었을 수 있으며, 그렇다면 로마인들이 68년에 그것을 파괴하지 않았다는 것을 의미할 수 있다.

엣세네파가 쿰란에 있었다는 플리니우스의 주장에 호의적인 논증. 쿰란의 엣세네파를 묘사할 때, 플리니우스가 현재형으로 사람, 장소 및 사물을 묘사한 것은 보통의 관습을 따라 그렇게 한 것이다. 아니면, 플리니우스(또는 그의 자료)는 로마 군대의 작전 중 쿰란 정착지를 파괴한 것을 알지 못했을 수도 있다. 위에서 언급한 바와 같이 그는 『자연사』 제5권(유대아와 엣세네파에 관련된 자료가 수록된 곳—편주)을 기록할 때, 최소 60개의 자료를 사용했다. 플리니우스가 이러한 자료들 중 하나에서 엣세네파에 대한 정보를 얻었을 뿐, 직접 그 지역을 방문하지는 않았을 것이다. 또는 쿰란의 엣세네 정착지에 대해서 플리니우스가 사용한 자료가 로마에 대항한 유대인 전쟁 이전에 작성된 자료일 수도 있다. 전쟁 이후에 『자연사』를 완성할 때, 플리니우스는 예루살렘(또는 여리고)과 엔 게디가 파괴된 것을 알고 진술했지만, 엣세네 거주지에 관한 오래된 정보를 업데이트하지 않고 기록했을 수 있다.

(d) 사해 근처의 엣세네 도시에 대한
디오 크리소스토모스의 언급

나중에 나온 한 문서는 엣세네파를 사해 연안에 위치시킨다. 디오 크리소스토모스(약 40-120년)는 그리스의 연설가이자 역사가이자 철학자였다. 키레네의 시네시우스(Synesius of Cyrene, 약 400년)에 따르면 크리소스토모스는 엣세네파에 대하여 다음과 같이 언급했다: "또한 어딘가에서 그는, 소돔에서 멀지 않은 팔레스타인의 중심인 사해 근처에 잘 갖추어지고 번영하는 도시를 형성한 엣세네인들을 칭찬한다"(Goodman, *Classical Sources*, 59). 크리소스토모스는 이 엣세네인들의 정확한 위치를 밝히지 않았지만, 그들을 사해 근처에 두었다. 또한 그들이 "잘 갖춰지고 번영하는 도시를 형성한다"고 언급한 것은, 쿰란 유적지가 번영하던 휴양지의 별장이나 또는 상업 중심지였다고 생각하는 학자들에게 흥미로운 언급이 될 것이다.

(e) 엣세네 아래에 있는 엔 게디에 관한 솔리누스의 언급

플리니우스의 첫 번째 해석자는 로마 역사가이자 문법학자인 율리우스 솔리누스(Julius Solinus)였다. 그는 그의 책 『놀라운 사물들의 갤러리』(*Gallery of Remarkable Things*, 3세기 초)에서 다음과 같이 기술했다:

서쪽으로 향하는 유다의 내륙 지역은 엣세네파가 점령하고 있다.

… 엔 게디의 마을은 엣세네파 밑에(*infra Essenos*) 위치했었지만, 지금은 완전히 파괴됐다. … 유다의 경계는 마사다 요새다. (35.9, 12; Mason, "Historical Problem," 227)

(f) 그렇다면 쿰란은 고전 작품들에 언급되어 있는가?

가능한 설명: 플리니우스는 쿰란 유적지의 엣세네파를 설명했던 것일 수 있다. 이 경우, 지리적으로, **이들**(엣세네인들) **아래에**라는 어구는 방향을 나타낸다: "그보다 남쪽에 엔 게디의 마을이 있었다." 현재 시제를 사용한 것과 관련해서는, 플리니우스가 당시 현재 시제로 기술하는 패턴을 따랐거나, 플리니우스나 그가 사용했던 자료가 쿰란 유적지가 파괴된 것을 알지 못했거나, 플리니우스가 예루살렘(또는 여리고)과 엔 게디가 파괴된 것을 알고는 있었지만 엣세네파의 정착지에 대한 이전 자료들을 업데이트하지 않았을 수 있다.

더 가능성이 높은 설명: 플리니우스는 쿰란에서 엣세네파를 특정지어 설명한 것이 아니었을 수 있다. 첫째, 핵심 단락(『자연사』 5.73)을 주의 깊게 살펴보면 그가 특정한 공동체를 염두에 두고 있다는 징후가 보이지 않는다. 플리니우스는 엣세네파의 생활 방식을 독특한 것으로 묘사하고 있을 뿐 고립된 특정 그룹으로 언급하고 있지는 않다. 둘째, 현재 시제를 사용한 것은 매우 의미가 있다. 플리니우스(또는 그의 자료)는 이 엣세네인들 아래에 엔 게디가 있었는데 지금은 예루살렘처럼 폐허가 됐다고 말한다. 플리니우스가

6,

글을 썼을 당시(77년 또는 그보다 조금 이전) 그는 로마인들이 70년에는 예루살렘을, 그리고 이보다 몇 년 전에는 엔 게디에 있었던 (아주 유명했던) 정착지를 파괴했다는 것을 알고 있었다(요세푸스, 『유대전쟁사』 4:401-4). 만약 플리니우스나 그의 자료가 쿰란의 파괴를 알고 있었고, 그가 말했던 엣세네파가 그곳에 살았었다면, 그는 그들에 대해 현재 시제로 기록하지 않았을 것이다. 플리니우스(또는 그의 자료)는 엣세네파가 엔 게디와 예루살렘이 파괴된 후에도 오랫동안 살아남았다는 인상을 준다.

따라서 플리니우스가 말한 엣세네파(또는 그의 자료에 나오는 엣세네파)는 사해 서쪽 해안을 따라 거주했으며, 한 유적지에 국한되지 않았고, 아마도 쿰란에 살았던 사람들을 포함했을 가능성이 높으며, 주후 70년 이후에도 다른 지역에서 살아 남았다. 여기에 2가지 흥미로운 함의가 있다: (a) 독특한 **부족**(tribe: 라틴어로 *gens*)이라는 플리니우스가 사용한 용어는 어떤 무브먼트를 말한다. (b) 고립된 삶을 살고, 여성이 없으며, 사유 재산을 허용하지 않는 남성으로 구성된 엣세네파 공동체가 하나 이상(여러 개) 있었다. 앞서 인용한 앙드레 뒤퐁-쏘메의 글은 다음과 같은 탁월한 통찰로 이어진다:

> 플리니우스의 글을 [내가 제안하는 방식으로] 이해한다면, 엣세네파의 "도시"는 사해 서쪽 해안 북부에서 발견될 것이다. 그것은 … 바로 … [쿰란 근처]다. 이 설명을 수용하기 어렵다면, 엣세네파는 플리니우스와 크리소스토모스가 언급했던 유대 광야의 수도원

외에 다른 수도원들을 소유하고 있었다고 가정할 수 있다. (*The Dead Sea Scrolls: A Preliminary Study*, 106 note 3)

이 결론은 쿰란-엣세네 가설을 무효로 만들지 않는다. 오히려 그것을 확장시킨다. 플리니우스가 말한 **독특한 부족**(*unique tribe*)은 사해 서쪽 해안을 따라 있었던 몇몇 독신주의 공동체를 포함하는 엣세네파 무브먼트였으며, 특별히 쿰란 유적지의 **야하드**를 가리켜 말했던 것으로 볼 수 있다.

3.3 쿰란 엣세네 가설의 결론

쿰란-엣세네 가설은 고대의 증거들에 의해 지지되지만, 일부 보완이 필요하다. 2가지 주요 내용을 순차적으로 정리해 볼 필요가 있다.

(a) 쿰란 근처에서 발견된 분파 문서들은 엣세네파와 관련이 있는가?

고전 문헌에서 기록된 엣세네파에 대한 설명을 몇 가지 주요 분파 문서들과 비교해 보면, 많은 분파 문서에서 분명한 **야하드** 무브먼트가 여러 고전 그리스와 로마 작가들이 묘사한 엣세네파 무브먼트의 일부였다는 점이 분명해진다. 거의 모든 고전 자료에 나오는 엣세네파(그리고 일부 분파 문서에 나오는 **야하드**)는 독신주의를 실천했으며, 이처럼 독신주의를 실천한 다른 엣세네파 공동체가 더 있었을 수 있다. 그러나 분파 문서는 그런 그룹들이 마지막 때에는 남자와 여자와 어린이를 포함한다고 믿었음을 보여준다. 또한 요세푸스가 암시하고 일부 분파 문서들이 분명히 밝히듯이 대부분의 엣세네파는 결혼하여 자녀를 낳았다. 이런 공동체에서 여성은 특정한 종교적인 역할을 수행했을 수 있다.

(b) 쿰란 근처의 동굴에 많은 또는 모든 문서들을 보관했던 쿰란 공동체가 이 무브먼트의 일부였나?

고전 저자들은 이 같은 질문에 명확한 대답을 주지 않았다. 우리가 쿰란이라고 부르는 사해 서쪽 해안에 있는 정착지를 필론과 요세푸스가 알고 있었다는 뚜렷한 증거는 없다. 플리니우스의 엣세네파(또는 그의 자료에 나오는 엣세네파)는 사해 서쪽 해안을 따라 살았지만, 한 장소에 국한되지 않았으며, 쿰란에 있는 공동체를 포함하는 표현이었을 것이다. 그리고 그들은 주후 70년 이후에도 다른 지역에서 살아남았다. 엣세네파 **야하드**, 쿰란 유적지, 인근 동굴들 사이의 밀접한 연관성은 주요 분파 문서들과 쿰란 유적지 자체 및 묘지들에서 더욱 분명하게 나타난다.

4. 바리새파, 사두개파, 엣세네파에 대한 결론

쿰란에서 발견된 사본은 바리새파와 연결되어 있는가?

엣세네파 또는 **야하드**(분파 문서들에 연결된 그룹)와 바리새파는 일부 신념(부활, 내세, 미래의 보상과 형벌, 절기 및 공동체 생활을 위한 규율)을 공유했지만, 다른 많은 것(예정론, 유대 율법의 해석, 절기를 위한 달력, 의의 스승, 감독자, 공동 재산)에 대해서는 동의하지 않았다. 바리새파는 엣세네파가 주로 반대했던 종파였으며, 일부 분파 문서에서 모욕적인 명칭으로 언급됐다: '미끄러운 대답을 찾는 자들', '에브라임', 담을 쌓는 자들.

쿰란에서 발견된 사본은 사두개파와 연결되어 있는가?

일부 학자들은 이 무브먼트가 일단의 사독 제사장(사두개파)에 의해 주도됐다고 생각한다. **야하드**와 '주류' 사두개파의 경우, 유대 율법에 대한 기본적인 접근 방식은 동일하지만, 다른 문제들에 있어서는 서로 다른 견해를 가졌다. 예를 들어, **야하드**는 성전에서 봉사하는 제사장들(대부분 사두개인들)을 적대시했고 내세와 부활을 믿었는데, 사두개파는 이를 수용하지 않았다.

일부 분파 문서(『일부 율법의 행위들』[4QMMT])는 사두개파가 바리새파보다 엣세네파에 덜 위협적이었다는 것을 시사한다. 사두개파라는 명칭은 사해문서에 나오지 않지만 그들은 **므낫세**(사악하고 분열을 일으키는 그룹)로 몇 차례 언급됐다.

쿰란 인근에서 발견된 사본들은 엣세네파의 한 그룹과 연결되어 있다

(쿰란 인근에서 발견된 분파 문서가 엣세네파에 연결되어 있다는) 쿰란-엣세네파 가설의 첫 번째 기둥은 고대 증거에 의해 뒷받침된다.

고전 저술에 나오는 엣세네파와 몇몇 주요 분파 문서에 나오는 **야하드**는 다음과 관련하여 매우 유사하거나 동일한 신념과 관행을 가지고 있었다: 결정론(운명론); 내세와 부활; 공동체 또는 무브먼트에 들어오거나 가입하는 방법; 순결한 식사; 침 뱉기와 기름 사용의 금지; 비공개성(비밀 유지); 엄격한 안식일 준수; 부와 재산에 대한 관점. 결혼과 독신 생활에 관해 쿰란의 **야하드**는 독신 생활을 실천했지만, 종말에 대한 그들의 믿음에는 남성, 여성, 어린이가 포함된 공동체가 있었다. 엣세네파 중에 독신 생활을 했던 다른 공동체가 있었을 수도 있지만, 대부분의 엣세네파 공동체는 결혼하여 자녀를 낳았고, 이런 공동체에서 여성은 특정한 종교적 역할을 수행했을 수 있다.

(주변 동굴에 많은 또는 모든 문서를 보관한 쿰란 공동체가 엣세네 무브먼트의 한 분파였다는) 쿰란-엣세네 가설의 두 번째 기둥: 고전 자료들은 필론과 요세푸스가 쿰란에 있었던 정착지를 알고 있었는지에 대한 분명한 증거를 제시해 주지 못한다. 플리니우스가 말했던 엣세네파(또는 그의 자료에 나온 엣세네파)는 사해 서쪽 해안을 따라 살았고, 한 유적지에 국한되지 않았으며, 아마도 쿰란에 있던 사람들을 포함했을 가능성이 높고, 주후 70년 이후 다른 지역에서 살아 남았다. 이 같은 결론은 가설의 두 번째 부분과 상충되지 않으며, 반대

로 이를 보다 확장해 준다. 플리니우스가 언급했던 '독특한 **부족**'은 사해 서쪽 해안을 따라 있었던 소수의 독신주의 공동체를 포함하는 엣세네파 무브먼트였으며, 아마도 쿰란 유적지의 **야하드**를 말했을 가능성이 높다.

쿰란에서 발견된 문서들은 전체적으로 다른 그룹과 연결되어 있는가? 사본들은 예루살렘에서 가져왔는가?

노먼 골브(Norman Golb)와 같은 일부 학자들은 제1차 유대 항쟁, 특히 주후 70년에 예루살렘이 포위됐을 때, 예루살렘에서 도망친 주민들이 문서들을 쿰란 근처의 동굴에 보관했다고 주장했다. 그들은 그 주민들이 여러 유대교 그룹의 구성원들이었으며, 이 문서들은 예루살렘에 있었던 다양한 도서관과 소장품에서 가져온 문서들이라고 덧붙인다.

기독교에서 유래한 사해문서가 있는가?

스페인 학자 호세 오컬러한(José O'Callaghan)은 쿰란의 제7동굴에 몇몇 신약성경의 단편들이 있다고 주장했다(예, 마가복음, 사도행전, 바울서신 중 2개). 최근에는 로버트 아이젠만(Robert Eisenman [1997, 2006])이 이른바 **팔레스타인** 기독교 이론을 발전시켰는데, 그에 따르면 일부 사해문서들은 초기 기독교인들을 묘사하고 있으며, 이들 중에는 예수의 형제 야고보가 (여러 쿰란 문서에 나오는 의의 스승으로) 포함되어 있다.

그러나 분파 문서와 연결된 무브먼트에 관한 이 같은 이론들은 다른 학자들로부터 폭넓은 지지를 받지 못했다.

5. 엣세네 무브먼트의 역사

엣세네 또는 **야하드** 무브먼트의 형성과 역사는 분파 문서에서 찾아볼 수 있으며, 초기 유대교의 큰 혼란과 변화의 시기에 있었기 때문에 다루기 복잡한 주제다. 본 단락에서 제시하는 무브먼트 역사에 대한 개요는 단순화되어 있으며, 본서의 서문 앞에 제시된 **고대의 그룹들과 인물들**(*Ancient Groups and Figures*)과 맥을 같이한다. 사해문서의 저자들과 수집가들을 확인하는 데에는 『다마스쿠스 문서』(D)와 『공동체 규율』(S)이라는 2개의 주요 문서가 유용하게 사용된다. 이들과 몇몇 다른 분파 문서는 초기 유대교 무브먼트 하나를 보여준다. 이 무브먼트는 상당히 널리 퍼져 있었으며, 몇 가지 독특한 특성을 가지고 있었다.

이 무브먼트의 명칭을 정하는 것은 쉽지 않다. **야하드**라는 용어가 즉시 떠오르지만, 『다마스쿠스 문서』에서는 이 용어가 거의 사용되지 않는다(특히 col. 20:32). **쿰란 언약파**(*Qumran Covenanters*)는 너무 제한적인 표현인데, 그 무브먼트의 대부분의 그룹들이 쿰란에 있지 않았기 때문이다. 또 다른 명칭은 **새 언약의 공동체**(*Community of the New Covenant*)이다. 본서에서는 쿰란 유적지와 연결

된 공동체를 지칭할 경우 주로 **야하드**를 사용하고 더 넓은 의미의
무브먼트를 지칭할 경우에는 엣세네파 또는 새 언약파라는 용어
를 사용한다.

5.1 무브먼트의 시작

『다마스쿠스 문서』는 무브먼트의 기원을 어느 정도 자세히 설
명해 준다:

> 진노의 시대, 곧 삼백 6구십 년 (하나님이) 그들을 바빌론 왕 느부갓
> 네살의 손에 붙이셨을 때 7하나님께서 그들을 보살펴 이스라엘과
> 아론에게서 한 뿌리가 나서 8그의 땅을 상속받아 그의 땅의 좋은
> 소산으로 살찌게 하려 하셨다. 그들은 자기들의 죄악을 생각하고
> 9자기들이 죄인이라는 것을 알았으며, 이십 년 동안 소경과 같고
> 길을 더듬는 사람들과 10같았다. 그러나 하나님께서는 그들의 행
> 위를 보시고, 그들이 전심으로 하나님을 찾았다는 것을 아셨다.
> 11그리하여 그들을 위하여 의의 스승을 세우사, 하나님의 마음
> 의 길을 따라 그들을 인도하게 하셨다. (CD 1:5-11; *The Dead Sea*
> *Scrolls: A New Translation*, 52)

이 구절은 작은 한 그룹에 속한 구성원들을 지칭하는 것으로,
하나님께서 이스라엘을 벌하시는 동안 그들이 회개하고 스스로가
죄인임을 인정한 것을 언급한다. 390년은 에스겔이 이스라엘이

받을 형벌에 대해 예언한 햇수(겔 4:4-5)로, 그 기간은 바빌론 유배
로 시작된다. 비록 이것이 문자적으로 390년을 의미하는 것인지
에 대해서는 학자들 간에 논쟁이 있었으나, 이 숫자는 다른 날짜
들과 잘 조화를 이룬다. 예루살렘이 파괴된 주전 586년(느부갓네살
이 예루살렘을 멸망시켰을 때)을 기준으로 계산하면, 『다마스쿠스 문
서』는 이 무브먼트의 시작을 이로부터 390년 후인 주전 196년으
로 잡은 셈이다. 그 후 20년 동안 이 그룹은 자신들의 무브먼트를
확립하는 데 어려움을 겪었지만, 20년이 지난 후(주전 176년)에 의
의 스승이 지도자가 됐다(CD 1:11). 일부 학자들은 390과 20을 대략
적이거나 상징적인 것으로 간주하지만, 이 숫자는 주전 176년에
의의 스승이 이끈 유대교 무브먼트의 존재를 뒷받침하는 좋은 근
거가 된다.

5.2 의의 스승

무브먼트 초기에 등장한 이 핵심 지도자의 이름에는 2가지 의
미가 있다: 올바른 교훈을 가르치는 사람 또는 올바른(합법적인) 스
승이다. 그에 대해 여러 놀라운 주장들이 제기됐다. 『다마스쿠스
문서』에 따르면 의의 스승은 하나님께서 직접 세우셨으며(CD 1:11)
성경에서도 (율법의 해석자로) 미리 예언됐다: "야곱에게서 나올
별"(민 24:17)은 "다마스쿠스에 올 율법 해석자를 의미한다"(CD 7:18-
19).

『하박국 주석』은, 하박국 2:1-2을 해석하면서, 성경을 해석할

수 있는 하나님이 주신 스승의 능력과 그가 참으로 올 것을 제시
한다:

> [14]"**주께서 내게 대답하여** [15][이르시되 '너는 이 묵시를 기록하여] **판에 명**
> **백히 새기되, 사람이 쉽게** [16][읽을 수 있게 하라]'"(합 2:1-2).
>
> [이것은 …을 지칭한다.] [7:1]그런 다음 하나님은 하박국에게 다가올
> 세대에 [2]일어날 일을 기록하라고 말씀하셨다. 그러나 그 기간이
> 완료될 때가 언제인지 그에게 알려 주시지 않았다. [3]"**누구든지 쉽**
> **게 읽을 수 있도록**"이라고 하신 말씀은 [4]의의 스승을 가리켜 말
> 하는 것으로, 하나님께서 그의 종 예언자들에게 [5]보이셨던 모든
> 신비한 계시들을 그에게 알게 하셨음이라. (1QpHab 6:14-7:5; *The*
> *Dead Sea Scrolls: A New Translation*, 84)

예언된 제사장(의의 스승의 다른 명칭들 중의 하나)으로서, 하나님은
의의 스승에게 '그의 종 예언자들의 모든 말씀'을 해석하는 능력
을 주셨으며, 의의 스승을 통해 하나님께서 그분의 백성과 이방인
들에게 '일어날 모든 일을 미리 예언했다'(1QpHab 2:9-10). 『시편 주
석』(4Q171)은 그 제사장이 공동체를 세웠다고 말한다(3:15-17).

5.3 의의 스승의 성경과 율법의 해석에 대한 반대

(a) 조롱하는 자, 거짓의 사람, 거짓을 토하는 자

당연하게도 의의 스승에게는 반대자들이 있었다. 의의 스승은

다른 유대인 집단과, 또 그 집단에 속한 개인들과 여러 충돌을 겪었고, 여기에는 2가지 중요한 문제가 연관되어 있다.

주요 갈등 중 하나는 아마도 무브먼트 자체의 계급에서 발생했을 수 있다. 조롱하는 자는 의의 스승의 주장을 거부하고 의의 스승과 그의 그룹에서 물러났으며, 많은 추종자들을 데리고 나갔다:

> [14]거짓말의 물을 이스라엘에게 뿌리는 **조롱하는 자가** [15]나타났을 때, 그는 그들을 인도하여 길 없는 광야에서 방황케 했더라. 그는 옛적의 높은 산을 낮추고, 의로운 길에서 [16]돌이키며, 조상들이 기업의 표시로 세운 경계 표를 옮겼으니 [17]그 언약의 저주가 그들에게 미치게 됐도다. (CD 1:14-17; *The Dead Sea Scrolls: A New Translation*, 32)

『시편 주석』(4Q171)은 의의 스승의 대적이 **거짓의 사람**으로도 불리는데, 그의 등장은 성경에 예언됐으며, 어느 정도 성공을 거둔 것으로 보인다고 말한다:

> [17]"[여호와] 앞에 잠잠[하고] **참고 기다리라 자기 길이 형통하며 악한 꾀를 이루는 자 때문에** [18]**불평하지 말지어다**"(시 37:7).
>
> [이것은] 거짓의 사람을 가리켜 [말한 것으로,] 그는 거짓된 말로 많은 사람들을 [19]잘못된 길로 미혹하게 했는데, 이는 사람들이 하찮은 것을 선택했고, 참된 지식을 대변하는 대언자의 말을 청종

하지 않았기 때문이다. 그리하여 [1-2 ii.1]그들은 칼과 기근과 역병으로 멸망할 것이다. (4Q171 frgs. 1-2.i line 17-ii line 1; *The Dead Sea Scrolls: A New Translation*, 249)

『이사야 주석』(4Q162)은 조롱하는 자들의 회중이 예루살렘에 있다고 설명한다(col. 2:6-10). 『다마스쿠스 문서』는 새 언약파의 계명을 거부한 회원들이 "조롱하는 자들과 함께 정죄될 것"이며, 그들은 "거짓의 사람에게 돌아간 용사들"이라고 말한다(CD 20:1, 11, 14-15).

『다마스쿠스 문서』의 또 다른 구절은 **야하드** 무브먼트의 율법에 충실하지 않고, 그들과 반대로 행동하는 사람들을 묘사한다. 해석자는 신명기 32:33("**그들의 포도주는 뱀의 독이요 독사의 맹독이라**")을 인용한 후 다음과 같이 설명한다:

> "**그 뱀들**"은 이방 왕들이고, "**그들의 포도주**"는 그들의 관습이며, "**독사의 독**"은 그리스 왕 중 최고의 왕인데, 그들에게 복수하러 오는 사람이다. 하지만 "**담을 쌓는 자들**"과 "**회칠하는 자들**"은 이 모든 것을 전혀 이해하지 못했다. 이는 단순히 바람을 다루는 자인, **거짓을 토하는 자**가 그들에게 이미 토해냈기 때문이다. …"
>
> (CD 8:9-13; *The Dead Sea Scrolls: A New Translation*, 59-60)

담을 쌓는 자들은 일부 분파 문서에서 바리새파를 지칭하는

제10장 쿰란에 연결된 무브먼트: 바리새파나 사두개파가 아닌 엣세네파　　**391**

명칭으로 사용된다. 거짓의 사람, 조롱하는 자, 거짓을 토하는 자는 율법의 해석과 관련해서 의의 스승과 갈등을 겪은 사람으로 보이며 바리새파와 연결되어 있다. 일부 학자들은 이 사람이 바리새파 무브먼트의 창시자였을 수도 있다고 믿는다.

(b) 『일부 율법의 행위들』(MMT)과의 연결 가능성

『일부 율법의 행위들』(MMT)은 엣세네 무브먼트를 이해하는 데 핵심적인 문서다. 이 문서에서는 한 무리가 다른 편에게 편지를 써서 달력과 성경 율법의 많은 부분에 대해 올바른 해석이라고 믿는 것을 전한다. B 부분의 판례 분석(주로 토라에 있는 약 24개의 율법과 그것의 정확한 해석에 대한 분석)은 MMT를 기록했던 그룹(엣세네파)이 율법에 대해 더 엄격하고 까다로운 접근 방식을 가지고 있었으며, 편지의 수신자에게 자신들과 같은 접근법을 따르도록 요청했음을 시사한다. 이 접근 방식은 부정확하고 악했던, 더욱 관대한 접근 방식이 아니었다. 다른 자료들을 통해 바리새파가 성경의 율법을 해석하는 데 관대한 접근 방식(구전 전통을 고려하는 것)을 가졌다는 것을 알기 때문에 저자가 수신자들에게 바리새파의 접근 방식을 따르지 말라고 경고하고 있다고 보는 것이 합리적인 결론이 되겠다.

어조는 확고하지만 부드럽기도 하며, 이로 인해 많은 학자들은 MMT가 엣세네 무브먼트 역사의 초기 단계(주전 150년 직후)에 기록됐다고 믿는다. 어떤 학자들은 저자가 대제사장이나 사두개파를 설득하려 했다고 주장하기도 한다. 그러나 저자는 자신의 공동체 내에 동요하는 구성원들에게 호소하고 있을 가능성이 더 크다. 그들은 확고하게 서서, 바리새인과 결탁하여 의의 스승의 주장을 거부하고 성경 율법을 해석하는 데 타협하는 조롱하는 자(또는 거짓의 사람)를 따르지 않도록 해야 했다.

5.4 제사장과 관련된 의의 스승의 대적

(a) 사독 대제사장직의 종말

의의 스승에게 있어 가장 가혹하고 난폭한 대적은 '악한 제사장'으로, 3개의 분파 문서에 등장한다. 그 문서들은 모두 주석서다: 『하박국 주석』(5회 언급); 『시편 주석』(4Q171, 1회 언급); 『이사야 주석』(4Q163, 1회 언급). 악한 제사장은 아마도 예루살렘의 대제사장이었을 가능성이 매우 높다. 히브리어에서 **"악한"**이라는 단어는 **"높은"**이라는 단어와 어조를 맞춘 언어유희이기 때문이다. 만약 그렇다면, 이 주석들에서 언급한 악한 제사장 후보는 몇 명으로 압축된다. 그런데, 왜 유대 민족의 종교 지도자는 의의 스승을 반대했는가?

제2성전 초기 기간 대부분에, 대제사장직은 사독의 가문(아론의 아들 엘르아살의 후손인 제사장)에서 맡았는데, 바빌론 유수 이후 여호수아 벤 여호사닥(Jehoshua ben Jehozadak)부터 시몬 2세(주전218-185년)와 오니아스 3세(주전 185-175년)까지 이어졌다. 주전 175년, 안티오코스 4세 에피파네스(약 215-164년)가 셀레우코스 제국(유대아를 포함)

의 통치자가 됐을 때, 오니아스의 형제 야손은 안티오코스에게 뇌물을 주고 대제사장이 됐다. 그런 다음 야손은 유대아를 헬레니즘화하는 계획을 도입했는데, 이것이 마카비 항쟁(주전 167-164년)을 촉발했다. 실상 사독 계통의 대제사장 직분은 종말을 맞이했고, 이제 음모와 뇌물로 제사장직을 차지하게 됐다.

다음 대제사장은 메넬라오스(Menelaus, 주전 172-162년)였는데, 그는 안티오코스에게 뇌물을 주어 야손 대신 자신을 대제사장으로 임명하도록 했다. 야손은 후에 메넬라오스를 몰아내고 다시 대제사장이 됐다. 안티오코스는 성전을 침략하고 예루살렘을 공격했으며 파괴적인 헬레니즘화 정책을 추진했다. 마지막으로 알키모스(주전 162-159년)는 아론의 자손이지만 대제사장 가문에 속하지 않은 사람으로(마카비1서 7:14; 『유대 고대사』 20.235), 데메트리오스 1세(주전 161-150년 재위)가 새로 셀레우코스의 왕이 됐을 때, 그의 도움으로 제사장직을 얻었다.

대제사장직은 마카비 가문의 후신인 하스몬 가문에 의해 공식적으로 회복됐다. 하스몬 왕조는 요나탄(주전 152-143년)으로 시작하여, 시몬(주전 142-134년), 요안네스 히르카노스 1세(주전 134-104년), 아리스토불로스 1세(주전 104-103년), 알렉산드로스 얀나이오스(주전 103-76년)까지 다수가 있었으며, 주전 37년까지(약 115년 동안) 이어졌다.

요세푸스에 따르면(『유대 고대사』 20.237), 알키모스 이후에 주전 159년부터 152년까지 예루살렘에 대제사장이 없었다. 그러나 대제사장은 성전에서 해마다 거행되는 대속죄일에 핵심적인 역할을 했기 때문에, 적어도 한 명 이상의 대제사장직 수행자가 있었을 것이라 여겨진다. 의의 스승이 이 시기에 잠시 동안 대제사장직(아마도 유일한 대제사장은 아니었고, 공동-대제사장직)을 수행했을 수도 있다. 그러나 그 후에 요나탄에 의해 쫓겨났을 가능성이 있다. 만약 이 이론이 사실이라면, 당시의 대제사장(악한 제사장)이 어째서 의의 스승에 대해 그렇게 많은 원한을 품고 폭력을 행사했는지 설명하는 데 도움이 될 것이다.

(b) 제사장 집단, 사독 자손, 제사장으로도 불리운 의의 스승

엣세네 무브먼트는 자신들이 진정한 사독 자손이라고 믿었으며 사독 계열이라고 주장했다. 사독의 아들들은 중요한 분파 문서에서 많이 언급된다: 『다마스쿠스 문서』(CD 4:1, 3; 5:5); 『공동체 규율』(1QS 5:2, 9); 『회중 규율』(1Q28a 1:2; 2:3); 그리고 『축복 규율』(1Q28b 3:22). 이것들과 더불어 그 무브먼트 안에 제사장과 레위인과 일반 구성원을 구분하는 것은 엣세네 무브먼트가 중요한 제사장적 요소를 가지고 있었음을 확인해 준다. 이미 언급한 바와 같이, 『하박국 주석』(1QpHab) 11:8과 『시편 주석』(4Q171) 3:15에서 의의 스승은 **제사장**으로 지칭된다.

엣세네파는 자신들이 진정한 사독 계열이라고 믿었으며, 예루살렘의 대제사장직과 성전 의식이 훼손됐다고 믿었는데, 그렇기 때문에 그들은 예루살렘 성전 의식에 참여할 수 없었다. 몇몇 분파 문서는 성전의 중요성은 인식하고 있지만, 성전 제사장들을 향한 강한 반감을 나타낸다. 『성전 문서』와 함께 새 언약파는 하나님께서 모세에게 계시하시고 "[그가] 벧엘에서 야곱과 세우신 언약을 영원히 세우실"(11QTᵃ col. 29:10) 예루살렘의 새 성전 혹은 회복된 성전을 기다렸다. 따라서 엣세네파는 순수한 성전 종교와 예루살렘 성전의 회복을 통해서만 실현될 수 있는 이스라엘의 미래에 전적으로 헌신했다.

(c) 악한 제사장의 박해

악한 제사장이 가장 많이 언급된 책은 『하박국 주석』이다. 하박국 2:5-6에 대한(자기 소유가 아닌 재물을 얻었으나 결국에는 망하게 된 오만한 자에 대한) 해석에 이렇게 설명되어 있다:

> ⁸이것은 **악한 제사장**을 가리켜 말하는 것으로, ⁹그의 임기 초기에는 신실하다는 평판을 받았으나; 이스라엘의 지도자가 ¹⁰되면서 교만해지고, 하나님을 버렸으며, 재물을 ¹¹위해 계명을 배반했다. 그는 하나님을 배반한 무법자들의 재물을 힘으로 빼앗아 축적하고 ¹²여러 민족의 재물을 빼앗아 점유하여 그의 범죄의 죄책을 더했으며, ¹³모든 더러운 부정함으로 혐오스러운 행동을 저질렀다.
>
> (Col. 8:8-13; *The Dead Sea Scrolls: A New Translation*, 85-86)

악한 제사장은 의의 스승을 대적했고, 심지어 의의 스승이 집례한 대속죄일에도 그를 내쫓았다. 그날은 자신이 집례하는 대속죄일과 다른 날이었음에도 그를 내쫓았다. 이는 악한 제사장과 의의 스승이 (엣세네 무브먼트와 공유한) 서로 다른 달력을 사용하여 절기 일정을 계산했음을 보여준다. 엣세네파에게는 올바른 달력을 갖는 것이 매우 중요했으며, 인간들은 하나님의 시간대에 따라 살아가고 절기를 지켜야 했다. 그들은 예루살렘의 성전 의식을 무효로 여겼는데, 거기서 거행되는 절기가 잘못된 날짜에 기념됐기 때문이다. 『하박국 주석』은 다음과 같이 해석한다:

> [2]"화 있을진저 그 친구를 취하게 하며 그의 노를 쏟으며 [3]술 취하게 하고, 자기의 성일을 엿보게 하는 자여"(합 2:15).
> [4]이것은 악한 제사장을 가리켜 말하는 것이다. 그는 의의 스승을 쫓아 그가 유배된 곳에서, [5]자신의 진노의 열기로 그를 죽이려 했다. 대속죄일의 안식을 위해 떼어놓은 [7]시간에 그가 그들을 멸망시키려고 그들 앞에 나타났다. [8]그리고 금식일, 즉 그들의 쉼을 위한 안식일에 그들을 파멸시켰다. (1QpHab 11:2-8; *The Dead Sea Scrolls: A New Translation*, 87)

『시편 주석』(4Q171)에 따르면, 의의 스승은 악한 제사장에게 어떤 '율법'을 보냈고, 악한 제사장은 그를 죽이려고 시도했다. 어떤 학자들은 이 문서가, 매우 중요한 문서인, 『일부 율법의 행위들』(MMT)이었을 것이라 주장하지만, 이것은 명확하지 않다.

⁷**"악인은 의인을 엿보아 [살해할] 기회를 찾으나 [여호]와는 [그를 악
인의 손에 버려 두지 아니하시고] 재판 때에도 [정]죄하지 아니하시리로
다"**(시 37:32-33).

⁸이는 악한 [제]사장을 가리키며, 그는 의의 [스승]을 지켜[보고]
그를 죽이[려고] 했으며 […] 그리고 그가 ⁹그에게 보낸 율법, ….

(4Q171 frgs. 3-10 iv, lines 7-9; *The Dead Sea Scrolls: A New Translation*, 251-52)

(d) 악한 제사장은 누구였나?

대부분의 학자들은 악한 제사장이 하스몬 대제사장 중 한 사
람이라는 데 동의한다. 요나탄과 알렉산드로스 얀나이오스를 포
함한 여러 사람이 제안됐다. "흐로닝엔 가설"(Groningen hypothesis)
에 따르면, 악한 제사장은 사람이 아닌 직책이었으며, 『하박국 주
석』은 6명의 대제사장에게 이를 적용한다: 예후다 마카비(col. 8:8-
13), 알키모스(8:16-9:2), 요나탄(9:9-12), 시몬(9:16-10:5), 요안네스 히르
카노스 1세(11:4-8), 알렉산드로스 얀나이오스(11:12-12:10).

가장 유력한 후보는 주전 152년부터 143년까지 대제사장으로
재직한 요나탄이다. 그는 군사 작전을 통해 매우 부유해졌으며, 후
에(주전 150년) 셀레우코스 제국의 왕이 된 알렉산드로스 발라스에
게 지원을 아끼지 않았다.

요나탄은 여러 차례 전투에서 승전했고, 다른 나라와 성공적
으로 외교를 진행했으나, 결국 셀레우코스 통치자이자 장군이었
던 디오도토스 트리폰에게 구금됐다. 디오도토스는 얼마 동안 요

나탄을 포로로 가둔 후(마카비1서 13:23) 그를 석방하겠다고 약속했음에도 불구하고, 주전 142년에 바스카마(요단강 동쪽 어딘가)에서 요나탄을 처형했다. 요나탄이 적의 손에 죽임을 당한 것은, 악한 제사장의 끔찍한 결말에 대한 『하박국 주석』의 설명과 일치한다:

> ¹⁶[하박국 2:7-8은] 반역한 제사장을 [가리킨다] ¹⁷그들은 [하나]님의 계명을 [거역했다… 그들이] 그를 [학]대했다 […] ^{9:1}그에게 닥친 고통은, 그의 심각한 악행에 대한 형벌이자 그의 몸에 고통스러운 ²질병을 일으키고 그의 죽을 몸에 내려진 보복 행위였다. (8:16-9:2; *The Dead Sea Scrolls: A New Translation*, 86)

5.5 의의 스승의 활동 시기를 정할 수 있는가?

요나탄이 『하박국 주석』에 묘사된 악한 제사장이었다면, 의의 스승은 주전 176년에서 142년 사이에 활동했을 가능성이 가장 크다.

위에서 언급한 대로 악한 제사장은 의의 스승을 쫓아 그의 유배지에서 그를 죽이려 했다(1QpHab 11:4-5). 이 장소는 『다마스쿠스 문서』에 등장하는 다마스쿠스일 수 있으며 새 언약이 맺어진 곳이다(단지 상징적인 장소일 수도 있다). **야하드** 역사의 초기에 이곳은 쿰란이 아니었을 것이며, 요안네스 히르카노스(주전 104년경)나 알렉산드로스 얀나이오스(103-76년)의 통치 후반에야 비로소 엣세네파가 쿰란에 정착했다.

의의 스승이 직면했던 대립, 특히 악한 제사장과의 대립은 의의 스승에게 큰 고통을 안겼을 것이다. 많은 학자들은 의의 스승이 쿰란에서 발견된 하나 이상의 문서의 저자였을 가능성이 크며, 특히 『호다요트』에 있는 '스승 찬송시'(Teacher Hymns)의 저자였다고 여긴다. 여기에서 기자는 자신이 겪은 고난과 시련, 자신에 대한 음모, 자신을 구원하신 하나님의 은혜와 자신에게 계시된 지식에 대해 이야기한다.

『다마스쿠스 문서』는 의의 스승의 죽음을 언급하는 것으로 보인다: "이제 14그날부터, 사랑하는 스승이 세상을 떠나는 그날부터 15거짓의 사람에게 돌아간 모든 용사들이 멸망될 때까지의 기간이 40년이 될 것이다"(CD 20:13-15). 그분의 죽음(문자적으로 "모임")은 『다마스쿠스 문서』의 앞부분에 언급되어 있다(CD 19:35-20:1).

5.6 『다마스쿠스 문서』와 새 언약

『다마스쿠스 문서』의 경우 쿰란에서 10개의 조각난 필사본이 발견됐으며, 전체 문서는 카이로 게니자에서만 발견됐다(CD). 그것은 2가지 주요 부분으로 나뉜다: 훈계(cols. 1-8, 19-20)와 성경 율법에서 가져온 규칙 또는 법률 목록(cols. 15-16, 9-14). 『다마스쿠스 문서』는 엣세네 무브먼트를 대상으로 기록된 문서로, 그 구성원들이 이스라엘의 여러 지역에 있는 공동 집단인 캠프에 거주했다(CD 7:6; 10:23). 이 구성원들에게는 가족이 있었고, 급여를 받았으며, 재산을 소유했다. 그들은 또한 남은 자들로, 하나님께서 그들을 올바

른 길로 인도하고(1:10-11) 새 언약에 들어가도록(참조, 2:2, 6:12) 의의
스승을 일으키셨다.

> ³이스라엘이 배반하여 그를 버리매 그가 이스라엘과 그의 성소를
> 떠나서 ⁴그들을 칼에 붙이셨도다. 그러나 그들의 조상들과 맺으
> 신 언약을 생각하사 이스라엘을 위하여 남은 자를 ⁵남겨 두시고
> 그들을 멸하지 아니하시니라. (CD 1:3-5; *The Dead Sea Scrolls: A New*
> *Translation*, 52)

남은 자는 그들의 대적들과 구별된다. 그 대적들은 모세의 율
법을 올바르게 준수하지 못했다(CD 1:18-21; 7:9-8:1; 8:14-21; 20:8-13).
새 언약은 이들에게 "온 마음을 다하여 모세의 율법으로 돌아가
며, 또 온 영으로 그 율법 가운데 있는 것으로 돌아가 [사악함]의 시
대에 행하도록"(CD 15:9-10) 헌신할 것을 요구한다. 이것은 예루살
렘 성전에서 행해진 희생 제사와 제물과는 별개로, 하나님과의 화
해의 원천으로서 성경에 대한 그들의 관심을 보여준다(참조, CD
6:11-14).

새 언약에 가입하는 것은 일부 구성원들에게는 공동 생활에
함께하는 것을 의미했으며, 이들은 "그 땅의 규례를 좇아 캠프에"
거했다(7:6). 존 콜린스(John Collins)는 이 정착지가 민수기에 규정된
고대의 공동체 조직 모델에 따라 기능했다고 지적했다(*Beyond the*
Qumran Community, 25).

회원 자격을 원하는 사람들은 감독관(히브리어 *Mebaqqer* 또는 *Paq-uid*)이 그 자격을 평가했고, 이 감독관은 교사(Instructor)라고 불리기도 한 것 같으며, 구성원들에게 하나님의 일에 대해 가르쳤다. 새 언약의 구성원들에게는 성전 예배를 대체하여, 율법을 엄격하고 올바르게 준수하는 것이 정결함을 제공했다. 정결함을 이끌어내는 율법은 『다마스쿠스 문서』의 15-16열과 9-14열에 나와 있으며, 2가지 범주로 나뉘어 있다. "이스라엘 성읍들"(CD 12:19)에 대한 법들은 나라를 위한 것이었으며, "캠프에 거하는 자들"(CD 12:22-23)을 위한 보다 세부적인 법들은 새 언약 공동체를 위한 것이었다. 이 그룹을 위한 법들은 '감춰져' 있었으며, 성경에 대한 특별한 통찰력을 통해서만 이해할 수 있었다. 『다마스쿠스 문서』는 다음과 같이 설명한다:

> [12]그들 중 남은 자들이 하나님의 계명을 굳게 붙들 때, [13]하나님께서 이스라엘과 영원히 언약을 세우사 그들에게 [14]감추어진 것을 계시하사, 모든 이스라엘이 잘못 행했던 감춰졌던 것: 그의 거룩한 안식일, 그의 영광스러운 절기들, [15]그의 의로운 율법, 그의 신실한 길을 계시하신다. 사람이 행하여 자신들 안에 생명을 [16]가져야 할 그분의 뜻의 소원을 그들에게 보이셨느니라. 그래서 그들은 "한 우물을 팠고"(참조, 민 21:18; CD 5:15-6:11) 많은 물을 얻게 됐다. [17]이 물을 거절하는 자는 살지 못하게 하실 것이다. (CD 3:12-17;
>
> *The Dead Sea Scrolls: A New Translation*, 54)

5.7 쿰란 시대(약 주전 4–주후 68년)

『다마스쿠스 문서』는 많은 분파 문서를 기록했던 무브먼트의 정체성과 성격을 이해하는 데 도움이 되지만, '쿰란 공동체'를 이해하는 데 있어서 가장 중요한 자료는 『공동체 규율』이다.

발견된 11개의 필사본 중에서 제1동굴 사본(1QS)은 **야하드** 공동체의 거의 완벽한 헌법(헌장)과 같은 문서이다. 이 문서는 일반 사회를 떠난 남성으로 구성된 그룹에 대한 법률들을 포함하고 있으며, "은혜의 언약"(1:7)에 입회하는 방법, 교제, 그리고 공동체의 회원으로 살아가는 방법에 대한 지침을 제공한다. 이 공동체는 **마스킬**(Maskil, "교사"[Instructor])이 이끌며, 제사장, 레위인, 이스라엘인으로 구성된다. 토라를 준수하는 것이 최우선이며, 모든 사람은 율법을 지키는 정도에 따라 지위가 매겨진다. 인간은 빛의 아들들과 어둠의 자식들의 두 그룹으로 나뉜다(1:9-10).

엣세네파 **야하드**는 예루살렘 성전을 인정하지 않았는데, 성전을 운영하는 종교 당국이 예전적인 정결을 소홀히 여기고 불법적인 달력을 사용해 절기를 지킨다고 믿었기 때문이다(CD 20:22-23을 보라). 그들은 성전 종교를 거부하지 않았지만, 종말에 있을 성전의 갱신을 기다렸다. 그때가 이를 때까지는 그들의 공동체가 마지막 때의 성전이었으며, 이스라엘(일반 구성원)은 성소이고 아론(제사장)은 지성소로 간주됐다:

³이런 사람들이, 이 모든 계명에 따라 연합하여, 이스라엘의 한

공동체가 될 때에, 그들은 그의 성령의 인도하심을 ⁴따라 영원한 진리를 세울 것이다. 그들은 범죄의 죄책과 죄의 반역을 **속죄할** 것이며, **번제물**의 고기와 **희생 제물**의 기름과 ⁵**기도**로 그 땅을 위하여 **기쁘게 받으실 제사**가 될 것이며, 공의 자체가 되고, 의와 흠 없는 행실로 향기로운 향이 되며, 기쁘게 드리는 **자원하는 제물**이 될 것이다. 그때에 **야하드**의 사람들이 물러나고, **아론의 거룩한 집**은 **지성소**로 연합하며, 이스라엘의 회합은 흠 없이 행하는 자들로 연합할 것이다. (9:3-6; 또한 5:4-7; 8:4-9을 보라; *The Dead Sea Scrolls: A New Translation*, 130)

이 그룹은 『다마스쿠스 문서』에 나오는 무브먼트와는 다르다. 특히 그들의 공동체로 존재하는 것과 성경에 대한 평가에서 차이가 난다. 『다마스쿠스 문서』(CD 7:6-7)와 달리 『공동체 규율』은 여성과 가족을 언급하지도 않고 그 규정을 만들지도 않는다. 공동체에 대한 더 엄격한 헌신이 요구되며, 새로운 입회자는 자신의 재산과 소유물을 포기해야 한다(6:19-20). 허입 과정은 더 길고—최소 2년—서약을 이행하며, 반복적인 시험을 거쳐야 한다(6:13-23). 『공동체 규율』의 저자들에게 있어서 성경은 지속적으로 공동체에서 낭독되고 연구되어야 했다.

⁶열 사람의 정족수가 모인 곳마다 누군가 한 사람은 밤낮으로 항상 율법 연구에 힘써야 한다. ⁷지속적으로, 순서를 따라 연구해야

한다. 일반 구성원들은 연중 매일 밤 첫 1/3을 함께 부지런히 율법을 소리 내어 읽고, 성경을 해석하고, [8]함께 기도하도록 한다.

(1QS 6:6-8; *The Dead Sea Scrolls: A New Translation*, 124-25)

이 같은 인식의 변화는 그룹 자체의 이름인 **야하드**에서도 확인할 수 있다. 이 용어는 『공동체 규율』에 74번, 사해문서 전체에서 254번 나오며, 거의 모든 경우에 각 문서가 반영하는 그룹을 지칭하는 명칭으로 사용된다. **야하드**는 『다마스쿠스 문서』에도 3번 나온다. 2번은 제4동굴의 단편(조각)들에 나오지만(4Q270 frgs. 3iii, line 19 및 7i, line 8), 중요한 구절은 『다마스쿠스 문서』에 있다:

[27]그러나 누구든지 이 규례를 지키며, 율법을 따라 [28]왕래하며 항상 스승께 순종하며, 하나님께 다음과 같이 자백하며 … [31]… 옛 법으로 자신을 훈련하고, [32]그것으로 **야하드**의 구성원들이 다스림을 받으며, 의의 스승의 말을 청종하며, 정확한 율법을 [33]들었을 때 그것을 버리지 않는 사람들, 그들은 즐거워하고, 행복해하며, 기뻐 뛸 것이다. (CD 20:27-28, 31-33; *The Dead Sea Scrolls: A New Translation*, 61-62)

『다마스쿠스 문서』와 마찬가지로 『공동체 규율』은 엣세네파 문서다. 모세 율법의 중요성과 입회 절차와 공동체의 조직과 규칙 및 징계 절차에 있어서 두 문서는 강하게 연결되어 있다. 각각의 사안에 대해 『공동체 규율』은 공동체의 구조에 있어서 보다 발전된 체계를 가지고 있는 것으로 보인다.

대부분의 학자들은 『다마스쿠스 문서』와 『공동체 규율』의 유사점과 차이점을 엣세네 무브먼트 역사의 여러 발전 단계로 귀착시킨다. 『공동체 규율』은 후기 단계를 대변하거나, 같은 무브먼트의 다른 분파를 대변한다. 사해문서에 나오는 **공동체들**(복수형—역주)과 같은 용어는, 이 새 언약 무브먼트가 여러 세대에 걸쳐 여러 분파들로 구성되어 있었던 역동적인 무브먼트였음을 인식하는 용어다. 제2성전 유대교 안에서 이들은 밀접하게 연결된 엣세네파 그룹들이었다.

5.8 쿰란 유적지가 분파 문서에 언급되어 있는가?

분파 문서들은 엣세네파 **야하드**가 쿰란에서 살았다거나 모였다는 것을 증명해 주지는 않는다. 그러나 『공동체 규율』(1QS)에 보면, 그들은 자신들이 광야에 있었다는 것을 설명한다:

> [12]이 규칙을 따라 그들이 이스라엘 중에 한 공동체가 됐을 때 [13]패역한 자들의 장막에서 구별되어 광야로 가서 거기에서 그분의 길을 예비해야 할 것이라 [14]기록된 바와 같이 "**너희는 광야에서 여호와의 길을 예비하라 사막에서 우리 하나님의 대로를 평탄케 하라**"(사 40:3). [15]이것은 (하나님께서) 모세의 손으로 명하[신] 율법에 대한 해석이니, 각 시대마다 계시된 모든 것을 따라 행하게 하시

고, [16]또한 성령으로 말미암아 예언자들이 드러낸 것을 따라 행하
게 하려 하심이라. (1QS 8:12-16; Flint, "Jesus and the Scrolls," 117)

고고학적 증거와 쿰란 이외에 다른 적합한 장소가 없다는 점
을 고려할 때, 이 구절은 엣세네파 **야하드**가 쿰란에서 살았거나
모였을 가능성을 보여준다.

5.9 쿰란 시대(약 주전 4년-주후 68년)의 역사적 참고 자료

나중에 발견된 사해문서에는 역사적 인물이나 사건에 대한 언
급이 거의 없다. 『나훔 페쉐르』(4Q169)는 엣세네파 **야하드**의 역사
를 재구성하는 중요한 자료다. 이 문서의 한 부분(frgs. 3-4.i, lines 2-7)
에는 셀레우코스 왕 데메트리오스 3세(늙은 사자), 바리새파(미끄러운
대답을 찾는 자들), 셀레우코스 왕 안티오코스 에피파네스(안티오코스),
로마인(깃딤)과 알렉산드로스 얀나이오스(분노의 사자)가 언급되어
있다. 얀나이오스는 '사람들을 산 채로 매달곤 했고' 바리새파에
게 복수를 했던 자로 기록됐다. 얀나이오스는 주전 103년부터 76
년까지 이스라엘의 왕 겸 대제사장으로 이스라엘을 다스렸으며
(『유대 고대사』 13.375-76; 『유대 전쟁사』 1.90-92), 사두개파와 제사장 그룹
과 연결되어 있었다. 그는 반란자들을 처형하거나 추방함으로써
반대파를 진압했고, 바리새파 800명을 십자가에 매달았다. 주전
88년경에 데메트리오스 3세는 이스라엘을 침공하여 얀나이오스
를 퇴출시켰다. 그러나 데메트리오스와 동맹을 맺었던 많은 바리

새인들이 얀나이오스를 돕기 위해 편을 바꾸었고, 데메트리오스는 그의 군대를 철수시켰다.

얀나이오스는 『요나탄 왕을 위한 기도』(4Q448)에 나오는 왕일 가능성이 높다. 아래 발췌문은 왕을 지지하는 것처럼 보이지만("거룩하신 이여, 요나탄을 **위하여** 일어나소서") 왕을 반대하는 것으로 번역될 수도 있다("거룩한 이여 요나탄을 **대적하여** 일어나소서"):

> ¹일어나소서, 거룩하신 분이여, ²왕 요나탄을 위해, ³그리고 하늘의 네 갈래 바람으로 ⁴(흩어진) ⁵당신의 백성 이스라엘의 ⁶모든 회중을 위해. ⁷그들 모두에게 ⁸그리고 당신의 나라 위에 평화가 있기를. ⁹당신의 이름을 송축하나이다. (4Q448 2:1-9; *The Dead Sea Scrolls: A New Translation*, 507)

다른 문서들에 언급됐을 가능성이 있는 역사적 인물들로는 살로메 알렉산드라 여왕, 시리아 왕 히르카노스 2세, 시리아에 있는 로마 총독 마르쿠스 아밀리우스 스카우루스, 그리고 페이톨라오스(주전 53년에 처형된 유대인 장교)가 있다.

5.10 새 언약파(엣세네파)에 대한 결론

분파 문서에 나타난 엣세네 무브먼트 또는 **야하드** 무브먼트의 형성과 역사는 복잡한 주제다. 사해문서의 저자들과 수집가들을 알아낼 수 있는 2가지 중요한 문서는 『다마스쿠스 문서』와 『공동체 규율』이다. 무브먼트의 기원, 의의 스승, 그가 겪은 대립, 그가 활동한 기간(적어도 주전 152-142년), 그리고 새 언약 공동체에 대한 세부 사항들은 주로 『다마스쿠스 문서』와 『하박국 주석』에서 찾을 수 있다.

쿰란 시대(약 주전 4-주후 68년)에, 해당 그룹을 식별하는 데 가장 중요한 자료는 『공동체 규율』로 이는 단계적으로 발전했다. 일반 사회에서 떠난 한 무리의 남성들을 위해 기록된 이 문서는 은혜의 언약에 가입하는 방법, 그들 사이의 교제, 그리고 그 구성원으로서의 생활 방식을 다루고 있다. 구성원은 제사장, 레위인, 이스라엘 사람으로 구성되어 있으며, **마스킬**(교사)이 이끈다. 토라를 준수하는 것이 가장 중요했으며, 모든 사람은 순종의 정도에 따라 매년 계층(계급)이 매겨졌다. 인류는 빛의 아들들과 어둠의 자식들로 나뉘어져 있다. **야하드**는 공동체에 대한 헌신, 성경에 대한 평가, 여성과 가족에 대한 규칙이라는 측면에서 『다마스쿠스 문서』에 나오는 무브먼트와 차이가 난다. 그룹의 이름인 **야하드**(공동체라는 의미)는 『공동체 규율』에 74번 나오지만, 『다마스쿠스 문서』에는 3번만 나온다.

분파 문서들은 엣세네파 **야하드**가 쿰란에서 살았거나, 쿰란에서 만났다는 것을 증명해 주지는 않지만, 『공동체 규율』(1QS 8:12-16)에서 그들은 자신들이 광야에 있는 것을 성경과 연결해서 제시한다. 후기 사해문서에는 역사적 인물이나 사건에 대한 언급이 매우 적다. 『나훔 페쉐르』는 엣세네파 **야하드**의 역사를 재구성하는

데 중요한 자료이며, 시리아 왕 데메트리오스 3세, 바리새파, 시리아 왕 안티오코스 에피파네스, 로마인, 알렉산드로스 얀나이오스 (주전 103년부터 76년까지 이스라엘의 왕이자 대제사장)가 언급된다.

『다마스쿠스 문서』와 『공동체 규율』 및 기타 여러 분파 문서는 초기 유대교 무브먼트를 보여주는데, 이 무브먼트는 상당히 널리 퍼져 있었고 몇 가지 독특한 특징을 가지고 있었다. 사해문서의 **공동체들**과 같이 복수로 사용된 용어는 새 언약 운동이 역동적이었고, 여러 분파로 존재했으며, 또 여러 세대에 걸쳐 존재했다는 것을 인식하는 용어라고 할 수 있다. 이 공동체들은 제2성전 유대교 안에서 상호 간에 밀접하게 연결된 **엣세네파**의 그룹들이었다.

제11장
쿰란 문서에 반영된 종교적 사상과 관습

본 장에서는 엣세네(야하드) 무브먼트의 주요 종교적 신념과 관습을 6가지로 나누어 제시한다: (1) 그들의 신론; (2) 예정론과 초자연적인 힘을 통해 선과 악의 실체를 설명한다; (3) 창조된 질서와 인류가 작용하는 전반적인 원리 및 2가지 유형의 법(언약을 포함하여 자연에 대한 법과 인류에 대한 법)을 확인한다; (4) 성경의 해석; (5) 하나님과 신성에 대한 경험; (6) 종말과 메시아.

1. 신론: 하나님의 개념

야하드 무브먼트의 종교적 신념에 대한 논의는 신론에서 시작하는 것이 자연스럽다. 사실 하나님이 누구신지 또는 엣세네파 **야**

하드가 하나님을 어떻게 설명하는지에 대한 직접적인 진술은 드
물다. 그들의 문서들은 하나님의 뜻을 이루고 하나님의 계획에 부
합하도록 하는 것이 무엇인지에 초점이 맞춰져 있다. 그럼에도 불
구하고 분파 문서에는 **야하드** 무브먼트가 하나님을 어떻게 이해
하고 있는지에 대해 많은 것을 보여준다.

『호다요트』 또는 『감사 찬양집』에서 기자는 우주의 창조주이
자 유지자로서 하나님의 초월성을 강조한다. 예를 들어, 「5번 찬
송」(col. 5:15-6:10)은 그분을 **능력있고 강하며**(col. 5:15), **측량할 수 없
고**(5:16), 신비로운 분으로(5:19-20) 묘사한다. 「25번 찬송」에서 그는
그의 놀라움과 능력과 통찰력을 찬양한다:

> 당신은 신들의 우두머리이시며 영광스러운 왕이시며 모든 영혼
> 의 주인이시며 모든 피조물의 통치자이십니다. 당신 없이는 아무
> 것도 이루어지지 않으며, 당신의 뜻 없이는 아는 것도 없습니다.
> 당신 옆에는 아무도 없고 당신에게 힘차게 다가가는 사람도 없습
> 니다. 아무도 당신의 능력과 영광에 비교할 수 없으며, 가격을 매
> 길 수도 없습니다. (18:8-11; *The Dead Sea Scrolls: A New Translation*, 195)

「9번 찬송」은 또한 하나님을 "그들의 법을 따라, 그들이 [당신의
거룩한] 천사들과 … 광명체들과," 별들과, 폭풍과, 유성들과, 번개
와 보고(storehouses)가 "되기 이전에" 하늘의 창조주이자, 그 모든
것의 주관자이고, 강력한 영이 되심을 찬양한다(9:11-15).

『대시편 사본』(1QPsᵃ, 본서 §7.3 참고)에 있는 창조주에 대한 찬가는 비록 **야하드**의 저작으로 보이지는 않지만, 그들에게 가장 중요한 시편의 일부였다. 여기서 시편 기자는 창조주의 위엄과 거룩함을 찬양한다:

> ¹여호와는 위대하시고 거룩하시며 대대로 거룩한 자 중에 가장 거룩하시도다 ²위엄이 그 앞에 있고 그를 따르는 것은 많은 물의 급류로소이다. ³은혜와 진리가 그분의 임재를 둘러싸고 있나이다. 진리와 정의와 공의가 그의 보좌의 기초로다. ⁴그는 빛과 짙은 어둠을 갈라놓으시고, 마음의 지식으로 새벽을 밝히셨도다. ⁵그의 모든 천사들이 그것을 보고 큰 소리로 노래했나이다. 그들이 알지 못하는 것을 그들에게 보이셨음이로다. ⁶모든 생물에게 좋은 과일로 산에 왕관을 씌웠느니라. ⁷그의 권능으로 땅을 지으시며 그의 지혜로 세계를 세우시는 이에게 복이 있을지어다.
>
> (11QPsᵃ col. 26:9-14; *The Dead Sea Scrolls Bible*, 582-83)

또한 『전쟁 규율』(또는 『전쟁 문서』)에는 창조주로서 하나님의 역할을 찬양한다—예를 들어, 다음과 같은 '대제사장의 기도'가 나온다: "[오 하나님, 당신께서] 하늘과 광명체의 주인들과 ¹²영들의 의무와 거룩한 자들의 다스림과 [당신의] 영[광]의 보물과 … 구름의 […] 광활함을 [창조하셨습니다.] 지구와 그 경계를 창조하신 분"(1QM 10:11-12).

『창조에 대한 묵상 A』(4Q303) 같은 일부 작품은 전적으로 창조에 초점을 맞추고 있으며, 이브를 창조하기 이전에 있었던 "선과 악에 대한 지식(분별)"을 포함하는 창조로 시작하고 하나님의 경이로움을 찬양하는 지혜 문서 등도 이에 해당한다. 또한 『하나님의 행사』(4Q392)도 이에 해당하는데, 여기에는 창조와 어둠에 대한 다스림이 등장한다.

2. 예정론(또는 운명론), 두 갈래 길, 악의 초자연적 기원

모든 종교 무브먼트는 선과 악의 존재에 대해 설명할 수 있어야 한다. (그 문제가 존재한다는 사실을 부인하는 경우가 아니라면) 모두가 어떤 방식으로든 이 문제를 다루게 된다. 엣세네파 **야하드**에게 선과 악은 상상이 아닌 당면한 현실이며, 하나님의 통제와 전반적인 계획에 속한 것이다.

2.1 예정론

선과 악이 함께 존재하는 것에 대해 그들은 하나님께서 단순히 모든 것을 창조하셨을 뿐만 아니라 그의 창조 세계에서 일어날 모든 일들을 미리 결정하셨다고 설명한다. 엣세네파는 '운명' 또는 '예정론'에 대한 교리에 있어서 다른 유대인 그룹과 구별된다: "엣세네파는 그러나 '운명'이 모든 것을 주관하며, 그녀(운명)의 뜻

에 부합하지 않는 일은 어떤 것도 사람에게 일어나지 않는다고 선
포한다"(『유대 고대사』 13.171-73).

운명 또는 예정론에 대한 믿음은 『호다요트』(『감사 찬양집』) 및
『전쟁 규율』을 포함해 여러 주요 분파 문서들에서 부각된다. 앞선
요세푸스의 묘사와 일치하는 인상적인 구절이 『공동체 규율』에
나온다:

> 현재와 미래의 모든 것은 지식의 하나님에서 비롯된다. [16]그의 영
> 광스러운 계획에 따라 정해진 때에 그들이 존재하게 될 때, 그들
> 은 변할 수 없는 운명을 완수하게 된다. (1QS 3:15-16; *The Dead Sea*
> *Scrolls: A New Translation*, 120)

『호다요트』에 있는 창조에 관한 시(「8번 찬송」, cols. 7:21-8:25)는 악
인은 멸망으로, 의인은 생명으로 이끄는 모든 것을 아시는 하나님
을 칭송한다. 또 다른 시(「9번 찬송」, cols. 8:26-9:41)에서는 하나님의
창조의 경이로움에 대해 하나님을 송축하고 찬양한다:

> 그들의 모든 후손에게 영원한 세대의 수를 따라 그리고 영원까지
> 의 남은 모든 햇수를 따라 [19]그것을 나누어 주셨습니다 [⋯] 그리
> 고 당신의 지식의 지혜로 그들이 존재하기도 전에 [20]그들의 운명
> 을 결정하셨으니 [당신의 뜻에 따라] 모든 것[이 이루어지며], 당신 없이
> 는 아무 일도 일어나지 않습니다. (9:18-20; *The Dead Sea Scrolls: A New*

Translation, 178-79)

2.2 두 갈래 길

온 우주는 하나님께서 예정하신 계획에 따르며 두 갈래 길이
있다: 선 또는 빛의 길과 악 또는 어둠의 길이다. 인간뿐 아니라 천
사들도 이 둘 중 하나에 속한다. 한편에는 빛의 천사들과 빛의 아
들들이 있고, 다른 편에는 어둠의 천사 및 그의 천사들과 어둠의
자식들이 있다. 이 두 진영은 끊임없는 전쟁을 벌인다. 이 우주적
갈등은 하나님께서 최종 심판을 행사하시고 빛의 아들들과 그들
의 천사 동맹자들이 어둠의 자식들(그리고 그들의 천사 동맹들)에 대해
승리를 거두실 때에야 비로소 끝날 것이다.

『공동체 규율』은 인간의 삶과 행동 또한 이 원초적인 투쟁의
일부라고 말한다. 모든 사람, 심지어 빛의 아들들조차도 그 안에
다소간의 빛과 어둠이 있다. 다행스럽게도 이스라엘의 하나님과
'그의 진리의 천사'는 빛의 아들들을 도울 것이며 '어둠의 영'의
조언을 멸시할 것이다:

어둠의 천사의 권세는 나아가 모든 의인을 [22]타락시키는 데까지
미친다. 그의 지시를 따라 그들의 모든 죄와 불법과 부끄럽고 반
역적인 행위가 일어나며, [23]하나님은 그의 신비 가운데서 그의 시
대가 밝아올 때까지 그것이 지속되도록 허락하신다. 더욱이 의인
이 겪는 모든 환난과 때를 따라오는 모든 시련은, 이 천사의 악마

적 통치로 말미암아 일어난다. [24]그와 연합한 모든 영들이 단 하나의 결의를 공유한다. 이는 바로 빛의 아들들을 넘어뜨리는 것이다.

　　그러나 이스라엘의 하나님(그리고 그의 진리의 천사)은 빛의 아들 [25]모두를 도우신다. 빛과 어둠의 영들을 창조하여 모든 행위의 초석이 되게 하시고 [26]그들의 충동이 모든 행동의 전제가 되게 하셨다. 한 영혼을 향한 하나님의 사랑은 [4:1]영원하다. 그분은 항상 그 (빛의 영—역주)의 행동에 만족할 것이다. 그러나 그는 상대편의 조언을 혐오하며 상대의 모든 충동을 항상 미워한다. (1QS 3:21-4:1; *The Dead Sea Scrolls: A New Translation*, 120)

　『공동체 규율』은 뒤에 선과 악 사이의 투쟁과 선의 궁극적인 승리를 설명한다(4:15-23). 모든 인류의 특성과 운명은 이 두 영과 함께 거하며, 모두가 그들의 분열을 상속한다(4:15). 하나님은 그들을 동등하게 임명하셨고 마지막 시대까지 그들의 분열 사이에 적의가 있도록 하셨다(lines 16-17). 그분은 패역한 자가 승리하는 시대를 허락하셨으나, 심판하시기로 정하신 때에 그것을 영원히 파멸시킬 것이다(18-19). 그 뒤에 하나님은 인간의 모든 행실을 정결하게 하시고(20) 영원한 언약으로 택하신 자를 정제하실 것이다(22). 그러면 "아담의 모든 영광이 그들만의 것이 될 것이다. 패역이 끊어지고 모든 궤휼이 수치를 당하게 될 것이다"(23).

2.3 세상에 있는 악의 초자연적인 기원

엣세네파(야하드)는 『에녹1서』를 경전으로 보았기 때문에, 그들 역사의 초기 단계에서부터 『에녹1서』에서 막대한 영향을 받았다. 『에녹1서』에 따르면 세상과 인간의 삶에 나타난 악의 범람은 그 기원이 아담과 하와와 그들의 후손(창 3장)을 넘어 초자연적이다. 창세기 6:1-4에 대한 『에녹1서』의 재진술이 이에 대한 핵심 본문 이 된다:

<표 1. 창세기와 『에녹1서』에 나오는 하나님의 아들들과 사람의 딸들>

창세기 6:1-2, 4	『에녹1서』 6:1-2; 7:1-2
사람이 지면에 번성하기 시작할 때에 그들에게서 딸들이 나니, 하나님의 아들들이 사람의 딸들의 아름다움을 보고 자기들이 좋아하는 모든 자로 아내를 삼는지라 당시에 땅에 네피림이 있었고 그 후에도 하나님의 아들들이 사람의 딸들을 취하여 자식을 낳았으니 그들이 용사라 고대에 유명한 사람이었더라.	사람의 아들들이 번성하매 그때에 아름답고 아리따운 딸들이 그들에게서 나니 하늘의 아들들인 천사들이 그들을 보고 원하여 이르기를: "자, 사람의 자녀들 중에서 아내를 택하고 자녀를 낳자. …" 그리고 그들은 자신들을 위해 아내들을 취했고, 모두가 각자를 위해 한 명씩 선택했다. 그리고 그들은 그들에게 들어가 그들과 문란하게 지내기 시작했다 . … 그리고 그들은 임신하여 큰 거인을 낳았다. (M. Knibb [1978] 2.67, 76-77의 번역)

하늘에서 내려온 **하나님의 아들들**을 『에녹1서』는 지상의 여인들과 결혼한 **천사들**(욥 38:7)로 해석한다. 그들의 후손은 큰 거인들이었으며, 큰 악을 저질러 하나님께서 홍수를 내려 그들을 벌하고 세상을 멸망시키도록 원인을 제공했다. 창세기 6:1-4이 홍수 이야기 직전에 나오기 때문에, 『에녹1서』에서 보여주는 이 연결이 강

한 의미를 제공한다. 창세기 6장에 대한 이 같은 이해는 **야하드**에 영향을 끼친 문서들(『희년서』, 『창세기 비경』[1QapGen])뿐만 아니라 『다마스쿠스 문서』(2:17-21) 및 『창조의 시대』(4Q180) 같은 분파 문서에서도 발견된다.

3. 하나의 포괄적 원리(법칙)

엣세네파 무브먼트에서 초월자 하나님은 모든 만물을 지은 신성한 설계자였다. 그는 모든 창조물의 운영을 천사들에게 맡겼다. 하나님은 또한 자연 질서(세상)와 인류 모두가 신성하게 위임된 목적이나 법칙의 체계에 따라 기능할 것을 요구하셨다. 이 법칙에 순종하면 조화가 이뤄졌고, 반면에 불순종은 분열과 부조화를 초래했다.

3.1 자연(세계)의 법칙
(a) 하나님의 창조에서 자연계는 완벽한 조화 속에 운행한다

엣세네파의 자연 이해에 대한 가장 완전한 그림은 『에녹1서』와 『희년서』에서 찾을 수 있다. 이 두 권은 그들이 가장 존중했던 책들이다. 이 책들은 자연계가 하나님께서 주신 법칙에 따라 운영된다는 점을 이야기한다(『에녹1서』 2-5장; 『희년서』 5장).

하나님은 광대한 우주를 다스릴 천사를 임명하셨는데, 아마도

서로 다른 영역을 감독하는 역할을 맡은 7명일 것이다(『에녹1서』 20장). 「천문서」(『에녹1서』 72-82장)라고 불리는 소책자에서 우리엘은 모든 천체의 지도자이며, 책의 내용을 에녹에게 공개한다(참조, 72:1; 74:2; 75:3; 82:7-8). 그의 지휘 아래에 있는 다른 천사들이 별과 같은 천체의 구성 요소를 다스린다(75:1; 80:1; 82:10-20). 『희년서』는 창세기에 나오는 창조 기록에 추가 사항을 더한다. 예를 들어, 첫째 날에 하나님은 천사들을 만드시고, 그들을 자연 세계를 포함해 창조의 여러 부분들을 다스리는 자들로 임명하셨다:

> 임재의 천사들, 거룩함의 천사들, 불의 영들의 천사들, ⋯ 추위와 더위의 영들의 천사들, 겨울과 봄과 가을과 여름의 영들의 천사들, 그리고 하늘과 땅과 모든 곳에 있는 그의 피조물들의 영들의 천사들. (『희년서』 2:2; VanderKam, *The Book of Jubilees* [1989] 2.7-8)

천체가 하늘에서 자신의 궤도를 돌 때에, 천체의 변함없는 질서는 완벽한 조화를 이룬다. 이것은 『호다요트』의 「9번 찬송」에도 분명히 나온다:

> 당신은 당신의 영광을 위하여 [10]하늘을 펴시고, 모든 [그들의 군대를] 당신의 뜻을 따라 [지으셨으며], 권세 있는 영들을 그들의 법에 따라 지으셨으니, 그들이 [11][당신의 거룩한] 천사가 되기 이전이라 [⋯], 그들의 통치 아래 있는 영원한 영들처럼, 그들의 신비를 위

한 광명체, [12][그들의] 경로에 따른 별들, 그리고 그들의 의무에 따르는 [모든 폭풍], 유성과 번개가 그들의 소임을 따라 그리고 [13]그들의 필요를 따라 계획된 보고(寶庫)가 되었음이라. (9:9-13; *The Dead Sea Scrolls: A New Translation*, 178)

(b) 시간 측정: 달력, 절기, 제사장 반차

『에녹1서』에 있는 「천문서」에는 한 해가 해와 달 모두에 따라 측정된다고 되어 있다. 양력의 한 해는 364일(72:2-32, 참조, 74:10)이고, 음력의 한 해는 354일이다. 『희년서』는 또한 364일로 된 1년(예, 6:38)을 사용하며, 이 양력 달력은 에녹에게 처음 계시됐다(4:17-18, 21). 반면에 더 짧은 음력 1년은 '타락'으로 인해 발생한 것으로 간주한다(6:23-38). 음력을 따라 절기의 날짜를 정할 때, 성(聖)과 속(俗)의 시간들을 혼합하기 때문에 저자는 음력 달력을 사용하는 것을 비난한다(6:35-37). 저자는 창조의 넷째 날(창 1:14-19)을 재진술하면서, 달력과 관련된 달의 기능을 생략한다(2:8-10).

야하드가 저술한 많은 문서에서 자연 질서(또는 세계)에 대한 법칙이 두드러지게 나타나는데, 정확한 종교력 설정을 위해 그런 경우가 많다. 하나님의 초월성과 달력을 엄격하게 준수하는 것은 세상이 전적으로 하나님의 통제 아래에 있다는 이해를 반영한다. 엣세네파 **야하드**는 『에녹1서』와 『희년서』로부터 364일 태양력을 채택했다. 364일 태양력은 패턴이 변하지 않으며, 이는 하늘에 있는 천체의 변치 않는 질서를 전제하기 때문이다. 이 달력은 많은 사해문서에서 발견되며 이러한 작업을 하나로 묶는 역할을 한다.

『에녹1서』와 여러 달력 문서들의 경우 태양력을 따라 절기를 계산하지는 않았다. 반면에 『희년서』는 태양력과 절기를 연결한다. 달력 텍스트는 2가지 패턴(364일의 양력과 354일의 음력)을 따르는데, 364일을 기준으로 하는 절기를 계산하는 것에서는 『희년서』와 일치한다. **야하드**의 절기들이 이 양력(52주)을 따라 계산됐다는 점은 『대시편 사본』(11QPsª)에 있는 시편 산문 에필로그인 『다윗의 작품집』에서 확인할 수 있다:

> 여호와께서 ⁴[다윗에게] 명철하고 총명한 영을 주셨다. 그리고 그는 ⁵3,600편의 시편을 썼다; 그리고 제단 앞에서 영원한 번제물 위에서 ⁶1년 364일 날마다 부를 노래들을 썼다; ⁷또한 안식일에 드리는 제물로, 52곡의 노래를 썼다. …. (*The Dead Sea Scrolls Bible*, 588-89)

364일 달력. 이 달력은 대칭성과 수학적 예측 가능성을 결합한다. 숫자 364는 딱 떨어지는 7의 배수이므로 달력에는 정확히 52주가 있으며 각 날짜는 매년 같은 요일에 해당하게 된다. 매 분기는 이 배열을 따르며, 새해는 수요일에 시작된다. 「천문서」, 『희년서』와 쿰란에서 발견된 많은 엣세네 문서의 저자들에게 이것은 딱 맞는 배열이다. 하나님께서 넷째 날에 광명체들을 창조하셨기 때문이다(창 1:14-19).

<표 1>

요일	1, 4, 7, 10월					2, 5, 8, 11월					3, 6, 9, 12월				
수	1	8	15	22	29		6	13	20	27		4	11	18	25
목	2	9	16	23	30		7	14	21	28		5	12	19	26
금	3	10	17	24		1	8	15	22	29		6	13	20	27
토	4	11	18	25		2	9	16	23	30		7	14	21	28
일	5	12	19	26		3	10	17	24		1	8	15	22	29
월	6	13	20	27		4	11	18	25		2	9	16	23	30
화	7	14	21	28		5	12	19	26		3	10	17	24	31

VanderKam and Flint, *The Meaning of the Dead Sea Scrolls* (2002), 258에서 발췌.

달력을 다루는 여러 문서에서 태양은 시간을 공식화하는 중심이 된다. 정확한 달력을 아는 것은 엣세네파(야하드) 무브먼트에서 매우 중요한 사안이었다. 유대교 절기들은 하나님이 명령하셨던 창조 질서에 매여 있었기 때문에, 정확한 달력은 유대교 절기들을 바르게 지킬 수 있도록 보장해 주는 도구였으며, 결과적으로 하나님의 계획을 정확하게 풀어나가는 것이었다. 『다마스쿠스 문서』는 다음과 같이 기록한다:

[하나님이] 이스라엘과 영원히 언약을 세우사 온 이스라엘이 잘못된 길로 갔었던 것들, 곧 그의 거룩한 안식일과 그의 영화로운 절기와 그의 의로운 율법과 그의 확실한 길을 그들에게 보이시니, 인간이 수행해야 하고 그 안에 생명이 있어야 하는 그분의 뜻을 바라는 마음을, 그분은 그들에게 열어 주셨습니다. (CD 3:13-16; *The Dead Sea Scrolls: A New Translation*, 54)

분파 문서인 『일부 율법의 행위들』(4QMMT)은 달력 텍스트인 4Q327을 A 부분에 포함하고 있는 것으로 보인다. 이 문서는 안식일과 절기들의 날짜가 언제인지를 알려준다. 예를 들면, 다음과 같다: "그 달의 23일에 안식일이 있다. [그 달의] 삼[십] 일에 [안식일이 온다]"(1:4-8). 이렇게 그 달의 23일이 안식일(토요일)인 경우라면, 해당월은 2월, 5월, 8월, 11월 중 하나가 된다.

엣세네파 **야하드**에게 이 달력은 하나님이 구성하시고 계시하신 것이기 때문에 이상적인 달력이었다. 그러나 이 달력에는 몇 가지 문제가 있었다. 전통적으로 음력을 따라 지켜졌던 절기를 계산하는 데 태양력을 사용하기 때문에, 절기의 날짜가 따로 움직이거나 기존 날짜에 동조하지 못하게 된다. 이러한 불일치를 해결하기 위해 일부 문서들의 경우 다양한 윤달을 개발했다.

윤달 및 『미쉬마로트』. 야하드가 사용했던 달력 문서들에는 "당직"(Watches) 또는 "제사장 반차"(Priestly Courses)를 의미하는 『미쉬마로트』(대략 4Q322-29)도 포함된다. 이 문서는 역대상 24:7-18에 근거하여 48개의 제사장 주기를 삽입한다(시작점 삽입). 전통적인 음력 48주에 따라 24개의 제사장 반차가 각각 1년에 2번 성전 봉사를 하게 된다. 이 같은 주기에 따르면, 52주로 이뤄진 태양력에서는 4주의 여분이 생긴다. 12개 제사장 반차 중, 매해 4개의 조가 추가로 성전 봉사를 하도록 하는 봉사 주기를 추가하여 이 문제를 해결했다. 어떤 문서들은 두 달력(양력과 음력)의 날짜를 동화시키며, 다른 문서는 해당 날짜에 근무할 제사장 그룹을 추가한다.

『미쉬마로트 A』(4Q320)는 일련의 절기들의 순서와 어떤 제사장 반차에 각각의 절기들이 해당하는지를 알려준다(frg. 4 iii.1-9). 히브리성경도 절기의 날짜가 언제인지 알려주고 제사장 그룹의 목록을 제공하기 때문에 『미쉬마로트』의 364일 달력 체계가 명확해진다. 이 자료는 이해하기 어려우며 유대교 절기에 대한 지식을 요한다. 예를 들어, 『미쉬마로트 A』에는 다음과 같은 글이 있다. "마아시야 자손의 반차의 안식일로부터 셋째 날[화요일]이 유월절이다"(line 2). 마아시야는 24번째 제사장 그룹이며(대상 24:18), 유월절은 **1월 14일**(출 12:6)인데, 이는 **1월 12일부터 18일** 주간에 해당하는 이 제사장 그룹의 반차의 셋째 날에 해당한다.

이 같은 문서들과 『성전 문서』에 있는 정보를 사용하여 쿰란에 있는 **야하드** 달력에 따른 전체 절기 목록을 다음과 같이 정리해 볼 수 있다(VanderKam and Flint [2002], 259-60을 보라):

유월절	1/14
무교절	1/15-21
초실절(첫 보릿단을 흔듦)	1/26
두 번째 유월절	2/14
칠칠절	3/15(『희년서』에 나온 것처럼 보릿단을 흔든 뒤 50일)
포도주 절기	5/3(칠칠절 후 50일)
기름 절기	6/22(포도주 절기 후 50일)
나무 절기	6/23-30(아마도)
기억의 날(또는 나팔절)	7/1
대속죄일	7/10
초막절(또는 장막절)	7/15-21

오늘날 유대인들이 기념하는 절기 2개는 이 목록에 없다. 첫 번째는 부림절로 364일 달력의 안식일에 자리한다(12월 14일; 참조, 에 9:21). 부림절은 에스더서에서 유래한 절기로 **야하드**는 에스더서를 받아들이지 않았기 때문에 피해야 할 절기가 됐다. 두 번째는 하누카(Hanukkah)로 마카비의 승리를 기념하는 절기인데, 마카비는 엣세네파 **야하드**의 적이었기 때문에 **야하드**가 기념하지 않았다. 여기에 있는 절기들 중 오늘날 기념하지 않는 3가지 절기는 포도주 절기와 기름 절기—첫 수확에 관한 절기들로 그 날짜는 칠칠절의 날짜와 같이 계산됐다(레 23:15-16)—와 나무 절기다. 이 절기들은 일부 초기 랍비들에게 알려져 있었을 수 있다(『메길라트 타아니트』[다사한 35일을 열거한 이야기] V 부분을 참조).

엣세네파에 따르면 하나님은 창조에서 자신을 계시했다. 그 속에서 천체는 하나님께서 자연 질서를 위해 명령하신 법칙의 체계에 완벽한 조화를 이루어 운행된다. 더욱이 이러한 법칙을 제대로 이해할 때, 달력과 계절 및 절기의 올바른 계산을 할 수 있게 된다.

3.2 인류를 위한 법

야하드의 여러 문서에는 인류가 살아가는 데 기초가 되는 목적의 체계나 법칙들이 기록되어 있는데, 초월적인 하나님은 인류가 이 같은 체계나 법칙을 따라 운영될 것을 요구했다. 이것은 하나님께서 고대에 계시하신 모세의 율법이었고 사람들은 계속해서 이것을 연구하고 해석했다. 자연 세계가 정해진 법을 따르는 것과 달리, 인간은 종종 자신들을 위해 만들어진 법에 불순종한다(『에녹 1서』 2-5장).

엣세네파 **야하드**는 세상과 인간의 삶에 만연한 악이 초자연적인 기원을 가지고 있다는 『에녹1서』의 설명을 따른다. 죄는 아담과 하와와 그들의 후손에게 그 기원이 돌아가는 것이 아니라, 하나님께서 홍수를 내리도록 만든 큰 악을 유발한 불순종한 천사들과 그들의 거인 자손들에게서 유래한 것으로 나온다. 하지만 몇몇 본문에서는 창세기 3장의 아담과 이브와 인간의 범죄에 대한 설명을 반영한다(하나의 예는, 4Q422 frg. 1 i.9-12).

온 우주가 하나님의 예정된 계획에 연결되어 있기 때문에 선과 악의 자리가 모두 있다. 따라서 2가지 길이 존재하며, 끊임없는 우주적인 전쟁이 있다. 인간의 삶과 행동도 이 우주적 투쟁의 일부가 된다. 하나님은 또한 두 영 또는 두 천사를 창조하셨고 그 영향 아래 사람들이 살고 있다. 이런 교리는 여러 본문에서 볼 수 있지만 『공동체 규율』(3:13-4:26)에 가장 잘 드러나 있다. 한 본문은 **마스킬**(Maskil, "교사")에게 향해 있어, 그가 "모든 빛의 아들들에게 인류의 특성과 운명에 대해 가르칠" 수 있도록 했다(3:13):

> 현재와 미래의 모든 것은 지식의 하나님에게서 비롯된다. 만물이 생기기 이전에 그분이 그들의 모든 설계를 지시하셨으니, ¹⁶그것이 이루어질 때 … 그들은 자신의 운명, 바꿀 수 없는 운명을 성

취하게 된다. 그분은 만물을 [17]다스리는 법칙을 주관하시고 만물
이 추구하는 모든 것을 공급하신다.

사람을 창조하사 세상을 [18]다스리게 하시고, 두 영을 정하사
그가 정하신 때까지 그들과 함께 행하게 하셨다. 이 영들은 [19]참
과 거짓의 영들이다. 정직한 성격과 운명은 빛의 거주지에서 나
온다; 운명에서 벗어난 자들은 어둠의 샘에서 나온다. [20]빛의 군
주의 권세는 모든 의로운 사람들의 통치에까지 미치므로 그들은
빛의 길을 걷는다. [21]마찬가지로 어둠의 천사의 권세는 모든 악한
사람들의 통치에 미치므로 그들은 어둠의 길을 걷는다. (1QS 3:15-
21; *The Dead Sea Scrolls: A New Translation*, 120)

따라서 **야하드**는 모든 인류가 필연적으로 선이나 악을 향한
경향성이 있으며, 그들의 일상적 행동에서 하나님이 통제하시는
영향을 받는다고 믿는다. 선과 악은, 하나님의 초월성과 창조의 힘
과 조화를 이루어, 인류를 향한 하나님의 계획의 일부로 함께 존
재하며, 이 계획은 하나님의 목적을 따른다. 하나님은 천사들이 자
연 세계를 다스리는 것처럼, 그들이 인간을 다스리도록 임명하셨
다. 어떤 성경에서는 천사를 특정 민족과 연관 짓기는 하나(신 32:8-
9; 단 10:10-14), 한 영이 빛의 아들을 다스리고 다른 영이 어둠의 자
식을 다스리는 개념은 히브리성경에서는 찾아볼 수 없다.

3.3 새 언약(또는 갱신된 언약) 공동체

전능하신 하나님은 그의 백성들과 언약 관계에 들어가셨다. 하나님은 아브라함과 그의 후손과 언약을 맺으셨고, 시내산에서 이스라엘과 언약을 맺으셨으며, 포로기 후에 바빌론에서 돌아온 남은 자들과 언약을 갱신하셨다. 엣세네파는 자신들이, 하나님께서 새 언약을 맺으신 남은 자들, 즉 새 이스라엘의 일부라고 믿었다.

『호다요트』의 「8번 찬송」은 하나님의 창조에 의인만 속하는 것이 아니라 "악인도 주의 진노의 때를 위하여 창조하셨고, 살육의 날을 위하여 모태에서부터 구별했나이다"(1QHᵃ 7:30)라고 확언해 준다. 인간은 하나님의 초월적인 능력을 피할 수 없기 때문에 **야하드**가 언약의 조항을 이행하는 것이 매우 중요했다. 그들은 언약을 정확하게 이해한 자들로서 성경과, 성경에 대한 영감된 해석에서 드러난 율법에 복종했다. 이 언약의 목적은 『다마스쿠스 문서』에 역사적으로 설명되어 있으며, 성경 한 구절에 계시되어 있다(민 21:18):

> 그러나 하나님께서는 조상들의 언약을 생각나게 하셨다. 그리고 그는 아론에게서 통찰력 있는 사람들과 이스라엘에서 지혜로운 사람들을 일으켜 그들을 가르치셨고 그들은 **우물을 팠다**: "그 왕들이 우물을 **팠다**. 그 존귀한 자들이 막대기로 그것을 **팠다**." (CD 6:2-4; *The Dead Sea Scrolls: A New Translation*, 56-57)

신성하게 계시된 해석은 다음과 같다. **우물**은 율법이다. 우물을 **파는 자들**은 유다를 떠나 다마스쿠스 땅에 거하던 이스라엘의 회개한 자들이다. 그 **막대기**는 율법의 해석자다. **백성의 존귀한 자들**은, 마지막 때에 의의 스승이 올 때까지, 악한 시대에 그 **막대기**로 만들어진 규칙을 지키는 삶을 통해 그 **우물을 파는** 사람들이다 (CD 6:4-11). 이 같은 설명은 엣세네파 **야하드**에게 율법 준수가 얼마나 중요했는지를 확인해 준다: "**이 규칙들**이 없으면 그들은 아무것도 얻지 못할 것이다"(6:10).

매년 언약 갱신식이 거행됐고 칠칠절(4Q266 frg. 11.17-18)에 새로 입회하는 구성원들을 맞이했다. 『공동체 규율』에 따르면, 그 교사는 하나님의 율법에 따라 살기로 자원하는 모든 사람을 은혜의 언약으로 인도해야 했다(1QS 1:7-9). 의식은 광범위했으며(1:16-2:25) 다음과 같이 시작됐다:

> **야하드**의 규율에 들어가는 모든 사람은 하나님 앞에서 언약에 입문해야 한다. 이때 [17]벨리알의 통치 기간 동안 발생할 수 있는 두려움, 공포 또는 박해로 인해 뒤로 물러나지 않고 하나님께서 명령한 모든 것에 따라 [18]행동하기로 동의해야 한다. 입문자들이 입회하는 동안, … 제사장들과 [19]레위 사람들은 구원의 하나님과 그의 모든 행적을 항상 송축할지니라. 언약에 입문한 모든 [20]입문자들은 계속해서 "아멘, 아멘"으로 응답해야 한다. (1:16-20; *The Dead Sea Scrolls: A New Translation*, 117)

『베라코트』 또는 『축복』(4Q286-90)에는 연례 언약 갱신 예식에 사용되는 예전이 포함되어 있는 것으로 보인다.

이상적인 공동체는 이렇게 형성되게 된다: "그래서 모두가 함께 **야하드**를 구성하게 된다. **야하드**의 본질은 진리, 진정한 겸손, 자발적 구제, 의로운 의도, 거룩한 공동체 안에서 이 같은 방식으로 서로를 돌아보는 것과, 영원한 교제의 동지들이다."(2:24-25). 『공동체 규율』은 그들을 "회중" 또는 "무리"라고 지칭한다. 이들은 공동체에서 생활하고, 함께 정결한 식사를 하고, 기도하고 성경을 연구하고, 그 교사를 감독자, 선생, 회의 주재자, 새로운 입회 신청자들의 평가자 및 하나님의 뜻을 행하는 열성적인 모범으로 삼는다.

4. 성경 해석

새 언약(또는 갱신된 언약)의 조건을 충족시키기 위해 **야하드** 무브먼트는 성경과, 성경에 대한 영감된 해석을 통해 드러난 율법을 시행했다. 분파 문서의 저자들과 수집가들에게는 성경(종종 모세의 율법이라고 불림)의 의미가 가장 중요했는데, 성경에서 파생된 율법이 그들의 신앙에 결정적으로 중요한 요소였기 때문이다. 그러나 하나님은 초월자이시며 신비하시기에 성경에서 하나님의 계획을 분별하는 것은 쉽지 않다.

사독 계열 제사장들은 권위 있는 해석자였으며, 그들의 가르침은 여러 율법 문서에서 찾아볼 수 있다. 엣세네파는 계시된 법을 특별한 해석 기술을 통해 배우게 된 법과 구별했다. 『다마스쿠스 문서』의 저자는 다음과 같이 기록했다:

> 그 남은 자들이 하나님의 계명을 굳건히 지킬 때, 하나님이 이스라엘과 영원히 언약을 세우시며 그들에게 감추어졌던 것들을 계시하신다. 그 감추어진 것은 하나님의 거룩한 안식일들, 그의 영광스러운 절기들, 그의 의로운 율법들, 그의 신뢰할 만한 길들이며, 이런 것에서 모든 이스라엘이 잘못된 길로 갔다. 하나님은 그분의 뜻을 향한 열망을 그들에게 열어 주셨다. 사람이 수행해야 하고, 그 안에서 살아야 할 그런 하나님의 뜻이다. 그래서 그들은 **우물을 팠고**, 많은 물이 나왔다. 이 물을 거절하는 자들은 살지 못하게 될 것이다. (CD 3:12-17; 참조, 6:11-7:6 및 15:7-10; *The Dead Sea Scrolls: A New Translation*, 54)

『공동체 규율』(1QS)은 명하기를, 공동체에 들어가는 사람은 "모세의 율법으로, … 그것(모세의 율법)에서 사독의 아들들과 그들의 언약에 속한 대부분의 사람들에게 계시됐던 모든 것으로 돌아가겠다는 구속력 있는 맹세를 해야 한다"(참조, 5:8-9; 8:11-12). 따라서 성경 본문에서 "감춰진 의미"를 밝혀야 할 필요가 있었다(5:10-12).

따라서 하나님의 율법은 무지함 때문에 깨지게 된다: 하나님의 목적과 계획은 자연과 성경에 계시되지만, 이것을 깨닫기 위해서는 특별한 기술과 통찰력이 필요하다. 이 공동체는 새 언약의 구성원 자격을 통해 이 같은 특별한 지식을 보증한다. 이때 다른 유대인 그룹으로부터 분리되는 것이 이 새 언약의 중심에 자리한다. 이후에 나오는 『공동체 규율』의 한 부분에는 영감을 받은 해석자가 하도록 되어 있는 기도가 보존되어 있다(1QS 10:5-11:22).

이 해석자는 의의 스승이었으며, 그의 가르침이 절실히 필요했던 까닭은 "이스라[엘] 사람들이 ²²마[음을 다하여 모세의 율법으로 돌아올] 마지막 날이 이르렀기 때문이다… 그러나 악인은 사[악함을 더할] 것이다"(4QMMT C, 21-22). 의의 스승의 역할 중, 예언의 비밀과 성경에 숨겨진 하나님의 신비를 드러내는 역할을 『다마스쿠스 문서』에서 볼 수 있다: "하나님의 마음에 합당한 길로 그들을 인도하기 위해, 그는 진노를 받기에 합당한 세대, 즉 반역자의 무리에게 하나님께서 하신 일을 다음 세대들에게 가르쳤다"(CD 1:11-12). 이후, 하나님으로부터 선물 받았던 스승의 통찰력을 계승하며, 훈계(Admonition)는 다음과 같이 결론 내린다:

> 그러나 무릇 이 규례를 굳건히 지키며, 율법을 좇아 출입하며, 항상 스승께 순종하고 하나님께 고백하는 사람은 … 그리고 **야하드**의 구성원들이 다스림 받았던 옛적의 율법으로 스스로를 훈련하는 사람들과 의의 스승의 말씀을 주의 깊게 들으며, 그것을 들었을 때 올바른 율법을 저버리지 않는 사람들 … 그들은 땅의 모든

거주지에 넘쳐날 것이다. 그러면 하나님께서는 그들을 위해 속죄
하시고 그들은 하나님의 구원하심을 경험하게 될 것이다. 그들이
그분의 거룩한 이름을 신뢰했기 때문이다. (CD 20:27-34; *The Dead
Sea Scrolls: A New Translation*, 61-62)

다른 모든 유대인 그룹과 마찬가지로 엣세네(**야하드**) 무브먼트
에서도 성경과 그 해석이 근본적으로 중요했다. 쿰란에서만 약
250부의 성경 사본이 발견됐으며, 이 숫자는 그 공동체가 성경 문
헌들을 의도적으로 수집했으며 그것을 매우 진지하게 받아들였다
는 것을 보여준다. 그들의 목적은 모세의 율법에 대해, 성경 토라
의 내용뿐만 아니라 그들의 지도자들이 분별한 다른 진리들까지,
발견하고 실천하고 수행하는 데 있었다. 그렇게 함으로써 하나님
의 감춰진 목적을 성취하는 것이었다.

본 장에 나왔던 무브먼트의 신앙을 표현해 줄 수 있는 밑바탕
이 되는 모든 자료나 구조, 즉 하나님, 운명, 자연과 인류를 위한
법칙, 새 언약, 하나님과 신성을 경험하는 것 또는 역사의 완성과
같은 것들을 성경이 제공하고 있다.

5. 하나님과 신성을 경험함

엣세네파 **야하드**는 그들이 하나님의 뜻에 대한 새로운 계시를

받았으며 자신들이 천상의 세계와 독특한 관계를 누리고 있다고 믿었다. 이 부분에서 성전의 역할은 무엇이었으며, 공동체는 하나님을 어떻게 예배했는가?

　대부분의 고대 유대인 집단은 예루살렘에 있는 성전 및 제의(예식)와 어떤 식으로든 관계가 있었다. 이집트 레온토폴리스에 오니아스 신전을 지은 유대인 공동체 같은 소수의 사람들은 예루살렘 성전을 거부하는 것처럼 보이기도 한다(요세푸스, 『유대 전쟁사』 7.420-36). 『솔로몬의 시편』(주전 1세기 중반, 팔레스타인에서 기록)도 예루살렘 성전에 대해 다소 적대적인 견해를 유지하고 있다(2:3-13): 예루살렘의 아들들이 주님의 성소를 더럽혔다. 하나님의 선물들을 불법의 행위들로 부정케 만들었는데"(2:3) 불법의 행위에는 성전 경내에서의 매춘이 포함되어 있다. 성전에 대한 이와 비슷한 관점은 "돌 하나도 돌 위에 남지 않고 다 무너뜨려지리라"고 말씀하셨던 마가복음 13:2에 나오는 예수의 예언에도 분명히 나타난다.

　사해문서 중 여러 문서가 성전의 중요성을 인식하고 있지만, 성전 제사장들에 대한 강력한 반발도 있다. 분파 문서의 저자들은 성전과 제사장직 모두를 인정한다. 그러나 주전 1세기 전후에 존재했던 성전과 제사장직을 인정하는 것이 아니라 이상적인 의미에서 성전과 제사장직이 존재했던 것으로 인정한다. 『성전 문서』(엣세네파가 편찬한 것은 아니지만 그들의 이념을 반영하는 것으로 보임)는 하나님이 모세에게 계시하시고, "[그가] 벧엘에서 야곱과 맺은 언약을 성취하기 위해" 영원히 세우실 이상적인 예루살렘 성전을 보여준다(11QT 29:10). 이 무브먼트는 자신들이 순수한 성전 종교에 헌신했으며, 예루살렘 성전의 회복을 통해서만 실현되는 이스라엘의 미래에 헌신한다고 생각했다.

이렇게 성전의 회복을 기다리는 동안, **야하드**는 당대의 성전과 제의를 다른 것들로 대체했다. 쿰란의 제사장들은 식사를 주재하고, 축복하고, 선언하고, 토라를 해석하고 가르쳤다. 『공동체 규율』은 다음과 같이 알려준다:

> [8][모든 입회자는] 온 마음과 온 뜻을 다해, (하나님께서 명령하신 모든 것을 따라) 모세의 율법으로, [9]또한 그것(모세의 율법)으로부터 (제사장들이자 언약의 수호자들인) 사독의 아들들과 그들의 언약에 속한 대부분의 사람들에게 계시됐던 모든 것으로 돌아가겠다는 구속력 있는 맹세를 해야 한다. (1QS 5:8-9; *The Dead Sea Scrolls: A New Translation*, 123)

그 공동체는 또한 천국의 '천상 성전'(celestial temple)에서 대안적인 형태의 예배를 드렸다. 『안식일 희생 제사 노래』(4Q400-407, 11Q17)는 천사들이 자신들의 예배에 참여한다고 믿는 그룹을 위한 안식일 제의다. 천상의 예배는 **야하드**가 따르는 달력에 따라 행해졌기 때문에, 그들은 (같은 날에) 하나님의 천사들과 연결되어, 지상에서 하나님을 경배하고 있었다.

이 노래들이 불러일으키는 경외심은 매력적이다. 내러티브를 사용하는 대신 저자는 비전을 직접 제시하여, 본문을 암송하는 사람들이 비슷한 경험을 하도록 초대한다. 회중이 일제히 노래를 부르면 신비로운 경험이 뒤따르게 될 것이다. 참으로 천사들과, 그리고 천사들이 드리는 천상 예배와의 일체감이 뒤따를 것이다. 어떤 『안식일 희생 제사 노래』(4Q405)는 하늘에서 일어나는 영광스러운 일들을 자세히 묘사한다:

> [케루]빔이 그분 앞에 엎드려 그분을 송축하고; 그들이 일어날 때, 하나님의 조용한 음성이 [들리며], 즐거운 찬양이 떠들썩하게 뒤따른다. 그들이 날개를 펼칠 때, 하나님의 조[용한] 음성이 다시 들린다. 케루빔은 궁창 위에 나타나는 병거 보좌의 형상을 축복하고, [그러면] 그들은 그분의 영광스러운 보좌 아래 펼쳐지는 빛나는 궁창의 [장관] 또는 [광채]를 기뻐 환호한다. (Frgs. 20 ii-22.7-9; *The Dead Sea Scrolls: A New Translation*, 473)

야하드는 예루살렘 성전이 부패하여서 그 제사가 무효라고 여겼기 때문에 예루살렘 성전에서 행해진 제사에 참여하지 않았다. 그러나 자신들의 의로운 지도자들을 성전, 지성소, 죄와 땅에 대한 속죄로 여겼으며, 결과적으로 예루살렘 성전 제사를 효과적으로 대치했다:

> ¹**야하드**의 무리에 평신도 열두 명과 제사장 세 명이 있으니 그들은 온 율법의 모든 계시에 비추어 흠이 ²없으며, 진리와 의와 정

의와 인자와 겸손을 서로 간에 행할 것이라. [3]그들은 자기 수양과 상한 영으로, 땅에서 믿음을 지키며, 공의를 행하고 고난을 받아 **죄를 속죄할지라.** [4]… 이 같은 사람들이 이스라엘에 있게 될 때, [5]그때 **야하드**의 무리가 진정으로 세워질 것이며(『희년서』 16:26) 이스라엘을 위해서는 성전이, 그리고 아론을 위해서는— 신비로운!—[6]지성소가 "영원히 심어질 것이다(eternal planting)." 그들은 하나님의 뜻에 따라 **땅을 속죄하기 위해** 그리고 악인에게 응당 보수(報讐)하기 위해 선택된 정의의 참된 증인들이다. (1QS 8:1-6; *The Dead Sea Scrolls: A New Translation*, 128-29)

엣세네파 **야하드**는, 시내산에 있던 이스라엘과 여러모로 비슷하게 조직됐으며, 하나님의 뜻에 관한 새로운 계시의 수신자로서, 천상의 영역과 독특한 교제를 누린다고 믿었다. 제사장 반차가 천상의 광명체의 운행과 조화를 이루었던 것처럼, 그들은 자신들이 천사들과 하나가 된 것으로 인식했다. 『감사 찬양집』 「14번 찬송」에서, 기자는 이렇게 기록한다:

[22]패역한 영을 큰 죄에서 깨끗하게 하사 그가 거룩한 자들의 진영과 [23]함께 서고 하늘의 아들들의 회중과 함께(또는 **야하드**에) 들어가게 하셨나이다. 그리고 인간에게는 지식의 영들과 함께 당신의 이름을 [24]함께 찬양하도록 영원한 운명을 정하셨나이다. … (1QHᵃ 11:22-24; *The Dead Sea Scrolls: A New Translation*, 182)

제11장 쿰란 문서에 반영된 종교적 사상과 관습 **439**

「19번 찬송」에서 기자는 이렇게 덧붙인다: "주께서 [주의] 진[리와 영]광을 ¹⁶주의 (천상)회의의 모든 사람들에게 가져오셨으며, 임재의 천사들과 같은 자리에 두셨나이다"(참조, 14:15-16; 19:13-15). 또한, 본서 §9.6.1에서 보았듯이 『전쟁 문서』는 천사들과 함께 어둠의 자식들과 벨리알의 군대에 맞서 싸우는 빛의 아들들을 묘사한다: "누구든지 ⁶전투의 날에 음부가 깨끗하지 아니한 자는 그들과 함께 전장에 내려가지 말 것은, 거룩한 천사들이 그들의 군대와 함께 있음이라"(7:5-6; 참조, 9:14-16; 12:1-9; 『마지막 날을 위한 제사장 축복』 3:25-26; 4:23-26).

6. 종말과 메시아들

6.1 마지막 때

제2성전 기간 동안 길고 어려운 식민 통치가 계속되면서, 많은 유대인들 사이에 이스라엘에 대한 하나님의 계획이 아직 완전히 실현되지 않았으며 하나님께서 마침내 그의 백성을 회복하실 때가 다가오고 있다는 인식이 커져갔다. 마지막 때에 대한 이 같은 입장은 네 짐승에 대한 다니엘의 환상에서 강조된다:

> ¹³내가 또 밤 환상 중에 보니 인자 같은 이가 하늘 구름을 타고 와서 옛적부터 항상 계신 이에게 나아가 그 앞으로 인도되매 ¹⁴그에

게 권세와 영광과 나라를 주고 모든 백성과 나라들과 다른 언어를 말하는 모든 자들이 그를 섬기게 했으니 그의 권세는 소멸되지 아니하는 영원한 권세요 그의 나라는 멸망하지 아니할 것이니라. (단 7:13-14)

엣세네 무브먼트가 가졌던 신적인 건축가로서의 하나님에 대한 개념은 자연 질서와 인간 역사가 신의 예정된 패턴에 따라 진행되는 것처럼, 미래도 그렇게 진행된다는 인식을 갖도록 요구한다. 『하박국 페쉐르』는 다음과 같이 기록한다: "하나님께서 그분의 측량할 수 없는 통찰력을 따라 정하신 대로, 그가 정하신 모든 때는 순서에 따라오게 될 것이다"(1QpHab 7:13-14).

그들은 마지막 날 또는 말세, 즉 결정된 최후의 심판 직전의 시대에 살고 있었다. 『다마스쿠스 문서』(CD:1:5-11)는 유배가 시작된 지(주전 587년) 390년 뒤에 이 무브먼트가 시작됐다고 기록한다. 이는 대략 주전 199년이 된다. 이에 더하여, 그들의 지도자인 의의 스승은 그 후 20년이 지난 뒤에 등장하는데, 이는 대략 주전 177년이 된다. (제시된 연도를 문자적 의미로 사용했는지에 대해서는 판단하기가 어렵다.)

개정판에서, 『다마스쿠스 문서』는 "친애하는 스승께서 돌아가신 날로부터" 40년 후에 마지막 날이 시작될 것이라 예견했다(CD 20:13-15). 그러나 『하박국 페쉐르』는 마지막 날이 예언자들이 예상한 것보다 더 길어질 것이라고 말한다. 하나님의 계시가 참으로 신비하기 때문이다(1QpHab 7:7-8). 그런 다음 저자는 하박국 2:3을 인용하며, 이 본문은 **야하드**가 인내하도록 격려하는 것이라고 해석한다:

> [9]"**만일 더딜지라도 기다리라 지체되지 아니하고 반드시** [10]**응하리라**"(합 2:3b). 이것은 충성된 자들을 가리켜 말하는 것이다. [11]이들은 율법을 준행하며, 그 손으로 섬기는 일을 그치지 아니하는 자들이다. [12]마지막 날이 길어 보일 때라도 …. (1QpHab 7:9-12; *The Dead Sea Scrolls: A New Translation*, 84)

앞서 언급한 것처럼 **야하드**는 예루살렘 성전에 접근할 수 없어서 생겼던 공백을 그들의 기도와 예전 및 활동들이 메꿨다고 믿었다. 그들은 예루살렘 성전 제사를 대체하는 예배를 '천상 성전'에서 드렸다. 그들이 『안식일 희생 제사 노래』를 부를 때, 천사들이 이 예배에 동참한다. 『공동체 규율』에 따르면, 그들은 예루살렘 성전에서 행해지는 제사에 참여하지 않았다. 그러나 그들의 지도자들과 구성원들이 '이스라엘을 위한 성전'이었으며, '아론을 위한 지성소'와 '땅을 속죄하는 받으실 만한 제사'였다(1QS 8:5-6, 10).

하나님의 명령에 따라 세상은 대격변을 경험하게 됐고, 역사는 이스라엘에 대한 하나님의 최종적인 인증과 그들의 적들에 대한 복수로 절정에 이르렀다. 『전쟁 규율』(또는 『전쟁 문서』)은 벨리알과 어둠의 자식들에 대항하여 일어날 하나님과 빛의 아들들의 최

종적인 우주적 전쟁을 예언적으로 설명한다. 이 전쟁의 결과로 승리와 하나님의 패권을 가져오게 된다:

> [1]지금은 이스라[엘]에게 환난의 때요 모든 열방과의 전쟁이 정[해진] 때라. 하나님의 목적은 영원한 구속이며 [2]악한 모든 나라의 멸절이라. 전투를 [준비]하는 모든 사람들은 출정하여 깃딤의 왕과 그와 함께 모인 [3]벨리알의 모든 군대를 대적하여 진을 칠 것이라. 하나님의 칼을 통한 [보복의] 날을 위해. (1QM 15:1-3; *The Dead Sea Scrolls: A New Translation*, 161)

6.2 메시아들

(a) 두 명의(혹은 세 명의) 메시아

사해문서들, 특히 분파 문서들을 연구하면서 많은 학자들이 엣세네(야하드) 무브먼트가 메시아에 관해 기대하는 바가 무엇이었는지 관심을 보였다. 간략히 정리해 보면, 그들은 마지막 날에 하나님께서 예언자와 제사장적 메시아, 그리고 이스라엘의 메시아(또는 다윗의 메시아)를 보내실 것이라고 믿었다. 이 메시아들은 천사들과 빛의 아들들과 함께 마지막 전쟁에서 벨리알과 그의 영들과 어둠의 자식들을 이기고 승리할 것이다.

『다마스쿠스 문서』는 이 무브먼트가 한 명의 메시아를 기대하고 있었다고 말하는 것처럼 보인다: "이것은 악의 시대에 [23]아론과 이스라엘의 메시아가 나타날 때까지 이 규율들을 따라 살아가는,

캠프에 거하는 ¹³:¹자들의 규례다"(CD 12:22-13:1; 또한 14:18-19; 19:10-11; 19:33-20:1). 여기에 '메시아'가 단수형으로 사용됐다. 하지만 일부 학자들은 이 단수형이 메시아들(아론과 이스라엘)이라는 두 역할을 수행한다고 믿는다.

반면에, 『회중 규율』(1Q28a)은 앞으로 오게 될 두 인물에 대하여 말한다. 마지막 때의 잔치에서 제사장이 먼저 입장하고, 그 후에 이스라엘의 메시아가 입장한다(col. 2:11-15).

『공동체 규율』은 한 걸음 더 나간다: "그들은 스스로를 다스리되, **야하드**의 사람들이 처음 가르침을 받았던 원래의 계명으로 자신을 다스리며, ¹¹**그 예언자**와 **아론과 이스라엘의 메시아들**이 오기까지 그렇게 할 것이라"(1QS 9:10-11). "메시아들"이 복수형으로 사용된 것에서 **야하드**가 아론의 제사장적 메시아와 더불어 이스라엘의 비제사장적 메시아를 기다리고 있었음을 분명히 알 수 있다. 그 예언자가 누구를 말하는 것인지 파악하기는 쉽지 않다. 여호와께서 일으키실 "모세와 같은 예언자"(신 18:15)처럼 그는 또 다른 메시아적 인물로 보이며, 의의 스승일 가능성이 높다.

그렇다면 두 메시아가 수면 위로 떠오른다(만약 '그 예언자'까지 포함할 경우 세 명의 메시아가 될 수도 있다). 두 주요 인물은 아마도 "기름 부음 받은 자 둘이니 온 세상의 주 앞에 서 있는 자들"(슥 4:14)일 수 있다.

(b) 이스라엘의(또는 다윗의) 메시아와 제사장적 메시아

이스라엘의 메시아는 몇 가지 다른 이름으로도 불린다. 어떤 문서에는 '다윗의 싹', '다윗의 가지', '다윗의 초막'과 같은 표현으로 제왕적 메시아를 지칭한다. 『선문집』(4Q174)은 영원한 보좌를 취하게 될 다윗의 후손(삼하 7:11-14)에 관한 약속에 대해, 아모스 9:11에 나온 다윗의 싹과 다윗의 가지, 그리고 다윗의 무너진 장막으로 해석한다(NRSV) "무너진 **다윗의** [13]**장막**, [하나님께서] 그를 일으켜 이스라엘을 구원하실 것"(col. 3:11-13). 『창세기 주석』(4Q252)에서 유다에 대한 예언(창 49:10)은 메시아로서의 다윗의 가지를 통해 성취된 것으로 해석된다:

> [1][…] 이스라엘이 다스리는 동안 **"다스리는 자는 유다 지파를 떠나지 [않을] 것이다."** [2][그리고] 다윗의 보좌에 앉은 이는 영원히 끊어지지 [아니하리니], 이는 **의로운 메시아, 다윗의 가지**가 오실 때까지 "왕의 홀(scepter)"이 나라의 언약이요, [3]이스라엘의 [수천]이 곧 **"그 발"**이 됨이라. (4Q252 5:1-3; *The Dead Sea Scrolls: A New Translation*, 355)

이 메시아의 또 다른 이름은 회중의 군주(또는 회중의 지도자)이다. 『축복 규율』에서 마지막 축복(5:20-29)은 그를 위한 것이며, "회중의 군주를 축복하기 위하여 교사에게 속한(축복의 말)"(5:20)로 시작된다. 이 호칭과 다윗의 가지는 『전쟁 규율』(4Q285 frg. 7.3-4)에서 그를 지칭하는 데 사용된다.

　이 인물은 또한 위대한 전사이자 왕인 다윗의 자손으로서 이스라엘의 적들을 물리치고 정의를 실현할 정복자 메시아다. 예를 들어, 『다마스쿠스 문서』에서 발람의 예언의 일부("한 별이 야곱에게서 나올 것이요 한 규가 이스라엘에게서 일어나리니, 그가 … 셋 족속의 모든 영토를 박살낼 것이다")는 다음과 같이 해석되어 있다:

> [18]"**그 별**"은 다마스쿠스에 온 **율법의** [19]**해석자**이니, 기록된 바 "**한 별이 야곱에게서 나오고, 한 규가 이스라엘에게서** [20]**일어나서**"라고 함과 같으니라(민 24:17). 후자는 **전체 회중의 군주다**. 그가 나타나면 "**그는 셋의 모든 아들들을** [21]**멸할 것이다.**" (CD 7:18-21; *The Dead Sea Scrolls: A New Translation*, 58)

　이 정복하는 메시아는 『전쟁 규율』에는 별로 부각되지 않는다. 전투가 성전(聖戰)이라는 특성을 가지기에 대제사장(제사장적 메시아)과 다른 제사장들의 탁월성이 부각되기 때문일 것이다. 다만 그의 역할을 식별할 수는 있다. 11열에는 발람의 예언이 더 많이 인용되는데(민 24:17, 19, 18ac) 이렇게 해석된다: "당신의 기름 부으신 자의 손에 의해 [8]… 당신은 당신의 손으로 수행하시는 전쟁의 시[간들에] 대해 우리에게 말씀하셨습니다. 그렇게 함으로써 당신은 우리의 원수들 중에 자신을 영화롭게 하고, 벨리알의 무리를 무너뜨렸습니다"(1QM 11:7-8).

『다마스쿠스 문서』는 또한 이 메시아가 오심으로 새 언약파는 형벌을 면할 것이지만 악인들은 칼에 놓일 것이라고 말한다:

> [9]**"작은 자들 위에는 내가 내 손을 드리우리라"**(슥 13:7). 하나님께 주의를 기울이는 자들은 **"가련한 양들"**(슥 11:7)이다. [10]그들은 형벌의 때에 피하겠으나 나머지 모두는 **아론과 이스라엘의** [11]**메시아**가 오실 **때에** 칼에 넘겨질 것이라. …. (CD 19:9-11; *The Dead Sea Scrolls: A New Translation*, 59)

앞의 인용문은 많은 구절에서 **이스라엘의 메시아**가 **제사장적 메시아**와 함께 나온다는 것을 상기시켜 준다. 그들이 도래하게 되면 다음과 같이 죄가 속죄될 것이다:

> [18]… **아**[론과 이스라엘의 메시아가 나타나서] 그들의 죄악을 속죄하기까지 [그들이 [19]다스릴] 규례의 해설은 이러하니라. [소제와 속죄제 …] **아론과 이스라엘의 메**[시아의 나타나심은] 그들의 죄악을 속죄하려 하심이라. (CD 14:18-19; *The Dead Sea Scrolls: A New Translation*, 76)

제사장적 메시아에 관한 세부 사항을 찾아내는 것은 어려운 일인데, 일부 주요 본문의 손상이 심하고(단편들로 되어 있음) 그의 기능이 단순히 제사장적 임무를 수행하는 것이기 때문에 그렇다. 죄에 대한 속죄를 돕는 것 외에, 그는 종말론적 잔치를 주재하며 이스라엘의 메시아보다 우선하게 된다. 『회중 규율』의 한 구절에, 제사장이 잔치에서 우선권을 갖는 것으로 나온다: "아무도 **그 제사장**에 앞서 [손을 뻗]어 첫 번째 몫의 빵과 [포도주]에 손대지 못할 것이요," 그가 그 빵과 포도주를 축사할 것이다. 그리고 "그 후에 **이스라엘의 메시아**가 손을 뻗어 빵을 잡을 것이라"(1Q28a 17:18-21).

(c) 해석자

일부 문서에는 메시아적으로 보이는 세 번째 인물이 나온다. 『공동체 규율』에는 하나님의 영감을 받은 해석자가 시연해야 했던 긴 기도가 포함되어 있다(1QS 11:5-9). 이는 의의 스승으로, **마지막 날**이 이르렀기에 그의 가르침이 절실히 필요했다. 그의 등장은 『선문집』(4Q174)에서 제왕적 메시아(다윗의 가지)와 연결되어 있다: "'나는 그에게 아버지가 되고 그는 내게 아들이 되리니'(삼하 7:11, 12-14). 이 구절은 [12]**율법의 해석자**와 함께 일어날 다윗의 싹을 말하며, 마지[막 날에 시]온에서 [일어날] 분이다"(4Q174 3:11-12).

(d) 예언자적 메시아?

『메시아 묵시록』(4Q521)에는 한 명의 메시아("하늘]과 땅이 그의 메시아의 말을 들을 것", col. 2:1)와 "거룩한 자들"(2:2)이 등장하고, 그가 오실 때에 일어날 놀라운 일들의 목록을 적어 놓았다. 예를 들어 이렇다: "포로를 자유케 하고, 눈먼 자의 눈을 뜨게 하며, [억눌]린 자를 일으켜"(line 8) 그리고 "그는 죽은 자를 살리고, 가난한 자에게 좋은 소식을 전할 것이다"(line 12).

여기에서는 (메시아가 아닌) 하나님께서 이런 강력한 활동을 행하시는 것처럼 보이지만, 이 본문은 예언자적 메시아 또는 마지막 날에 '기름 부음 받은 예언자', 아마도 엘리야를 가리켜 말하는 것으로 보인다. (오늘날까지 유대인들은 유월절 식사 때 메시아의 강림을 알릴 예언자 엘리야를 위한 잔을 따로 마련해 둔다.)

6.3 종말 이후

분파 문서들은 내세와 관련하여, 그리고 메시아가 와서 빛의 아들들이 어둠의 자식들을 이기고 난 뒤에 일어날 일들에 대해 분명하게 제시하지는 않는다.

(a) 죽음으로부터의 부활에 대해 이야기하는 문서가 있는가?

쿰란 정착지 인근의 묘지에 장사된 자들처럼, 사망한 구성원들은 어떻게 되는가? 육신의 부활은 다른 여러 묵시 문헌에 분명히 나타난다. 그중 하나는 다니엘 12:2이다: "땅의 티끌 가운데서 자는 자 중에서 많은 사람이 깨어나 영생을 받는 자도 있겠고 수치를 당하여서 영원히 부끄러움을 당할 자도 있을 것이며."

일부 학자들은 『다마스쿠스 문서』, 『공동체 규율』, 『전쟁 규율』, **페샤림**과 같은 주요 분파 문서들에서 부활을 다루고 있지 않고, 그보다도 순결한 예배라는 맥락에서 천사들과의 교제와 영생의 실현을 다루기 때문에, 쿰란 문서에는 부활에 대한 확실한 증거가 없다고 생각한다.

그러나 육신의 부활에 대해 말하는 것 같은 내용이 여러 본문에 나온다. 『메시아 묵시록』(4Q521)은 이 예언자적 메시아가 오실 때 (주님께서) "죽은 자를 살리실 것"이라고 기록한다(frgs. 7+5ii.8). 일부 사람들은 이것이 일반적으로 이해하는 부활을 말하는 것이 아니라 '소생', 즉 엘리야나 엘리사가 금방 죽은 사람들을 다시 살린 것과 같은 기적을 의미한다고 생각한다. 그러나 최종 심판에 관해 다루는 다른 부분에는 우리가 일반적으로 이해하는 부활이 언급된다:

> ¹[…] 여호[와께서 만드신 모든 것, ²곧 땅]과 그 위에 만물과, 바다들[과 그 안에 ³있는 모든 것]과 모든 호수와 시내를 보라. ⁴[…] 주님 앞에서 선을 행한 [너희는 다] ⁵[축복하고 저]주하는 자들과 같이 하지 말라. 그들은 ⁶**부활자가** 그의 백성의 **죽은 자들을** [일으]**키실** [때], 죽을 운명에 [처해] 있을 것이다. (4Q521 frgs. 7+5ii.1-6; *The Dead Sea Scrolls: A New Translation*, 531)

『에스겔 위서』(4Q385)는 "마른 뼈의 골짜기"(7:1-14)에 대한 예언자의 환상을 부활에 대한 희망으로 해석한다. 에스겔서의 환상에 나오는 재-창조를 (이스라엘) 나라의 회복에 대한 상징으로 표시할 수 있지만, 『에스겔 위서』는 문자 그대로의 육체적 부활로 제시한다:

[또 이르시되], "인자야 너는 이 뼈들에게 대언하여 이르기를 '뼈가 뼈에, 관절이 [관절에] [6]연결되라'" 하시니 [그대]로 [되니라]. 또 두 번째 이르시되 "대언하라, 힘줄이 그 위에 달리고 가죽으로 [7]덮일[지어다" 하시니 그대로 되니라]. 그가 또 이[르]시되, "너희는 하늘 사방에 다시 대언하여 그 바람으로 [8][죽임을 당한 자에게 불게 하라" 하시니 그대로 되니라]. 그러자 많은 백성이 [소생]했다(겔 37:4-10). 그들이 [9][자기들을 소생시키신] 만군의 여호와를 송축하니라. (frg. 1 ii.5-9; *The Dead Sea Scrolls: A New Translation*, 448)

마지막으로, 지혜 문헌인 『교훈』(여기서는 4Q418)도 부활을 암시하는 것으로 보인다. 『교훈』의 7-8행은 진리를 추구하는 자들이, 이 시대의 끝에, 악의 자녀들을 심판하기 위해 죽은 자들 가운데서 깨어날(또는 깨워질) 것임을 나타낸다:

[6][하나님의 권능으로] 너희가 창조됐다; 그리고 너희는 영원한 멸망으로 돌아갈 것이다. [⋯] 너희의 죄 [⋯] 때문이다. [7][⋯] 어둠 속에서 그들은 너희의 심판을 애곡할 것이다. 그러나 영원히 존재하는 것, 진리를 추구하는 자들이 **깨어나** [너희를] **심판할 것이다.** [그 때에] [8]그들이 마음이 미련한 자들을 멸하리니 악의 자식들이 다시 있지 아니할 것이요 무릇 악을 행하는 자들이 당황하리로다. (4Q418 frg. 69 ii lines 4-8; *The Dead Sea Scrolls: A New Translation*, 489-90)

그러면 엣세네(야하드) 무브먼트는 부활을 믿었는가? 대부분의 학자들은 『에스겔 위서』와 『교훈』이 분파 문서가 아니며, 『메시아 묵시록』도 마찬가지일 수 있다는 데 동의한다. 그러나 다니엘서와 「감찰자들의 책」(『에녹1서』 1-36장)에 의거하여, 부활이 **야하드**에게 알려졌고 부활 개념을 긍정적으로 받아들였다고 그들은 확신한다. 아마도 부활은 유대교의 다른 그룹이 가졌던 소망이었으나, 점차로 **야하드**의 이념에 동화된 것으로 보인다.

엣세네 무브먼트는 종말에 관하여, 다윗 계열의 메시아와 제사장적 메시아가 (그리고 분명히 예언자적 메시아가) 도래하고, 최종 전쟁에서 승리하며, 대격변적 파괴가 일어난 후에 의인들이 죽음에서 부활할 것이라고 이해했던 것으로 보인다.

(b) 온전한 교제, 새 성전, 새 예루살렘

엣세네(야하드) 무브먼트는 마지막 날에 하나님과 천사들과 누리던 자신들의 교제가 종말 이후에도 계속되고 완전히 실현될 것이라고 믿었다. 그들은 정화되고 신성하게 배치된 (하나님이 창조하실) 새 예루살렘과 새 성전으로 돌아갈 것이고, 그곳에서 합당한 희생 제사와 참된 절기가 지켜질 것이며, 모든 것은 하나님이 친히 만드신 364일 태양력에 따라 일어날 것이다.

제12장
신약성경과 사해문서

서론

사해문서와 복음서 및 여타 신약성경의 책들 사이의 관계를 탐구하는 작업은 몇 가지 어려움을 동반하며, 학자들 사이에서 다양한 견해가 서로 엇갈리는 역사를 가지고 있다. 대부분의 학자들은 쿰란 문서들이 기독교의 기원을 이해하는 데 중요하다는 점을 인정한다. 그 문서들이 발견된 위치(예루살렘에서 20마일[약 32km] 떨어진 곳), 연대(주전 250년부터 주후 68년까지), 기록된 언어(히브리어, 아람어, 그리스어)는 이들 문서가 여러 신약성경의 저술 과정을 탐구하는 데 풍부한 자료가 된다는 것을 의미한다.

최초의 사해문서가 발견된 직후, 엣세네 무브먼트의 일부 저작물과 신약성경 사이에 유사점이 드러났다. 예를 들어, 두 문서 모두 한 명의 중심 인물(예수, 의의 스승)과 특정 집단(예수의 추종자, **야하드**)이 있다는 특성이 있으며, 자신들이 종말의 시대에 살고 있고 메시아(또는 메시아들)가 이미 도래했거나 곧 도래한다고 믿었다. 두 그룹 모두 유사한 방식으로 조직되고 인도됐다(초대 교회, 엣세네 공동체).

이러한 공통된 주제로 인해 일부 학자들은 쿰란 문서들을 기독교 문서로 간주하거나, 그 문서들이 예수 또는 그의 추종자들에 관해 구체적으로 언급하고 있으며 새로운 계시를 포함하고 있다고 믿었다. 심지어 예수와 초대 교회가 엣세네파 자체였다고 생각하는 학자도 있었다. 이에 앞서 요세푸스, 필론, 연장자 플리니우스 등이 엣세네파와 그들의 주요 사상을 자신들의 저작에서 다루었는데, 그들이 제공했던 정보가 이 같은 견해가 확산되는 데 기름을 부은 꼴이 됐다.

대부분의 학자들은 사해문서가 예수 및 초기 기독교와 직접적인 관련이 있지는 않다고 보지만, 여전히 예수의 삶과 가르침, 그리고 신약의 여러 사건과 본문들을 폭넓게 이해하는 데 도움이 된다고 생각한다. 주요 사해문서들은:

- 당시의 유대 사회, 집단, 관행 및 신념에 대한 유용한 정보를 제공한다.
- 복음 메시지의 여러 측면이 이스라엘 종교에 기원을 두고 있음을 보여준다.

- 초기 유대교에 대한 지식을 확장시켜 준다.
- 예수의 메시지와 다른 유대인 그룹의 메시지 사이의 몇 가지 차이점을 확인시켜 준다.
- 특정 신약성경 구절에서 발견되는 것과 유사한 개념이나 표현을 포함한다.

비록 사해문서에서 신약성경이 발견되지는 않았지만, 엣세네파 **야하드**와 그들이 동굴에 감춰두었던 글들은 여러 신약성경 구절과 예수 및 초대 교회를 이해하는 데 매우 중요한 자료가 된다.

1. 사해문서와 초기 기독교 문서:
쿰란에서 발견된 신약성경?

쿰란에서 발견된 문서들은 주전 250년 이전부터 주후 68년까지 필사된 사본이다. 1972년 스페인 학자 호세 오컬러한(José O'Call-aghan)은 쿰란 제7동굴에서 신약성경의 일부를 확인했다고 발표했는데, 이 동굴은 파피루스에 그리스어로 쓰인 문서가 발견된 유일한 동굴이었다. 그는 제7동굴에 마가복음, 사도행전, 바울서신 2편, 야고보서, 베드로후서 필사본의 조각들이 있었다고 판단했으며, 하나를 제외한 나머지는 전부 주후 70년 이전에 기록됐다고 주장했다(예, 마가복음 6:52-53을 보존하고 있는 7Q5는 대략 주후 50년경에 필사됐다.)

만약 오컬러한이 맞다면, 이것은 초기 유대교 학자들과 신약 학자들에게 큰 도전이다. 첫째, 이것은 초기 기독교인들이 쿰란의 **야하드**와 접촉했거나 적어도 자신들의 문서를 제7번 동굴에 숨겼다는 것을 의미한다. 둘째, 학자들 사이에는 오컬러한이 언급한 대부분의 책들이 주후 70년 이후에 기록됐다는 합의가 있었는데, 오컬러한이 제시한 결과는 이런 합의에 도전한다. (다만 바울서신은 그가 사망한 것으로 추정되는 주후 67년 이전에 기록됐고, 마가복음은 아마도 주후 70년 예루살렘이 함락되기 전에 기록됐던 것으로 추정된다.) 현재 거의 모든 학자들은 아래와 같은 이유로 쿰란 제7동굴에서 신약성경 본문이 발견됐다는 오컬러한의 주장을 거부한다:

- 물리적 증거가 너무 빈약하다. 가장 큰 조각인 7Q4.2는 크기가 2.7 × 1.3인치(약 6.8 × 3.3cm)에 불과하고, 어떤 조각들은 너무 작아서 철자 몇 개만 남아 있다.

- 사해문서 편집자들은 이 중 여러 문서들의 필사 연도를 주전 100년으로 파악했다: 7Q1, 7Q2, 7Q4는 주전 100년경으로, 7Q5는 주전 50년에서 주후 50년 사이로 지정했다. 오컬러한은 신약성경 기록과의 연관성을 찾기 위해 거의 모든 사본 조각들의 필사 연도를 주후 1세기 중반으로 지정해야 했다.

- 7Q5가 (예수가 물 위를 걸으시는 장면에 따라나오는) 마가복음 6:52-53의 내용을 포함하고 있다는 그의 주장은 53절에서 "[그] 땅으로"라는

구절이 생략된 경우에만 일치하게 된다: "그리고 그들이 건너갔을 때, 게네사렛의 [그] **땅으로** 왔다." 이 같은 이독(異讀)은 주요 신약 사본에서 전혀 발견되지 않는다.

제7동굴에서 나온 그리스어 필사본들의 정체를 파악하는 것은 쉬운 일이 아니다. 연구 초기에 7Q1(papLXXExod)은 출애굽기(28:4-7)의 본문이고 7Q2(papEpJer gr)는 예레미야의 편지(43-44절)의 본문이라는 것이 판명됐다. 다른 대부분의 사본 조각들도 그리스어 성경(LXX)의 본문을 보존하고 있을 가능성이 높다.

일부 학자들은 일단의 사본 조각들이 「에녹의 편지」(『에녹1서』91-108장), 특히 "의인과 죄인의 두 갈래 길"에서 유래한 것으로 본다—『에녹1서』 98:11 또는 105:1(7Q4.2에 있음); 100:12(7Q11); 103:3-8(7Q4.1; 7Q8; 7Q12); 103:12(7Q14); 103:15(7Q13). 그러나 특정 부분을 함께 놓고 비교해 보면, 『에녹1서』의 기존 판본들과 일치하지 않는 본문이 나온다. 예를 들어, 7Q4.1과 7Q8에 나오는 103:3-4은 기존의 『에녹1서』 판본보다 더 길다. 따라서 제7동굴 사본 중 일부를 『에녹1서』로 파악하는 것이 가능은 하지만 이것을 전적으로 확신하기는 어렵다. 만약 일부 사본 조각들이 『에녹1서』의 본문을 보존하고 있다면, 『에녹1서』의 그리스어 사본이 쿰란에 존재했다는 점을 나타내준다.

2. 예수와 사해문서(복음서와 사해문서)

2.1 서론

이 주제에 대해 많은 것을 논의할 수 있으나, 여기에서는 간략하게 사해문서들을 역사적 예수와 관련된 것으로 해석하거나 역사적 예수에 대한 새로운 계시를 담고 있는 것으로 보려는 시도를 살펴보겠다(§2.2). 그런 다음 메시아 사상과 예수의 삶과 가르침을 연구하기 위한 9가지 문제를 (관련 문서들의 목록과 함께) 파악하도록 한다(§2.3). 이어서 2가지 추가적인 문제를 더 자세히 논의하도록 한다(§2.4).

2.2 예수, 엣세네파, 분파 문서: 카를 바흐트부터 바바라 티어링까지

사해문서가 발견되기 약 200년 전에 고대 엣세네파와 예수 사이에 몇 가지 의심스러운 연관성을 주장한 사람들이 있었다. 예를 들어, 카를 바흐트(Karl Bahrdt, 1780년대)는 예수가 엣세네파의 "비밀 요원"이었으며, 자신의 죽음을 위조했다고 제안했고, 어니스트 르낭(Ernest Renan)은 예수가 엣세네 무브먼트에서 훈련받았다고 기술했다(1863년). 이 같은 추측은 1946년 말에서 1947년 초에 첫 번째 사해문서가 발견된 후 더욱 강화됐다. 대부분의 학자들은 이 고대 문서가 예수, 복음서 및 기타 신약성경을 이해하는 데 밀접한 관련이 있다고 인정했으며, 실제로 둘 사이의 유사점들이 드러나게 됐다. 1950년에 프랑스 학자 앙드레 뒤퐁-쏘메(André Dupont-

Sommer)는 예수("갈릴리의 스승"[the Galilean Master])와 의의 스승 사이
에 몇 가지 유사점을 지적했다:

> 유대인의 새 언약의 내용들은 기독교의 새 언약을 위한 길을 예
> 고하고 준비한다. 갈릴리의 스승(the Galilean Master)은 신약성경의
> 기록에 나타나 있듯이 여러 면에서 정의의 스승(the Master of Jus-
> tice)[즉, 의의 스승]의 놀라운 환생으로 나타난다. … 그(의의 스승—역
> 주)와 같이 그분(갈릴리의 스승—역주)은 모세의 율법 전체를 준수하
> 라고 명하셨다. 그러나 율법은 그분 자신의 계시로 완성되고 종
> 결됐다. 그와 마찬가지로 그분은 하나님의 택하신 자, 하나님의
> 메시아였으며, 세상의 구속자인 메시아였다. 그와 마찬가지로 그
> 분은 제사장들, 즉 사두개인들의 반대를 받았다. 그와 마찬가지
> 로 그분은 정죄를 받고 죽임을 당했다. 그와 마찬가지로 그분은
> 예루살렘에 대한 심판을 선언했다. 예루살렘이 그를 죽였기 때문
> 에 로마인들에 의해 점령되고 파괴됐다. 그와 마찬가지로 마지막
> 날에 그분은 궁극적인 심판자가 될 것이다. 그와 마찬가지로 그
> 분은 그분의 영광스러운 재림을 간절히 기다리는 추종자들이 속
> 한 교회를 세웠다. (Dupont-Sommer, *The Dead Sea Scrolls: A Preliminary
> Survey*, 99)

뒤퐁-쏘메는 예수를 그보다 앞선 의의 스승과 동일시하지는
않았다. 그러나 몇몇 저술가들은 그렇게까지 신중하게 접근하지

않았다. 그런 이들 중에는 저널리스트 에드먼드 윌슨(Edmund Wilson)도 포함되며, 그는 예수가 어린 시절을 엣세네파에서 보냈다고 보도했다(1969년).

보다 최근에 일부 학자들은 쿰란 문헌들의 필사 시기에 대한 전통적인 연대(주전 250년 이전에서 주후 68년까지)에 의문을 제기했는데, 그들은 기독교 기원에 대한 자신들의 견해에 더 잘 맞는 늦은 저작 시기를 선호했기 때문이다. 로버트 아이젠만(Robert Eisenman)은 『예수의 형제 야고보』(James the Brother of Jesus, 1997)에서, 주요 문서들의 저작 연도를 헤롯 시대(약 주전 30년에서 주후 70년)와 그 이후로 배치했다. 이는 쿰란의 저작자들이 부패한 헤롯 가문과 대립하고 있었음을 의미한다. 그는 또한 분파 문서와 신약 인물들 사이의 유사점을 본다(의의 스승은 예수의 형제 야고보로, 악한 제사장은 야고보를 처형한 대제사장 아나누스[Ananus]로, 거짓의 사람은 바울로).

아이젠만(Eisenman)에 따르면, 『하박국 주석』은 엣세네 무브먼트 역사 후기에 작성됐으며, 바울파에 반대하는 야고보파의 기록이었으며, 저자는 주후 70년에 성전이 무너지는 것을 목격했다. 즉, 페쉐르(pesher)는 유대인(유다 족속)을 대상으로 기록됐으며, 따라서 토라를 지키는 유대인에게만 적용된다. 그에 따르면, 하박국 2:4("의인은 그의 믿음으로 말미암아 살리라")이 율법을 따르지 않는 유대인들에게는 적용되지 않으며, 율법을 따르지 않는 이방인들에게는 더욱더 적용되지 않는다. 그러므로 이것이 믿음으로 말미암는 구원(롬 1:17)과 그리스도를 믿음으로 말미암는 칭의(갈 3:11)를 의미한다는 바울의 주장은 잘못됐다는 것이다.

바바라 티어링(Barbara Thiering [1992])은 복음서를 암호화된 엣세네 문서로 이해하며, 두 단계로 복음서를 읽을 수 있다고 주장했다: '그리스도 안에 있는 아기들을 위한' 표면적 단계가 있고, 자신의 '페쉐르 기법'에 따라 이해될 수 있는 더 깊은 단계가 있다. **페쉐르**이 성경 구절의 진정한 의미를 설명하는 것처럼, 티어링은 이 기법이 복음서의 의미를 풀어내는 데 필수적이며, 실제로 일어난 일들을 드러내 준다고 여겼다. 그녀는 신약성경이 역사적 사건과 인물들을 의도적으로 감춘 암호화된 형식으로 기록됐다고 주장했다.

티어링은 나아가 복음서의 주요 인물들의 '진짜 신원'을 밝힌다: 세례 요한은 의의 스승이고, 나사렛 예수는 세례 요한의 대적인 악한 제사장(거짓의 사람)이다. 엣세네파는 두 파벌로 나뉘었는데, 첫 번째 파벌은 (의의 스승인) 세례 요한이 이끄는 파벌이고 두 번째 파벌은 (악한 제사장인) 예수가 이끄는 파벌이다. 그녀의 페쉐르 기법은 복음서에 나오는 지명으로 확장된다: 예루살렘은 거의 항상 쿰란을 의미하며, 갈릴리 바다는 사해가 된다. 티어링은 또한 예수의 활동 대부분을 쿰란 인근에 놓고 그의 삶을 자세하게 재구성했다: 예수는 막달라 마리아와 두 번 결혼했다; 그는 쿰란 단지 근처에서 십자가형을 받았지만 죽지는 않았다; 의식을 잃은 그의 몸은 제8동굴에 안치됐다; 그리고 그는 로마에서 그의 노년을 보냈다.

이러한 이론들은 사해문서를 연구하는 학자들 사이에서 지지를 받지 못했다.

2.3 존 알레그로, 쿰란 문서, '예수 신화'

맨체스터대학교의 존 마르코 알레그로(John Marco Allegro)는 사해문서의 원편집자 중 한 명이었다. 그는 사해문서 연구에 인정받을 만한 중요한 기여를 했다:

- 『구리 문서』를 맨체스터대학교로 가져와 성공적으로 개봉함.
- 사진 기록의 중요성을 이해하고, 학자들이 아직도 소중하게 여기는 수백 장의 초기 사진을 필사본의 상태가 악화되기 전에 제작함.
- 사해문서가 학계뿐만 아니라 더 넓은 대중들에게도 중요하다고 믿고, 사해문서와 쿰란 유적지에 대한 많은 삽화가 담긴 강의를 제공함.
- 여러 주요 문서가 기독교의 기원을 이해하는 데 매우 중요하다는 사실을 깨달음.

그러나 알레그로는 더 급진적인 견해로 비난을 받기도 했다. 그는 예수와 엣세네파, 다양한 사해문서들, 쿰란 유적지 간에 직접적인 연결고리를 발견했다고 주장하기 시작했다. 1956년에 그는 새로운 문서(『나훔 주석』)를 발표했는데, 이 문서는 악한 제사장이

미끄러운 대답을 추구하는 자들과 의의 스승을 십자가에 못 박았으며, 그들이 다시 일어날 것이라고 기록됐다고 했다. 알레그로에 따르면, 쿰란 사람들은 십자가에 못 박힌 메시아를 숭배하며, 그가 영광 중에 다시 돌아올 것이라고 믿었다. 사실 이 페쉐르는 성난 사자(유대아 왕 알렉산드로스 얀나이오스, 주전 103-76년)가 '미끄러운 대답을 추구하는 자들'(약 800명의 바리새인)을 십자가에 못 박았다고 말할 뿐(col. 1:4-8), 악한 제사장이나 의의 스승에 관한 언급은 없다.

1970년에 출간된 『성스러운 버섯과 십자가』(*The Sacred Mush-room and the Cross*)에서 알레그로는 초기 기독교가 난교를 행하고 환각성 버섯을 사용하는 다산 숭배 종교였으며, 예수는 실존 인물이 아니라 기독교인들이 이 약물의 영향으로 지어낸 인물이라고 기록했다. 14명의 저명한 영국 학자들이 이 책을 반박했으며, 출판사는 이 책을 발행한 것에 대해 사과했다. 예수와 초기 기독교, 사해문서에 대한 알레그로의 생각은 『사해문서와 기독교 신화』(*The Dead Sea Scrolls and the Christian Myth*, 1979)에 가장 완전하게 표현되어 있다. 이 책의 일부 내용은 다음과 같다:

- 복음서 저자들은 여러 사해문서에서 발견되는 상징적 이야기들을 문자적 진리로 받아들였다.
- 알레그로가 **영지주의 기독교**(*Gnostic Christianity*)라고 명명한 것은 엣세네 무브먼트에서 발생했다.
- 1세기 팔레스타인에는 예수 그리스도라는 이름의 역사적 인물은

존재하지 않았다.

- 복음서에 등장하는 예수는 의의 스승을 각색한 것이다.

이런 선동적인 주장들은 여러 책이나 심지어 영화에서도 생생하게 남아 있다. 이런 이론들은 많은 사해문서들이 예수에 관한 전통적인 신념에 위협을 가하기 때문에 종종 교회나 학자들이 이 문서들을 감추려 했다고 주장한다. 예를 들어, 마이클 베이전트(Michael Baigent)와 리처드 레이(Richard Leigh)의 『성배, 성혈』(*Holy Blood, Holy Grail*, 1982), 댄 브라운(Dan Brown)의 『다빈치 코드』(*The Da Vinci Code*, 2003) 등이 있다. 1988년 런던 〈데일리 텔레그래프〉(*Daily Telegraph*)의 편집자 휴 마싱버드(Hugh Massingberd)는 알레그로의 사망 기사에서 그를 "성서학계의 리버라치(Liberace: 미국의 피아니스트, 가수, 배우로서, 화려한 무대와 현란한 쇼맨십으로 '미스터 쇼맨십'이라고 불렸다—편주)"로 묘사한 것으로 유명하다.

2.4 메시아니즘과 예수의 생애와 가르침 연구를 위한 9가지 주제를 다루는 핵심 문서

(a) 세례 요한, 세례 또는 죄 용서와 관련된 본문

- **세례 또는 의식적 목욕과 죄 용서.**
  - 복음서: 마가복음 1:4; 10:38, 39; 11:30; 마태복음 3:7; 21:25; 누가복음 3:3; 7:29; 12:50; 20:4.
  - 사해문서: 『공동체 규율』(1QS) cols. 2:25–3:9.

(b) 실천, 가르침 또는 성령과 관련된 4가지 주제

* **공동체 동료 구성원을 꾸짖음.**

  - 복음서: 마태복음 18:15-17; 누가복음 17:3-4.

  - 사해문서: 『공동체 규율』(1QS) 5:24-6:1; 『다마스쿠스 문서』(CD) 7:2-3; 9:2-8; 및 『감독관의 책망』(4Q77) frg. 2 i.1-10.

* **팔복 목록과 그 구조.**

  - 복음서: 마태복음 5:1-12; 누가복음 6:20-23.

  - 사해문서: 『지복』(4Q525) frgs. 1, 2 ii 및 3.

* **안식일에 관한 논쟁.**

  - 복음서: 마가복음 2:23-3:5; 마태복음 12:1-12; 누가복음 6:1-11; 13:10-16; 참조, 요한복음 5:16, 18.

  - 사해문서: 『다마스쿠스 문서』(CD) 10:15-11:18, 특히 11:12-14; 또한 11:10, 16; 『기타 규율』(4Q265) frgs. 6.1-7.10.

* **성령.**

  - 복음서: 마가복음 1:8; 마태복음 3:11; 12:31-32; 28:19; 누가복음 4:1; 11:13; 12:12; 요한복음 3:34; 14:26; 20:22.

  - 사해문서: 『다마스쿠스 문서』(CD) 2:12, (4Q266) frg. 2ii.12; 1QS 3:7; 8:15-16; 9:4; 『호다요트』(1QH^a) 4:38; 6:24; 8:20, 25, 30; 15:9; 17:32; 20:14-15; 23:29, 33; 『시편 주석』(4Q171) frgs. 3-10iv line 25; 『아람어 레위 문서』(4Q213a) frg. 1.14; 『베라코트』(4Q287) frg. 10.13; 『창세기와 출애굽기 재진술』(4Q422) 1:7; 『주문』(4Q444) frgs. 1-4i + 5 line 1.

(c) 예수, 예수의 호칭, 메시아니즘과 관련된 4가지 주제

- **"하나님의 아들"과 "가장 높으신 분의 아들"이라는 메시아적 호칭.**

  - 복음서: 마가복음 14:61; 마태복음 4:3-6; 26:63; 누가복음 1:26-38; 4:3-9; 22:70; 참조, 요한복음 1:34, 49; 11:27; 20:31.

  - 사해문서: 『다니엘 비록』(4Q246) 1:9-2:9.

- **"나무에 매달림"과 십자가 처형.**

  - 복음서: 마가복음 15:24-25; 마태복음 27:22-36; 누가복음 23:33; 요한복음 19:18-23. 또한 신명기 21:23 및 갈라디아서 3:12-13.

  - 사해문서: 『나훔 페쉐르』(4Q169) frgs. 3-4 I line 6-9; 『성전 문서』(11Q19) 64:7-13.

- **죽어가는 메시아인가 정복하는 메시아인가?** (정복하는 메시아로 합의 됨)

  - 복음서: 마태복음 16:15-21; 누가복음 24:25-26, 46; 참조, 사도 행전 2:21-36; 8:26-40.

  - 사해문서: 『전쟁 문서』(4Q285) frg. 7.1-6.

- **메시아 잔치.**

  - 복음서: 마가복음 14:25; 마태복음 26:29; 누가복음 22:16, 18, 30. 또한 히브리서 7:2-10.

  - 사해문서: 『회중 규율』(1Q28a) 2:11-21.

2.5 더 세부적인 2가지 추가적 쟁점

(a) 세례 요한과 엣세네파 야하드의 이사야 40:3 사용

사복음서 모두 세례 요한의 사역의 중요성을 이사야서 40:3의 말씀을 통해 비춰보고 있다(막 1:3; 마 3:3; 눅 3:4; 참조, 요 1:23):

> 예언자 이사야의 글에, "보라 내가 내 사자를 네 앞에 보내노니, 그가 네 길을 준비하리라 광야에 외치는 자의 소리가 있어 이르되, '너희는 주의 길을 준비하라 그의 오실 길을 곧게 하라.'" (막 1:2-3)

엣세네파 **야하드**는 『공동체 규율』(1QS)에서 같은 이사야의 구절을 사용하여 자신들이 광야에서 거주하는 것을 설명했다:

> [12]... 그들이 이 규례대로 이스라엘 중에 한 공동체가 [13]됐을 때, 패역한 자의 장막에서 구별되어 광야로 가서 거기에서 주의 길을 예비하리라 [14]기록된 바, "**너희는 광야에서 주님의 길을 예비하라 사막에서 우리 하나님의 대로를 평탄케 하라**"(사 40:3). [15]이는 (하나님이) 모세의 손으로 명하[신] 율법을 풀이한 것이니, 각 시대에 계시됐던 모든 것을 따라 행하게 하시고, [16]그의 성령으로 예언자들이 계시한 것에 따라 행하게 하시려 하심이라. (1QS 8:12-16; Flint, "Jesus and the Scrolls," 117)

복음서에서는 세례 요한이 광야에서 하나님의 사자의 역할을 수행하는 것으로 본 예언이 성취된다. 『공동체 규율』의 저자는 **야하드**가 토라 연구를 통해 주님의 오심을 준비할 수 있는 곳은 오직 광야뿐이라고 주장함으로써 이사야서를 더욱 밀접하게 따른다. 그럼에도 불구하고 두 그룹의 문서들이 이사야 40:3을 공히 사용했다는 사실은 기독교의 기원이라는 차원에서 중요하다. 초기 유대교 그룹 중 기독교인들 이외에 적어도 한 그룹이 이 구절을 메시아의 도래와 연관시켜 이해했다는 점을 증명해 주기 때문이다.

(b) 제왕적 메시아이자 예언자적 메시아로서의 예수

제왕적 메시아: 주후 1세기 초기, 유대인들이 마지막 때와 메시아에 대해 기대했던 바는 매우 복잡했다. 다양한 복음서 본문에 따르면 많은 사람들이 엘리야의 귀환(말 4:5-6; 참조, 막 6:15; 8:28; 9:4-5, 11-13; 마 11:14; 눅 1:17) 또는 모세와 같은 예언자를 기대했다(신 18:15-19; 참조, 요 1:21; 6:14; 7:40, 52; 행 13:25). 또한 많은 사람들은 메시아가 다윗 왕의 후손일 것이며—따라서 제왕적 메시아—심지어 다윗이 살았던 베들레헴에서 나올 것이라고 기대했다(막 12:35; 15:32; 마 1:1; 22:42; 눅 20:41; 참조, 삼상 16:1-13; 삼하 7:12-16; 시 89:3-4; 132:11-12; 미 5:2; 마 2:1-6). 이런 배경을 놓고 볼 때, 요한복음 7장에서 예수께서 군중들에게 보인 반응은 이해할 만하다:

40무리 중에서 어떤 사람은 "이 사람이 참으로 그 예언자라" 하며 41어떤 사람은 "그리스도라" 하며, 어떤 이들은 "그리스도가 어찌 갈릴리에서 나오겠느냐? 42성경에 이르기를 그리스도는 다윗의 씨로 또 다윗이 살던 마을 베들레헴에서 나오리라 하지 아니했느냐?" (요 7:40-42)

이 같은 기대는 여러 분파 문서에서도 발견된다. 예를 들어, 『공동체 규율』(주전 1세기)에는 다음과 같이 기록되어 있다: "그들은 **야하드** 사람들이 배우기 시작했던 원래의 계명으로 자신들을 다스리게 될 것이다. 11**예언자**가 오기까지, 그리고 **아론과 이스라엘의 메시아**가 오기까지"(1QS 9:10-11). "모세와 같은 예언자"(신 18:15)로 오는 첫 번째 인물은 마지막 날에 **기름 부음을 받은 예언자**, 아마도 엘리야나 예언자적 메시아일 것이다.

복수형으로 사용된 "메시아(들)"은 『공동체 규율』이 두 명의 추가적인 메시아를 기대한다는 것을 의미한다: 하나는 이스라엘의 메시아이고 다른 하나는 아론의 메시아다. 이스라엘의 메시아는 제왕적 메시아로, 분파 문서에 여러 가지 다른 이름으로 나온다. 『선문집』(4Q174)에는 다윗의 싹, 다윗의 가지, 다윗의 초막(col. 3:11-13)의 3가지가 나온다. 『창세기 주석』(4Q252)은 유다에 대한 예언 (창 49:10)이 "의로운 메시아, 다윗의 가지"(col. 5:1-3) 안에서 성취된 것으로 해석한다.

예언자적 메시아: 누가복음 7:20-23(= 마 11:2-5)에서 낙심하고

있는 세례 요한의 제자들이 중요한 질문을 가지고 예수께 나아온다:

> [20]"오실 그이가 당신이오니이까 우리가 다른 이를 기다리오리이까" 하더라 [21]마침 그때에 예수께서 질병과 고통과 및 악귀 들린 자를 많이 고치시며 또 많은 맹인을 보게 하신지라 [22]예수께서 대답하여 이르시되 "너희가 가서 보고 들은 것을 요한에게 알리되 **맹인이 보며** 못 걷는 사람이 걸으며 나병환자가 깨끗함을 받으며 귀먹은 사람이 들으며 **죽은 자가 살아나며 가난한 자에게 복음이 전파된다** 하라. [23]누구든지 나로 말미암아 실족하지 아니하는 자는 복이 있도다" 하시니라. (개역개정)

일부 학자들은 이 구절이 후대에 첨가된 것으로서 예수를 메시아로 묘사하려는 복음서 저자들이 만들어 붙인 것으로 간주한다. 히브리성경에는 죽은 자를 살리거나 소생시키는 내용이 거의 나오지 않기 때문에, 기적 사례 가운데 죽은 자가 살아난다는 예수의 언급이 후대에 첨가됐다는 점을 뒷받침한다고 주장한다. 그러나 이 복음서 본문에 나오는 핵심 문구는 『메시아 묵시록』(4Q521)에서도 발견된다. 주전 1세기에 필사된 이 본문에는 예언자적 메시아의 도래와 함께 일어날 놀라운 사례 목록이 포함되어 있다(굵은 글씨체는 저자의 표시).

> [1][… 하늘]과 땅이 **그의 메시아**의 말을 들을 것임이라.

²그 안에 있[는 모든] 것이 거룩한 자들의 계명에서 떠나지 아니하리라.

³주를 찾는 자들아, 그를 섬기는 일에 힘을 내라!

⁴마음에 소망을 두는 너희가 다 거기서 주를 발견하지 아니하겠느냐?

⁵주께서 경건한 자를 돌보시며 의인의 이름을 부르시리니

⁶가난한 자 위에 그의 영이 운행하시며 그의 능력으로 충성된 자를 새롭게 하시리로다.

⁷그가 경건한 자를 영화롭게 하여 영원한 나라의 보좌에 앉게 하시며,

⁸포로된 자를 자유케 하시며, 소경의 눈을 뜨게 하시며, 눌[린 자를] 일으키시느니라."

¹¹그리고 주께서는, 그가 말[씀하신] 대로, 이제껏 있지 않았던 영광스러운 일들을 행하실 것이다.

¹²그가 병든 자를 고치시며, 죽은 자를 살리시며, 가난한 자에게 아름다운 소식을 전하시며,

¹³그리고 그는 [… 그 …] 할 것이라. 그는 뿌리가 뽑힌 자들을 조심스럽게 인도하고, 굶주린 자들을 부유하게 할 것이라. (4Q521 frgs. 7+5 ii.1-8, 11-13; Flint, *Jesus and the Dead Sea Scrolls*, 118-19)

누가복음 4:16-21에 나와 있는 나사렛 회당에서 행하신 예수의 선포는 그를 예언자적 메시아로 묘사해 준다(다만 **메시아**라는 용어

는 사용되지 않았다). 회당에서 예수께서 읽었던 구절은 사실 그중 일부만 이사야서 61:1-2과 일치한다(눅 4:18-19). 한 부분은 이사야서 35:6을, 그리고 다른 한 부분은 58:6을 상기시킨다. 누가복음 4:18은 이렇게 기록되어 있다: "주의 성령이 내게 임하셨으니 이는 **가난한 자에게 복음을 전하게** 하시려고 내게 기름을 부으시고 나를 보내사 **포로된 자에게 자유를, 눈먼 자에게 다시 보게 함**을 전파하며 **눌린 자를 자유롭게 하고.**" 이 부분 또한 『메시아 묵시록』(4Q521)과의 유사점이 두드러진다.

요약하면, 『메시아 묵시록』(4Q521)과 누가복음의 두 구절(그리고 마 11:2-5) 사이에 나타난 많은 유사점들은 다음과 같은 몇 가지 함의를 가지게 된다:

- 4Q521에 비추어 볼 때, 복음서 구절은 메시아의 도래와 함께 일어날 기적적인 일들을 묘사하고 있다.
- 복음서와 4Q521에 묘사된 메시아는 예언자적 메시아이다.
- 4Q521은 주전 1세기에, 적어도 일부 유대인들에게 예언자적 메시아에 대한 개념이 있었음을 확인시켜 준다.
- 예언자적 메시아에 대한 개념은 예수에 관한 초기 설교(케리그마 [kerygma])의 일부였다.
- 주전 1세기 당시 일부 유대인들은 죽은 자를 일으키거나 죽은 자를 살리는 것이 메시아의 활동과 연계된 현상이라는 인식을 이미 가지고 있었으며, 이런 개념은 복음서 저자들이 지어낸 개념이

아니다.

• 4Q521과 복음서 구절 사이에 보이는 폭넓은 유사성은 예수께서
역사적으로 자신을 메시아로 인식했고 그렇게 주장했다는 견해
를 뒷받침한다.

3. 사해문서와 초대 교회: 사도행전, 바울서신, 기타 서신

3.1 서론

본 단락에서는 사도행전과 서신서에서 쟁점이 된 초대 교회에
관한 14가지 문제를 (관련 본문 목록과 함께) 파악한 다음, 그중 하나를
더 자세히 논의할 것이다.

3.2 사도행전, 바울, 기타 서신 연구를 위한 14가지 주제(주요 본문 포함)

(a) 공동 생활 및 행동과 관련된 텍스트

• **다수 또는 대다수**(제자들이나 공동체를 지칭하는 데 사용됨).

- 신약성경: 마가복음 14:24; 고린도후서 2:5-6(아마도 사도행전 6:2,
5; 15:12, 30).

- 사해문서: 『공동체 규율』(1QS) 8:26; 『다마스쿠스 문서』(CD,
4Q269) frg. 16.6.

• **가디언**(감독관) **또는 주교.**

- 신약성경: 빌립보서 1:1; 디모데전서 3:1, 2, 7; 디도서 1:7(또한 벧

전 2:25을 보라).

- 사해문서: CD 13:7, 13, 16-17; 14:13; 1QS 6:12, 20(또한 4Q266-71); 『기타 규율』(4Q265) frg. 4ii line 3; 『공동 의식』(4Q275) frg. 3.3; 『베라코트』 또는 『축복』(4Q289) frg. 1.4.

- **부와 재산의 공유.**
  - 신약성경: 사도행전 2:44-46; 4:32-37; 5:1-11.
  - 사해문서: CD 6:20-22; 9:10; 1QS 6:17-23; 7:6-8.

- **율법의 행위, 의로움, 칭의, 믿음.**
  - 신약성경: 로마서 3:20, 28; 갈라디아서 2:16; 3:2, 5, 10.
  - 사해문서: 『일부 율법의 행위들』(4QMMT) C 26-27, 『하박국 주석』(1QpHab) 8:1-3(합 2:3에 대한 주석).

- **육신의 일과 거짓 영.**
  - 신약성경: 갈라디아서 5:19-21.
  - 사해문서: 1QS 4:9-11(또한 3:17-19을 보라).

- **성령의 열매와 진리의 영.**
  - 신약성경: 갈라디아서 5:22-23.
  - 사해문서: 1QS 4:3-6(또한 3:17-19을 보라).

- **제의 및 성적 순결과 자기 정의.**
  - 신약성경: 사도행전 15:20; 21:25.
  - 사해문서: 4QMMT, 1QS 6:16-21; 『정결 예식』(4Q284); 『정결 의식 A』(4Q414)와 『정결 의식 B』(4Q512).

(b) 성경, 언약, 성경 인물들과 관련된 본문

- **성경 해석.**

  - 신약성경: 사도행전 2:14-21 및 요엘 2:28-32(히 3:1-5); 사도행전 2:25-28 및 시편 16:8-11; 사도행전 2:31 및 시편 16:10; 사도행전 2:34-35 및 시편 110:1.

  - 사해문서: 『다마스쿠스 문서』(CD) B lines 1-82; 1QS 8:12-15 및 이사야 40:3; 『탄후밈』(4Q176) frgs. 1-2i line 7; 『오토트』(4Q259) 3:4-5.

- **증거 본문으로 사용된 성경 구절.**

  - 신약성경: 로마서 3:10-18(바울이 증거 본문으로 성경 구절을 사용함).

  - 사해문서: 『선문집』(4Q174), 『증언서』(4Q175), 『멜기세덱 문서』(11Q13), **페샤림.**

- **새 언약 또는 갱신된 언약.**

  - 신약성경: 고린도전서 11:25; 고린도후서 3:6; 히브리서 8:8, 13; 9:15; 12:24(또한 렘 31:31; 눅 22:20; 행 1장; 2:1-13).

  - 사해문서: 『다마스쿠스 문서』(CD) 6:19; 8:21; 19:33; 20:12; (4Q269) frg. 4ii line 1(= CD 6:19); 『공동체 규율』(1QS) 1:8, 16, 18, 20, 24; 2:10-13, 16 등; 『축복 규율』(1Q28b) 3:26; 5:5, 21; 『하박국 페쉐르』(1QpHab) 2:3; 『베라코트』 또는 『축복』(4Q286-90).

- **야고보서와 일부 쿰란 본문에서 하나님의 친구로서의 아브라함.**

  - 신약성경: 야고보서 2:23(또한 대하 20:7; 사 41:8).

  - 사해문서: 『다마스쿠스 문서』(CD) 3:2; 『창세기 주석 A』(4Q452) 2:8.

(c) 메시아와 마지막 때와 관련된 본문

- **메시아 또는 메시아들과의 식사.**

  - 신약성경: 마태복음 26:26-29; 마가복음 14:22-25; 누가복음 22:17-20.

  - 사해문서: 『회중 규율』(1QSa) 2:11-22.

- **최후의 심판을 내리기 위해 주님이 그의 거룩한 자들과 함께 오실 것이라는 에녹의 예언.**

  - 신약성경: 유다서 14-15(참조, 창세기 5:18-24).

  - 사해문서(또는 엣세네 무브먼트의 주요 서적들): 『에녹1서』 1:9.

- **심판의 날을 위해 가장 깊은 어둠의 사슬에 갇힌 반항적인 천사들.**

  - 신약성경: 베드로후서 2:4; 유다서 6-7(마 25:41; 참조, 계 20:10).

  - 사해문서: 『에녹1서』 10:4-6, 11-13; 18:16; 69:28; 90:24; 참조, 39:2(또한 『희년서』 5:6; 10:5-9).

3.3 세부 사항: 제사장적 메시아이자 대제사장인 예수, 천상의 존재인 멜기세덱

여러 분파 문서들은 엣세네(야하드) 무브먼트가 다윗의 메시아와 아론(또는 제사장)의 메시아를 기대했음을 보여준다. 이것은 예수 시대에 많은 유대인들이 제사장적 메시아와 제왕적 메시아를 기대했다는 점을 확인시켜 준다. 분파 문서에서 이들은 각각 다른 두 메시아인 반면, 기독교 전통에는 하나의 메시아만 수용한다. 그런데 제사장은 아론의 후손이고 예수는 다윗의 혈통인데 어떻게 예수가 제사장적 메시아이자 동시에 제왕적 메시아가 될 수 있는가? 이 문제는 히브리서에서 다룬다.

히브리서 저자는 (유다 지파 출신인) 예수께서 어떻게 제사장(레위 지파 출신)이었는지 설명하면서 그의 제사장 지위는 유전에 따른 것이 아니라 하나님의 임명에 따른 것임을 보여준다. 저자는 살렘 왕이자 지극히 높으신 하나님의 제사장인 멜기세덱이라는 다소 신비로운 인물에 주목한다. 그는 아브람이 왕들을 물리치고 롯을 구했을 때, 아브람을 만나 그를 축복했으며, 아브람에게서 십일조를 받았다(창 14:17-20). 이 외에 히브리성경에서 멜기세덱을 언급한 유일한 본문은 시편 110:4로, 하나님께서 "너는 멜기세덱의 반차를 따라 영원한 제사장이라"고 말씀하셨다. 히브리서는 이것을 하나님께서 예수께 말씀하신 것으로 이해했다(5:5-6). 따라서 예수께서 멜기세덱의 반차를 따르는 대제사장이 되신 것은 하나님께서 직접 임명하신 것이다. 히브리서는 신약성경에서 예수를 멜기세덱의 반차를 따르는(5:10; 6:20; 7:11, 17), 영원한 대제사장이라고 부르는(2:17; 3:1; 4:14, 15; 5:5; 7:26; 8:1, 3; 9:11) 유일한 책이다. 이렇게 신중하게 추론된 진술은 예수께서 제사장적 메시아가 되시는 것에 대한 근거를 제공해 준다.

멜기세덱은 쿰란에서 발견된 여러 문서에 언급되어 있다. 예를 들어 『멜기세덱 문서』(11Q13)는 주제별 **페샤림** 세 권 중 하나다. 마지막 때에 의인들을 해방시킬 멜기세덱은 신성한 존재 또는 아마도 대천사 미가엘(참조, 『전쟁 문서』 17:6-8)을 말하는 것으로 보이는 천사(2:9-11), 빛의 왕자(참조, 『공동체 규율』 3:20)나 진리의 천사(『공동체 규율』 3:24) 등으로 제시된다. 이 멜기세덱은 의인을 벨리알과 그에게 예정된 모든 영들에게서 구원할 것이다:

> [11]성경에 기[록된] 것에 관하여, "너[희가 언제까지] **불공평한 판단을 하며, 악인[의] 낮 보[기를] 언제까지 하려느냐?** [셀][라]"(시 82:2):
>
> [12]이 해석은 벨리알과 그에게 예정된 영들에 해당하는 것이니, [이는 그들이 다 반역]하여 하나님의 교훈에서 돌[이켜] [심히 악하게 됨]이라 [13]그러므로 멜기세덱은 하나[님의] 법에 따른 응징을 철저히 실행할 것이라. [그날에 그가 의로운 자들을] 벨리알의 [권세와] [그에게 예정된 모든 영]의 권세에서 구[원할 것이라]. [14]모든 ["의로운] 신성한 자"들이 그와 연합하게 될 것이라(사 61:3). (11Q13 2:11-14; *The Dead Sea Scrolls: A New Translation*, 592)

『안식일 희생 제사 노래』는 멜기세덱을 하늘의 대제사장으로 이해했을 수도 있다. 이 문서에는 한 천사가 다른 계급의 천사들을 지휘하는 천사들의 제사장직을 설명하는데, 멜기세덱이 이들 중 하나였던 것으로 보인다. 그의 이름이 어디에 위치하는지는 확실치 않지만(4Q401 사본의 frgs. 21.3 및 22.3), 멜기세덱은 일곱 번째 대군주이자 천상의 대군주들 중 가장 높은 위치에 있었을 것이다— 곧 천상의 제사장적 천사 또는 천상의 대제사장이었을 것이다. 여기에서 우리는 히브리서와 중요한 연관성을 발견하게 된다.

히브리서와 『멜기세덱 문서』가 묘사하는 멜기세덱은 서로 다르지만 몇 가지 공통점이 있다. 첫째, 두 문서 모두 멜기세덱에게 종말론적 정체성을 부여한다. 둘째, 예수와 멜기세덱은 모두 자신들의 백성을 구원하는 일에 관여한다. 마지막으로 두 문서 모두 대속죄일을 다룬다. 히브리서에서 예수는 대속죄일에 하늘의 휘장 뒤로 들어가신다. 백성이 해마다 반복할 필요가 없이, 그는 희생함으로써 단번에 자기 백성을 영원히 속죄하셨다. 『멜기세덱 문서』에서 대속죄일은 열 번째 희년 이후에 따라올 것이다. 이때 멜기세덱이 모든 빛의 아들들과 자신에게 예정된 사람들을 속죄할 것이다(col. 2:7-8).

멜기세덱은 『창세기 비경』(1Q20)에도 나온다. 이 문서는 창세기 이야기를 열거하고 살렘과 십일조에 관한 몇 가지 요점을 보다 명확하게 제시한다(22:14-17). 『제4동굴 아므람의 환상』(4Q544)은 인간을 다스릴 권한을 부여 받은 두 천사(하나는 선하고 다른 하나는 악함)를 언급한다. 악한 천사는 벨리알, 어둠의 군주(왕자), 멜키레샤(Melchiresha)로 알려져 있다. 선한 천사 또한 3가지 이름으로 알려져 있음은 분명하나 그 이름들이 보존되어 있지는 않다. 그러나 (frgs. 2.15 및 3.3에서) 멜기세덱이 그중 하나였음은 틀림없으며, 멜키레샤에 대응하는 이름으로 보인다.

4. 사해문서와 요한계시록

4.1 쿰란에 나타난 종말, 묵시, 묵시 문서

환상, 숫자, 상징, 종말론적 전쟁, 새 하늘과 새 땅을 담고 있는 요한계시록은 신약과 기독교 성경에 어울리는 결말을 장식한다. 그 책은 그리스도인들이 로마 당국에 의해 박해를 받았던 주후 1세기 후반에 기록됐다.

첫 문장은 이것이 "예수 그리스도의 계시[그리스어, *apocalypsis*, "묵시"]"(1:1)라고 말한다. 묵시 문학은 천상의 존재가 인간 수신자에게 역사와 세상의 종말, 그리고 다가올 구원에 대한 개관을 보여주는 글이다. 반면에 마지막 때를 다루지만 이러한 묵시적 특성이 없는 글은 "종말론적"이라는 단어로 더 잘 설명된다.

엣세네파(야하드)는 자신들이 역사의 대격변이 끝나기 직전인 끝날 또는 마지막 날에 살고 있다고 생각했던 종말론적 무브먼트였다. 이 시기는 부정적인 측면(벨리알의 세력이 의인을 이기기 위해 노력을 기울이는 시험의 때)과 긍정적인 측면(빛의 아들들이 승리하게 될 것)이 있다.

완전한 형태의 묵시서들이 무브먼트 자체에서 유래한 것으로 보이지는 않는다. 그러나 여러 묵시서의 단편이 쿰란에서 발견됐다: 다니엘 7-12장, 『에녹1서』, 『희년서』, 『아람어 레위 문서』, 『새 예루살렘 문서』. 묵시록으로 분류된 다른 작품들도 있다: 『네 왕국』(4Q552-53), 『아람어 묵시록』(4Q246), 『예레미야 위서』와 『에스겔 위서』(4Q483-90), 『아므람의 환상』(4Q543-48), 『메시아 묵시록』
(4Q521). 그러나 이들 필사본 대부분은 단편 조각만 남은 상태라,
각 문서 전체에 묵시적인 특징이 얼마나 되는지를 판단하기는 어
렵다. 그럼에도 묵시적인 특징들은 다른 분파 문서에 충분히 담겨
있다. 『전쟁 규율』 같은 문서는 **야하드**의 종말적 견해와 일치하는
묵시적 주제들을 보여준다.

앞에서 소개한 세 문서는 요한계시록과 관련하여 특히 중요하
다: 『전쟁 규율』(또는 『전쟁 문서』), 『새 예루살렘 문서』 및 『성전 문
서』.

4.2 종말론적 전쟁과 마지막 전투(전쟁 문서)

현 시대를 결정적으로 끝낼 사건들 가운데 최후의 성전(聖戰)에
대한 묘사가 히브리성경(겔 38:7-16; 39:2; 욜 3:2; 슥 12:1-9; 14:2)과 이후
유대교 기록들(『에녹1서』 56:5-7; 90:13-19; 99:4; 『희년서』 23:23; 『에스라4
서』 13:33-34; 『시빌라의 신탁』 3.663-68)에 많이 나온다.

가장 상세한 묘사는 『전쟁 규율』에 나온다. 이 문서에는 빛의
아들들과 어둠의 자식들 사이에 있을 최후의 전투와 같은 묵시적
인 특징이 포함되어 있지만, 이것은 묵시록이 아니라 전쟁 수행
방법에 대한 그리스-로마 전술 매뉴얼과 유사한 규율서다.

최후의 전쟁과 전투라는 주제는 요한계시록에도 분명하게 나
타난다. 하나님의 백성을 멸할 목적으로 마지막 때에 군대를 모아
들이는 내용 및 종국에 일어날 결전(決戰)의 윤곽을 설명해 주는 짧

은 내러티브들을 어렵지 않게 찾아볼 수 있다(16:12-16; 17:14; 19:11-21; 20:8-9). 이 격전지는 아마겟돈이 될 것이다:

> ¹또 내가 들으니 성전에서 큰 음성이 나서 일곱 천사에게 말하되 "너희는 가서 하나님의 진노의 일곱 대접을 땅에 쏟으라 하더라." … ¹⁵"보라, 내가 도둑같이 오리니 누구든지 깨어 자기 옷을 지켜 벌거벗고 다니지 아니하며 자기의 부끄러움을 보이지 아니하는 자는 복이 있도다." ¹⁶세 영이 히브리어로 **아마겟돈**이라 하는 곳으로 왕들을 모으더라. (계 16:1, 15-16 개역개정)

요한계시록과 달리 『전쟁 규율』에서는 대적들이 대규모로 한 번에 모여 전장으로 진군하지 않고 다양한 방면으로 이스라엘 군대와 조우하게 된다. 또한 요한계시록에서는 인간과 천사가 종말론적 전투에서 협력하는 경우가 없는 반면, 『전쟁 규율』에서는 거룩한 천사들이 빛의 아들들과 함께 싸운다는 점도 둘 사이의 중요한 차이점이다(1QM 1:10; 7:6; 19:1).

> ⁹… 그날에 깃딤이 엎드러질 때에 이스라엘의 하나님 앞에서 전쟁과 무서운 살육이 있으리니 ¹⁰이날은 하나님이 옛적부터 흑암의 아들들을 멸절시키기 위하여 정하신 날이라. 그날에 하나님의 총회와 인간의 총회가 서로 교전하여 큰 살육을 일으킬 것임이라. ¹¹빛의 아들들과 어둠의 세력이 서로 싸우며 허다한 무리의 함

성과 신들과 사람들의 함성으로 하나님의 능력을 나타내리니, 재

앙의 날이라. (1QM 1:9-11; *The Dead Sea Scrolls: A New Translation*, 148)

　이와 관련된 구절은 요한계시록 14:1-5인데, 144,000명과 함
께 시온산에 있는 어린양이 나오며, 예루살렘에 초점을 맞춘 전쟁
이야기의 일부인 것으로 보인다. 이 그룹의 구성원들은 금욕주의
자 남성인데(4절), 거룩한 용사들에게는 성적인 금욕이 요구됐기
때문이다(신 23:9-14; 삼상 21:5; 삼하 11:9-13). 엣세네파의 많은 남성들
이 이 같은 금욕주의를 실천했던 것과 유사성을 보여준다는 점에
서 흥미롭다.

　요한계시록은 『전쟁 규율』을 모델로 기록한 기독교판 전쟁 문
서로 볼 수도 있다. 계시록은 악과 대항하여 치르는 최후의 전투
를 묘사하는 유대 전승들을 광범위하게 개정하여, 그리스도의 증
언과 죽음으로 인해 악은 이미 패퇴한 것으로 되어 있다. 여러 구
절에서 성전(聖戰)이라는 용어를 사용하지만, 악에 대한 승리를 뜻
하는 비군사적 의미로 변형됐다. 예를 들어, 5:5-6에서 요한은 메
시아를 군사적 승리자로 묘사하지만, 모든 민족을 구속하기 위한
그의 희생적인 죽음이라는 측면에서 재해석했다(9-10절).

　종말론적 성전(聖戰) 전승은 2가지 양식을 취한다: 수동적 모델
(하나님께서 쟁취하신 또는 하나님께서 하늘 군대와 함께 쟁취하신 승리)과 능
동적 모델(하나님의 백성이 대적과의 전쟁에 물리적으로 참여하는 것). 요한
계시록은 수동적 모델을 강조하는 묵시 문학의 경향성을 확증해

준다. 즉, 하나님과 그의 천사들의 역할이 부각되고 하나님의 백성의 역할은 무시된다. 이 점에서 요한계시록은 능동적 모델의 예를 보여주는 『전쟁 규율』과 확연히 대조된다.

4.3 새 예루살렘

대부분의 독자들은 하나님과 함께 하늘에서 내려올 영광스럽고 거룩한 성, 새 예루살렘에 대한 계시록의 묘사를 잘 알고 있다:

> [9]일곱 대접을 가지고 마지막 일곱 재앙을 담은 일곱 천사 중 하나가 나아와서 내게 말하여 이르되 "이리 오라 내가 신부 곧 어린 양의 아내를 네게 보이리라" 하고, [10]성령으로 나를 데리고 크고 높은 산으로 올라가 하나님께로부터 하늘에서 내려오는 거룩한 성 예루살렘을 보이니 [11]하나님의 영광이 있어 그 성의 빛이 지극히 귀한 보석 같고 벽옥과 수정같이 맑더라 [12]크고 높은 성곽이 있고 열두 문이 있는데 문에 열두 천사가 있고 그 문들 위에 이름을 썼으니 이스라엘 자손 열두 지파의 이름들이라. … [14]그 성의 성곽에는 열두 기초석이 있고 그 위에는 어린양의 열두 사도의 열두 이름이 있더라. (계 21:9-12, 14 개역개정)

『새 예루살렘 문서』에서 이와 유사한 점을 많이 발견할 수 있다. 천국을 안내받는 양식으로 기록된 본 문서는, 묵시 문학의 전형을 보여준다(천상의 인물을 통해 인간에게 계시함, 천상 세계의 세부 사항,

최후의 전투에서 역사가 종말을 맞음). 이 문서는 주전 2세기에 기록됐으며, 엣세네(야하드) 무브먼트의 문서는 아니지만 그들이 광범위하게 사용했던 문서다(단편으로 남아 있는 7개의 필사본이 있음).

『성전 문서』와 함께 이 문서는 에스겔 40-48장에 나오는 종말론적 성전과 도시를 요한계시록 21-22장의 새 예루살렘과 연결해 주는 전승의 일부가 된다. 그 묘사는 에스겔의 다가올 예루살렘과 요한계시록의 하늘의 예루살렘 사이의 중간 형태다.

<표 1. 『새 예루살렘 문서』 개요>

범위	주제
cols. 1:1-2:10	1. 도성의 열두 문
col. 2:11-22	2. 네모난 블록으로 나누어진 도시, 각 블록은 거리로 둘러싸여 있음
col. 3:1-22	3. 외벽, 문, 망대, 망대로 올라가는 계단의 구조
4Q555; 5Q15; 4Q554	4. 도시 블록, 각 블록 안의 주택, 도시 타워
11Q18 frgs. 21, 28; 2Q24 frg. 4	5. 성전의 제사장들, 제물, 빵, 향
4Q554 col. 3	6. 다가올 왕국, 마지막 전투, 이방 나라들에 대한 이스라엘의 승리

요한계시록에 나오는 새 예루살렘을 (겔 40-48장과 『성전 문서』를 포함해서) 『새 예루살렘 문서』에 나오는 것과 비교해 보면 몇 가지 특징이 드러난다:

    (1) 요한계시록, 『새 예루살렘 문서』, 『성전 문서』는 에스겔 40-48장을 기초로 하며, 몇 가지 공통점이 있다: 성전의 건축적 특징, 하나님의 영광의 재림, 땅의 분배, 절기, 제물, 성전에서 흘

러나오는 생명을 주는 물.

(2) 안내자가 여정을 인도하고 환상을 보는 사람에게 정보를 제공한다: 요한계시록의 천사, 『새 예루살렘 문서』의 이름 없는 인물, 에스겔 40-48장의 신비한 사람이 안내자다. 요한계시록에서는 이 천사가 건축물을 측정하고, 설명하고, 환상을 보는 사람을 안내한다. 이 같은 역할은 『새 예루살렘 문서』와 에스겔 40-48장에서는 안내자들에 의해서 수행된다. 이 두 책에는 "그때 그가 내게 보이셨다"는 표현이 공히 나온다(계 21:10 및 22:1; 『새 예루살렘 문서』의 경우: 2Q24 frg. 1, line 3; 4Q554 1 ii.15; iii.20; 4Q555 1.3; 5Q15 1 i.2, 15, ii.6, 11Q18 16.6, 18.1).

(3) 에스겔 40-48장, 『성전 문서』, 『새 예루살렘 문서』, 요한계시록 21장에 나오는 최후의 도시는 그 규모가 엄청나다. (규빗은 약 17.5인치[약 44.5cm]가 되나, 에스겔은 왕실의 규빗인 20.5인치[약 52cm]를 사용한다.) 아래 제시된 치수는 상당히 정확하다:

- 에스겔 40-48장: 성전의 바깥뜰은 각 면이 850피트[약 260m] (40:5; 42:15-20; 45:2)인 정사각형 벽으로 둘러싸여 있다. 성벽은 양쪽으로 1.45마일[약 2.3km]의 거대한 정사각형을 형성한다 (48:30-35).

- 『성전 문서』: 성소는 3개의 정사각형으로 구성된 단지로 되어 있으며, 바깥뜰은 각 면이 2,860피트[약 872m]이고 전체 둘레는 11,450피트[약 3,490m]이다. 이것은 하스몬 시대(약 주전 150-

30년)의 예루살렘의 크기였다.

• 『새 예루살렘 문서』: 내부에 성전이 있는 20 × 14마일(280제곱마일)[약 32 × 22.5km = 720km²]의 직사각형 도시.

• 요한계시록: 치수는 환상적인 비율에 도달한다. 길이, 너비 및 높이가 각각 1,500마일[약 2,414km]인 정육면체 모양의 도시다.

(4) 세 본문 모두 이스라엘의 열두 지파를 강조하며 그들의 이름은 새 예루살렘의 열두 문과 관련되어 있다(겔 48:30-35; 4Q554 1 i.9-ii.9; 40:11-14; 계 21:12; 또한 『성전 문서』[11Q19] 9:12-13). 이 주제는 이스라엘의 회복을 기대하는 것으로, 히브리성경에서 후대에 기록된 책들과 초기 유대교 여러 문헌에서 강조되는 사안이다.

(5) 『새 예루살렘 문서』와 요한계시록 21장에는 도시 구조물에 사용된 보석과 금속이 특징적으로 나온다. 예루살렘 재건에 사용된 보석에 대한 최초의 언급은 이사야 54:11-12 및 토비트 13:16에 있으며, 요세푸스는 헤롯 성전의 일부가 금으로 도금됐다고 보고했다(『유대 전쟁사』 5.201, 205, 207-8). 『새 예루살렘 문서』에서 그 도시에는 청동, 사파이어, 석영, 금으로 된 건물들이 있고(4Q554 frg. 2ii line 15) 모든 거리는 흰 돌, 대리석, 호마노로 포장되어 있다(5Q15 frg. 1i lines 6-7). 요한계시록에서 새 예루살렘에 대한 묘사는 이보다 더 화려하다: "그 성의 빛이 지극히 귀한 보석과 같고 벽옥과 수정같이 맑더라"(21:11), 또는 "맑은 유리 같은 정금"(21:18). 성곽은 벽옥으로 지어졌으며(21:18), 그 12개의 기초석은 다양한

보석과 준보석으로 건축됐다(21:19-20).

유대 문헌에서, 거룩한 건물에 보석과 금속을 사용하는 전승은 솔로몬 성전의 기초를 놓을 때 사용된 크고 값비싼 돌에서 비롯됐다(왕상 5:17; 7:10). 이 주제는 비이스라엘 전승에서도 발견된다. 예를 들어, 로마 작가 루시아누스(Lucian, 주후 2세기)는 7개의 문이 있는 에메랄드 성벽으로 둘러싸인 황금 도시를 언급한다. 각 문은 계수나무 판자로 만들어졌으며, 몰약의 강이 그 문을 통과해 흐른다(*Verae Historiae* 2.11).

4.4 성전, 의식적 정결, 성전 문서

『성전 문서』는 엣세네(야하드) 무브먼트에서 작성된 문서가 아닐 가능성이 높지만, 그들에게 적잖은 영향을 끼쳤다. 요한계시록에 나오는 새 예루살렘에는 성전이 없기 때문에(계 21:22), 『성전 문서』는 요한계시록을 이해하는 데 있어서 『새 예루살렘 문서』나 에스겔 40-48장만큼 중요하지는 않다.

이는 새 예루살렘에 대한 기대에 새 성전이 포함됐던 당시의 다른 여러 유대 문헌들과 대조적이다. 그러나 요한계시록에 보면, 예루살렘 자체가 성전-도시의 역할을 하는 것을 볼 수 있다: "²²성 안에서 내가 성전을 보지 못했으니 이는 주 하나님 곧 전능하신 이와 및 어린양이 그 성전이심이라. ²³그 성은 해나 달의 비침이 쓸데없으니 이는 하나님의 영광이 비치고 어린양이 그 등불이 되심이라"(21:22-23).

엣세네파는 예루살렘 성전을 인정하지 않았다. 그들은 성전을 운영하는 종교 당국이 의식적 정결성을 소홀히 하고 불법적인 달력을 따라 절기를 지킨다고 믿었기 때문이다. 『다마스쿠스 문서』(CD) 20:22-23 및 『일부 율법의 행위들』(4QMMT)을 보라. 이것은 그들이 성전 종교를 거부했다는 말이 아니다. 그들은 마지막 때에 일어날 갱신을 기다렸다. 이 일이 일어날 때까지 **야하드**는 자신들의 공동체를 종말의 성전으로 묘사했다. 곧, 이 성전(공동체)에서는 이스라엘(일반인)이 성소이며, 아론(제사장들)이 지성소가 된다.

> 이러한 사람들이 이스라엘에 있게 될 때, ⁵그때에 **야하드**가 참으로 세워질 것이다. 영원한 기초요(『희년서』 16:26), 이스라엘을 위한 성전이고, 신비롭게도 아론을 위한 ⁶지성소가 될 것이다. 정의의 참된 증인들이요, 땅을 속죄하고 악인들에게 마땅한 값을 되갚아주기 위해 하나님의 뜻에 따라 택함을 받은 자들이다. 그들은 **점검을 마친 성벽**(tested wall)이요 **귀한 모퉁이 돌**(precious cornerstone)이 될 것이라(사 28:16). ⁸그 기초는 흔들리거나 요동치 아니할 것이요, 요새요, 아론을 위한 ⁹지성소가 될 것이요, 그들 모두 의의 언약을 알고 그로 인해 향기로운 향기를 드릴 것이라. (1QS 8:4-9; 또한 5:4-7; 9:3-6을 보라; *The Dead Sea Scrolls: A New Translation*, 129)

에스겔 40-48장에서, 제1성전의 멸망은(주전 587년 또는 586년) 종말론적 성전에 대한 예언자의 환상을 불러일으켰다. 『새 예루살렘 문서』와 『성전 문서』가 기록됐을 당시 제2성전이 있었지만 저자들은 성전을 운영하는 종교 지도자들에 반대하고 있었으며, 따라서 (에스겔처럼) 이상적인 미래의 성전을 상상했다. 이처럼 『성전 문서』와 『새 예루살렘 문서』에 반영된 예루살렘과 그 성전에 대한 부정적인 시각은 엣세네 무브먼트에게 크게 환영받았다. 반면에, 요한계시록은 도시(새 예루살렘)에 초점을 맞추고 성전의 부재에 주목한다(21:22). 이것은 성전 단지(團地)에 중점을 둔 에스겔 및 『성전 문서』와 대조된다.

예전(禮典)적인 측면에서 보면, "가증한 일 또는 거짓말하는 자"(계 21:27; 배제된 자들의 더 긴 목록은 22:15에 나와 있음)와 같은 부정한 자는 무엇이든 이 도시에 들어갈 수 없다. 이 두 목록은 세부적으로는 다르지만 둘 다 예전의 범주로 시작하여 도덕적인 범법자 목록으로 이어진다. 『성전 문서』에서 성전과 거룩한 도시는 하나의 성전-도시를 형성하므로 일반적으로 성전에 적용되는 정결과 관련된 요구 사항이 도시 전체로 확장된다. 요한계시록 21:27과 평행을 이루는, 종말의 예루살렘에서 부정한 것을 배제하는 선언은 47열에서 발견된다:

> 내가 ⁴내 이름과 성전을 세워 거룩하게 할 도시는 사람을 부정하게 ⁵만들 수 있는 어떤 불결한 것에서라도 거룩하고 순결하게 지켜져야만 한다. 그 성내에 있는 모든 것이 ⁶순결하고, 그 성내에

들어가는 것들도 다 순결하여야 하리니, 포도주와 기름과 먹거리와 [7]액체가 부어지는 모든 음식이 정결해야 한다. (11Q19, col. 47:3-7; *The Dead Sea Scrolls: A New Translation*, 616)

히브리성경에서 부정한 사람이나 물건이 종말론적 예루살렘에 들어오지 못할 것이라는 예언이 이사야서의 두 구절에만 나온다.

… 할례받지 아니한 자와 부정한 자가 다시는 네게로 들어옴이 없을 것임이라. (사 52:1b 개역개정)

거기에 대로가 있어 그 길을 거룩한 길이라 일컫는 바 되리니, 깨끗하지 못한 자는 지나가지 못하겠고, 오직 구속함을 입은 자들을 위하여 있게 될 것이라. (사 35:8 개역개정)

앞서 인용한 요한계시록의 구절(21:27)은 이사야 52:1을 암시적으로 언급하고 있지만, 『성전 문서』 47:3-6에는 그러한 암시적 언급이 분명하지 않다(『성전 문서』에는 부정한 사물에 대한 언급만 있고 부정한 사람에 대한 언급이 없다는 점을 지적하는 것으로 보임—역주). 이것은 부정한 사람이나 물건을 종말론적 예루살렘에서 배제하는 것이, 그들 사이에서 보다 폭넓게 수용된 믿음이었으며, 이사야서의 두 구절에만 근거한 것이 아니라는 점을 암시해 준다.

사해문서 판본, 역본, 컴퓨터 소프트웨어

Abegg, Martin G., Peter W. Flint, and Eugene Ulrich. *The Dead Sea Scrolls Bible: The Oldest Known Bible Translated for the First Time into English* (San Francisco: Harper San Francisco, 1999).

Barthélemy, D., J. T. Milik, E. Tov, and Others (editors). *Official Editions of Almost all the Dead Sea Scrolls* (Discoveries in the Judaean Desert 1-40; Oxford, Clarendon Press, 1955-2011).

Brenton, Sir Lancelot. *The Septuagint Version: Greek and English* (London: Bagster, 1844).

Burrows, Millar, with John C. Trever and William H. Brownlee. *The Dead Sea Scrolls of St. Mark's Monastery*. Vol. 1: The *Isaiah Manuscript and the Habakkuk Commentary* (New Haven, Conn.: The American Schools of Oriental Research, 1950).

──────. Volume 2.2: *Plates and Transcription of the Manual Of Discipline* (1951).

Charles, R. H. *The Letter of Aristeas* (Oxford: Clarendon Press, 1913).

Charlesworth, James (General Editor). *The Princeton Theological Seminary Dead Sea Scrolls*. Ten volumes and two Concordances projected (Louisville, Ky.: WestminsterJohn Knox, 1994-).

Colson F. H (translator). *Philo IX* (Loeb Classical Library 363; Cambridge, Mass.: Harvard University Press, 1941).

Dead Sea Scrolls: A New Translation, The. [아래 Wise를 보라]

The Dead Sea Scrolls Bible. [아래 Abegg를 보라]

Dead Sea Scrolls Computer Software. 사해문서 본문과 도구들을 위해서는 다음 프로그램에 있는 "사해문서"(Dead Sea Scrolls)와 "쿰란"(Qumran) 모듈을 살펴보라: 어코던스바이블소프트웨어(www.accordancebible.com); 바이블웍스(www.bibleworks.com); 로고스바이블 (www.logos.com).

García Martínez, Florentino. *The Dead Sea Scrolls Translated: The Qumran Texts in English*. 2nd Revised edition (Grand Rapids; Eerdmans, 2012).

García Martínez, Florentino, and Eibert J. C. Tigchelaar. *The Dead Sea Scrolls Study Edition* (Leiden: Brill, 1998).

Goodman, Martin. *Classical Sources*. [아래 Vermes, Geza, and Martin D. Goodman을 보라.]

Goshen-Gottstein, M. H. *Isaiah* (Jerusalem: Magnes Press, 1995).

Goshen-Gottstein, M. H., Shemaryahu Talmon, and Galen Marquis. *Ezekiel* (Jerusalem: Magnes Press, 2004).

Josephus VII. [아래 Marcus를 보라.]

Josephus I. The Life. Against Apion. [아래 Thackeray를 보라.]

Knibb, Michael. *The Ethiopic Book of Enoch – A New Edition in the Light of the Aramaic Dead Sea Fragments*. Volume 1: *Text and Apparatus* (Oxford: Oxford University Press, 1978).

Marcus, Ralph (translator). *Josephus VII. Josephus: Jewish Antiquities Books XII–XIV* (Loeb Classical Library 365; Cambridge, Mass.: Harvard University Press, 1933).

Mason, Steve. *Flavius Josephus: Translation and Commentary*. Vol. 1b: Judean War (Leiden: Brill, 2008).

New English Translation of the Septuagint. [아래 Pietersma를 보라.]

Pietersma, Albert, and Benjamin G. Wright (eds.). *The New English*

Translation of the Septuagint (New York: Oxford University Press, 2007).

Philo IX. [아래 Colson을 보라.]

Qimron, Elisha, and John Strugnell. *Qumran Cave 4: V: Miqsat Maʾase ha-Torah* (Discoveries in the Judaean Desert 10; Oxford: Clarendon Press, 1994).

Rabin, Chaim, and Emanuel Tov. *Jeremiah* (Jerusalem: Magnes Press, 1997).

Sadaqa, Avraham, and Ratson Sadaqa. *Jewish and Samaritan Versions of the Pentateuch – With Particular Stress on the Differences Between Both Texts* (Jerusalem: Reuven Mas, 1961–1965).

Schiffman, Lawrence H. *Texts and Traditions: A Source Reader for the Study of Second Temple and Rabbinic Judaism* (New York: Ktav, 1997).

Sukenik, Eleazar. *The Dead Sea Scrolls of the Hebrew University* (Jerusalem: Magnes, 1955). [Hebrew Edition, 1954.]

Thackeray H. St. John (translator). *Josephus I. The Life. Against Apion* (Loeb Classical Library 186; Cambridge, Mass.: Harvard University Press, 1926).

Tsedaka, B., and S. Sullivan. *The Israelite Samaritan Version of the Torah: First English Translation Compared with the Masoretic Version* (Grand Rapids: Eerdmans, 2013).

VanderKam, James C. *The Book of Jubilees: A Critical Text*. Aeth. 87, Bilingual Edition (Leuven: Peeters, 1989).

VanderKam, James C. *The Dead Sea Scrolls Today*, Revised Edition (Grand Rapids: Eerdmans, 2010).

VanderKam, James C., and Peter W. Flint. *The Meaning of the Dead Sea*

Scrolls: Their Significance for Understanding the Bible, Judaism, Jesus, and Christianity (San Francisco: HarperOne, 2002).

Vermes, Geza. *The Complete Dead Sea Scrolls in English* (Harmonswoth, U.K.; Penguin, 2012).

Vermes, Geza, and Martin D. Goodman. *The Essenes According to the Classical Sources* (Sheffield: Sheffield Academic Press, 1989). [Translations are by Goodman.]

Wise, Michael, Martin Abegg, and Edward Cook. *The Dead Sea Scrolls: A New Translation*, Revised Edition (San Francisco: HarperSanFrancisco, 2005).

Yadin, Yigael, and Others. *Masada I: The Yigael Yadin Excavations: 1963-1965 Final Reports*. Six Volumes (Jerusalem: Israel Exploration Society, 1989 to 1999).

본서에서 언급된 책과 논문

Allegro, John. *The Sacred Mushroom and the Cross: A Study of the Nature and Origins of Christianity within the Fertility Cults of the Ancient Near East* (Garden City, N.Y.: Doubleday, 1970).

——. *The Dead Sea Scrolls and the Christian Myth* (Amherst, N.Y.: Prometheus, 1979).

Baigent, Michael, and Richard Leigh. *Holy Blood, Holy Grail* (New York: Delacorte, 1982).

Bar Adon, Pessah. "Another Settlement of the Judean Desert Sect at 'En el-Ghuweir on the Shores of the Dead Sea," *BASOR* 227 (1977): 1-25.

Bar-Nathan, Rachel. "Qumran and the Hasmonaean and Herodian Winter Palaces of Jericho," in *The Site of the Dead Sea Scrolls: Archaeological*

Interpretations and Debates (eds. K. Galor, J.-B. Humbert, and J. Zangenberg; Leiden: Brill, 2006), 263-77.

Beall, Todd. *Josephus' Description of the Essenes* (Cambridge: Cambridge University Press, 1988).

Beckwith, Roger. *The Old Testament Canon of the New Testament Church and Its Background in Early Judaism* (Grand Rapids: Eerdmans, 1985).

Ben-Dov, Jonathan. *Head of All Years: Calendars and Astronomy at Qumran in their Ancient Context* (Leiden: Brill, 2008).

Boccaccini, Gabriele. *Beyond the Essene Hypothesis: The Parting of Ways between Qumran and Enochic Judaism* (Grand Rapids: Eerdmans, 1998).

Broshi, Magen. "The Archaeology of Qumran: A Reconsideration," in *The Dead Sea Scrolls: Forty Years of Research* (eds. D. Dimant and U. Rappaport; Leiden: Brill; Jerusalem: Magnes Press, 1992), 113-15.

————. "Qumran: Archaeology," *Encyclopedia of the Dead Sea Scrolls* (eds. L. H. Schiffman and J. C. VanderKam; Oxford: Oxford University Press (2000), 733-39.

Broshi, Magen, and Hanan Eshel. "Residential Caves at Qumran," *Dead Sea Discoveries* 6 (1999): 328-48.

Cansdale, Lena, and Alan Crown. "Qumran: Was It an Essene Settlement?" *Biblical Archaeology Review* 20/5 (1995): 24-35, 73-78.

Charlesworth, James. *Jesus and the Dead Sea Scrolls* (New Haven, Conn.: Yale University Press, 1992).

Collins, John J. *Beyond the Qumran Community: The Sectarian Movement of the Dead Sea Scrolls* (Grand Rapids: Eerdmans, 2010).

Cross, Frank Moore. "Palaeography and the Dead Sea Scrolls," in *The Dead*

Sea Scrolls After Fifty Years: A Comprehensive Assessment (eds. P. W. Flint and J. C. VanderKam (2 vols., Leiden: Brill, 1999), 1.379–402 + plates ix–xiv.

De Vaux, Roland. *Archaeology and the Dead Sea Scrolls* (Oxford: Oxford University Press, 1973).

Donceel, Robert, and Pauline Donceel-Voûte. "The Archaeology of Khirbet Qumran," in *Methods of Investigation of the Dead Sea Scrolls and the Khirbet Qumran Site: Present Realities and Future Prospects* (eds. M. Wise, N. Golb, J. Collins, and D. Pardee (New York: New York Academy of Sciences, 1994), 1–38.

Donceel-Voûte, Pauline. "'Coenaculum': La salle à l'étage du locus 30 à Khirbet Qumrân sur la Mer Morte," in *Banquets d'Orient* (eds. R. Gyselen et al.; Leuven: Peeters, 1992), 61–84.

Dupont-Sommer, André. *The Dead Sea Scrolls: A Preliminary Survey* (Oxford: Blackwell, 1950).

Eisenman, Robert. *James the Brother of Jesus: The Key to Unlocking the Secrets of Early Christianity and the Dead Sea Scrolls* (New York: Viking, 1997).

————. *The New Testament Code: The Cup of the Lord, the Damascus Covenant, and the Blood of Christ* (Beacon, N.Y.: Watkins, 2006).

Eshel, Hanan, Magen Broshi, Richard Freund, and Brian Schultz. "New Data on the Cemetery East of Khirbet Qumran," *Dead Sea Discoveries* 9/2 (2002): 135–65.

Evans, Craig A. *Ancient Texts for New Testament Studies: A Guide to the Background Literature* (Grand Rapids: Baker, 2005).

Fields, Weston W. *The Dead Sea Scrolls: A Full History.* Vol. 1: 1947–60

(Leiden: Brill, 2009).

Flint, Peter W. "Jesus and the Dead Sea Scrolls," in *The Historical Jesus in Context* (eds. A.-J. Levine, D. Allison, and J. D. Crossan; Princeton: Princeton University Press, 2006), 110-31.

Flint, Peter W., and James C. VanderKam. *The Dead Sea Scrolls After Fifty Years: A Comprehensive Assessment* (2 vols., Leiden: Brill, 1999).

Golb, Norman. *Who Wrote the Dead Sea Scrolls?: The Search for the Secret of Qumran* (New York: Charles Scribner, 1995).

Hachlili, Rachel. "The Qumran Cemetery: A Reconsideration," in *The Dead Sea Scrolls: Fifty Years After Their Discovery, 1947–1997* (eds. L. Schiffman, E. Tov, and J. C. VanderKam; Jerusalem: Israel Exploration Society, 2000), 661-72.

Hirschfeld, Yizhar. *Qumran in Context: Reassessing the Archaelogical Evidence* (Grand Rapids: Baker, 2004).

Humbert, Jean-Baptiste. *The Excavations of Khirbet Qumran and Ain Feshkha*, 1B (Göttingen: Vandenhoeck & Ruprecht, 2003).

Klawans, Jonathan. "Purity in the Dead Sea Scrolls," in *The Oxford Handbook of the Dead Sea Scrolls* (eds. T. H. Lim and J. J. Collins; Oxford: Oxford University Press, 2010), 377-402.

Laperrousaz, Ernerst Marie. *Qoumran: L'Etablissement essénien des bord de la Mer Morte: Histoire et archéologie du site* (Paris: Picard, 1976).

Magen, Yitzhak, and Peleg, Yuval. "Back to Qumran: Ten Years of Excavations and Research, 1993-2004," in *The Site of the Dead Sea Scrolls: Archaeological Interpretations and Debates* (eds. K. Galor, J.-B. Humbert, and J. Zangenberg; Leiden: Brill, 2006), 55-113.

Magness, Jodi. *The Archaeology of Qumran and the Dead Sea Scrolls* (Grand

Rapids: Eerdmans, 2002).

Mason, Steve. "Essenes and Lurking Spartans in Josephus' Judaean War: From Story to History," in *Making History: Josephus and Historical Method* (ed. Z. Rodgers; Leiden: Brill, 2007), 219–61.

──────. "The Historical Problem of the Essenes," in *Celebrating the Dead Sea Scrolls: A Canadian Collection* (eds. J. Duhaime, P. W. Flint, and K. S. Baek; Atlanta: SBL Press; Leiden: Brill, 2011), 201–51.

Metso, Sarianna. *The Textual Development of the Community Rule* (Leiden: Brill, 1997).

Meyers, Eric M. "Khirbet Qumran and its Environs," in *The Oxford Handbook of the Dead Sea Scrolls* (eds. T. H Lim and J. J. Collins; Oxford: Oxford University Press, 2010), 21–45.

Patrich, Joseph. "Khirbet Qumran in the Light of New Archaeological Explorations in the Qumran Caves," in *Methods of Investigation of the Dead Sea Scrolls and the Khirbet Qumran Site: Present Realities and Future Prospects* (eds. M. Wise, N. Golb, J. Collins, and D. Pardee; New York: New York Academy of Sciences, 1994), 73–95.

Röhrer-Ertl, Olav, Ferdinand Rohrhirsch, and Dietbert Hahn. "Über die Gräberfelder von Khirbet Qumran, Insbesondere die Funde der Campagne 1956, *Revue de Qumran* 19 (1999): 3-46.

Schultz, Brian. "The Qumran Cemetery: 150 Years of Research," *Dead Sea Discoveries* 13/2 (2006): 194-228.

Sellers, Ovid R. "Date of Cloth from the 'Ain Fashkha Cave," *Biblical Archaeologist* 14 (1951): 29.

Sheridan, Susan Guise. "Scholars, Soldiers, Craftsmen, Elites?: Analysis of French Collection of Human Remains from Qumran," *Dead Sea*

Discoveries 9/2 (2002): 199–248.

Stacey, David. "Some Archaeological Observations on the Aqueducts of Qumran." *Dead Sea Discoveries* 14/2 (2007): 222–43.

Steckoll, Solomon. "Preliminary Excavation Report in the Qumran Cemetery," *Revue de Qumran* 6 (1968): 323–44.

Talmon, Shemaryahu. *Text and Canon of the Hebrew Bible: Collected Studies* (Winona Lake, Ind: Eisenbrauns, 2010).

Thiering, Barbara. *Jesus and the Riddle of the Dead Sea Scrolls: Unlocking the Secrets of His Life Story* (New York: HarperCollins, 1992).

Tov, Emanuel. *Textual Criticism of the Hebrew Bible*. Third Expanded Edition (Minneapolis: Fortress Press, 2012).

Trever, John. *The Untold Story of Qumran* (Westwood, N.J.: Revell, 1965).

──────. *The Dead Sea Scrolls: A Personal Account*. Revised Edition (Grand Rapids: Eerdmans, 1977).

──────. *The Dead Sea Scrolls in Perspective* (North Richland Hills, Tex.: Bibal Press, 2004).

Ulrich, Eugene. *The Dead Sea Scrolls and the Origins of the Bible* (Grand Rapids: Eerdmans, 1977).

Wilson, Edmund. *The Dead Sea Scrolls: 1947–1969* (New York: Oxford University Press, 1969).

Yadin, Yigael. *The Message of the Scrolls* (New York: Crossroad, 1991).

Zias, Joe. " 'The Cemeteries of Qumran and Celibacy' Confusion Laid to Rest?" *Dead Sea Discoveries* 7/2 (2000): 220–53.

Zissu, Boaz. "Qumran Type Graves in Jerusalem: Archaeological Evidence of an Essene Community?" *Dead Sea Discoveries* 5/2 (1998): 158–71.

다섯 개의 추가적인 색인은 다음의 온라인 웹사이트에서 확인할 수 있다: http://www.abingdonacademic.com/dsscrolls. (1) 성구 색인 (2) 외경 및 위경 색인, (3) 사해문서 및 관련 문서 색인, (4) 기타 고대 문헌 색인, (5) 주제 색인.

본서, 『사해문서 개론』은 완전하고 독립적인 책이다. 독자들은 목차의 안내에 따라 사해문서, 그 내용, 그 역사에 관해 씨줄과 날줄을 풍성하게 엮어가며 공부하며 즐길 수 있다.

온라인 부록에서는 책의 내용을 보강하고 추가적으로 유용한 자료를 제공하고 있다. 이 부록은 전 세계의 웹사이트에 접근할 수 있는 모든 독자가 관심을 가질 만하며 다음과 같은 기능을 포함하고 있다.

상세 목록. 책 내용과 관련한 상세한 개요와 전체 색인은 50쪽이 넘기 때문에 인쇄판에는 제공하지 못했다. 부록에 전체 내용이 실려 있기에 독자는 온라인에서 이를 직접 확인하거나 인쇄하여 책 곁에 두고 참고할 수 있다.

토론을 위한 질문. 학생들과 함께 이 책을 사용하려는 많은 독자와 교사에게 있어서 각 장에 수록된 토론을 위한 질문은 많은 도움이 될 것이다.

학습 도구 및 전자 자료. 이러한 자료의 대부분은 본서 "참고 문헌"의 "사해문서 판본, 역본, 컴퓨터 소프트웨어"에 나열되어 있다. 온라인 부록에는 주요 자료에 대한 자세한 내용과 몇 가지 추가적인 자료가 나열되어 있으며, 최근의 종이책, 전자책, 해당 출판사에 대한 링크가 포함되어 있다.

사해문서 사진. 이 한국어판의 종이책 원서에 있는 "사진 및 삽화" 부분에는 사해문서, 고고학적 유물 및 기타 물품의 사진이 여러 장 수록되어 있다. 인쇄 출판의 제약으로 인해 모두 흑백으로 출력됐지만 실제로는 컬러로 촬영한 사진도 몇몇 포함되어 있다. 사해문서와 고고학 유적지의 사진과 그 외 여러 이미지에 대해 궁금해하는 독자들은 (원서) 종이책뿐 아니라 온라인에서도 확인할 수 있을 것이다. 2011년에 이스라엘 박물관은 쿰란 제1동굴의 5개의 사본을 고해상도로 온라인에 공개했으며, 2012년 말에 이스라엘 문화재청(Israel Antiquities Authority)은 약 5,000개의 온라인 이미지를 가지고 있는 '레온 레비 사해문서 디지털 라이브러리'(Leon Levy Dead Sea Scrolls Digital Library)를 개관했다. 온라인 부록에서는 이런 프로젝트와 다른 여러 프로젝트에 대한 세부 내용을 제공하며, 거기에는 물론 최신(실시간) 링크도 포함되어 있다.

현재 사해문서 링크 및 웹사이트. 종이책에 링크와 웹사이트를 포함할 때의 문제는 시간이 지남에 따라 대부분의 링크/웹사이트가 변경되어 쓸모없어진다는 것이다. 그래서 대부분의 종이책에는 링크와 웹사이트를 거의 나열하지 않는다. 그런 링크를 온라인상에 제공함으로써 저자는 자료를 지속적으로 최신의 것으로 유지하고 또한 이용 가능한 링크가 생기는 대로 추가할 것이다.

온라인 부록의 내용
- **웹사이트:**
  - www.abingdonacademic.com/dsscrolls
- **심층 및 추가 학습:**
  - 내용에 대한 상세 개요
  - 각 장별, 토론을 위한 질문
- **이미지, 학습 도구, 온라인 링크:**
  - 사해문서 사진
  - 학습 도구와 전자 자료
  - 링크와 웹사이트
- **전체 색인 목록:**
  - 성구 색인
  - 외경과 위경 색인
  - 사해문서 및 관련 문서 색인
  - 기타 고대 문헌 색인
  - 현대 저자 색인
  - 주제 색인

사해문서(Dead Sea Scrolls)와 관련해서, 1957년부터 2010년 사이에 정식 비평본 (editioprincept)이 만들어지면서 영어권에서는 대부분의 용어가 정리됐다. 물론 완전히 정리되어 있지는 않았으나(예, 『공동체 규율』의 경우 사람에 따라 *Community Rule*과 *Rule of the Community*와 *Manual of Discipline* 등을 사용함), 점차 통일된 용어를 사용하게 됐다. 그러나 한국어로 저작 또는 번역된 서적들에서는 통일된 용어가 정해져 있지 않은 관계로 한 문서가 유사하지만 다른 명칭으로 번역된 경우가 적지 않다. 본서에서는 출판사의 요청으로 『사해문서』(나남출판사)에서 번역한 방식을 주로 참고했다. 그러나 어떤 경우에는 번역자의 판단에 따라 다르게 번역한 경우도 있다. 따라서 아래에 몇 가지 주요 용어에 대한 번역 원칙과 본서의 번역에 사용한 명칭들을 정리해 제시했다.

영어 원서에 도서명은 SBL/Turabian style을 따라 기울임체로 되어 있으며, 본 한국어판에서는 『겹낫표』를 사용해서 그 일관성을 유지하도록 했다. 또한 굵은 글씨체로 표시된 저자의 강조 및 외국어 음차의 경우에도 한국어판에서 **굵은 글씨체**를 사용했다. 가독성을 위해 문서에 대한 한영병기는 하지 않았으며 한국어로 번역된 문서에 대한 영문 서명은 본서 앞에 약어와 함께 실어 놓았다.

사해문서 참조점 표기 체계는 본서의 앞부분에 간략하게 실려 있지만 다시 한번 언급하는 것이 좋을 것 같다. 예컨대, frg. 11 x.2-5는 3가지 항목(조각 번호, 열/단 번호, 줄 번호)으로 구성된 넘버링 시스템(numbering system)이다. 첫 부분 'frg. 11'은 "11번 조각"을, 로마자 'x'는 "제10열"을, 그리고 마지막에 있는 '2-5'는 "2번째 줄부터 5번째 줄"을 의미한다. 사본명이 4Q512이므로 제4동굴에서 발견된 512번 필사본의 11번 조각, 제10열, 2-5번째 줄을 말한다. 'frg' 또는 'frgs'는 약자(fragment 또는 fragments)를 사용했으므로 약자 뒤에 마침표가 있고, 조각 번호 뒤에 한 칸을 띄고, 열과 줄 사이는 마침표로 구분한다.

번역어 관련 노트

1. 지명은 어느 언어로 음차하느냐에 따라 한국어 표기 방식이 다르지만 온라인에서 충분히 검색이 가능하기에 한영을 병기하지 않았다.

2. 인명은 개역개정판을 따랐으며 성경에 나오지 않는 인물의 경우 해당 인물의 출신/활동 언어를 고려하여 음차했다(예, 헤롯 아르켈라오스: 여기서 '헤롯'만 성경을 따랐다). 이름이 같더라도 성경에 나오는 인물을 지칭하는 경우가 아니면 새롭게

음차했다(예, '요나단 왕'이 아닌 '요나탄 왕').

3. Dead Sea Scrolls은 초기에 '사해사본'으로 가장 많이 번역됐으나, 본서에서는 출판사의 요청에 따라 주로 '사해문서'로 번역했다. 특별히 일반적인 사해사본을 지칭하는 표현으로 사용될 때는 '사해문서'로 번역하고, 특별히 두루마리라는 물리적(신체적)특성을 함의하고 있을 때는 Scrolls를 '두루마리'로 번역했다.

4. Hebrew Bible은 히브리어로 된 성경이라는 의미도 있지만, 본서에서는 주로 히브리인(유대인)의 성경(*Tanakh*)이라는 의미로 사용된다. 이에 따라 '히브리어 성경' 대신 '히브리성경'으로 번역했다.

5. *Temple Scroll*은 '성전 두루마리'로 번역되기도 한다. 이렇게 문서 제목에 scroll이 쓰인 경우 영단어 scroll은 '사본'을 의미하는 경우가 많은데, 사본의 물리적 형태가 두루마리로 말려 있다는 것에서 scroll이라는 이름을 붙이게 됐다. 그러나 실제 제1동굴에서 발견된 사본들을 제외하면, 거의 대부분 단편 조각으로 발견됐기 때문에, 두루마리의 형태로 남아 있는 것은 극소수에 해당한다. 사해문서에서 scroll이라는 단어가 사용될 때, 실제로 두루마리라는 의미보다는 문서(문헌)를 가리켜 말하는 경우가 많다. 본서에서는 다른 사해문서들의 명칭을 주로 '-문서'로 번역해 왔으므로(예, *War Scroll*, 『전쟁 문서』), 번역의 일관성을 위하여 *Temple Scroll*도 『성전 문서』로 번역했다.

6. 『정결례』(4Q284)와 『정결 의식 A』 (*Rituals of Purification A*, 4Q414)와 같이 필사된 문서의 이름이 2가지 형식으로 제시된 이유는 다음과 같다. 한 동굴에서 발견된 조각들이 어떤 문서였는지 단번에 파악하기 어려운 경우가 많은데, 특히 4번 동굴에서는 수만 개에 이르는 사본 조각들이 널부러져 있었기 때문에, 이것들을 모아 1차적으로 그림 맞추기 하듯이 조각들을 모아 같은 문서를 파악한다. 이때 어떤 문서인지 혹은 어떤 내용이 있었는지 모르기 때문에 먼저 숫자로 문서를 넘버링한다(예, 4Q284). 2-3개의 조각들이 하나의 같은 문서로 묶일 수도 있고, 수십 개 조각이 하나의 문서로 묶일 수도 있다. 그렇게 하나의 문서를 대략 파악한 후, 그 내용을 분석해서 이미 알려진 문서이면 해당 문서의 이름을 붙여 다시 이름을 정한다. 예를 들어, 4QNum^b(4Q23)의 경우 4Q23은 제4동굴에서 23번으로 지정된 문서를 말하며, 추후에 내용을 파악해 보니 민수기였기에 4QNum^b로 재지정한 것이다. 마지막에 있는 윗첨자로 된 b는 민수기 필사본 중 두 번째라는 의미로 쿰란 제4동굴에 민수기 필사본이 한 권 이상 있었음을 알려준다. 또한 예를 들어, 4Q284는 내용을 파악해 보니, 그동안 알려져 있던 문서가 아니어서, 내용을 따라 초기 연구자가 문서명을 'Purification Liturgy'라고 만든 것이다.

7. Pesher 문서 같은 경우 영어 대본에서 문서 제목에 Pesher를 사용한 경우

는 "-페쉐르"로 번역하고(예, *Pesher Habakkuk*은 『하박국 페쉐르』로 번역) 영어로 문서 제목에 'commentary on-'을 사용한 경우는 '-주석'으로 번역했다(예, *Commentary on Habakkuk*은 『하박국 주석』으로 번역).

8. *Thanksgiving Hymns*는 성경 시편처럼 여러 시들을 묶어 놓은 찬양집(시집)이므로, 본서에서는 *Thanksgiving Hymns*를 『감사 찬양집』으로 번역했다. 같은 문서를 지칭할 때, 히브리어를 음역하여 *Hodayot*으로 기록한 경우에는 『호다요트』로 음차하여 번역했다.

9. 본서에서 한 차례 사용된 *Rule of War*는 본서의 다른 부분에서는 사용되지 않은 이름이다. 보통은 *War Rule*(『전쟁 규율』)이나 *War Scroll*(『전쟁 문서』)로 명명되어 있다. *Rule of War*가 *War Rule*을 잘못 기록한 것인지, 일부러 다른 필사본 조각임을 강조하기 위해 다른 명칭을 사용한 것인지는 분명치 않다. 마틴 에이벡(Martin G. Abegg)이 정리한 사해문서 목록(Accordance Module)에 따르면, 4Q285의 공식 명칭은 4Q *Sefer ha-Milhama* [olim Serekh ha-Milhama](4QSM)이다. 이는 4Q *War Scroll*(『전쟁 문서』: 예전에는 *War Rule*『전쟁 규율』) 정도로 번역 될 수 있다. 굳이 문자적으로 하자면, 4Q *Scroll of the War*(『그 전쟁의 문서』)나 *Rule of the War*(『그 전쟁의 규율』)로 번역할 수도 있기는 하다.

10. 『다마스쿠스 문서』(*Damascus Document*)는 이집트 카이로에 있었던 회당의 게니자에서 발견됐기 때문에, 초기에 『카이로 다마스쿠스』(*Cairo Damascus*)로 불리기도 했으며, 여기에서 CD라는 약자가 나왔다.

11. 현대 학자들은 히브리어 본문을 다룰 때에는 히브리어식 이름인 벤 시라(Ben Sira)로 지칭하고, 그리스어 본문을 다룰 때에는 그리스어 명칭인 시락서(Sirach)로 지칭하는 경향이 있다.

12. *Paralipomena*는 "부록으로 추가된 문서"를 의미하는 단어로 정교회에서 역대기를 열왕기의 부록으로 보고 이 명칭을 붙였다. 본서에서는 그대로 음차하여 '파랄리포메나'로 옮겼다.

13. Teacher of Righteousness는 '의의 교사'로 더 널리 알려져 있으나, '교사'보다는 '스승'이라는 표현이 특정 종교 단체의 지도자를 지칭하는 데 더 폭넓게 사용할 수 있는 용어로 여겨, 본서에서는 '의의 교사' 대신 의의 스승으로 번역했다.

14. Instructor의 경우 the Teacher of Righteousness(의의 스승)와 번역상의 구분을 위해 "교사"로 번역했다.

15. Essene Movement의 경우, 종교적 또는 사회적 현상으로서의 movement라는 용어는 음차해서 번역하는 경우가 적지 않아, 본서에서도 이를 음차해

서 '엣세네 무브먼트'로 번역했다. 이런 현상을 지칭할 때 '운동'으로 번역할 경우 의미가 직접적으로 와닿지 않고 어감이 어색한 경우가 많다.

16. 여러 번역본에서 Department of Antiquities를 '유물관리국'으로 번역하나, 본서에서는 한국어감을 살려 '문화재청'으로 번역했다. 예를 들면, Jordanian Department of Antiquities, 요르단 문화재청.

17. Pliny the Elder는 보통 '장로 플리니우스' 혹은 '플리니우스 장로'로 번역한다. 그러나 그 명칭에 사용된 the Elder는 '장로'라는 공식적 혹은 비공식적 직책을 말하는 것이 아니라, Pliny의 조카이자 양자였던 Pliny the Younger와의 구분을 위해서 붙은 수식어다. 따라서 본서에서는 Pliny the Elder는 '연장자 플리니우스'(또는 아버지 플리니우스)로 번역하고, Pliny the Younger는 '연소자 플리니우스'(또 아들 플리니우스)로 번역했다.

18. Acrostic peom은 사전적으로는 "각 행의 첫 글자 또는 마지막 글자를 맞추면 하나의 말이 되는 희시(戱詩)"를 의미하나, 성경 시편에서는 주로 각 행의(또는 각 연의 모든 행의) 첫 단어의 첫 글자가 히브리어 알파벳 순서에 따라 배열된 시를 말한다. 본서에서는 해당 단어를 음차하여 번역하고(아크로스틱 시) 이해를 돕기 위해 '가나다-시'라는 용어를 만들어 덧붙이도록 한다.

19. Uncial은 모서리가 둥근 형태의 대문자체를 뜻한다. Uncial은 번역본에 따라서 '정방형 문자' 혹은 '정식체' 등으로 번역되기도 하나 영한 사전에 '언셜'이라는 항목이 있으므로 '언셜'로 번역했다.

참고 사항

1. 본서에 등장하는 ASOR은 2021년에 기존의 The American Schools of Oriental Research(미국근동연구소)에서 The American Society of Overseas Research(미국외국학연구소)로 정식 명칭을 바꿨다(https://www.asor.org/).

2. 원서에는 가장 늦은 사본명이 4QEnastr^a(정식 명칭은 4QEnastr^a ar; 4Q208)로 되어 있는데, 4QEnastr^b(정식 명칭은 4QEnastr^b ar; 4Q209)의 오타인 것으로 보인다. 따라서 본 역서에서는 4QEnastr^b의 정식 명칭인 4QEnastr^b ar로 수정했다. 4QEnastr^b ar 사본의 고서체학 연도는 '주전 30-주후 70년으로' 제시되어 있다(Martin G. Abegg ed., An Index of Dead Sea Scrolls Manuscripts, Accordance Module; 비평본은 DJD XXXVI, 132-171. Plates VI-VIII. 참고). 이 외에 10개의 쿰란 『에녹서』 사본(4Q201-208; 4Q210-211) 중 필사 연도가 주후로 넘어가는 사본은 없다.